四川师范大学学术著作出版基金资助项目
四川师范大学文学院学术著作资助项目

墨海禅迹听新声:禅宗书学著述解读

皮朝纲 著

上海三联书店

图书在版编目(CIP)数据

墨海禅迹听新声:禅宗书学著述解读 / 皮朝纲著. — 上
海:上海三联书店,2013.4
ISBN 978-7-5426-4137-3

Ⅰ.① 墨… Ⅱ.① 皮… Ⅲ.① 禅-美学思想-研究
-中国 Ⅳ.① B946.5

中国版本图书馆 CIP 数据核字(2013)第 052608 号

墨海禅迹听新声:禅宗书学著述解读

著　　者 / 皮朝纲

责任编辑 / 陈宁宁
装帧设计 / 韩　诺
监　　制 / 任中伟
责任校对 / 李晶晶

出版发行 / 上海三联书店
　　　　　(201109)中国上海市都市路 4855 号 2 座 10 楼
邮购电话 / 24175963
印　　刷 / 上海叶大印务发展有限公司

版　　次 / 2013 年 4 月第 1 版
印　　次 / 2013 年 4 月第 1 次印刷
开　　本 / 700×1000　1/16
字　　数 / 350 千字
印　　张 / 21.50
书　　号 / ISBN 978-7-5426-4137-3 / B·275
定　　价 / 55.00 元

目　　录

禅宗书学思想发微

中国佛教书法艺术,风采独特,是中国书法艺术的重要组成部分。它的种类包括:写经与抄经,刻经(石经、石窟、石柱、摩崖、经幢),造像题记,有关佛事之碑、铭、志、记,书家手书之著述①。它的创作者,既有或皈依佛门或亲近释家的文人士大夫(特别是一批居士),更有人数众多的僧侣群体②。

考察中国书法艺术史,让人清楚地感受到,当书法艺术创作蓬勃发展,硕果累累的时候,就一定会有总结概括书法创作经验与书法品评经验的书学论著产生,极其丰富、美不胜收、数量众多的中国历代书学③论述(书论、书品、书史、书技、书录等等),能够证明这一不容置疑的事实。但是,当我们详细翻检中国历代书学论著时,却找不出几种中国佛教对书法艺术创作

---

① 参见田光烈《佛法与书法》第二章《佛事对书法艺术的保存与传播》,河北人民出版社 1991 年版,第 1—158 页;张宏生、章利国《中国佛教百科全书·诗偈、书画卷》第一章第一节第四项《佛教书法诸类》,上海古籍出版社 2000 年版,第 279—284 页。

② 田光烈《佛法与书法》第三章《僧侣在中国书法艺术上的贡献》第一节《历代僧侣书法家略录》,自两晋南北朝迄近代,就文献可考者,按时代先后,叙录了僧侣书法家 452 人,河北人民出版社 1991 年版,第 159—245 页。

③ 书学:"指以书法艺术为对象的理论研究科学。……一般地说,书学研究可包括:对书法艺术本质的美学研究,对书法技法的研究,对书体的研究,对书法传世作品(碑、帖、墨迹等)的研究,对书法家的研究,对书法用品的研究,对书法史的研究,对书法论著的研究等等。"(梁披云主编《中国书法大辞典》上册,香港书谱出版社、广东人民出版社 1987 年版,第 73—74 页)

经验与书法品评经验进行总结的著述，也没有几个僧人撰述的这种著述①。从 1949 年新中国成立以来所出版的有关中国历代书学著述汇编——如《历代书法论文选》②、《历代书法论文选续编》③、《明清书法论文选》④——仅收录僧人著述三篇（释智果《心成颂》、释亚栖《论书》、释溥光《雪庵字要》）。今人陈滞冬所撰《中国书学论著提要》，收录了从秦至清的书学著述 460 条（种），涉及僧人的著述，只有释智果《心成颂》、释空海《执笔法使笔法》、释梦英《十八体书》、释惠洪《石门题跋》、释溥光《雪庵字要》及《雪庵永字八法》⑤。张潜超主编的《中国书法论著辞典》，收录上起秦汉，下迄民国的书法"论著"计 787 条（部、篇），其中有关僧人的论著，只有释智果《心成颂》、释亚栖《论书》、释怀素《自叙帖》、释惠洪《石门题跋》⑥。

面对这一现象，人们势必要问：中国佛教书法艺术硕果累累，难道就没有僧人对佛教书法艺术的创作经验和品评经验进行过总结与概括？就没有与之相应的书学著述？

笔者为此翻检了《大正新修大藏经》、《新编卍续藏经》、《嘉兴大藏经》、《大藏经补编》、《禅宗全书》、《禅门逸书》等所收录的 100 多种禅宗典籍，对

---

① 《四库全书总目》之"子部·艺术类·书画"，共收录书画著述"七十一部，一千七十三卷，皆文渊阁著录"，其中书学著述为四十五部（含兼说书画的一十六部）；"子部·艺术类存目·书画"，计书画著述"五十二部，二百一十一卷，皆附《存目》"，其中书学著述二十一部（含兼说书画的四部）。均未收录或提及有关中国佛教的书学论著和僧人撰述的书学著作（见永瑢等撰《四库全书总目》，中华书局 1981 年版，第 952 页下－970 页上，972 页下－978 页上）。《续修四库全书》之"子部·艺术类"，共收录画学著述四十三部（其中兼论书画的有二十四部），也未收录或提及中国佛教的书学论著和僧人撰述的书学著作（《续修四库全书》，第 1065 册－1091 册，上海古籍出版社 2002 年版）。

② 《历代书法论文选》，上海书画出版社、华东师范大学古籍整理研究室选编校点，上海书画出版社 1979 年版，收录从汉到清代的 69 家书法家的书法论文 93 篇。

③ 《历代书法论文选续编》，崔尔平选编点校，上海书画出版社 1993 年版。此书为补《历代书法论文选》所未收录者，共辑录自东汉至近代的 43 家著名书法家的论文 45 篇。

④ 《明清书法论文选》，崔尔平选编点校，上海书店出版社 1994 年版，辑录明清两代著名书家王绂以下 55 家、论文 62 篇。

⑤ 陈滞冬《中国书学论著提要》，成都出版社 1990 年版。

⑥ 张潜超主编《中国书法论著辞典》，上海书画出版社 1990 年版。

禅宗的书学著述，初步作了一次普查①——限于精力与学识有限，笔者未对整个中国佛教书学著述进行普查——并在此基础上，对这些文献所涉及的书法思想、观念、范畴、命题及某些具体问题，进行了初步研究。这使笔者感到，佛教禅宗不仅有书学论著，而且丰富多彩②。

---

① 已辑录出的文献资料，汇集成本书的《禅宗书学著述荟要》。它们的绝大多数不见于古代文献的书史、书论、书技、书品、书评、书录、书跋等典籍中，也不见于现当代出版的中国美学文献资料汇编和中国书论（以及书史、书品等）文献汇编中。令笔者感兴趣的是，它们保存、记载了不少珍贵的书法史料，对中国书法史研究有重要价值。比如慧洪《石门文字禅》对宋代著名高僧、书法家政禅师、释昭默、释瑛公、释慧南、释克文、释守端、释栖公、释敏传、释宗上人、释圆上人等等的书法的评介，就是后人了解、编写书法著述重要的、甚至是唯一的依据。如近人马宗霍编纂的《书林藻鉴·书林记事》（文物出版社1984年版）、梁披云主编的《中国书法大辞典》（香港书谱出版社、广东人民出版社1987年版）、田光烈的《佛法与书法》（河北人民出版社1991年版）等所编写的有关上述书僧的小传简介，均采用慧洪《石门文字禅》所保存、记载的史料。又比如宋代高僧、圆悟克勤法嗣、"看话禅"的倡导者大慧宗杲（参见皮朝纲《禅宗美学史稿》第十一章《大慧宗杲"看话禅"的美学意蕴》，电子科技大学出版社1994年版），他不仅说法的语言高妙，其书法风貌也别具一格，他所书写的不少偈颂尺牍，那怕是断片残纸，后学也视为珍宝。宋代高僧、书学家居简、绍昙、道灿、师范，元代高僧、书学家行端、悟逸、清欲，明代高僧、书学家无愠，清代高僧、书学家正印等人，都曾高度评介过宗杲的书法成就与独特风格。他们称大慧之帖，"墨光烂然，银钩铁画，如渴骥奔泉，怒猊抉石，老气益壮"，正反映了大慧佛学造诣，弘法功德，"所谓机辩迅雷霆，语言粲星斗，荷佛祖重任，恢临济正宗，舍师其谁欤？"（正印《大慧禅师衡阳示密首座帖》）妙喜法书"得处稳实，说处谛当，如风行水上，自然成纹"，并非"涉情识计较，以文字语言，尖新缜密，为夸诩哉？"（无愠《题大慧和尚真墨》）大慧"所遗《敬如庵小帖》，词语温雅，笔意精熟，无在而不妙也。"（清欲《妙喜禅师圣徒首座二帖》）但是，在各种中国书法史著作、中国书法家辞典中，却没有他的位置。可喜的是，今人孙小方的《墨海禅踪——中国书僧》之《血溅梵天亦潇洒——宋代名僧宗杲》（华文出版社1997年版，第115—117页）、李光华的《禅与书法》之《大慧宗杲〈与无相居士尺牍〉的率真写意》（宗教文化出版社2011年版，第86—89页），评介了宗杲的书艺。又比如，与大慧宗杲同时的、"默照禅"的倡导者宏智正觉，他为宋代禅学思想的发展作出过重要贡献（参见皮朝纲《禅宗美学史稿》第十二章《宏智正觉"默照禅"的美学意蕴》），他的书法作品也有特色。宋僧广闻评宏智正觉之墨迹："宏智暮年真帖，笔力遒劲，语意缜密。不轻学，宜其起洞上之宗。寂用无碍处，后来与天地万象，无平出一路。"（广闻《跋宏智禅师墨迹》）从元代高僧月磵禅师《跋宏智语》、元叟行端《跋张紫崖及圆悟宏智诸老墨迹》、《跋宏智石窗自得张汉卿诸老墨迹》，可知宏智有"帖"等书法墨迹流传，在丛林中产生过深刻影响。但无任何一种中国书法史著作、中国书法家辞典提及过他的名字。

② 禅宗书学著述理应包括禅门大师与禅门居士的作品，限于辑录者的学识、精力、文献有限，因而只收录了禅宗大师的著述，未收录禅门居士的著述。

第一章 "栖心大乘,每以笔墨而作佛事"

综观禅宗书学著述①,可以清楚地看到,"写经"是禅家特别关注和讨论的重要话题之一,是禅家所从事的书法艺术创作活动②。

一、书写佛经:"游戏翰墨,作大佛事"

所谓"写经",是佛教徒宏扬教义、传播佛法而抄写的佛教经典,是佛教徒修习佛道、善行佛事的一种重要行为,同时也是佛教教义得以准确无误地流传和保存的重要手段③。人们从敦煌藏经洞发现的写经中,知道其内容有经、律、论三大类,其中包括经文、经目、注疏、释文、赞文、陀罗尼、发愿文、忏悔文、祭文、僧传等等形式④。而"写经书法",乃是书法艺术宝库中不可或缺的瑰宝,"作为表情达意的一种形式,写经无疑体现了书写者情感、技艺的本然状态"⑤,系僧人"游戏翰墨",以书法审美活动来宏扬教义、传播

---

① 笔者在辑录时,凡书理、书法、书品、书评、书史、书传、书谱、书说、书鉴、书序、书题、书跋、书诀、书著、咏书诗偈赞,等等,均酌情收录。

② 中国僧人非常重视写经和抄经,把写经和抄经视为最重要的佛事活动。田光烈的《佛法与书法》第二章第一节《写经和抄经》对此作了详细论述。

③ 参见文化《敦煌佛教写经与士人书法的审美意识》,《敦煌研究》1997 年第 4 期。

④ 参见郑汝中《汉字的演变与佛教的写经、刻经》,《书法世界》2003 年第 7 期。

⑤ 朱以撒《论写经书法艺术》,《文艺研究》1998 年第 5 期。

佛法、修习佛道、善行佛事①。

（一）"躬书成集"："以翰墨为佛事"

澹归今释是明清之际的著名诗人、词人、书法家、绘画评论家，是栖身大乘，"多以文字而作佛事"的高僧②。他在《题董宗伯法华经前》一文中，充分肯定许多著名书法家书写佛经乃是"以笔墨作佛事"："古贤士士夫，栖心大乘，每以笔墨而作佛事。"③他以裴休④、白居易⑤、董其昌⑥等人为例，指出："大藏经函，裴丞相皆为手题"；"白太傅所书《金刚》，曾着灵异"；"董宗伯书法擅天下，作小楷妙法莲华经，风流蕴藉，掩映一时"；而"名手遗迹，出自精诚，广大流通，尤当秘重"⑦。

必须指出，禅宗以写经为"佛事"，是有经典依据的。《放光般若经·不和合品》明确指出"书持讽诵"佛经为"佛事"，其云："若有是善男子善女人，

① 写经起于何时？目前尚无文献资料可考。据戴蕃豫《中国佛教美术史》称："写经：日人中村不折氏藏老人经与般若部残经。前者后汉灵帝中平五年（"荟要"者按：公元188年）写。后者出自新疆肖鄯鄯善，存十一行，书体属于今隶，风神透彻，中村氏定为汉末作品。"（戴蕃豫的《中国佛教美术史》，书目文献出版社1995年版，第44页）可见东汉末年已存在"写经"。任继愈主编的《中国佛教史》（第一卷）称："到东汉末年桓、灵二帝的时候，不少古印度西域僧人来到汉地，以洛阳为中心，译出大量佛教典籍。"（任继愈主编《中国佛教史》（第一卷），中国社会科学出版社1981年版，第141—142页。）可知在东汉末年大量汉译佛经的同时，已有人在抄写佛经。

② 今释在绘画评论上有不少独到的见解，在禅宗美学思想史上占有重要地位。参见皮朝纲《丹青妙香叩禅心：禅宗画学著述研究》（商务印书馆2012年版）。

③ 今释《题董宗伯法华经前》，《遍行堂集》上，《禅门逸书续编》第4册，第225号，台湾汉声出版社1987年版，第335页上。

④ 裴休（797—870），唐居士。字公美。河东闻喜（今属山西）人。希运禅师弟子。裴能文章，工书法，楷书遒媚有体法。朱长文《续书断》卷下列裴书为能品，谓裴"尝于泰山建化城寺，寺僧粉额陈笔砚以俟，休神情自若，以衣袖揾墨书之，极道健。"米芾《书史》云："江南庐山多裴休题寺塔诸额，皆真率可爱。"传世书迹有《圭峰定慧禅师碑》等。事见《旧唐书》卷一七七、《新唐书》卷一八二、《五灯会元》卷四、《宋高僧传》卷六、《居士传》卷一三、《续书断》卷下、《书史》、《宣和书谱》卷九。

⑤ 白居易（772—846），唐居士。字乐天。太原（今属山西）人。中年皈佛，读释典，受戒、习禅。与香山如满结香火社，自称香山居士。又笃志净土，于东都结社念佛。舍钱三万，命工画《极乐世界图》，作偈赞之。工书，《宣和书谱》称白氏书"笔势翩翩"，论曰："居易以文章名世，至于字画，不失书家法度，作行书，妙处与时名流相后先。"传世书迹有《大彻禅师法堂记》、《重玄寺法华院石壁经碑》、手书《楞严经》等。事见《旧唐书》卷一六六、《新唐书》卷一一九、《居士传》卷一九、《佛法金汤编》卷九、《宣和书谱》卷九。

⑥ 董其昌（1553—1636），明居士。字元宰，号思白。华亭（上海松江）人。为诸生时，参紫柏与密藏，博观《大乘经》，力究竹篦子话有省。董氏以书画名于世。始以宋米芾为宗，后自成一家。谢肇淛《五杂组》曰："今书名之振世者，南则董太史玄宰，北则邢太仆子愿，其合作之笔，往往前无古人。"闵奎《翠稿堂笺臆》曰："董玄宰先生字画之妙，超轶前代，世所共宝。"传世书迹有所撰并书《通州军山新建普陀别院记》、《重修云龙山放鹤亭记》、手书《罗汉赞》等。事见《明史》卷二八八、《居士传》卷四四、《书林藻鉴》卷十一。

⑦ 今释《题董宗伯法华经前》，《遍行堂集》上，《禅门逸书续编》第4册，第225号，第335页上。

书持讽诵般若波罗蜜者，便具足五波罗蜜及萨云若已，当知是为佛事。"①"书持讽诵"佛经乃"十法行"之首要——《瑜伽师地论》卷七十四，就把"书持供养""大乘相应菩萨藏摄契经等法"列为"十法行"之首②，而"十法行"又是佛教徒不可或缺之事。

要知道，佛教一直视书法艺术为"佛事"，因为传播、弘扬佛法离不开书法。宋姑苏景德寺云法师《务学十门》云："不工书，无以传。书者如也，叙事如人之意，防现生之忘失，须缮写而编录，欲后代以流传，宜躬书以成集，则使教风不坠，道久弥芳。故释氏经律结集贝多，孔子诗书删定竹简。若不工书事难成就。翻思智者无碍之辩，但益时机，自非章安秉笔之力，岂留今日？故罽宾高德盘头达多，从旦至中手写千偈，从中至暮口诵千偈。但当遵佛能写名字，慎勿效世精草隶焉。"③近代弘一法师④也指出："夫耽乐书术，增长放逸，佛所深诫。然研习之者能尽其美，以是书写佛典，流传于世，令诸众生欢喜受持，自利利他，同趣佛道，非无益矣。"⑤许多佛教经典都提及佛教重视书法。《瑜伽师地论》将书法与音乐并列在"十二工业明处"之中⑥，《杂阿含经》卷四把书法、美术（疏）和绘画并列在"工巧业处"之内⑦，《楞伽》谓学音乐、书画，"渐成非顿"⑧，《五分律》载"佛听学书"⑨。

---

① 《放光般若经》卷十一《摩诃般若波罗密不和合品第四十八》，《大正藏》第8册，台湾新文丰出版有限股份公司1983年版，第221号，第75页下。
② 《瑜伽师地论》卷七十四，《大正藏》第30册，第1579号，第706页下。
③ 《缁门警训》卷一，《大正藏》第48册，第2023号，第1046页上。
④ 弘一（1880－1942），姓李，名息，字叔同。幼名文涛，后易名成蹊，又名广平，号漱同，又作瘦桐。法名演音，号弘一。浙江平湖人。南洋公学肄业后，曾留学日本上野美术专门学校。多才多艺，凡书画、篆刻、音乐、戏剧，无不精妙。归国后，从事新剧运动，系话剧运动先驱。曾执教浙江两级师范，任图画手工专修科主任。性耽禅理，1918年在西湖定慧寺出家，云林寺剃度。书法远法魏晋，近追八大，圆浑淳朴，自然清朗。事见刘质平《弘一上人史略》（李叔同《花雨满天悟禅机》，陕西师范大学出版社2010年版）。
⑤ 李叔同《李息翁临古法书序》，《花雨满天悟禅机》，陕西师范大学出版社2010年版，第218页。
⑥ 《瑜伽师地论》卷十五云："云何工业明处？谓于十二处略说工业所有妙智，名工业明处。何等十二工业处耶？谓营农工业、商估工业、事王工业、书算计度数印工业、占相工业、咒术工业、营造工业、生成工业、防邪工业、和合工业、成熟工业、音乐工业。"（《瑜伽师地论》，《大正藏》第30册，第1579号，第361页中。）佛家把"治世语言资生业等"概括为"五明"，非五明不足以安立世间。何谓"五明"？《瑜伽师地论》卷十三云："云何五明处？谓内明处，医方明处，因明处，声明处，工业明处。"（《瑜伽师地论》，《大正藏》第30册，第1579号，第345页上。）
⑦ 《杂阿含经》云："何等为方便具足？谓善男子种种工巧业处以自营生，谓种田、商贾或王事（服务军政界等），或以书、疏（美术）、算、画。于彼工巧业处，精勤修行，是名方便具足。"（《杂阿含经》，《大正藏》第2册，第99号，第23页上。）
⑧ 唐译《楞伽经》卷二："佛告大慧，譬如人学音乐书画种种技术，渐成非顿。"（《大正藏》第16册，第670号，第485页下。）
⑨ 《五分律》，《大正藏》第54册，第2127号，第293页上。

宋代高僧、著名诗人、画家、文艺评论家慧洪①不仅非常重视"以翰墨为佛事"②，"以笔墨为佛事"③，而且，明确提出要以"游戏"的态度——即一种自由自在、生意盎然的审美态度，去进行包括书法在内的文艺创作活动，认为"游戏翰墨"就是作佛事，而且是有重大意义的"大佛事"，这是禅宗文艺美学的一个重要观点。他在《东坡画应身弥勒赞（并序）》一文中，充分赞赏苏轼以文艺"作大佛事"："东坡居士，游戏翰墨，作大佛事，如春形容，藻饰万像"④。

　　慧洪力主的"游戏翰墨"⑤，或曰"翰墨游戏"⑥，在有的禅师那里，则称之为"笔端游戏三昧"，或曰"游戏三昧"⑦。清僧百痴禅师推崇"笔端游戏三昧"的创作态度，他说："断翁老有余兴，兴之所到，长竿短幅，任意发挥。盖

---

　　①　慧洪的绘画思想丰富多彩，在禅宗美学思想史上占有重要地位。参见皮朝纲《丹青妙香叩禅心：禅宗画学著述研究》。

　　②　慧洪《题昭默自笔小参》，《石门文字禅》卷二六，《禅宗全书》第95册，台湾文珠文化有限公司1981年版，第354页。

　　③　慧洪《跋山谷笔古德二偈》，《石门文字禅》卷二七，《禅宗全书》第95册，第374页下。

　　④　慧洪《东坡画应身弥勒赞（并序）》，《石门文字禅》卷十九，《禅宗全书》第95册，第251页下、252页上。苏轼曾书写过《莲花经》、《心经》、《华严经》、《金刚经》、《楞伽经》、《圆觉经》，其传世书迹则有《心经》、《华严经破地狱偈》与单帖《金刚经》等十余种。其单刻帖《金刚经》为小楷，书法精雅，为苏书上品，明人陈继儒据此翻刻，收入《晚香堂法帖》。参见陈中浙《苏轼书画艺术与佛教》之附录二《苏轼书画忠艺术活动系年》，商务印书馆2004年版；梁披云主编《中国书法大辞典》，香港书谱出版社、广东人民出版社1987年版，第1721页；马宗霍辑《书林藻鉴·书林记事》之"苏轼"条，文物出版社1984年版；李翰恭、张跃天主编《中国历代书法名家名品全集》(1)，吉林摄影出版社2002年版。

　　⑤　又见慧洪《大雪寄许彦周宣教法弟》，《石门文字禅》卷六，《禅宗全书》第95册，第73页上；慧洪《代法嗣书》，《石门文字禅》卷二九，《禅宗全书》第95册，第339页下。

　　⑥　慧洪《临川宝应寺塔光赞》，《石门文字禅》卷一九，《禅宗全书》第95册，第251页下；慧洪《题昭默遗墨》，《石门文字禅》卷二六，《禅宗全书》第95册，第355页上；慧洪《请宝觉臻公住天宁》，《石门文字禅》卷二八，《禅宗全书》第95册，第386页上。

　　⑦　游戏：为佛家常用语。在佛经中，游戏系指佛、菩萨于神通中幻化无穷，变易自如，历涉自在，出入无碍，如戏相似，故称为戏。在佛典中，"戏"乃"自在"、"无碍"之义，因此，"游戏"与"自在"常常连用，称之为"游戏自在"，或曰"游戏神通"、"游戏三昧"。《大智度论》卷七云："菩萨心生诸三昧，欣乐出入自在，名之为'戏'，非结爱戏也。'戏'名自在，如师子在鹿中自在无畏故，名为'戏'。是诸菩萨于诸三昧有自在力，能出能入亦能如是。"（《大智度论》，《大正藏》第25册，1509号，第110页下）《注维摩诘经》卷五云："游戏神通。什曰：'神通变化，是为游引物，于我非真，故名戏也。复次，神通虽大，能者易之，于我无难，犹如戏也。'亦云：于神通中，善能入住出，自在无碍。'肇曰：'游通化人，以之自娱。'"（《注维摩诘经》，《大正藏》第38册，第1775号，第371页上）《佛说除盖障菩萨所问经》云："复次善男子：菩萨若修十种法者，即得神通游戏。"（《佛说除盖障菩萨所问经》，《大正藏》第14册，第489号）宏智正觉《至游庵铭》解释"至游"时说："夫道人之至游矣，履虚明守妙明，饮真醇住清白。断崖放足，空劫转身。一得妙存，亡绝对待，自然出应无方。谷响水月，尘尘无碍。心心一如，彼我相忘。是非斯泯，方圆大小，历历不爽。能如是也，入诸世间，真契游戏三昧，斯可谓至游矣。"（宏智《至游庵铭》，《宏智禅师广录》，《大正藏》第48册，第2001号）参见慈怡主编《佛光大辞典》，书目文献出版社1989年版，第5619页；中国佛教文化研究所《俗语佛源》，上海人民出版社1993年版，第240页。

得其潇洒疏逸之性,而以笔端游戏三昧者也。"①宋僧道潜在《过王师室观雪川范生〈梅花〉》中,明确指出"雪川范生"绘画创作取得成功的重要原因是"兴来即挥毫,游戏三昧前"②。所谓"游戏"的创作态度,即是自由任运、自在无碍、无所执著、无所束缚、生意盎然的审美态度;所谓"游戏三昧",即是艺术家深通艺术之道而以游戏出之,在艺术创造中,自在无碍,不失定意,摆脱了人生的种种烦恼、执著的束缚,而获得自由、解放的审美心胸,从而达于艺术创造之化境。慧洪独具慧眼之处,在于自觉地把艺术创作(特别是"游戏翰墨"、"笔端游戏三昧")与"作大佛事"联系起来,它揭示了艺术创作活动对于禅门开展佛事的重要意义,它是佛事活动的一个重要方面,它正如慧洪所比喻的"如春形容,藻饰万像"——春天生气勃勃,它把天地间的万事万物装饰得异常美丽,万紫千红,绮丽多姿——一样,"游戏翰墨"会使佛事活动形象生动,对信众更具吸引力、感染力。自觉地把艺术创作(特别是"游戏翰墨"、"笔端游戏三昧")与"作大佛事"联系起来,从一个侧面揭示了"游戏翰墨"与参禅悟道有相似的功用,"游戏翰墨"乃是禅僧参禅悟道的一种重要渠道和手段。慧洪认为,自由自在、生意盎然的艺术创作活动,可以使禅门艺术家进入正定三昧的境界,获得精神的自由;禅门艺术家正可以通过艺术创作活动来呈现自己的禅悟体验。慧洪自觉地"贯通了文艺与禅学的联系,为佛事走进文艺、文艺步入禅境提供了理论根据";其"游戏翰墨"("笔端游戏三昧")说则"突破了佛教绮语口业戒律的束缚",为禅僧文艺创作"争得了合法地位"③,这在禅宗美学思想发展史上具有十分重要的理论和实践意义。

明僧通奇关于"于闲暇娱戏毗卢性海,书此华严大教"④的论断,可与慧洪"游戏翰墨,作大佛事"⑤的观点互相发明。他也主张以"闲暇娱戏"的态度(悠闲的、娱悦的、游戏的即自由的、审美的态度),体悟"毗卢遮那"(梵语,华译为"遍一切处")即法身佛(法性、真如本性、自性),书写华严大经。

---

① 百痴《题涌卍画竹并枫山小帖后》,《百痴禅师语录》,《嘉兴藏》第28册,台湾新文丰出版有限股份公司1987年版,第202号,第137页下。
② 道潜《过王师室观雪川范生〈梅花〉》,明复主编《禅门逸书初编》,第3册,台湾明文书局1981年版,第109号,第52页上。
③ 陈自力《释惠洪研究》,中华书局2005年版,第254页—256页。
④ 通奇《示福嵩禅人书华严(序)》,《嘉兴藏》第26册,第186号,第654页上。
⑤ 慧洪《东坡画应身弥勒赞(并序)》,《石门文字禅》卷十九,《禅宗全书》第95册,第251页下、252页上。

而书写佛经之目的，是让"大地有情"，都能发明领会华严"事事无碍"之"大旨"，以"饶益"芸芸众生，其功巨大，不是"心思言议可涯量"的①。通奇的"法界胜乐，援毫挥纸"②的论断，乃是对"于闲暇娱戏毗卢性海，书此华严大教"的另一表述。提出要以"娱戏"（即游戏）的态度——即一种自由自在、生意盎然的审美态度，去进行写经活动，这是禅宗文艺美学的一个重要观点。

（二）"惟以书经画佛为日课"

正因为禅宗大师把书写佛经作为十分重要的佛事活动，因而不少禅师把书写佛经作为日常生活中不可或缺的重要内容——作为日常功课。清初著名高僧性潡，有品评绘画的诗偈多首，有重要的画学见解③。他谆谆开导他的门徒，要把写经作为日常生活的重要内容："棐几藤墩茅庸下，柳梢滴露研玄香。埽除马事兼驴事，独自披衣写梵章。"④明代高僧、诗人、绘画评论家海观⑤，声称自己把书写佛经作为日课，作为"净治其心之要门"："余居山无别业，多书写大乘经，又喜读诵法华莲典，不以岁月计工，亦不它有所务，二十五白矣，缘此一念，余想皆歇"⑥。

禅门大师充分赞赏和肯定那些"以书经画佛为日课"的佛教居士，从一个侧面反映了禅宗以写经为重要佛事的书学思想。元代禅门绘画品评高僧愚庵智及⑦，高度赞扬赵松雪书写了"金刚般若圆觉诸大乘经"，非常虔诚，"皆励精书写，锓梓流布"；其所书写的楞严长偈，"书法之妙，大海为口，须弥为舌，赞莫能及。"⑧元代高僧、禅门绘画品评家笑隐大訢⑨则充分赞赏赵松雪"惟以书经画佛为日课"："李伯时画马，有讥之者谓：'用心久熟，他

① 通奇《示福嵩禅人书华严（序）》，《嘉兴藏》第26册，第186号，第654页上。
② 通奇《示福嵩禅人书华严（序）》，《嘉兴藏》第26册，第186号，第654页上。
③ 参见皮朝纲《丹青妙香叩禅心：禅宗画学著述研究》。
④ 性潡《示僧写经》，《一滴草》，《禅门逸书续编》第3册，第224号。第18页上。
⑤ 参见皮朝纲《丹青妙香叩禅心：禅宗画学著述研究》。
⑥ 海观《自叙》，《林樾集》，《禅门逸书续编》，第3册，第222号，第1页。
⑦ 参见皮朝纲《丹青妙香叩禅心：禅宗画学著述研究》。
⑧ 愚庵智及《赵魏公书楞严长偈》，《愚庵智及禅师语录》，《卍续藏》第124册，第370页下－371页上。赵雪松曾书《金刚经》、《佛说四十二章经》、《妙法莲花经》，其他传世书迹有为中峰和尚书《妙法莲花经》（单刻帖）、《高峰和尚行状》及各种《千字文》等十余种。其《高峰和尚行状》，共二百四十九行，书法清骏，时有一二章草笔法，今藏北京故宫博物院。参见梁披云主编《中国书法大辞典》，香港书谱出版社、广东人民出版社1987年版，第1885页；李翰恭、张跃天主编《中国历代书法名家名品全集》（4），吉林摄影出版社2002年版；马宗霍辑《书林藻鉴·书林记事》之"赵孟𫖯"条，文物出版社1984年版。
⑨ 参见皮朝纲《丹青妙香叩禅心：禅宗画学著述研究》。

日必堕马腹中。'于是改画佛菩萨天人之像。松雪翁初工画马，至晚岁，惟以书经画佛为日课，岂亦以是为戒耶！"并强调指出："世俗技艺，无非佛事，水鸟树林，咸宣妙法"①，其旨归在于强调书写佛经乃是重要的佛事，是禅僧不可或缺的重要功课。

（三）"笔墨精到"，"曲尽其妙"

禅师们普遍有书写佛典的经历，有的禅师所写佛经，乃是书法艺术精品，具有很高的审美价值。

宋代名僧如释瑛公、释栖公、南禅师、宗上人、圆上人、琼上人、道光上人、惠超道人等，都曾手书大乘经典，慧洪以"精妙简远之韵"、"笔法深稳庄重而瘦"、"谨楷精严"、"画画精诚"、"笔墨精到"、"曲尽其妙"等词语，来评价他们的作品。

释瑛公，曾杜门手写《华严经》。慧洪云：瑛公"精妙简远之韵，出于颜柳"②。释栖公，曾书《华严经》，慧洪云：栖公所书"曲尽其妙"，"其轻妙可以一掌置，开编蠕蠕如行蚁，熟视之其衡斜曲直重交反侧曲尽其妙，不翅如擘窠大书"③。禅宗黄龙派创始人黄龙慧南，曾手录《四十二章经》，慧洪云："笔法深稳庄重而瘦，颜平原用笔意。"④琼上人，曾手书《金刚般若经》。慧洪云：琼上人"以饱霜兔毫数茎束为笔，其锐如麦芒，临纸运肘快等风雨，书《金刚般若经》于兼寸环轮中，望之团团如珠在薄雾间。即而视之，其行如人挽发作烟鬟，自非思力精微何以臻此哉？"⑤道光上人曾书《华严经》。慧洪云：所书佛经，"其衡斜点画，匀如空中之雨，整如上濑之鱼，皆精进力之所成，知见香之所熏，不然何以庄严微妙如此之巧耶？"⑥惠超道人曾书《法华经》。慧洪云：所书经典，"笔墨精到，衡斜布列皆有节度，非精诚尽力于

① 笑隐大訢《题松雪翁画佛》，《笑隐大訢禅师语录》卷四，《新编卍续藏经》第121册，台湾新文丰出版有限股份公司1993年版，第246页下。

② 慧洪《题瑛老写华严经》："瑛公风骨清臞，而神观秀爽，措置加于人一等，与南州名士游，淡然无营。独杜门手写此经，精妙简远之韵，出于颜柳。"（《石门文字禅》卷二十五，兰吉富主编，《禅宗全书》第95册，第337页上。）。

③ 慧洪《小字华严经偈并序》，《石门文字禅》卷十九，同上书，第250页上。《宣和书谱》卷十九云：亚栖"经律之余，喜作字，得张颠笔意"，自谓"吾书不大不小，得其中道，若飞鸟出林，惊蛇入草"。（《宣和书谱》，上海书画出版社1984年版，第148页）

④ 慧洪《题黄龙南和尚手抄后三首》，《石门文字禅》卷二十五，同上书，第351页下。

⑤ 慧洪《小字金刚经赞并序》，《石门文字禅》，卷十九，同上书，251页上。

⑥ 慧洪《题光上人书法华经》，《石门文字禅》卷二十五，同上书，第339页下。

此法，莫能臻是也。"①宗上人，曾书《僧宝传》。慧洪曰：其书"谨楷精严"，"宗为法坐夏，贤于率更远甚。"②圆上人，也曾书写《僧宝传》。慧洪曰：其书"小字薄纸，画画精诚。"③从慧洪之"精妙简远之韵"、"笔法深稳庄重而瘦"、"谨楷精严"、"画画精诚"、"笔墨精到"、"曲尽其妙"等等评语，可以窥见其写经书法的某些艺术特点和所达到的艺术水平。

元代绘画评论僧昙芳守忠④曾高度肯定"行中仁书记"所书《华严经》："字字如珠转玉盘"⑤。元代著名书画僧清欲⑥十分赞赏雪心禅师的书经艺术，指出其所写《杂华经》，"端楷入神"——楷书端正，有入神之妙。书写中，心净如冰雪，"各于毫端现神变"；有巨大功德，"深入普贤行愿海，同证遮那根本智"⑦。

关于写经体在中国书法艺术史上的作用与地位，古今书法评论家都作过论述。宋朱长文《墨池编》卷十《续书断下》云："唐世写经类可嘉，绍宗者犹为僧书，则写经者亦多士人笔尔。"⑧清钱泳《履园丛话·书学·唐人书》也云："即如经生书中，有近虞、褚者，有近颜、徐者，观其用笔用墨，迥非宋人所能跂及，亦时代使然耳。"⑨从写经的发展历程看，"写经缘于佛教的传入，魏晋之际的写经正值书体转变期，最为精彩和多元情调，尔后逐渐趋于工整精致，唐时达顶峰，五代以后走向衰微"⑩。但"写经书法的价值，还在于真实地记录了楷书体蜕变的全过程。有慧识的书法史家透过它的体态样式、笔法形式，足以引出许多有意义的论题。起码可以说，中古时期的书法史，不应该是名家独'霸'的格局"⑪。那么，对五代以后的写经书法、特别是书僧的写经书法，也应该"透过它的体态样式、笔法形式，以引出许多有

① 慧洪《题超道人莲经》，《石门文字禅》卷二十五，同上书，第340页上。
② 慧洪《题宗上人僧宝传》，《石门文字禅》卷二十六，同上书，第357页下。
③ 慧洪《题圆上人僧宝传》，《石门文字禅》卷二十六，同上书，第357页下。
④ 守忠有书学著述，还有画学著述及绘画思想，参见皮朝纲《丹青妙香叩禅心：禅宗画学著述研究》。
⑤ 昙芳守忠《谢径山行中仁书记寄手书华严经至蒋山》，《昙芳守忠禅师语录》，《新编卍续藏经》第123册，第341页下。
⑥ 参见皮朝纲《丹青妙香叩禅心：禅宗画学著述研究》。
⑦ 清欲《承天量维那集同志，书杂华大经，为十卷。其二乃吾雪心所写，端楷入神，求余题之。说偈以赞》，《了庵清欲禅师语录》，《新编卍续藏经》第123册，第691页上。
⑧ 朱长文《续书断下》，《历代书法论文选》（上册），上海书画出版社1979年版，第340页。
⑨ 钱泳《履园丛话》，《历代书法论文选》（下册），上海书画出版社1979年版，第622页。
⑩ 朱以撒《论写经书法艺术》，《文艺研究》1998年第5期。
⑪ 刘涛《写经·写经生·写经书法》，《文史知识》1995年第9期。

意义的论题",而慧洪、守忠、清欲、香严等名僧所提供的史料及其评论,可为我们进一步认识、评估五代以后的写经书法、特别是书僧的写经书法拓宽一些视野,开辟新的思路。

二、"佛事"与"魔事"

何谓"佛事"? 指有益于佛法之事。僧肇注《维摩诘所说经》卷下《菩萨行品》云:"佛事者,以有益为事耳,如来进止举动威仪俯仰乃至动足,未曾无益,所以诸所作为无非佛事。"[1]何谓"魔事"? 指有害于佛法之事——"障碍之事","即障碍修行、偏离正道之思想行为。"[2]《佛说魔逆经》云:"有所兴业而有所作,则为魔事。若使志愿有所受取,而有所夺,则为魔事。假令所欲思想诸著识念求望,则为魔事。"[3]

禅宗对服从、有益于佛事的、包括书法艺术在内的文艺活动,是赞扬的、肯定的;对违背、有碍于佛事的、包括书法艺术在内的文艺活动,是反对的、否定的。这种态度,反映出禅宗在文艺问题上的审美取向[4]。

(一)"惟以了脱生死为大事",反对"留神书画"

按佛教禅宗的某些清规戒律,是不允许禅门弟子参与那些违背、有碍于佛事的世俗的文艺活动的,认为那是魔事。有的禅师从佛门弟子应有的人生境界、价值取向和人生宗旨的角度,反对"事持笔砚"。曹洞宗创始人洞山良价坚决反对禅门弟子"结托门徒,追随朋友,事持笔砚,驰骋文章"。他认为出家人应该有"高上为宗,既绝攀缘,宜从淡薄"、"洁白如霜,清净若雪"的人生境界;有"履出尘之径路,登入圣之阶梯"的价值取向;有"专心用意,报佛深恩"的人生宗旨[5]。有的禅师则以佛门弟子"各宜修道"以"了脱生死"为准则,反对"溺于文艺"。唐僧怀海集编、清僧仪润证义的《百丈丛林清规正义记》指出:"凡经书笔墨诗偈文字,一切置之高阁,不应重理。"[6]佛家弟子"各宜修道,不得检阅外书,及书画等"[7];又指出:"古人惟以了脱

---

① 僧肇注《维摩诘所说经》卷下《菩萨行品》,《大正藏》第38册,第404页中。
② 慈怡主编《佛光大辞典》,书目文献出版社1989年版,第6887页。
③ 《佛说魔逆经》,《大正藏》第15册,第589号,第112页中。
④ 参见皮朝纲《对进一步拓宽、夯实中国美学学科建设基础的思考——以禅宗画学文献的发掘整理为例》,《四川师范大学学报》2011年第4期。
⑤ 良价《规诫》,《筠州洞山悟本禅师语录》,《大正藏》第47册,第1986号,第516页上。
⑥ 《百丈丛林清规正义记》卷七,《净业堂规约》,《新编卍续藏经》第111册,第808页下-809页上。
⑦ 《百丈丛林清规正义记》卷六,《炭头(兼)炉头》,同上书,第726页上。

生死为大事,间有拈弄文字,皆了事后游戏,以咨发后人眼目,非专以词藻为工也。"①禅宗大师们普遍对"留神书画,寄兴琴棋,名为风雅。生死到来,毫无用处"的现象进行严厉批评②。清僧如相禅师也批评了那种沉溺世俗书画的不正之风:"禅道无灵,心邪狂见,各逞奇言异术。或习诗书,争取名利之场,或为清客,图写山水之画,遂使法门无人整顿颓纲"③。宋僧慧洪批评了世人沉溺于书法活动,"疲精神于纸墨者,多从事于无用之学",乃如龙胜菩萨所说的"皆以刀割泥者也"④。近代弘一法师讲得十分清楚明白。他说:"出家人唯一的本分,就是懂得佛法,要研究佛法","出家人假如只会写字,其他的学问一点不知道,尤其不懂得佛法,那可以说是佛门的败类","须知出家人不懂得佛法,只会写字,那是可耻的"⑤。

（二）"当收辅教之切","有成佛之分"

禅门大师又十分重视文艺在开展佛事中的重要作用。他们对书写佛经高度赞扬。清代莲峰禅师充分肯定林定于居士书写《法华经》,是"作大佛事":"居士久植德林,多沾佛慧,倒倾大海,摩动须弥于一毫端,作大佛事",可使"见者闻者瞻仰取足"⑥。他们反复申说写经对于弘法的重要意义。今释揭示了丹霞昰和尚手书《妙法莲花经》的宗旨:"欲人人瞻礼,人人启发,人人见涌塔,人人蒙授记,日月行天,江河注地,无不资其照临润泽",从而使那些"末世薄福众生发心不大、信道不笃者",能够"使究竟决了,深入佛知见"⑦。关于写经(包括刻经)的"功德",是禅师们讨论得最多的话题之一。禅师们普遍认为书写佛经,有"不可思议功德"⑧;不仅可以"流通大法",而且"往生""清净国土""当必有分"⑨;"有成佛之分","当收辅教之切"⑩。

---

① 《百丈丛林清规正义记》卷六,《书记》,同上书,第719页下。
② 《百丈丛林清规正义记》卷六,《书记》,同上书,第719页下。
③ 如相《普说》,《敏树禅师语录》《嘉兴藏》第39册,第450号,第488页中。
④ 慧洪《题法惠写宗镜录》,《石门文字禅》,《禅宗全书》第95册,第342页上。
⑤ 弘一《谈写字的方法》,《花雨满天悟禅机》,陕西师范大学出版社2010年版,第169页。
⑥ 莲峰《书写法华经后序(林定于居士求)》,《莲峰禅师语录》,《嘉兴藏》第38册,第410号,第360页上。
⑦ 今释《法华经跋》,《遍行堂集(上)》,《禅门逸书续编》第4册,第225号,第385页上。
⑧ 真可《小板法华经序》,《紫柏尊者全集》,《新编卍续藏经》第126册,第875页下。
⑨ 彻悟《跋禅人勇建血书楞严经庄严净土》,《彻悟禅师语录》,《禅宗全书》第79册,第98页下—99页上。
⑩ 法熏《万善友书法华经请跋》,《石田法熏禅师语录》,《新编卍续藏经》第122册,第74页上。

弘一在《普劝发心印造经像文》之"印造经像之功德"中,高度肯定刻写佛经的功德:刻写佛经者,"其人功德皆至广至大,不可以寻常算数计","其心量之广大,实不可思议。故其功德之广大,亦复不可思议也"。为何有如此之功德?弘一说,因为"佛力无边,善拔诸苦;众生无量,闻法为难",因此,刻写佛经,可以"开通法桥,宏扬大化,遍施宝筏,普济有缘"①。他还"本诸经之说",详细论述了刻写佛经的"十大利益"②。在此文中,他还指出了写经的范围和写经应有的虔诚态度:"凡《大藏经》中诸经及诸律论,以至古今来一切大德之著作——长篇短段,集联题颂,皆可恭敬书写";写经之时,"宜断荤酒,沐浴,着净衣,拂拭几案,焚香礼佛,然后落笔。如是乃能获胜功德得大利益。故印光法师云:欲得佛法实益,须向恭敬求;有一分恭敬,则消一分罪业,增一分福慧。"③

(三)"笔画死钝,持者不灵"

在禅门普遍充分肯定、赞赏写经的"功德"时,一些禅师则对此提出了异议。

有的禅师认为,书写之佛经,并不是佛经本身,并无"海口莫宣"的"功德"。明代绘画评论僧通门④指出,"经出佛口,入众生心,开佛知见";而"笔画死钝,持者不灵"。他以饮食为喻,"譬诸饮食,同一饱也,而粗粝是拒,嘉者饫焉"——应重佛经,"嘉者饫焉";莫执泥书写,"粗粝是拒"。佛经乃佛之"心语",她如"香风吹菱花,更雨新好者"⑤。他虽然也肯定书写佛经之"志可嘉也",但他认为书写不书写佛典,对"法界之性"(法性—佛性),是"无所损益"的:"法界之性,从本以来,弥满清净,若人未书是经,法界之性未为减也,不书可也;已书是经,法界之性未为增也,书之亦可也。书不书在人,于法界性无所损益。"⑥

有的禅师指出,写经只耳一种权宜,正如黄叶止啼耳!台州瑞嵓云巢

---

① 弘一《普劝发心印造经像文》,萧枫编著《弘一大师文集·讲演卷》,内蒙古人民出版社1996年版,第1页。

② 同上书,第1—5页。

③ 同上书,第10页、13页。

④ 参见皮朝纲《丹青妙香叩禅心:禅宗画学著述研究》。

⑤ 通门《题雨新上人所书法华经》,《牧云和尚懒斋别集》,《嘉兴藏》第31册,第267号,第548页下。

⑥ 通门《云浦上人书华严楞严二经记》,《牧云和尚懒斋别集》,《嘉兴藏》第31册,第267号,第543页下。

嵩禅师《写经偈》云："以字不成八字非，当阳拈出大家知。释迦老子舌无骨，黄叶拈来吓小儿。"①晚明四大高僧之一的憨山德清②，更明确指出写经只是引导学人"使知亲近随顺佛法，信心若发，方可引入佛慧"的"方便"而已③。

有的禅师则持两点论：书写佛经，有无量功德；但又不能执著于书写佛经。明僧来复④在《大佛顶无上首楞严经序》中明确指出，书写佛经，有无量功德，"能弘济无穷，体用一觉，物我一妙，清净本然，离诸名相。若真若俗，若显若幽，根器大小，无不圆具"。但绝不能执著于书写佛经，因佛遍虚空，处处有佛，"迦陵仙音，遍十方界"，因而"于一毫端现宝王刹，未尝不书写是经也"，"必以引笔濡墨为书写，是自蔽矣"⑤。

三、刺血写经：书法艺术的特殊形态

禅宗书学著述在关于写经问题的讨论中，涉及得较多的话题是刺血写经。我们在前面已提及，写经一般用墨，元明之时，皇家贵族则用泥金，以表示对法宝的尊重，而有些佛教徒则刺血（指血或舌血），以表示对法宝的特别尊重与虔诚。

近代高僧印光⑥曾对"刺血写经"的有关问题（诸如刺血写经者必备的首要条件、刺血写经所用材料、刺血写经应有的态度、应刺取人身何部位之血、刺血写经的字体等等）作过具体论述：首先，他指出僧人"刺血写经"必备的首要条件，是要"先专志修念佛三昧，待其有得，然后行此法事"，在他看来，没有此种修习作基础，是"难为进趣"的，因为"吾人以博地凡夫，欲顿消业累、速证无生，不致力于此，譬如木无根而欲茂，鸟无翼欲飞，其可得乎？"⑦其次，他讲述了刺血写经所用的材料："有专用血写者，有合金、合硃、

①　云巢嵩《写经》，《增集续传灯录》卷三，《禅宗全书》第16册，第577页上。
②　德清有丰富的画学著述及绘画思想，参见皮朝纲《丹青妙香叩禅心：禅宗画学著述研究》。
③　憨山德清《示曹溪沙弥能化书华严经》，《憨山老人梦游集》，《新编卍续藏经》第127册，第327页上。
④　来复有丰富的画学著述及绘画思想，参见皮朝纲《丹青妙香叩禅心：禅宗画学著述研究》。
⑤　来复《大佛顶无上首楞严经序》，《蒲庵集》，《禅门逸书初编》第7册，第125号，第50下—51上。
⑥　印光（1861—1940），近代高僧。名丹桂，字绍伊，法名圣量，别号常惭愧僧。陕西邰阳（今合阳）人，俗姓赵。年二十于终南山南五台莲花洞出家，于陕西兴安双溪寺受具。后专修净土，振兴佛教尤其是净土宗，贡献至伟，是对中国近代佛教影响最深远的人物之一。被尊为中国净土宗第十三祖。有《净土决疑论》、《宗教不宜混滥论》、《印光法师文钞》正续编及《印光法师嘉言录》。
⑦　印光《与弘一法师书》，黄夏年主编《印光集》，中国社会科学院出版社1996年版，第86—87页。

合墨者",而合金一事,非一般人之人力所能为。他具体介绍了憨山大师、妙峰、高丽南湖奇禅师刺血写经的事迹:憨山大师"刺舌血研金,写《华严经》";妙峰"日刺舌血为二分,一分研硃书《华严经》,一分著《蒙山施食》中,施鬼神";高丽"南湖奇禅师,见蕅益《弥陀要解》,欲广流通,刺舌血研墨写《要解》,用作刻板底样刻之"。他还特别强调指出三位高僧刺血写经的态度,是非常虔诚、恭敬:"其写一字,礼三拜,绕三匝,称十二声佛名。可谓识见超拔,修持专挚者也。"①再次,他具体指出了应该用人身上哪个部位的血(如"古人刺血,或舌或指,或臀或胸前,亦不一定"),绝不能用哪个部位的血("若身则自心以下断不可用,若用则获罪不浅");应如何刺血、何时刺血、取多少血、如何使用等等②。第四,刺血写经的字体必须工整,必须依正式体,不能"以行草体写经",决不允许潦草:"又写经不同写字屏,取其神趣,不必工整。若写经,宜如进士写策,一笔不容苟简,其体必须依正式体",其"书札体格,断不可用"。因为刺血写经乃是作佛事,不可草率从事,视为儿戏:"欲以此断烦惑,了生死,度众生,成佛道,岂可以游戏为之乎?"他还坚决反对那种以刺血写经来沽名钓誉的行为:"所写潦草,毫不恭敬,直是儿戏。不是用血以表志诚,乃用刺血写经,以博自己真心修行之名耳。"③

(一)"书写此经卷,功勋浩无极"

通观禅宗书学著述,禅家在讨论刺血写经时,着重论证了它的意义、功德。

许多禅门大师都高度赞扬血书佛经"功勋无极"。明僧景隆④指出"刺血磨墨书法华经"之"功勋浩无极":"精诚三昧力,刺血复磨墨。书写此经卷,功勋浩无极。"⑤紫柏真可指出血书佛经之功德最殊胜:"墨书不若银,银书不若金,金书不若血,娑婆震旦国","功德难思议"⑥。不少禅师明确指出,血书佛典之所以功勋无极,乃是有佛典作依据、佛祖为榜样。明僧观

① 印光《与弘一法师书》,黄夏年主编《印光集》,第87页。
② 印光《与弘一法师书》,同上书,第87页。
③ 印光《与弘一法师书》,同上书,第87—88页。
④ 景隆有画学著述,参见皮朝纲《丹青妙香叩禅心:禅宗画学著述研究》。
⑤ 景隆《制血磨墨书法华经为文渊跋》,《空谷集》,《禅门逸书续编》第2册,第215号,第17页下—18页上。
⑥ 真可《血书金刚经赞》,《紫柏尊者全集》,《新编卍续藏经》第126册,第949页下。

衡①云："此刺血书经一行，出诸圣典，乃不思议大人境界，非以血光为美，特为重法忘躯，唯法无余，以究竟清净法身，圆满一真法界"②，"此一胜行，出载圣经，是佛明言，是菩萨妙行。华严行愿品云：剥皮为纸，析骨为笔，刺血为墨，书写经卷，积如须弥，充满法界，此为证量也。又此胜行，乃菩萨称法性，所作不思义妙行，非有身心有我见者所能为也。"③明僧憨山德清更以卢舍那佛的血书佛典为例："吾本师卢舍那佛，从初发心，以至成佛，精进不退，以不可说不可说身命而为布施。剥皮为纸，析骨为笔，刺血为墨，书写经典，积如须弥，为重法故，不惜身命"，如能"依佛所行，如佛所愿，又何患不成佛"④。

（二）"续佛慧命，血脉不断"；"转经为己"，获"解脱法门"

禅师们强调，刺血书经，能传承佛法，"续佛慧命，血脉不断"；能弘扬佛法，"毕命弘道"。元僧悟逸⑤在《琛上人血书楞严》中肯定"嘉定琛上人，沥其指血，从而笔之。然续佛慧命，血脉不断，尽在是矣"⑥。明僧梵琦⑦（在《血书莲经跋》中肯定"比丘德慧""刺血而书此经，毕命以弘斯道。毫端散绮，诸天莫不雨花。纸上流金，大地为之震动。譬夫膏油相续而灯不灭，条甲无间而木向荣。"⑧

在他们看来，刺血书经，是"转经为己"，是获得开悟的重要途径，是超胜的解脱法门。明僧无异元来⑨指出，"惟德禅人"血书"五大部"，是"不惜身命而重大法"，如人能劾之，则获解脱法门："人各效之，解脱法门，不待重宣其意，而功德美行，可与轮藏并峙而无尽，不亦善乎？""是大得便宜，是名真解脱"，"广行众善行，皆共成佛道"⑩。伏狮祇园禅师指出，血书佛经可以领悟佛法，可以"转经为己任纵横"，达于任性自由之地——"一字一笔一法

① 观衡有画学著述及绘画思想，参见皮朝纲《丹青妙香叩禅心：禅宗画学著述研究》。
② 观衡《血墨合书妙法莲华经跋》，《紫竹林颛愚衡和尚语录》，《嘉兴藏》第28册，第219号，第693页中。
③ 观衡《刺血书华严经跋》，《紫竹林颛愚衡和尚语录》，《嘉兴藏》第28册，第219号，第692页下。
④ 德清《血书梵网经跋》，《憨山老人梦游集》，《新编卍续藏经》第127册，第651页下－652页上。
⑤ 悟逸有画学著述，参见皮朝纲《丹青妙香叩禅心：禅宗画学著述研究》。
⑥ 悟逸《琛上人血书楞严》，《樵隐悟逸禅师语录》，《新编卍续藏经》第150册，第1117页下。
⑦ 楚石有画学著述及绘画思想，参见皮朝纲《丹青妙香叩禅心：禅宗画学著述研究》。
⑧ 梵琦《血书莲经跋》，《楚石梵琦禅师语录》，《新编卍续藏经》第124册，第287页上。
⑨ 无异元来有画学著述及绘画思想，参见皮朝纲《丹青妙香叩禅心：禅宗画学著述研究》。
⑩ 无异元来《惟德禅人血书经记》，《无异元来禅师广录》，《新编卍续藏经》第125册，第369页上－下。

门,不可思议转法轮"①。明僧真可认为,参禅悟道,为求脱离苦海,"济苦海者,必以无思为舟楫,而彼岸始登焉",而"思不能自无,必假闻道以无之。道不能自闻,又必假缘因为之汲引,乃可闻耳",总之,"夫缘因者,诚诸佛之母,众生之资"。但种种因缘"虽皆闻道之助","唯最后刺血为墨,书经缘因,最为超胜"②。

(三)"庄严微妙","盖心光流溢"

虽然禅师们讨论血书佛经的重点是它的意义、功德,但也有禅师提到它的艺术特点:"端严精楷"、"庄严精致"等,并且明确指出,血书佛经乃是书写者的"心光流溢"。比如:"张氏安人"所血书《金刚经》,"端严精楷,笔意师古,纤毫不苟,绝无软暖气","斯盖心光流溢也"③。"彭尔念居士""志学信佛","又善楷书",其刺血所书《华严经》,"庄严精致",非"泛常尘品所能为","甚为希有"④。"一水上人""取墨于其友六上座之舌端",所书《首楞严经》,其"字画清劲,见者赞叹"⑤。"蕲州永乐寺僧道光","出血和墨"所书之《法华经》,精妙无比("庄严微妙"),"其衡斜点画,匀如空中之雨,整如上濑之鱼"⑥。

所谓"心光"者,乃书写者的本来面目、生命个性也。明僧紫柏真可曾明确提出文字般若(包括诗词、书法、绘画、音乐、工艺美术等文艺现象)是"心之光"、"道之光华"的重要命题:"心外了无法,文字心之光"⑦,"文字语言,道之光华"⑧,"三藏十二部"、"一千七百则机缘",凡"彼种种,皆我固有之光也"⑨,"会万物归己者,书无内外,理无精粗,都来一片心光,曾无别物"⑩,等等。他还明确指出,诗、乐等等文艺现象和审美现象,乃是这"一片心光"的呈现:"此片心光……在诗,情动于中,天机触发,歌咏之不足则舞

---

① 伏狮祇园《题血书华严经》,《伏狮祇园禅师语录》,《嘉兴藏》第28册,第21号,第431页下—432页上。
② 真可《示法灯居士刺血书金刚经》,《紫柏尊者全集》,《新编卍续藏经》第126册,第699页上。
③ 德清《题血书金刚经后》,《憨山老人梦游集》,《新编卍续藏经》第127册,第682页上。
④ 观衡《刺血书华严经跋》,《紫竹林颛愚衡和尚语录》,《嘉兴藏》第28册,第219号,第692页下。
⑤ 通门《书一水上人书楞严经第五卷后》,《牧云和尚懒斋别集》,《嘉兴藏》第31册,第267号,第547页下。
⑥ 慧洪《题光上人书法华经》,《石门文字禅》,《禅宗全书》第95册,第983页下。
⑦ 紫柏真可《文薪偈》,《紫柏尊者全集》卷二十,《新编卍续藏经》,第126册,第417页。
⑧ 紫柏真可《大悲菩萨多臂多目解并铭》,《紫柏尊者全集》卷二十二,同上书,第1026页下—上。
⑨ 紫柏真可《示始光》,《紫柏尊者全集》卷四,同上书,第711页上。
⑩ 紫柏真可《示心穆》,《紫柏尊者全集》卷五,同上书,第721页上。

蹈之。此心在乐,为韶为濩。昔孔子在齐,见牧牛童子,视端而目正,喟然叹曰:‘此必听韶乐而出者也,丘驱之晚矣!’”①真可明确指出,“心”为天下最美者也:“至芳至洁至广至大者,心也。”②在真可那里,“心光”——“无待之光”(真心之光),乃是“以理折情”③、“以理养心”④——也就是除去众生根尘所生之妄念(“情”)而回归众生本具的“自性佛性”(“理”)。所谓“心光流溢”者,乃书写者的本来面目、生命个性的充分呈现也⑤。

因而许多禅师说他们所刺血写经,乃是“以我身命即为经”,“片片无非是赤心”,并且明确指出,血书佛经乃是书写者的“心光流溢”。他们描述了血书佛经所获得的内心体验,所达到的一种精神境界。元僧介清指出,刺血写经会呈现“赤心”之美,正是“一指尖头下一针,红莲初绽碧波深。香风吹散花狼藉,片片无非是赤心”⑥。宋僧绍昙⑦赞美血书佛典之美如“血染春风开杂花”,其效应是“香喷龙王宫殿满”⑧。元僧月磵指出,刺血写经乃是“娘生指上血一滴,染尽给孤园里花”,其美如“三十二枝春盎盎,不知香蔼几恒沙”⑨。明僧法杲⑩描述“秀公”刺血书经,所有经卷如明亮霞光,字字行行如“妊花灼灼”:“缮写琅函较若干,身血淙淙刺为墨。妊花灼灼字与行,百二十卷明霞光。潺湲血滴且弗论,所余血滓犹苍黄。卷轴嵯峨山岳积,宫锦装潢翠云色”⑪。

在禅宗大师看来,入佛门重在修行,要“修行证果”,要深入经藏,领悟佛法真谛,但更为重要的,是以严肃认真的态度去躬行实践。而刺血写经,正是一种非常艰苦,有切肤、刺舌之痛,非常虔诚,需坚信佛法的躬行实践。正如道忞⑫所说血书佛经即是“以我身命即为经”,“伊余早岁窃知恩,金刀

① 紫柏真可《示心穆》,《紫柏尊者全集》卷五,同上书,第721页上—下。
② 紫柏真可《示弟子》,《紫柏真者全集》卷三,同上书,第680页下。
③ 紫柏真可《魂魄辨》,《紫柏尊者全集》卷二十一,同上书,第999页下。
④ 紫柏真可《示弟子》,《紫柏真者全集》卷三,同上书,第653页上。
⑤ 参见皮朝纲《紫柏真可的“文字般若”说与禅宗的审美主义》,《四川师范大学学报》2009年第1期。
⑥ 介清《刺血书莲经》,《龙源介清禅师语录》,《新编卍续藏经》第70册,第478页下。
⑦ 绍昙有画学著述及绘画思想,参见皮朝纲《丹青妙香叩禅心:禅宗画学著述研究》。
⑧ 绍昙《明月谷血书华严,蒙恩宣入内庭》,《希叟绍昙禅师广录》,《新编卍续藏经》第122册,第296页下。
⑨ 月磵《血书金刚经》,《月磵禅师语录》,《新编卍续藏经》第150册,第1080页下。
⑩ 法杲有画学著述及绘画思想,参见皮朝纲《丹青妙香叩禅心:禅宗画学著述研究》。
⑪ 法杲《赠秀公刺血书经》,《雪山草》,《禅门逸书续编》第3册,第221号,第37页下—39页上。
⑫ 道忞有画学著述及绘画思想,参见皮朝纲《丹青妙香叩禅心:禅宗画学著述研究》。

曾割红莲舌,沥血流丹书此经,字字经兮字字血"①。是用身体书写,用生命书写,因而作为书法艺术的手写佛经,则会呈现出书写者的生命之美,心灵之美,人格之美。

历代许多禅师都曾刺血书经,但大多失传,只能从现在还存世之作以窥一斑②。

明僧无暇和尚,在九华山曾刺舌血和指血濡研银珠拌金粉,抄写《大方广佛华严经》,全书81卷,共计42万字。据说,为了抄写这部经书,他是每隔20天,刺取舌血一次,前后共用了28年时间。这就是被九华山历代僧人奉为珍宝的国家一级文物③。当代著名僧人、广州光孝寺住持本焕和尚,从1938年开始,在五台山广济茅蓬(即碧山寺),将手指剪开,以血为墨,日写六百字,六个多月,先后恭了《楞严经》十卷、《地藏经》三卷、《金刚经》、《普贤行愿品》和《文殊师利法王子经》等共19卷经文近20万字。现在幸存一本血经《华严经·普贤菩萨行愿品》,共5952个字,都是正楷大写的繁体字。是由一位当年碧山寺当库管的僧人,拼着性命保存下来;于1987年本焕升任光孝寺方丈时送还④。

(四)"如蒸沙作饭","好肉上剜疮"

必须指出,在禅门普遍肯定和赞美刺血写经之时,有的禅师却持异议,甚至反对和否定。有的禅师在肯定血书佛经的同时,明确指出不能执著。明末清初即非禅师在肯定"刺血写经"功德广大("书持功德等虚空"⑤)的同

---

① 道忞《题血书法华经后》,《布水台集》,《嘉兴藏》第26册,第181号,第399页上。

② 在我国一些名寺中,都存刺血写本的佛经。如江苏苏州西园戒幢律寺,现藏有元代善继以舌血书写的《华严经》一部,历时20余年写成。安徽九华山历史博物馆藏有明代无瑕禅师,刺血研磨银砂,历经28年才抄写成的《华严经》。在北京云居寺有明崇祯(公元1628年)时期的僧人祖慧7卷"舌血"《华严经》。江西庐山博物馆收藏海会寺普超和尚用血书写的《华严经》,他历时15载,因出血太多,圆寂时年仅45岁。广东省潮州开元寺现珍藏有智诚法师血书《华严经》。在福建省福州涌泉寺内,现在还藏有血书《大乘般若波罗蜜多经》657册等。它们字字严整,金光闪烁,让人处处感觉到作者那一颗无与伦比的虔敬之心,油然而生敬意。见李西宁《刺血写就〈华严经〉》,《图林老姜的BLOG》,http://blog.sina.cn/tllj,2008年10月13日。

③ 此书共计81卷,每卷用15张白宣纸粘合,每张纸长60.5厘米,宽33厘米,上面抄写经文20行,每一行有15个字。每一卷共折60面。这部血经保存完好,朱色未褪,现珍藏于安徽九华山历史博物馆。见《无暇和尚刺血书佛经》,《佛教在线》(www.Fjnet.com),中国佛教新闻网讯,2008年9月20日。

④ 慕郊、汉舟《刺血写经,赤诚佛心》,《中华儿女海外版》2004年9期。

⑤ 即非《雷洲戒子发心梓弥勒大士三生经并血书诵持嘉其志向偈以勉之》,《即非禅师全录》,《嘉兴藏》第38册,第425号,第725页下。

时,明确指出,不能执著,否则就是"敲门瓦子当家珍,江上镂霞徒费力"①。有的禅宗大师肯定刺血书经是"转经为己",是获得开悟的重要途径,是超胜的解脱法门,而清僧性玨则认为,"一切菩萨道,都从行门修",而刺血书经,并非修行法门:"将谓刺血书经为行门耶?错!"②高丽僧人知讷认为,欲通过"刺血写经"等方式以求佛道,乃是"如蒸沙作饭",是徒劳无益的。这是"不识自心是真佛,不识自性是真法","尔但识自心,恒沙法门,无量妙义,不求而得"③。明僧通云指出,佛经"人人本自具足,不待书写,文彩自彰",楚文上人刺血书之,是"好肉上剜疮"④。

如何看待和评价刺血写经这一书法艺术的特殊形态,还是一个需要继续深入思考和进一步认真探讨的课题⑤。

---

① 即非《示清渊禅人血书普门品盂兰盆二经》,《即非禅师全录》,《嘉兴藏》第38册,第425号,第723页上。

② 性玨《卓峰玨禅师语录》,《嘉兴藏》第39册,第444号,第341页中。

③ 知讷《高丽国普照禅师修心诀》,《大正藏》第48册,第2020号,第1005页下。

④ 通云《跋楚文上人血书华严经》,《雪窦石奇禅师语录》,《嘉兴藏》第26册,第183号,第513页下。

⑤ 参见皮朝纲《中国古典美学思辨录》,新天出版社2012年版,第195—217页。

第二章 佛法与书法:佛之"心语"与佛之"心法"

书法与佛法(佛性、佛心、本心)的关系问题,是禅宗书学所关注和讨论的重要课题。

诚然,在中国古代书论中,已有书法家论及过书法与佛法的关系问题。比如清人姚孟起[①]在《字学忆参》中,以佛(禅)论书,以佛(禅)喻书:"一部《金刚经》专为众生说法,而又教人离相。学古人书是听佛说法也,识得秦、汉、晋、唐书法之妙,会以自己性灵,是处处离相、成佛道因由"[②];"《金经》云:'非法非非法。'悟得此诀,何患食古不化。"[③]他借用《金刚经》的"离相"、"非法非非法"来说明学习古人书法与听佛说法有相似相通之处。《金刚经》"教人离相",不能执著于外物的形之"相"上,把一切放下,才有可能开悟成佛,见到自己的本来面目。那么,学习古人书法,也如"听佛说法",也不要执著于法书具体的点画形相之上,要"处处离相",用"自己性灵",去会通古人书法之玄妙之处,才有可能达于书法创作的成熟境界。《金刚经》教人要运用"非法非非法"——即懂得和把握"非有非无"的"双遣"之法,才有可能在参禅悟道中获得开悟;那么,学习古人书法,进行书法创作,也应领悟和把握"非法非非法"——既遵守一定的法式,又不受其束缚,而能灵活

---

① 姚孟起,清书法家。字凤生,一作凤笙,吴县(今江苏吴县)人。贡生。以书名,正书宗欧阳询,尝临九成宫醴泉铭逼肖。隶书仿陈鸿寿。兼治印,得蒋仁秀劲之气。通画理,偶作画,古拙如金农。事见《海上墨林》、《广印人传》、《清朝书画家笔录》、《吴门画史》等。

② 姚孟起《字学忆参》,崔尔平选编《明清书法论文选》,上海书店出版社1994年版,第907页。

③ 同上书,第909页。

运用,会通和抒写自己性灵,这就是无法而法——"非有非无"的"双遣"之法,这样就不会犯"食古不化"之病。

但必须指出,姚孟起之论,只是论及学习古人书法与听佛说法有相似相通之处,尚未触及佛教书法与佛法的内在关联问题。而禅宗书学在讨论书法与佛法的关系问题时,所涉及的乃是书法与佛性(佛心、本心)的内在联系问题。

我们曾经指出,禅宗特别看重"心本体",在禅门中人看来,"心本体"乃是众生的"本来面目",本真状态。禅宗是以"立心"建构其心性本体论的,因为禅宗是把心性论作为自己的理论基础,而"心"这个概念又是整个禅宗哲学与美学的理论基石,可以说禅宗的整个理论体系就是从把握本源——"心"这点出发而建立起来的①。在这一思想的统摄下,禅门大师在论述"书法"与"本来面目"("心")的关系问题时,主要提出了以下主张。

一、佛经"句句皆心语",写经(书法)"字字皆心法"

(一)书法"犹释氏心印,发于心源,成于了悟"

五代高僧释昙光②云:书法"犹释氏心印,发于心源,成于了悟,非手口可传"③。宋代政禅师曰:"书,心画也,作意则不妙耳。"④政禅师"书,心画也"之说,乃是沿用汉代扬雄的"心画"论⑤,它涉及书法与书法家思想情感、精神品格之间的关系,书法具有抒情表意的性质与功用。而政禅师所强调的则是书法创作应出自自然,无意而为,因为有意为之则不佳("作意则不妙"),因而他"喜求儿童字,观其纯气"——天真自然之气。秦观"绝爱政黄

---

① 参见皮朝纲《关于禅宗美学的逻辑起点、研究对象与理论范式的思考》,《禅宗美学思想的嬗变轨迹》,电子科技大学出版社 2003 年版,第 25—26 页。

② 《宣和书谱》卷十九称:昙光"潜心草字,名重一时","观昙光墨迹,笔势遒健,虽足以与智永、怀素方驾,然亦是一家法,为时所称,岂一朝夕之力欤!"(《宣和书谱》,上海书画出版社 1984 年版,第 149—150 页)

③ 苏颂《题送昙光序》:"光论书法:'犹释氏心印,发于心源,成于了悟,非口手可传。'此诚知书者。然当时名称如此,而独不闻于后世,笔迹绝少传者,岂唐人能书者多,如光辈湮没无闻,不知几何人耶?观诸公称誉之言,盖非常常僧流也。"(苏颂《苏魏公文集》卷七十二,文渊阁四库全书影印本,第 1092 册,第 757 页下。)

④ 慧洪《题昭默自笔小参》:"游东吴见岑寥,为予言,秦少游绝爱政黄牛书,问其笔法,政曰:'书,心画也,作意则不妙耳!'故喜求儿童字,观其纯气。"(慧洪《题昭默自笔小参》,《石门文字禅》,《禅宗全书》第 95 册,第 354 页下)

⑤ 扬雄《法言·问神》:"故言,心声也;书,心画也。声画形,君子小人见矣。声画者,君子小人之所以动情乎?"(扬雄《法言·问神》,汪荣宝《法言义疏八》,中华书局 1987 年版,第 160 页。)

牛书"①,"见功臣山政禅师书,叹以为非积学所致。其纯美之韵,如水成文,出于自然"②。释訔光关于书法"犹释氏心印,发于心源,成于了悟,非手口可传"之论,乃是强调书法家在书法创造中,其审美胸襟在有意无意之间与禅(心)水乳般交融,使书法成为禅(心)的形象显现;他还强调书法创作应以心为源,强调书家心灵的创造功能;强调书法创造及其作品,乃是书家审美体验、审美领悟的过程及其产物③。訔光之论,对后世书论有深刻的影响。清人康有为《广艺舟双楫》云:"吾谓书法亦犹佛法,始于戒律,精于定慧,证于心源,妙于了悟,至极也,亦非口手可传焉。"④

　　宋僧师范在《跋大丞相游公所书心经》中指出:《心经》是"吾佛以覆大千之舌所说,句句皆心语也";而"大丞相游公"所书《心经》,则是"以运造化之手所书,字字皆心法也"⑤。无准师范之论,旨在说明佛经乃佛之"心语"(佛心、本心),而佛教书法艺术(写经)则是佛之"心法"——佛之"心语"(佛心、本心)的形象呈现。此处"心法",可从以下两个层面理解:第一,"心法"与"色法"相对,泛指一切精神现象和心理现象⑥。"一切诸法分色心之二法。质碍曰色法。无质碍有缘虑之用,或缘起诸法之根本者曰心法。"⑦那

　　① 慧洪《题昭默自笔小参》,《石门文字禅》,《禅宗全书》第95册,第354页下。
　　② 慧洪《题昭默墨迹》,《石门文字禅》,同上书,第354页下。
　　③ 李光华《禅与书法》第三章《书论中的禅思》之"訔光〈论书法〉的'书法犹释氏心印'"与第四章《禅与书法融通之理路》之第二节之第一项《对"心本体"的借鉴》,其所引訔光之语为:"书法犹释氏心印,法于心源,成于了悟,非口手可传。"(李光华《禅与书法》,宗教文化出版社2011年9月版,第135页、第190页)其"法于心源"一句,与文渊阁四库全书影印本所收之苏颂《苏魏公文集》卷七十二、倪涛《六艺之一录》卷三百三十三、《佩文斋书画谱》卷六等所记载的訔光之语为"发于心源"不同。李氏的"注释"称,其引文来自:崔尔平选编之《历代书法论文选续编》之"唐人书论",上海书画出版社2004年版,第42页。今翻检崔尔平所选编之书的"唐人书论",却找不到訔光之论述,不知李氏据何书引用訔光之论为"法于心源"。李氏按"法于心源"之语作了下列阐释:"在訔光看来,书法就像是禅法,传书法也就是传心印。既然一切法皆是从心而生,这一切法当然也包括书法。也就是说,书法之'法'乃是从心而建立,即所谓'法于心源'。訔光的'法于心源',我认为既是书法的生成论,也是书法的本体论。从这个角度看,訔光则是书法心本体论的奠基者。"(李光华《禅与书法》,宗教文化出版社2011年9月版,第138页)李氏还说:"这句话已清楚表明:心乃书法之源;而书法就像是释迦牟尼佛所传的以心印心的禅宗心印,不假外觅,直探心源。众所周知,书法家论及书法,每每强调和高举一个'法'字,如笔法、墨法、纸法、八法、三十六法等等。但是,这些法则是如何建立的? 依据是什么? 建立这些法则的主体的人与客体的法则是什么关系? 诸如此类的问题,能从哲学角度作答者,则少之又少。而'法于心源'这句话,就以上问题给出了一个哲学的回答。这句话所表达的以心为本体的思想,在禅与书法的交涉史上,无疑具有里程碑式的意义,为后世以'心为本'的禅意书论提供了范式,也为禅与书法之融通奠定了哲学基础。"(同上书,第190页)
　　④ 康有为《广艺舟双楫》,祝嘉《艺舟双楫·广艺舟双楫疏证》,巴蜀书社1989年版,第335页。
　　⑤ 师范《跋大丞相游公所书心经》,《无准师范禅师语录》,《新编卍续藏经》第70册,第273页上。
　　⑥ 任继愈主编《中国佛教大辞典》,江苏古籍出版社2002年版,第341页。
　　⑦ 丁福宝、孙祖烈《佛学精要辞典》,宗教文化出版社1999年版,第192页。

么,佛教书法艺术(写经)则是佛之"心语"(佛心、本心)所呈现出来的精神现象和心理现象。第二,"心法",即禅法,即心印,指不依佛典,而以心印心、以心传心的佛法。"心法"即禅法,见诸佛典记载者:"师子尊者(第二十四祖师子比丘)付婆舍斯多心法、信衣为正嗣。"①"唐杭州刺史白居易字乐天,久参佛光得心法。"②而禅法,即是禅的法门。如僧睿在《关中出禅经序》说:"禅法者,向道之初门,泥洹之津径也。"③禅宗兴起后,将禅法分为两大类:一名如来禅,二名祖师禅。如来禅,依经论所说,即由罗什初传,至天台而详备;祖师禅,即禅宗所传的禅法,不依经论所说,祖祖相传,以心印心,由达摩初传,至五家禅分立而臻鼎盛。后言禅法,通常指祖师禅④。而禅法即"心印",见诸佛典记载者:《五灯会元》卷十九"保宁仁勇禅师":"闻杨歧移云盖,能铃键学者,直造其室,一语未及,顿明心印。"⑤《祖庭事苑》卷八:"心印者,达摩西来,不立文字,单传心印,直指人心,见性成佛。"⑥所谓"心印"者,"心,佛心也。印,印可印定之义。此印能印可印定佛法之实义。……而此以佛之心印,直印于众生之心,谓之以心传心。"⑦佛教称这种以心传心的佛法为心法。从这一角度说,佛教书法艺术(写经)可以说是佛祖之"心印"——佛心之形象显现。明僧通门也指出石刻佛经,可以传佛心印("悬崖有字阿谁刊?七佛传心见笔端"),可以传承佛法("林下百年遗胜迹,曹溪滴水未曾乾")⑧。

需要指出的是,用"心法"一语来论述书法问题的,不只是禅门书学家。其他书学家在用"心法"来言说书法时,涉及了以下几个层面的含义:

"心法"含义的第一个层面:"心法"乃笔法。如董逌《广川书跋》云;

"张友正所书,自云得汉人心法。其用笔过为锋长,而力弱殆不可持,故使笔常动摇,势若宛转。世人故自不能用。今考其书,别构一

---

① 《景德传灯录》卷二,《大正藏》第51册,第2076号,第215页上。

② 《景德传灯录》卷十,同上书,第279页下。

③ 僧睿《关中出禅经序》,《出三藏记集序》卷九,《大正藏》第55册,第2145号,第65页上。

④ 任继愈主编《中国佛教大辞典》,江苏古籍出版社2002年版,第1228页。

⑤ 普济《五灯会元》,苏渊雷点校,中华书局1984年版,第1236页。

⑥ 善卿《祖庭事苑》,《新编卍续藏经》第113册,第224页上。

⑦ 丁福宝、孙祖烈《佛学精要辞典》,宗教文化出版社1999年版,第191页。

⑧ 通门《平庵以石刻七佛偈见贻乃黄山谷笔镌庐山崖石者赋此为谢(山谷以元祐六年大寒日书是石而平庵持帖来亦大寒日)》,《懒斋别集》,《禅门逸书初编》第9册,第136号,第227页上。

体,自得成就。虽神明潜发不逮古人,然自然处正自过人也。今人不知古人用笔,或妄诋者,不知书者也。"[①]

　　董逌所言"心法",指良师精心传授的笔法[②]。而此种笔法,系书法家在长期艺术实践中所积累的具有独特个性的创作经验。董逌就指出了"张友正"之"心法",乃自创一体,自得成就:"别构一体,自得成就。虽神明潜发不逮古人,然自然处正自过人也";有独特个性,非他人能用:"其用笔过为锋长,而力弱殆不可持,故使笔常动摇,势若宛转。世人故自不能用"。
　　又如:王鏊曰:"智永千文,号得羲献家传心法,学草书者,必由是入,始不失古人矩矱。"[③]沈作喆《宋沈作喆寓简·论书八条》云:"书固艺事,然不得心法,不能造微入妙也。"[④]他们所言"心法",都是指笔法
　　"心法"含义的第二个层面:"心法"指书法所体现的书法家的精神境界。如郝经云:

　　　　"夫书一技耳,古者与射御并,故三代先秦不计夫工拙,而不以为学,是以无书法之说焉。……道不足,则技始以书为工。始寓性情襟度风格其中,而见其为人,专门名家始有书学矣。……其后颜鲁公以忠义大节,极古今之正,援篆入楷;苏东坡以雄文大笔,极古今之变,以楷用隶;于是书备极无余蕴矣。盖皆以人品为本,其书法即其心法也。故柳公权谓,心正则笔正。虽一时讽谏,亦书法之本也。苟其人品凡下,颇僻侧媚,纵其书工,其中心蕴蓄者,亦不能掩有诸内者,必形诸外也。"[⑤]

郝经提出的"书法即心法"的命题,是从以人品论书法的角度立论。"心法"

---

　　① 董逌《广川书跋·张友正草字》卷七,文渊阁四库全书影印本,台湾商务印书馆1986年版,第813册,第416页下。
　　② 陶明君《中国书论辞典》,湖南美术出版社2001年版,第87页。
　　③ 王鏊《鲜于伯机草书千文》,《震泽集》卷三十五,文渊阁四库全书影印本,第1256册,第515页下。
　　④ 《宋沈作喆寓简·论书八条》,倪涛《六艺之一录》卷二百九十,文渊阁四库全书影印本,第836册,第368页上。
　　⑤ 《元郝经论书》,《佩文斋书画谱》卷七"论书七·书学下",文渊阁四库全书影印本,第819册,第236页上-238页上。

与"人品"密切相关。他明确指出，颜鲁公"以忠义大节，极古今之正，援篆入楷"，苏东坡"以雄文大笔，极古今之变，以楷用隶"，书法造诣达到很高境界，其根本原因是：他们"皆以人品为本，其书法即其心法也"，也就是说，他们的书法，即是他们人品（心灵）的呈现，"有诸内者，必形诸外也"。又如沈明臣《顾氏集古印谱叙》云："而其文篆，古朴奇妙，皆古人精神心法之所寓者，非谱无以示千百世后矣。"①其"精神心法"更突出了"心法"的"精神"含义。

"心法"含义的第三个层面："心法"侧重指书法作品的内在精神（含所书写的文字的思想内容；书法作品所表现出的书法家的心灵境界）；而"书法"侧重指书法作品的外在形式和独特风格。如曹勋《恭题今上皇帝赐御书阿房宫赋》云：

> "臣闻有心法有书法。心法见于所书之文，书法见于字画之际。恭惟皇帝陛下，挺生知之圣，躬天纵之能，万机余闲，不以声色为娱，珍玩为好，惟留神翰墨，恬养天和。所书之文，必圣贤格言；所作之字，备古今众体，宸奎藻丽与雷霆风云，同变化之用，岂特以翔鸾矞凤，下与钟王辈较能于位置点画间哉！今书杜牧赋，圣意所寓，尤邃于兴寄，盖欲敦舜禹之俭，监亡秦之侈，以安养斯民，混一区宇为心，非止游戏笔墨三昧而已！"②

曹勋所说的"心法见於所书之文"，首先，是所书写的文字的思想内容，即是《御书阿房宫赋》"所书之文"乃"圣贤格言"；其次，是书法作品所表现出的书法家的心灵境界，书法家"今书杜牧赋"，是有寄托——"兴寄"，有"寓意"，那就是"欲敦舜禹之俭，监亡秦之侈，以安养斯民，混一区宇为心"，其"安养斯民，混一区宇"之心，表现了一种心怀天下，关怀苍生的胸襟。曹勋所说的"书法见于字画之际"，即书法作品的外在形式和独特风格。他说《御书阿房宫赋》"所作之字，备古今众体"，兼有"古今众体"之美；其书既有

---

① 沈明臣《顾氏集古印谱叙》，倪涛《六艺之一录》卷二十一，文渊阁四库全书影印本，第830册，第357页下—358页上。
② 曹勋《恭题今上皇帝赐御书阿房宫赋》，《松隐集》卷三十二，文渊阁四库全书影印本，第1129册，第521页上。

刚健之姿("雷霆风云"),又有阿娜之致("藻丽"),且富于变化而不板滞;非一般的"翔鸾翥凤"可譬喻,也不能在"位置点画间"与"锺王辈"比较其优劣高下。诚然,曹勋之评价是否公允,其《御书阿房宫赋》无存于世,已无从考察;曹勋作为臣子,也免不了对君王的溢美之辞。

"心法"含义的第四个层面:"心法"涵盖书法作品的内在精神和外在形式。如何乔新云:

> "晦庵先生潜心圣贤之学,探索至道,其于词章字画,盖有不暇留意者。今观先生自书所《和张宣公城南杂咏》二十首,其词浑厚和平,有盛唐风致;其字如孤松老柏,晋宋间以书名家者未易及也。是虽大贤多能所到,其所以然者,亦本於心耳。先生之学,以正心为本。夫诗心声也,字心画也,心得所养,则发之于诗,形之于字,卓乎绝俗,岂世之惫精疲神以学诗、学字者所可髣髴哉!善学先生者,咏其心声,玩其心画,则放心自复,鄙吝自消,固可得其心法于词句点画之表矣!①

何乔新指出:朱熹所书《和張宣公城南杂咏》,其内在精神是:"其词浑厚和平,有盛唐风致";其外在形式是:"其字如孤松老柏,晉宋间以书名家者未易及也"。这两者都本源于心:"其所以然者,亦本於心耳。先生之学,以正心为本"。其"心法"既含作诗之法,又含写字之法。

上述四个层面的含义,其第一个层面的含义是最基本的。由"心法"乃笔法,才言及"心法"指书法所体现的书法家的精神境界;才言及"心法"侧重指书法作品的内在精神,而"书法"侧重指书法作品的外在形式和独特风格;才言及"心法"涵盖书法作品的内在精神和外在形式。但它们都侧重涉及书法创作的方法、技巧等问题。多是从方法论的视角,言说如何吸取、传承、创造自己独特的笔法,在书法创作上达到出神入化的境地。而禅宗书学以"心法"论书法创作,其立足点却有区别:多是从本体论的视角,论述书法与佛性(佛心、本心)的内在联系,论述佛教书艺的本质、功用,从而提出了书写佛经"字字皆心法"的命题,佛教书法艺术(写经)则是佛之"心法",是佛之"心语"(佛心、本心)的形象显现。

---

① 何乔新《跋晦庵真迹》,《椒邱文集》卷十八,文渊阁四库全书影印本,第 1249 册,第 307 页上。

（二）"写佛语心"，获佛"妙心"

有的禅师明确指出，佛教书法艺术（书写佛经）乃是"写佛语心"，并能获得佛之"妙心"。宋僧居简①在《强斋高使君金书诸经赞》中指出，"强斋大士"书写佛经，乃是"续父厥志，写佛语心"②。何谓"佛语心"？《楞伽阿跋多罗宝经注解》解释"佛语心"时指出："佛语心者，即诸佛所说心法也。"③因此，书写佛经，就是呈现、传承"诸佛所说心法"——呈现、传承佛心、佛性。正由于是写"佛语心"，因而"一点画中具无量义"——"字可悉数，义则无量"④。其写经书法中的一点一画，都孕含着无穷的佛教义理（佛心、本心）。

他又在《高秘阁金书心经颂并引》中，指出"高秘阁"用金书《心经》，十分虔诚，"罔契心初，蚤暮恳切，宝脊恧然"，从而获得佛祖之"本妙心"⑤。何谓"妙心"？心体不可思议，故称妙心⑥。灌顶在《法华私记缘起》中指出："所言妙者，妙名不可思议也。""所言妙者，褒美不可思议之法也。"⑦。他把本心（佛心、佛性）视为不可思议的美妙境界。在居简看来，"高秘阁"用金书《心经》，不只是所书佛经（作为书法艺术）呈现了佛祖的不可思议的、美妙无比的"本妙心"；而且他"宝脊恧然"（恧然：恍然大悟。清龚自珍《最录〈三千有门颂〉》："壬辰岁，得此书于龙泉寺，思之七昼夜，乃恧然破。"⑧），恍然大悟，领悟和把握到了佛祖的不可思议的、美妙无比的"本妙心"。

二、书法创造"无不从妙心流出"

（一）书法"本于自心"

禅宗认为："万法皆从心生，心为万法之根本。"⑨明僧紫柏真可⑩在《交芦生书〈千字文〉说》中，明确提出了书法"本于自心"的重要命题，指出"自心"乃书法之"祖"（本源）：

①　居简有画学著述及其画学思想，参见皮朝纲《丹青妙香叩禅心：禅宗画学著述研究》。
②　居简《强斋高使君金书诸经赞引》，《北碉集》，《禅门逸书初编》第5册，第112号，第81页下。
③　《一切佛语心品》，《楞伽阿跋多罗宝经注解》卷一，《大正藏》第39册，第1789号，第343页。
④　居简《强斋高使君金书诸经赞引》，《北碉集》，《禅门逸书初编》第5册，第112号，第81页下。
⑤　居简《高秘阁金书心经颂并引》，《北碉集》，《禅门逸书初编》第5册，第112号，第84页下。
⑥　慈怡主编《佛光大辞典》，书目文献出版社1989年版，第2843页。
⑦　智顗《妙法莲华经玄义》，《大正藏》第33册，第1716号，台湾新文丰出版公司1983年版，第681页上一中。
⑧　龚自珍《最录〈三千有门颂〉》，《龚自珍全集》，上海古籍出版社1999年版，第400页。
⑨　《马祖道一禅师广录》，《新编卍续藏经》第119册，第812页上。。
⑩　真可有丰富的画学著述及绘画思想，参见皮朝纲《丹青妙香叩禅心：禅宗画学著述研究》。

夫画本未画,未画本于自心。故自心欲一画,欲两画,以至于千万画,画画皆活,未尝死也。何谓死活?曰:若见一画,即谓一画,见千万画,即谓千万画,是谓知死而不知活。惟知活者,画虽无尽,晓然了知,机在我而不在画也。……苍颉睹鸟迹而悟字母,梵佉娄不烦感而悟字生于心,虽文成横竖,而诠义未始不同焉。如鸟迹而变大篆,大篆变小篆,小篆变隶,隶变楷,楷变草,草则复几乎鸟迹矣。……故曰:通其变者,始制者也。因其变者,乃众人耳。虽然,始制几圣,众人几愚。有能因画而悟未画,因心而得悟心。噫!未画画母,无心天地万物之祖。既知其母,复得其祖。……予睹交芦生手书《千字文》,其字画起伏纵横,变化有条,而又不死于法,果书者之能品耶![①]

现对真可此段论述,解读如次:第一,在真可看来,书法创作始于"一画",而"一画"则本于"未画","未画"又本于"自心",因而,"自心"乃书法之本源。他曾在一则《法语》中也明确说过,文字语言乃"本于自心":"夫文字语言,必本于音声,音声又本于自心之虚灵。……诚以字本于声,声本于心,心乃我固有之虚灵也。"[②]要知道,真可所说的"文字语言",即是他反复申说的"文字般若"。在明代,文字般若是一个内涵相当广泛的概念。明末四大高僧之一的蕅益智旭曾解释"文字般若"云:"万象万行与音声点画,同名文字般若。"[③]这是在文字禅的广义层面上解释"文字般若",不仅泛指一切以文字为媒介、手段或对象的参禅悟道等佛事活动,也包括自然、社会、艺术领域的"万象万行与音声点画"的种种现象。在真可关于文字般若的言说中,广泛涉及了诗词、书法、绘画、音乐、工艺美术等等文艺现象与审美现象[④]。因而,包括书法在内的一切艺术"本于自心"说,乃是真可文艺美学的一个重要观点。第二,在真可看来,"自心"有强大的审美创造功能,是书法艺术创造的驱动力。它生机勃勃,可以自由创造:"自心欲一画,欲两画,以至于

---

　　① 真可《交芦生书〈千字文〉说》,《紫柏尊者全集》卷二十一,《新编卍续藏经》第126册,第1000页下。
　　② 真可《法语》,《紫柏尊者全集》卷一,《新编卍续藏经》第126册,第652页上。
　　③ 蕅益智旭《水心持金刚经跋》,《灵峰宗论》卷七之一,《蕅益大师全集》(六),福建莆田广化寺佛经流通处,1979年版,第1050页。
　　④ 参见皮朝纲《紫柏真可的"文字般若"说与禅宗的审美主义》,《四川师范大学学报》2009年第1期。

千万画,画画皆活,未尝死也。"因为,这一画、两画、千万画,都是活泼泼生命即"自心之虚灵"的涌现,因而它"画画皆活"。第三,他明确指出:"未画"是"画"之"母",而"无心"乃"天地万物之祖"。真可视"无心"为"天地万物之祖",当然也是一切文学艺术之"祖"(本源)。在真可那里,"无心"乃是真心(即是"自心"),而非妄心。所谓"无心",是"指离妄念之真心。非谓无心识,而系远离凡圣、粗妙、善恶、美丑、大小等之分别情识,处于不执著、不滞碍之自由境界。"①《宗镜录》卷八十三云:"若不起妄心,则能顺觉。所以云,无心是道。"②真可是一个心性本体论者,他把心作为产生万物的终极根源:"心生则种种法生。……心作天堂,心作地狱,心作圣人,心作众人,至于大之天地,广之万物,皆心之造作。"③在真可那里,现象界的万事万物皆为一心所变现的"心",乃是如来藏自性清净心,即真心,而不是根尘虚妄之污染心,即妄心。他多次复称说的"心外无法,何法非心?心本妙物而无累也,妙则泛立曲当,无累则超然而无待也"④之"心",即是如来藏自性清净心,即真常心;其所说的"一心不生,万法无咎,人物交辏,本来廓如也"⑤,是根尘虚妄之心,即污染心,所以真可说"心生则道失,物弃欲自存"⑥。"如此妄念,终朝汩汩,毕世辛勤,不过最初一点妄心不能空耳。我故曰:饮食、男女、声色、获利,非能障道者,为此妄心也"⑦。他说唯圣人才具"无心":"唯圣人无魄而惟神,故其生也,生不能累;而其死也,岂独有累耶?故曰:妙万物而无心,谓之神。"⑧

真可还提出了艺术创作应"见心"之说:"夫见画不见笔,见笔不见手,见手不见心,见心不见心之前者,谓之见见可乎?苟借画见笔,借笔见手,借手见心,借心见心之前者,谓之不见见可乎?"⑨他不仅提出了艺术创作应"见心",而且应"见心之前者"。所谓"心之前者",乃指"性"而言。他曾说过"心乃独处于性情之间者也。故心悟,则情可化而为理;心迷,则理变而

---

① 慈怡主编《佛光大辞典》,书目文献出版社1989年版,第1090页。
② 永明延寿《宗镜录》,《大正藏》第48册,第2016号,第875页下。
③ 真可《墨香庵常言》,《紫柏真者全集》卷十,《新编卍续藏经》第126册,第814页上。
④ 真可《金仲坚字說》,《紫柏真者全集》卷二十一,《新编卍续藏经》第126册,第1013页下。
⑤ 真可《墨香庵常言》,《紫柏真者全集》卷十,《新编卍续藏经》第126册,第810页下。
⑥ 真可《墨光亭常言》,《紫柏真者全集》卷十,《新编卍续藏经》第126册,第820页下。
⑦ 真可《示弟子》,《紫柏真者全集》卷三,《新编卍续藏经》第126册,第684页下。
⑧ 真可《魂魄辨》,《紫柏真者全集》卷二十一,《新编卍续藏经》第126册,第999页下。
⑨ 紫柏真可《题王画卷》,《紫柏尊者全集》卷十五,《新编卍续藏经》第126册,第,第892页下。

为情矣。若夫心之前者,则谓之性,性能应物,则谓之心。应物而无累,则谓之理。应物而有累者,始谓之情也。"①就是说,书法创作应展示、呈现真心、"自性佛性"②。

(二)"其点画,皆从金刚心中流出"

禅门大师认为,书法创作乃是"从金刚心中流出","从妙心流出"。明僧憨山德清在《题曹溪诸沙弥书华严经后》中,指出曹溪诸沙弥所书《华严经》,"其点画,皆从金刚心中流出"③。何谓"金刚心"?比喻信心坚固不动,犹如金刚之坚硬,不被任何物质所破坏。例如菩萨之大心坚固不动,称为金刚心④。《大智度论》云:"'金刚心'者,一切结使烦恼所不能动,譬如金刚山,不为风所倾摇。诸恶众生、魔人来,不随意行,不信受其语。瞋骂谤毁,打击闭絷,斫刺割截,心不变异;有来乞索头、目、髓、脑、手、足、皮、肉,尽能与之;求者意犹无厌足,更瞋恚骂詈,尔时心忍不动。譬如牢固金刚山,人来斸凿毁坏,诸虫来齧,无所亏损,是名'金刚心'。"⑤在憨山看来,《华严经》是一部伟大的"法界之经",是"本尊卢舍那佛""初成正觉"所演说的"不可思议之法",而曹溪众沙弥能发心"书写华严尊经",乃是仗此经的"大法因缘",而植下"金刚种子",因而其所书写的经书的一点一画"皆从金刚心中流出",使他深为"感激"。

憨山德清为明代著名书僧,曾多年书写佛典:"予年三十三,刻意书经"⑥;曾血书《华严经》:"但取血为墨,与金共和合。书写大经卷,一字法门海。"⑦明朱谋垔《续书史会要》称:"德清文字妙敏,一写千言,善行、草。"⑧憨山非常喜爱修雅法师的《法华经歌》,认为此歌"可谓深入法华三昧者也",真正把握了法华经的精髓;此歌对他的感染和触动极其深刻:"余少时即知

---

① 紫柏真可《法语》,《紫柏尊者全集》卷一,《新编卍续藏经》第126册,第646页下。

② 参见皮朝纲《紫柏真可的"文字般若"说与禅宗的审美主义》,《四川师范大学学报》2009年第1期。

③ 憨山《题曹溪诸沙弥书华严经后》,《憨山老人梦游集》,《新编卍续藏经》,第127册,第940页下。

④ 慈怡主编《佛光大辞典》,书目文献出版社1989年版,第3536页。

⑤ 龙树菩萨造、鸠摩罗什译《大智度论》卷四十五,《大正藏》第25册第1509号,第383页中。

⑥ 德清《憨山老人自序年谱实录》,《憨山老人梦游集》卷五十三,《新编卍续藏经》,第127册,第957页上。

⑦ 德清《刺血和金书华严经发愿文》,《憨山老人梦游集》卷四十,《新编卍续藏经》,第127册,第802页下。

⑧ 朱谋垔《续书史会要》,文渊阁四库全书影印本,第814册,第848页上。

诵此歌,可谓深入法华三昧者,每一展卷,不觉精神踊跃,顿生欢喜无量,往往书之,以贻向道者。"又说他曾"书《听诵法华经歌》一首以贻""黄居士"①。憨山所书唐修雅法师《听法华经歌》,乃绝妙手笔。明僧蕅益智旭在《憨大师书唐修雅法师听法华经歌跋》中高度评价憨山之书法为"绝妙手笔",他说:"《法华》妙经,得修法师《听法妙歌》,庶略赞扬。此歌绝妙好词,得吾憨翁绝妙手笔,庶称二绝。世有不知自心妙、法华妙及此歌之妙者,但珍憨翁妙笔,日夕玩之,安知不因字知歌,因歌识经,因经悟心也哉。然则妙字,妙歌,妙经,无不从妙心流出,无不还归妙心。谁谓心外有法,法外又别有心也。"②智旭的评价涉及以下重要见解:首先,佛教书法艺术具有十分重要的认识作用和审美功能。智旭指出,世人"有不知自心妙、法华妙及此歌之妙者",若能珍视"憨翁妙笔,日夕玩之",就能从憨山的"绝妙手笔"中,"因字知歌,因歌识经,因经悟心"——即是因憨山的"绝妙手笔",而感知(是具体感性的审美感知)修雅法师的"绝妙好词";因感知修雅法师的"绝妙好词",而认识(是融理性于感性中的审美认识)《法华》妙经;因认识了《法华》妙经,从而获得了自心的开悟。其次,智旭指出一切文艺创造都来自心灵之源。他明确指出:"妙字,妙歌,妙经,无不从妙心流出,无不还归妙心。谁谓心外有法,法外又别有心也。"也就是说,憨山之"妙字"、修雅之"妙歌"和《法华》"妙经"这"三绝",都"无不从妙心流出,无不还归妙心",都是"妙心"之产物。

紫柏真可提出了一个重要的书学见解:在杰出书法家的挥毫处、墨池边,就会呈现真心(本心、佛性、本来面目)。从一个侧面说明书法艺术是"妙心"的流淌和创造。这一见解,是他从读修雅法师《听法华经歌》,和观赏周叔宗书写《听法华经歌》得到的启示。

真可非常喜爱修雅法师《听法华经歌》。在他看来,《法华》大义,"直谭曲说,亦不过一实相耳",而"此实相,昭然不离日用之中",但此"实相",很难体悟把握,"行求亦不得,坐求亦不得,则此实相,又非四威仪中,可得而求矣";可他读修雅法师《听法华经歌》,却深受启迪,其歌真"可谓深入法华三昧者",使人豁然开朗:"及读唐修雅法师《法华经歌》,则若庖丁解牛,公

---

① 德清《题书〈法华经歌〉后》,《憨山老人梦游集》卷三十二,《新编卍续藏经》,第127册,第677页上。

② 智旭《灵峰蕅益大师宗论》,《嘉兴藏》第36册,第348号,第376上。

输子之为匠,而纵横逆顺,精粗巨细,皆大白牛之全体也。"其歌在揭示法华之精髓上,有如"庖丁解牛"、"公输为匠",游刃有余,得心应手,呈现了"大白牛之全体"①

什么是"大白牛"?"大白牛"有两层含义:一是"大白牛"即"大白牛车",比喻大乘教法,微妙禅法。《法华经·譬喻品》分别以羊车、鹿车、牛车譬喻声闻乘、缘觉乘、菩萨乘,而这三乘都是权乘;以大白牛车喻佛乘,这一乘才是实乘。《大明三藏法数》释"大白牛车"云:"谓大乘菩萨,以圆融三观,观于诸法实相之理,顿破无明烦恼,而成一切种智;如乘大白牛车,至于宝所。故经云:有大白牛,肥壮多力,行步平正,其疾如风。是也。(三观者,空观、假观、中观也。一切种智者,佛智也。宝所者,喻实相之理也。)"②《法演语录》卷上云:"共唱胡笳曲,分开五叶花。幸奉诸道友,同上白牛车。"二是"大白牛儿"即"露地白牛"(本性、本来面目、天然妙心、般若佛性),指本性修养过程已达到无丝毫烦恼污染之清净境地。禅家常把门外之空地称为露地,譬喻平安无事之场所;而把白牛譬喻为清净之牛。《从容录》第十二则云:"我衲僧家慷看露地白牛。"③柏真可所言"大白牛",正是这层含义。他说心性未调制之时,其妄心多,烦恼重,正如未调制的狂牛:"是牛也,头角峥嵘,出入于吾人六根门头。咆哮蹂踏,喜怒无常,平田浅草,绿杨溪畔,黑白互夺。使吾即文字求之而不得,离文字求之而不得,离即离非,求之而不得。毕竟至于无可奈何此畜!"④这正像普明《牧牛图颂·未收第一》所描绘的那样:"生狞头角恣咆哮,奔走溪山路转遥。一片黑云横谷口,谁知步步犯佳苗。"⑤在真可看来,修雅之《听法华经歌》,可以帮助人们理解、领悟《法华》大义,帮助人们在心性修养中达到"露地白牛"的境地。

---

① 真可《跋周叔宗书〈听法华歌〉》,《紫柏尊者全集》卷十五,《新编卍续藏经》第126册,第900页下。真可在《跋唐修雅法师〈听法华经歌〉》中,也申说了相似的思想。他高度评价此歌:"吾大雄氏,于法华会上三周九喻,横说竖说,形容妙法,可谓曲尽慈肠。然终不若是歌,拈提本妙,使大心凡夫,一读其歌,当处现前。而《法华》富有六万余言,演说妙法,不为不广,然皆死句也。惟雅得活句之妙,能点死为活。譬如一切瓦砾铜铁,丹头一点,皆成黄金白璧。又如月在秋水,春著花枝,其清明秾鲜,岂待指点然后知其妙哉?"(《跋唐修雅法师〈听法华经歌〉》,《紫柏尊者全集》卷十五,《新编卍续藏经》第126册,第905页下。)

② 释一如《三藏法数》,浙江古籍出版社1991年版,第144页下-145页上。

③ 行秀《从容录》第十二则,《大正藏》第48册,第234页下。

④ 真可《跋周叔宗书〈听法华歌〉》,《紫柏尊者全集》卷十五,《新编卍续藏经》第126册,第900页下。

⑤ 普明《牧牛图颂·未收第一》,《嘉兴大藏经》第23册,第128号,1986年版,第347页中。

紫柏真可基于他对修雅之《听法华经歌》的深入体悟，提出了书法艺术会呈现"真心"即"露地白牛"（本性、本来面目、天然妙心、般若佛性）的见解。他明确指出，若问修雅法师《听法华经歌》所呈现的"大白牛儿"在哪里？就在书法家的的挥毫处、墨池边，那里即有大白牛的"蹄响"声："若有人问：'大白牛儿，毕竟在甚么处？'张草米书挥笔处，细听蹄响墨池边。"①宋人陈思《书苑菁华》卷五称："张旭书，立性颠逸，超绝古今。"②明人陶宗仪《书史会要》卷六称：米友仁"力学嗜古善书，黄庭坚尝戏之诗云：'虎儿笔力能扛鼎，教字元晖继阿章。'心画之妙得于家传，父作子述。识者谓宋之有元章元晖，犹晋之有義之献之。"③陶氏称杰出书法家的作品均为"心画之妙"。而真可则指出，在张旭、米芾的书法创造中（"挥笔处"、"墨池边"）就有"大白牛儿"（本性、本来面目、天然妙心、般若佛性）的生气勃勃的跃动与呈现。

　　隋代智果的《心成颂》④是一篇分析汉字造型结构的多样性与变化规律，以及书法创造中对不同汉字造型结构的艺术要求的文章⑤。它在实际上说明了书艺之"法"由心而成，"因为书法之美是从人心流出来的，属于精神生产的范畴"⑥。而《心成颂》之"心成"，正体现了书法艺术乃心之成果，是心创造成就了书法艺术这一思想⑦。

三、佛法第一义谛"海墨书而不尽"

（一）"语言文字所未及，世智辨聪所未穷"

　　在书法与佛法（佛心、本心）的关系问题上，一些禅门大师认为，佛法第一义谛是任何语言文字、任何杰出的书法家所不能表达的。明末清初禅僧

---

①　真可《跋周叔宗书〈听法华歌〉》，《紫柏尊者全集》卷十五，《新编卍续藏经》第126册，第901页上。
②　陈思《书苑菁华》，文渊阁四库全书影印本，第814册，第48页下。
③　陶宗仪《书史会要》，文渊阁四库全书影印本，第814册，第744页下。
④　智果（？—618）隋僧。会稽（浙江绍兴）人。爱文学，工书。与法论、法琳等同事智顗。炀帝为晋王时，召令写书，果不从，被困于江都。及为太子出巡扬、越，果上《太子东巡颂》，得释，召居慧日寺。炀帝谓其得右军骨，隶行草皆入能品。见《唐高僧传》卷三一、《释氏六帖》卷一二、《六学僧传》卷一九。
⑤　参阅金学智《中国书法美学》第四编第二章第一节对智果《心成颂》的分析（金学智《中国书法美学》，江苏文艺出版社1994年版，第905—909页）；樊波《中国书画美学史纲》第四章第六节"智果的《心成颂》及其影响"（樊波《中国书画美学史纲》，吉林美术出版社1998年版，第346—350页。）；王镇远《中国书法理论史》第二编第一章第一节对智果《心成颂》的论述（王镇远《中国书法理论史》，黄山书社1990年版，第90—92页）。
⑥　金学智《中国书法美学》，江苏文艺出版社1994年版，第906页。
⑦　《说文·戊部》："成，就也。"（许慎《说文解字》，中华书局1963年版，第309页上。）《诗·周南·樛木》："南有樛木，葛藟萦之。乐只君子，福履成之。"毛传："成，就也。"（《诗·周南·樛木》，《十三经注疏》上册，中华书局影印，1980年版，第279页上。

净斯①云："只者第一义,以太虚为纸,大地为砚,九峰为毫,三泖为墨,直教宋石门、赵文度、董玄宰、陈眉公竭其心力,殚其精巧,写到弥勒下生,以至尽未来际,不能加一毫于其间。须知语言文字之所未及,世智辨聪之所未穷,故曰'口欲谭而辞丧,心欲缘而虑亡'。"②何谓"第一义"? 二谛之一。即最殊胜之第一真理。为"世俗谛"之对称。略称第一义。总括其名,即指深妙无上之真理,为诸法中之第一,故称第一义谛。禅林多用第一义,相对于第二义之相待差别,特以第一义来诠显绝对不可思议之境界③。在净斯看来,佛法第一义谛——深妙无上之真理,是"语言文字之所未及,世智辨聪之所未穷",是语言文字之所不能表达的;是任何高明的书法家(诸如宋石门、赵文度、董玄宰、陈眉公等)耗其一生之精力、智慧所不能穷尽的。

有的禅师则从佛经即佛心,它不待纸墨文字而充满大千世界的视角,阐明佛经(佛心)"独脱于文字之表,悬解于文字之外",勿需语言文字以表述。明僧大韶④明确指出:观看如来佛典,就是亲睹如来之心("谛观如来千古之雄文,如睹如来千古之心"),因佛典(佛心)"心露皆为文字",它在"纸墨文字间,虚圆妙应。不自为形,而形已露。本来无迹,而迹已彰";它幽深微妙,"言过视听之外,理出思议之表"。总之,佛经(佛心)已把"如来血脉,披析详尽,剖露无余",那又何需纸墨文字? 他又指出,佛经已"贯空有之美,独脱于文字之表,悬解于文字之外","皆为活句,绝无文字气息",因此,不能撇开佛经而另求纸墨文字,否则就是"迷其本而弃其源"⑤。在禅门大师看来,包括书法在内的语言文字乃是"糟粕"而"非心之至妙","其至妙之心在我,不在语言文字"⑥,书法并不能描述、呈现佛法(佛心、本心)。

(二)"毛锥未动,早已文彩全彰"

有的禅师则以华严法界观,去论证书法不能、也勿需去展示佛法。华严宗人以"法界缘起"概括其全部学说,而又以"法界"为核心范畴建立自己的理论体系。"法界"乃是华严宗哲学与美学思想的核心范畴。他们赋予"法界"乃是"一心"(即"真如本觉")之含义。总之,在华严宗人那里"法界"

---

① 净斯有画学著述及画学思想,参见皮朝纲《丹青妙香叩禅心:禅宗画学著述研究》。
② 净斯《百愚禅师语录》,《嘉兴藏》第 36 册,第 359 号,第 621 页下。
③ 慈怡主编《佛光大辞典》,书目文献出版社 1989 年版,第 4760 页。
④ 大韶有画学著述及画学思想,参见皮朝纲《丹青妙香叩禅心:禅宗画学著述研究》。
⑤ 大韶《千松笔记》,《新编卍续藏经》第 114 册,第 774 页下。
⑥ 宗杲《宗门武库》,《大正藏》第 47 册,第 1998 号,第 955 页上。

乃是如来藏自性清净心，并把此至净真心视为一切诸法〔包括世间、出世间）的本体、本源，大千世界的万事万物都是这"真心"的随缘显现。他们又提出"四法界"（"心"的表现的四种相状）说，把四法界完全建立在"一心"的基础之上①。清僧本昇②云："事事无碍，资生业等，现慈氏之全身。事事无碍，治世语言，露善财之巴鼻。四五百条华柳巷，头头华藏庄严；二三千处管弦楼，在在毗卢宝阁。咳唾掉臂，无非文殊指示亲承；坐卧起居，尽是文殊指示亲承。则夫毛锥未动，早已文彩全彰，何待浓泼墨华，始见琅函遍布？"③他认为，"华严佛真法界"（"真心"）"事事无碍"，已"摄"大千世界之林林总总（大千世界都是"慈氏之全身"、"善财之巴鼻"），已"摄"书写佛典者之"全体"（"咳唾掉臂，无非文殊指示亲承；坐卧起居，尽是文殊指示亲承"），因而在书写者未动笔书写之前，"华严佛真法界"（"真心"）的千姿百态早已彰明呈现（"毛锥未动，早已文彩全彰"），何待浓泼墨华，书写佛典，才能显现佛典之精神哩（"何待浓泼墨华，始见琅函遍布"）？

明僧憨山也用华严法界观，去否定了"以书写纸墨为经"与"以语言文字为经"的说法："若以书写纸墨为经，则市肆案牍无非大经；若以语言文字为经，则谈呼戏笑世俗文字无非妙理。斯则本无欠缺，又何庸书？"在他看来，若以"书写纸墨为经"，则"市肆案牍"均为"大经"；若以"语言文字为经"，则"谈呼戏笑世俗文字"均为"妙理"，那书写佛典就成了多余之举。他指出，大千世界，林林总总，"尽法身之真体"（"真心"的随缘显现），是"法界无尽藏也"，因此，想以刺血书佛经，是"欲于无尽藏中，徒以区区生灭心行"，"求净土之真因者"，乃是妄识情执作祟，是"以牛粪为栴檀，鱼目为意珠也"。在憨山看来，"一字法门，海墨书而不尽"，人们"欲以有限之四大，涓滴之身血，刹那之光阴"，而妄想"写无尽之真经，作难思之佛事"，这乃是一种"点染虚空，扪摸电影"之举④，是徒劳无益的。

① 参见皮朝纲《华严境界与中国美学》，《禅宗美学思想的嬗变轨迹》，电子科技大学出版社2003年版。

② 本昇有画学著述及画学思想，参见皮朝纲《丹青妙香叩禅心：禅宗画学著述研究》。

③ 《跋与游居士墨书华严经》，《天岸升禅师语录》，《嘉兴藏》第26册，第187号，第747页下。

④ 德清《示佛岭乾首座刺血书华严经》，《憨山老人梦游集》卷三，《新编卍续藏经》第127册，第247页下—248页上。

第三章　禅门苑囿绽奇葩：书法艺术创作论

　　禅门中人十分重视和强调书法创作应服从和服务于佛事活动，把书法活动作为参禅悟道的重要手段和渠道。他们还看到了书法创作与参禅悟道的相通和一致之处。明僧广真明确指出："不可谓学字参禅，却有两端说话。"①他指明了学字（学书）与参禅的相通和一致，它们并非胡越，不是"两端说话"，而是形同肝胆，书禅一致。他说学字是从"全用心意识"开始，是进行"一点一画，一剔一挑"的临池染翰，经过长期的苦心钻研，打破了"心意识"的束缚，"继而手忘笔，笔忘纸"，以致心手两忘（"何曾与心意识商量来"），从而达于任意挥毫，其笔势既遒劲雄健，"星驰电卷，势如塞上之将军"，又流畅飘逸，"鱼跃鸢飞，妙若空中之噫气"②——达于从心所欲不逾矩的艺境。在广真看来，学字的过程，书法创作的过程，以达于从心所欲不逾矩的艺境，与参禅悟道的历程，破除妄想情识（即"全用心意识"）而转识成智（打破心意识的束缚——"何曾与心意识商量来"）的历程，以达于桶底子脱落而豁然开悟的禅境，是相通和一致的。总之，在禅家那里，禅的世界就是书的世界，而书的世界，也就是禅的世界，悟境艺境，浑然融通。基于这种思想，禅宗书学著述在书法艺术创作方面，提出了许多命题与主张，它们涉及进行艺术构思的心理前提、书法创造的心理结构基础、无功利目的的

---

　　① 　广真《吹万禅师语录》，《嘉兴藏》第 29 册，第 238 号，第 466 页中。
　　② 　同上。

审美创造特征、学书的途径与方法、既学古法又不泥古法的审美创造，等等。

一、书法创造"妙在一心不乱"：艺术构思的心理前提

（一）"书经之行，妙在一心不乱"

明僧憨山在《示惺初元禅人书经》中，根据他自己的创作经验，明确提出了"书经之行，妙在一心不乱"的重要命题。它揭示了在书法创造过程中，书法家必须进入一种不受任何干扰、专心致志于审美观照的空虚澄澈的精神状态，这是书法家进行艺术构思的心理前提，是取得书写成功的重要条件。

憨山介绍了他自己书写佛经的深切体验。他说：他"昔住五台，曾刺血泥金，书写华严大经。每于书写之中，不拘字之点画大小、长短，但下一笔，则念佛一声。如是点点画画，心光流溢，念念不断不忘，不错不落，久之不在书与不书，乃至梦寐之中，总成一片。由是一切境界，动乱喧扰，其心湛然，得一切境界自在无碍解脱门。乃至一切见闻，无非真经现前。以此证之，则书经之行，妙在一心不乱，又岂若童蒙抹朱，便以书经求功德耶？"①憨山之论，涉及以下思想：第一，他强调书法创造"妙在一心不乱"。只有一心不乱，才能达到"其心湛然"，让"心光流溢"，进入"得一切境界自在无碍解脱门"——心灵空虚澄明的自由之境——不受任何干扰、专心致志于审美观照的审美胸襟。第二，如何做到"一心不乱"？首先得摒弃一切妄想执著，诸如"以书经求功德"、"博名高为求供养之资"，等等。第三，为了能真正做到"一心不乱"，憨山把"念佛法门"引入了书法创作："每于书写之中，不拘字之点画大小、长短，但下一笔，则念佛一声。如是点点画画，心光流溢，念念不断不忘"，"由是一切境界，动乱喧扰，其心湛然，得一切境界自在无碍解脱门。"何谓"念佛法门"？为何强调"念佛法门"？憨山指出，"念佛法门"乃是"念佛参禅兼修之行"，是"极为稳当法门"。其做法就是"以念佛一声，蕴在胸中，念念追求审实起处落处，定要见个的当下落。久久忽然垢净明现，心地开通。"②他还详细介绍了具体做法：首先，每天除二时功课之外，应"于二六时中，单将一声阿弥陀佛横在胸中，念念不忘，心心不昧"，

---

① 憨山《示惺初元禅人书经》，《憨山老人梦游集》卷九，《新编卍续藏经》第 127 册，第 328 页上一下。

② 憨山《示刘存赤（乙卯）》，《憨山老人梦游集》卷五，《新编卍续藏经》第 127 册，第 267 页下。

把一切世事，都不思想，"但只将一句佛，作自己命根"，而且，要"咬定牙关，决不放舍，乃至饭食起居，行住坐卧，此一声佛时时现前"。其次，要用"念佛"来消灭一切妄心执著、一切欢恼："若遇逆顺喜怒烦恼境界，心不安时，就将者一声佛，提起一拶，即见烦恼当下消灭。以念念烦恼，是生死苦根，今以念佛，消灭烦恼，便是佛度生死苦处"。再次，其"念佛参禅"的要求和目标是"消得烦恼"，"了得生死"："若念佛念到烦恼上作得主，即于睡梦中作得主。若于睡梦中作得主，则于病苦中作得主。若于病苦中作得主，则于临命终时，分明了了便知去处矣"。再次，在实现这一解脱法门中，可以获得极大的审美愉悦："此事不难行，只是要一念为生死心切，单单靠定一声佛，再不别向寻思，久久纯熟，自然得大安乐自在，得大欢喜受用，殊非世间五欲之乐可比也。"① 憨山声称他"每于书写之中，不拘字之点画大小、长短，但下一笔，则念佛一声。如是点点画画，……念念不断不忘"，正是倡导在书写佛经中实践"念佛法门"。

（二）"工临池笔，洒墨不苟"

禅师们都主张在书法创作中应"静临池"，能"澄心"，"深观凝其思"。九溪续《谢智观和尚书陶渊明诗文手卷》云："书法真传自本师，松窗为我静临池。来朝更买澄心纸，乞写渊明归去辞。"② 明僧通门《观帖》云："曾闻古之人，有工临池笔，洒墨不苟然，落纸皆有律。末学怪肤甚，各信手腕出。深观凝其思，默默增恂栗。"③ 其"静临池"、"澄心纸"、"深观凝其思"，就是中国古典书法美学范畴虚静、静思、澄怀、凝虑等概念在禅宗书学中的表述。唐代书法家与书学家虞世南就主张"澄心运思"："欲书之时，当收视反听，绝虑凝神，心正气和，则契于妙。……假笔转心，妙非毫端之妙。必在澄心运思，至微至妙之间，神应思彻。"④ 明代书学家项穆则提倡"澄心定志"："澄心定志，博习专研，字之全形，宛尔在目，笔之妙用，悠焉忘思，自然腕能从臂，指能从心，潇洒神飞，徘徊翰逸。如庖丁之解牛，掌上之弄丸，执笔者自难揣摩，抚卷者岂能测量哉。"所谓"澄心"，主要是指进入审美创作构思之初，创作主必须保持心灵的澄澈和心怀的宁静。"澄心"说要求创作主体在

① 憨山《答德王问》，《憨山老人梦游集》卷十，《新编卍续藏经》第 127 册，第 342 页上—下。
② 九溪续《谢智观和尚书陶渊明诗文手卷》，《禅宗杂毒海》卷五，《新编卍续藏经》第 114 册，第 166 页上。
③ 通门《观帖》《懒斋别集》，《禅门逸书初编》，第 9 册，第 136 号，第 173 页下。
④ 虞世南《笔髓论·契妙》，《历代书法论文选》（上册），上海书画出版社 1979 年版，第 113 页。

进入审美创作构思之前应当"澄心端思",即切断惑官与外界的联系,排除外在干扰,中止其它意念活动,使意识思绪集中到一点,进入一种虚静、空明的心理状态,以获得"内心的解脱"①。总之,乃是指书法家的那种不受任何干扰、专心致志于审美观照的空虚澄澈的精神状态。而禅宗书学所强调的,则是"妙在一心不乱"的禅定状态。

二、"存养纯一,圆融无间":健全书家心理结构

在禅门大师看来,书法家应重视健全心理结构,这是书法创作取得成功的基础。

(一)"平日存养圆融之力"

明僧无愠②强调书法家应"平日存养圆融之力",使之"存养纯一,圆融无间"。他以"高上人"所书小字《金刚经》非常精细、清晰为例指出:"高上人"手书小字《金刚经》,"纵不过三寸有奇,横足四寸而已","骤观之,如蚍蜉聚腥,熠熠浮动,不知端倪",非常精细微妙;"及静虑谛观,寻其行布,究其文句,凡一字字,明明历历,无半画之讹",又十分清晰无误;"想其运指行笔之时,得大自在,不啻擘窠大书也",指出"高上人""运指行笔"已达到从心所欲不逾矩的自由自在的境地。其成功的关键,是高上人"平日存养圆融之力"所致,"苟非存养纯一,圆融无间,又安能以大为小,以小为大哉"③?宋僧慧洪指出,黄龙派创始人黄龙慧南之法书,"点画奇劲,如空中之雨,小大萧散出于自然",其造诣缘于系"成德之人":"成德之人,其所作为,虽点笔弄墨之际,亦自卓绝"④。

(二)"离妄想执著"

不少禅师都强调必须摒除"妄想执著",使之返回本心,呈现众生本有的"如来智慧德相",才能使书法创造获得成功。明僧真可明确提出在书写佛经中,应"离妄想执著"(包括对"淋漓翰墨区区于简牍文字之间"的执著),因为一切众生本来就"具有如来智慧德相",只因"以妄想颠倒执著,而不证得",如果能"离妄想执著,则自然业智,当下现前"。何谓"自然智"?

① 项穆《书法雅言·神化》,《历代书法论文选》(下册),上海书画出版社1979年版,第530页。参见皮朝纲、李天道《中国古代审美心理学论纲》,成都科技大学出版社1989年版,第177—178页。
② 无愠有画学著述及画学思想,参见皮朝纲《丹青妙香叩禅心:禅宗画学著述研究》。
③ 无愠《题高上人书小字金刚经》,《恕中无愠禅师语录》卷六,《新编卍续藏经》第123册,第882页下。
④ 慧洪《题黄龙南和尚手抄后三首》,《石门文字禅》,《禅宗全书》第95册,第351页下。

指无师自通、不学而知的自证智慧。《法华经·譬喻品》云:"自然智,无师智。"①《大毗卢遮那成佛经疏》云:"自然智,是如来自觉自证之智。昔所未闻未知之法,自然了了现前,无所罣碍,故以为名。"②在真可看来,因为"离妄想执著",则"自然智"就能"当下现前",就能"一念回光返照",那么,一切"根尘识界,草芥尘毛,通为法界之真经",包括书写在内的一切"屈伸俯仰,咳唾掉臂,总是普贤之妙行",这样,书写佛经者,则能领悟《华严》这部"通法界之经也"③,也能为书法创造提供健全的心灵结构。

(三)"精进力之所成,知见香之所熏"

在关于书法家的心理结构的健全方面,不少禅师都主张应在佛学造诣、佛性修持上狠下工夫。元僧行端④在《题紫岩张魏公所书心经后》中指出,"紫岩张魏公"所书《心经》,"劲正之气",可与王羲之所书《遗教经》媲美:"当不在王逸少《遗教经》下也。"其成功之因,在于人品高洁与佛学精深:"忠孝两全,为宋南渡第一人物",已"明悟此不生不灭"之理,具有"般若清净心体"⑤。他又在《蒋氏子书莲经,请题》中,指出"古雪蒋君",手书《莲经》,"楷正遒丽",乃是"诚心所发","与此经相终始"所致⑥。宋僧慧洪认为,惠超用金为墨所书的"法华经","笔墨精到,衡斜布列皆有节度";其成就乃"精诚尽力"于此法:"非精诚尽力于此法,莫能臻是也"⑦。他又指出,道光"出血和墨"所书之《法华经》,精妙无比("庄严微妙"),"其衡斜点画,匀如空中之雨,整如上濑之鱼"。缘于何因?"皆精进力之所成,知见香之所熏,不然何以庄严微妙如此之巧耶?"光笃信佛法,"专精不懈,见一纤毫相之间万八千土于刹那,入无量处三昧"⑧。宋僧了慧⑨认为,只有书法家具有很高的佛学造诣("深得无尽藏三昧"),才能书写出具有书法的"无尽之意"。他说:"彬上人深得无尽藏三昧,故以无限量之纸,无限量之笔书之。

---

① 《法华经·譬喻品》,《大正藏》第 9 册,第 262 号,第 13 页中。
② 《大毗卢遮那成佛经疏》卷五,《大正藏》第 39 册,第 1796 号,第 628 页中。
③ 真可《麟禅人剌血跪书华严经序》,《紫柏尊者全集》卷十四,《新编卍续藏经》第 126 册,第 874 页上—下。
④ 行端有画学著述及画学思想,参见皮朝纲《丹青妙香叩禅心:禅宗画学著述研究》。
⑤ 行端《题紫岩张魏公所书心经后》,《元叟行端禅师语录》卷七,《新编卍续藏经》第 124 册,第 57 页下。
⑥ 行端《蒋氏子书莲经,请题》,《元叟行端禅师语录》卷八,《新编卍续藏经》第 124 册,第 63 页上。
⑦ 慧洪《题超道人莲经》,《石门文字禅》,《禅宗全书》第 95 册,第 340 页上—下。
⑧ 慧洪《题光上人书法华经》,《石门文字禅》,《禅宗全书》第 95 册,第 339 页下。
⑨ 了慧有画学著述及画学思想,参见皮朝纲《丹青妙香叩禅心:禅宗画学著述研究》。

纸笔无尽,书亦无尽,只此无尽亦无尽。"①

(四)"半由聪明,半由熏习"

在心理结构的建构问题上,有一个如何对待天资与学力的问题。有禅师明确提出书法创造的成功,是"半由聪明,半由熏习"——天资与学力结合。清僧今释《印弆小序》云:"大令儿时作字,右军从后掣其笔不得,叹曰:'此子将复以书名世。'弓冶箕裘,半由聪明,半由熏习。朱幼文篆法出自未央,数岁便能捉刀,今年甫十六七,集为《印弆》,骎骎欲跨灶,半由熏习,半由聪明。"②今释以大令(王献之)与朱幼文为例,明确指出书法篆刻取得成功的条件,是"聪明"(天资)与"熏习"(学力)的结合:大令如"弓冶箕裘"乃"半由聪明,半由熏习"③;幼文"骎骎欲跨灶",亦"半由熏习,半由聪明"④。今释认为,大令就如"弓冶箕裘"乃是"半由聪明,半由熏习",是天资与学力的结合。无论是良冶之子,还是良弓之子,他们如要承继父业,成为"良冶"、"良弓",就必须要在治"冶"、治"弓"的基本功方面,花大力气学习、锤炼,才有可能达于"良冶"、"良弓"之境地。今释又认为,幼文"骎骎欲跨灶",欲超越其父,乃是"半由熏习,半由聪明",也是天资与学力的结合。幼文虽然"数岁便能捉刀","甫十六七",就"集为《印弆》",但要真正超越其父,还必须花很大的功夫,才能达到炉火纯青之境。古代书论家早已指出:"书法甚难。有得力于天资,有得力于学力。天资高而学力到,未有不精奥而神化者也。"⑤从中国书法史考察,不少书法家与书论家更强调后天学力的培养与积累,因而在学书的问题上,都强调学书应勤学苦炼,提出了诸如

---

① 了慧《永嘉彬上人写华严经,请书其后》,《西岩了慧禅师语录》卷二,《新编卍续藏经》第122册,第356页下。

② 今释《印弆小序》,《遍行堂集(上)》,《禅门逸书续编》第4册,第225号,第193页上。

③ 《礼记.学记》云:"良冶之子,必学为裘;良弓之子,必学为箕"。孔疏:"良,善也。冶,谓铸冶也。裘,谓衣裘也。积世善冶之家,其子弟见其父世业陶铸金铁,使之柔和,以补治破器,皆令全好,故此子弟仍能学为袍裘,补续兽皮,片片相合,以至完全也。箕,柳箕也,言善为弓之家,使干角挠屈调和成其弓,故其子弟亦睹其父兄世业,仍学取柳和软挠之成箕也。"(《礼记.学记》,《十三经注疏》,中华书局影印,1980年版,第1524页下)

④ "跨灶":马前蹄的空处名叫灶门。跨灶本义是指骏马奔驰时后蹄印反而处在前蹄印之前,因以喻指好马、良马。高士奇《天禄识余·跨灶》引《海客日谈》:"马前蹄之上有两空处,名灶门。马之良者后蹄印地之痕反在前蹄印地之前,故名跨灶。言后步趯过前步也。"后人以"跨灶"比喻儿子胜过父亲。《诗律武库·跨灶撞楼》引三国魏王朗《杂箴》:"家人有严君焉,井灶之谓也,是以父喻井灶。或曰:灶上有釜,故生子过父者,谓之跨灶。"《幼学琼林》卷二云:"子光前曰充闾,子过父曰跨灶。"宋苏轼《答陈季常书》:"长子迈作吏,颇有父风,二子作诗骚殊胜,咄咄皆有跨灶之兴。"

⑤ 虞集《道园学古录》,倪涛《六艺之一录》卷一百六十八,文渊阁四库全书影印本,第833册,第604页上。

"染翰临池,昼夜无间"、"竭一生之心力以求工"等等主张。

三、"肆笔而书,曾不经意,深足以发明言外之旨":无功利目的的审美创造

(一)应无"追踪之心"

许多禅师都主张书法创造应无功利目的,应无"追踪之心",它从一个侧面反映了艺术创造乃是一种无功利目的的审美创造特征。清僧澹归今释从王羲之书《兰亭序》的经历和经验,总结出妙绝之书法作品,都是书家无意为之,无"追踪之心"的产物:"右军书《兰亭》,自谓妙绝,更作数十纸,终不能及,盖有追踪之心,即为渗漏"。因此,"褚研耘"书《金刚经》,因是无"追踪之心","无最初中间诸差别相",因而其书法之"点点画画皆般若","无渗漏,光明流出":他"户限为穿,然无最初中间诸差别相。当其书时,尚不得安顿点画处,点点画画皆般若,无渗漏,光明流出,岂犹作墨妙观耶?"① 要知道,"有追踪之心",常常是"有意求好",就会有功利之心,陷入执著,带来烦恼,"即为渗漏"。明僧憨山德清明确指出书法创作不能"有意求好",因"有意求好"则是"见闻障",应破除"有意求好"——"见闻障",要"乘兴"而书②。其无"追踪之心"与不"有意求好",正是中国古典书法理论所强调的书法创作"无意于佳乃佳"的思想。中国古典书法理论十分强调书法家的天性自然,不受程式法度所束缚,于无意有意之间信笔而书,使书家的个性化的情趣自然流露,往往创造出难以重出的上乘之作。其"无意于佳乃佳"正是这一审美现象的理论概括。苏轼云:"书初无意于佳乃佳尔。"③清人钱泳也云:"坡公书昔人比之飞鸿戏海,而丰腴悦泽,殊有禅机。余谓坡公天分绝高,随手写去,修短合度,并无意为书家,是其不可及处。"④

(二)"肆口而说,肆笔而书","乘兴扫蛮笺"

许多禅师都推崇"信笔而书",赞赏天然之美。笑隐大訢高度赞扬"雪岩"之墨迹,指出雪嵒"肆口而说,信笔而书,盖其见处亲切,如所见而行,如

---

① 今释《书褚研耘〈金刚经〉后》,《遍行堂集(上)》,《禅门逸书续编》第4册,第225号,第386页下。

② 德清《题宝贵禅人请书七佛偈后》,《憨山老人梦游集》卷三十二,《新编卍续藏经》第127册,第671页下—672页上。

③ 苏轼《论书》,《历代书法论文选》(上册),上海书画出版社1979年版,第314页。

④ 钱泳《书学》,《历代书法论文选》(下册),同上书,第623页。

所行而言,不自知其然而然,岂求其辩博哉!"①元僧清欲指出,别峯、涂毒二师之"道德位望,并驱争先,是皆人龙僧凤也"。他们所书偈简,"皆肆口而说,肆笔而书,曾不经意,深足以发明言外之旨"——出自胸臆,出于自然,有直率自然之美。同时批评了那种"以雕虫篆刻为事,睹之未始不茫然自失"的不正之风②。明僧普庄指出,中峰和尚法书,乃"肆口而说,信笔而书",出自胸臆,率真自然,其主旨在于"揭示生佛已前一段奇特大事"③。所谓揭示"生佛已前一段奇特大事"者,即呈现本来面目——生命的本真状态也。所谓"信笔而书"、"肆笔而书",反映了书法家平日无意于佳,信手书怀,却书写得非常自然,反而比有意为之更佳。

有的禅师则主张"乘兴"挥扫,当审美感兴勃发时,不计工拙,放情挥扫,佳篇不断。明僧觉澄高度评价"云中上人"之书法:"笔法精微成独善",曾"得意"书写《华严经》。他的书写活动是"乘兴"而扫——"有时乘兴扫蛮笺",其挥扫的壮观场面,有如"鹤舞龙飞星斗转";其字之美,有如"风渺渺兮雁行行,雨萧萧兮云片片";其篇章之美,有如"红杏花开昼锦堂,侍臣鹄立通明殿"。他"操觚染翰人惊羡",其书法造诣已超过同辈,从而使人忆起苍颉、羲之、智永、梦英诸大家的佳篇杰作④。在书法创作中乘兴挥扫,乃是许多杰出书法家的共识。苏轼《石苍舒醉墨堂》诗云:"兴来一挥百纸尽,骏马倏忽踏九州。我书意造本无法,点画信手烦推求。"⑤

(三)"笔运乎指,指随乎心"

在禅门书家看来,书法创造者要能做到"无意于佳而自佳"、"信手而书"、"乘兴挥扫",就必须有熟练精湛的艺术技巧,在书写时能够做到心手相应,进而从心所欲不逾矩。明僧通门指出,颜鲁公《争座位》帖,只是"草稿","何镌刻至今珍重若此"? 他认为是作者"以其字画遒劲,圆转有法也"。那么,"法从何得"? 他认为是"技至精,笔运乎指,指随乎心,无不如意也"⑥。所谓"笔运乎指,指随乎心",前者是指笔的工具性能与手的肢体

① 大訢《题痴绝雪嵓二墨迹》,《笑隐大訢禅师语录》卷四,《新编卍续藏经》第121册,第243页下。
② 清欲《别峯涂毒二禅师手泽》,《了庵清欲禅师语录》卷九,《新编卍续藏经》第123册,第778页下。
③ 普庄《跋中峰和尚墨迹》,《呆庵普庄禅师语录》卷八,《新编卍续藏经》第123册,第1016页上。
④ 觉澄《赠同雪岑字歌》,《古今禅藻集》,《禅门逸书初编》第1册,第101号,第238页上—下。
⑤ 苏轼《石苍舒醉墨堂》,李福顺《苏轼论书画史料》,上海人民美术出版社1988年版,第83—84页。
⑥ 通门《书争座位帖》,《牧云和尚懒斋别集》,《嘉兴藏》第31册,第267号,第550页上。

官能的协调一致,而后者是指手的肢体官能与心的思维官能的协调无间①,这是书法创造能够"无意于佳而自佳"、"信手而书"、"乘兴挥扫",取得良好的审美效应的必要条件。颜真卿的《争座位》帖,乃流传千古的上乘之作,其"字画遒劲,圆转有法",其"法"来自"技至精",达到了"笔运乎指,指随乎心",从而任意挥扫都"无不如意"的艺术佳境。通门总结自己之篆刻经验时指出,他取得成功的秘诀是:"得乎心应乎手,游乎刃载乎石,文外之意非传所秘"②。所谓"得心应手",是指书法家在创作时,心与手即手的肢体官能与心的思维官能的高度协调、相互呼应,其得心应手的熟练程度,已达到挥扫自如,从心所欲的艺术境地。清僧如乾③对如何学习书法("学书")作了解答,明确提出"忘法"说:"若论此事,如人书字,点画可效者工,否者拙,盖未能忘法耳!当笔忘手,手忘心,乃可也。"④其"笔忘手,手忘心",乃指熟练地掌握了运笔书写的规律,当落笔之时,不容思索,笔我两忘,任意挥洒,佳什出焉。

四、"墨道之最,不可不明":学书的途径与方法

禅宗书学著述对学书的途径与方法,作了充分论述,特别强调要明"墨道"⑤,要遵循正确的途径与方法。

(一)"染翰临池,昼夜无间"

许多禅师都强调学书应勤学苦炼,而不少禅师则是"游心艺苑,食息不倦"。明僧德清在《题雪浪恩公所书〈千字文〉后》中,充分肯定雪浪⑥"辞翰擅场",可称"二妙",其于书法乃是"游心艺苑,博问强记,食息不倦。染翰临池,昼夜无间者,二十余年"⑦。唐代杰出书僧释怀素是勤学苦炼的典型,据书史称:怀素"始其临学勤苦,故笔颓委,作笔冢以瘗之。"⑧他"颇好笔翰,

---

① 参见陶明君《中国书论辞典》,湖南美术出版社 2011 年版,第 315 页。

② 通门《懒斋印跋》,《牧云和尚懒斋别集》,《嘉兴藏》第 31 册,第 267 号,第 550 页上。

③ 如乾有画学著述及画学思想,参见皮朝纲《丹青妙香叩禅心:禅宗画学著述研究》。

④ 《憨休禅师语录》,《嘉兴藏》第 37 册,第 383 号,第 230 页中。

⑤ 善卿《晋锋八博》,《祖庭事苑》卷一,《新编卍续藏经》第 113 册,第 11 页上。

⑥ 洪恩(1545—1608)明僧。字三怀,号雪浪。金陵(江苏南京)人,俗姓黄。年十三投报恩寺无极湛然出家。广读佛书,博综外典,旁及诗词歌赋,医卜星相,尝曰:不读万卷书,不知佛学。三吴名士,切磨殆遍。所出诗篇,脍炙人口,被推为明代第一诗僧。事见《憨山老人梦游集》、《新续高僧传四集》卷七、《北固山志》、《上江合志》、《列朝诗集》等。

⑦ 德清《题雪浪恩公所书〈千字文〉后》,《憨山老人梦游集》卷三十二,《新编卍续藏经》第 127 册,第 677 页下。

⑧ 朱长文《续书断》,《历代书法论文选》(上册),上海书画出版社 1979 年版,第 331 页。

贫无纸可书,尝于故里种芭蕉万株,以供挥洒;书不足,乃漆一盘书之;又漆一方板,书至再三,盘板皆穿。"①明僧通门之《观帖》,实为学书入门之谈,他明确指出,古人临池,绝不轻率为之,"曾闻古之人,有工临池笔,洒墨不苟然,落纸皆有律。末学怪肤甚,各信手腕出。"书法是一种艺术,要想书法达到一定的高度,不能急于求成("欲速敢窥奥,手拙徒费日"),其成功之秘,既要有悟性("所以入道门,种性许超逸"),更要假以时日,苦心钻研,方能达于艺境("矜式惟苦心,臻化能事毕")②。

(二)"竭一生之心力以求工"

清僧今释《书法汇编序》云:"古人于书甚重,盖有竭一生之心力以求工者。"他以友人解虎上座为例,称其"沉酣此道,每作字,一点一画皆不漫然,必深入古人之神理,意足而后腕从之"。而解虎"天资慈祥恳恻,于法门行菩萨道,一言行皆不漫然",能得"书法三昧"③。纵观中国书法史,可以得知,许多著名书家,都在"竭一生之心力以求工"。诸如清代书法家梁同书,其书初学颜、柳,后兼采苏轼、米芾笔法,以羊毫笔作大字,颇为苍劲,与翁方纲、刘墉、王文治齐名。书史载他:"能诗,尤工书,东南士大夫碑版及琳宫梵字题额,有求辄应……。"可他年过八旬,仍然竭心力以求工:"年逾八秩,而明灯矮纸,犹能运笔,人谓唐欧阳信本(欧阳询)、明文衡山(文徵明)之比也。"④清代书法家、篆刻家邓石如,也是一位竭心力以求工者,他曾"旁搜三代钟鼎,及秦汉瓦当碑额,以纵其势博其趣。每日昧爽起,研墨盈盘,至夜分尽墨乃就寝。寒暑不辍,五年,篆书成。"⑤

(三)"学无师法,必不成家"

有的禅师提出学书应有"师法"。清僧今释在鉴赏品评梅谷大师临颜鲁公之《坐位帖》时,指出梅谷所临《坐位帖》是有"水源木本",有其"师法"的,然后明确提出"学无师法,必不成家"⑥的重要主张。他又提出"师法"必须"高妙":"学无师法,必不成家,然其所师法亦必高妙,始能与其天姿之高妙相发"。比如梅谷大师学习颜鲁公,能得其神似:"鲁公书千古第一,坐位

---

① 陈思《书小史》,文渊阁四库全书影印本,第814册,第279页下。
② 通门《观帖》,《懒斋别集》《禅门逸书初编》第9册,第136号,第173页下。
③ 今释《书法汇编序》,《禅门逸书续编》第4册,第225号,第163页下—164页上。
④ 王昶《湖海诗传》,见马宗霍辑《书林藻鉴》卷十二,文物出版社1984年版,第217页上。
⑤ 包世臣《艺舟双楫》,祝嘉《艺舟双楫·广艺舟双楫疏证》,巴蜀书社1989年版,第133页。
⑥ 今释《题梅老临坐位帖》,《遍行堂集(上)》《禅门逸书续编》第4册,第225号,第357页下。

帖又其书中第一,师以高妙之姿,行住坐卧于高妙中,宜其神似也"①。"师法"必须"高妙",就有一个临古人墨迹的问题。古代书论家曾言:"学书之法,非口专心授,不得其精。大要须临古人墨迹,布置间架,捏破管,书破纸,方有工夫。"②而"临帖"又要得法。今释则提出"临古人书,意不在古人","意不在古人,而临古人之书始妙",这必须"自得于笔墨之外","非自得于笔墨之外者,不能耳"③。

五、"不泥古法,然实自古法中来":借古开今,自成一家

在中国古代书法家中,对待书法传统("古法")基本上有两种价值取向:一是借古开今,学习继承传统,是为了革新创造;二是以古为师,"学无师法,必不成家",把师古作为学书的门径。在禅宗书学著述中,禅师们普遍提倡革新、创造,提倡"自成一家",主张"有我"。

(一)"书须古法四分,己意六分乃妙":

不少禅师都主张把学习古人书法、临摩古人墨迹,作为学书的门径。但同时指出,不能泥于古法,应有所创新,有自己的个性、意趣,否则会成为"书奴"。明僧德清《题笔乘顾宝幢居士事后》一文,指出"金陵顾宝幢居士"之"诗书画皆不泥古法,信笔点染,天趣迥绝,然实自古法中来",并引用居士论书之语:"书须古法四分,己意六分乃妙。不然,纵笔笔能似古人,终成奴书,不足贵也。"④

不少禅师都主张书家应自辟门径,自成一家,即在广泛学习名家书法,博采众长的基础上,形成自家独特的面目,自成一家法。宋僧居简在《跋山谷绿茹赞真迹》中,赞赏黄山谷能"自成一家法":"山谷草圣不下颠张醉素,行楷弗逮也。然皆自成一家法,如王谢子弟不冠不袜,虽流俗人盛服振衿,不如也。"⑤居简还在《跋虞仲房隶字》中,称赞虞仲房之隶书,"自成一家",其风格"抟搦骞腾,鲸鹏撮摩,夭矫容与,烟云卷舒"⑥。明僧通门强调书法创作的"意造",有自我之法("我法"),非二王之法:"及乎举笔,目眩神倦,

① 今释《题梅老临坐位帖》,《遍行堂集(上)》,《禅门逸书续编》,第4册,第225号,第357页下。
② 解缙《春雨杂述》,《历代书法论文选》,上海书画出版社1979年版,第495—496页。
③ 今释《题梅老临坐位帖》,《遍行堂集(上)》,《禅门逸书续编》,第4册,第225号,第357页下。
④ 德清《题笔乘顾宝幢居士事后》,《紫柏尊者别集》卷三十二,《新编卍续藏经》第127册,第678页上。
⑤ 居简《跋山谷绿茹赞真迹》,《北磵集》,《禅门逸书初编》第5册,第112号,第99页上。
⑥ 居简《跋虞仲房隶字》,《北磵集》,《禅门逸书初编》第5册,第112号,第95页下。

首尾不伦,非真非草,皆以意造,想二王之必无我法也。"①

元僧笑隐在《题米元章书后》中,称赞米元章能"自成一家",善师古法之神,"不师其迹者":"元章多蓄晋人书帖,作寶晋斋,而其书豪放,自成一家。所谓善学柳下惠,不师其迹者也。"②

(二)"于规矩准绳之外,而不失规矩准绳"

在一些禅师看来,杰出的书法作品,在突破古人法度有自己的创意时,也不失规矩法度。宋僧居简高度评价黄山谷之法书,能"放言于规矩准绳之外,而不失规矩准绳,然字亦放,若孔子从心时不踰矩矣。"③

书僧释怀素也是出规入矩之典型。明人项元汴云:"怀素平日得酒发兴,要欲字字飞动,圆转之妙,宛若有神,论书一帖,出规入矩,绝狂怪之形。要其合作处,若契二王,无一笔无来源。不知其肘下有神,皆以狂称之,殆亦非心会者。"④沈右也云:"怀素书所以妙者,虽率意颠逸,千变万化,终不离魏晋法度故也。"⑤都讲明了杰出的法书,既千变万化,自出机杼,而又不失优良传统之法度。如果既无熟练工底,又不懂得法度,而是草率涂抹,那么,只能蒙骗外行人罢了。居简还在《跋诚斋为谭氏作一经堂记》中,区分了书法创作上的"良工"与"庸工"、"名儒"与"俗儒"之分别,指出在书法创造上,不仅要"得之于规矩之外,致力于书成于经师",而更应该"必得之于文字之表"而成为"良工"。在居简看来,"得之于规矩之外",致力于书,只能"成于经师者,俗儒也",只是书法程式法度上的变化,而"得之于文字之表",才能是"良工"、"名儒",才会有意蕴情趣上的新貌⑥。

(三)"凡书通即变"

是讲书法艺术创造过程中"通"与"变"的关系,既要通观历代书祛艺术美的创造并继承其优秀传统,又要大胆进行变革创新,"通"即继承是基础,"变"即革新是必然,继承与革新二者不可偏废。

① 通门《与玄若禅师二首》之二,《牧云和尚懒斋别集》,《嘉兴藏》第31册,第267号,第583页下。
② 大欣《题米元章书后》,《蒲室集》,《禅门逸书初编》,第6册,第120号,第99页下—100页上。
③ 居简《跋谭浚明所藏山谷岩下放言真迹》,《北磵集》,《禅门逸书初编》第5册,第112号,第102页下。
④ 见马宗霍辑《书林藻鉴·书林记事》,文物出版社1984年版,第110页上。
⑤ 见马宗霍辑《书林藻鉴·书林记事》,文物出版社1984年版,第110页上。
⑥ 居简《跋诚斋为谭氏作一经堂记》,《北磵集》,《禅门逸书初编》第5册,第112号,第102页下。

唐代著名书僧释亚栖《论书》云："凡书通即变。王变白云体，欧变右军体，柳变欧阳体，永禅师、褚遂良、颜真卿、李邕、虞世南等，并得书中法，后皆自变其体，以传后世，俱得垂名。若执法不变，纵能入石三分，亦被号为书奴，终非自立之体，是书家之大要。"①据《宣和书谱》卷十九称：亚栖"喜作字，得张颠笔意。昭宗光化中，对殿庭草书，两赐紫袍，一时为之荣。"②他有《对御书后一绝》云："通神笔法得玄门，亲入长安谒至尊。莫怪出来多意气，草书曾悦圣明君。"③据《宣和书谱》卷十九载，他不仅善书，且喜论书，御府所藏其草书就有《对御草书歌》、《观智永草书歌》、《观怀素草书歌》、《观高闲草书歌》等，均已失传。他的《论书》旨在主张书法创作中的通变观，他通过对"王变白云体，欧变右军体，柳变欧阳体"的论述，以揭示书法创造中的继承与创新的辩证关系。他指出了"变"是书家创作成功的关键，只有"自变其体"，才能"传后世"，"得垂名"，而且，强调通变"是书家之要"。因为书法艺术是创造性的活动，没有创造，就失去了其艺术生命力。因此，"若执法不变，纵能入石三分，亦被号为书奴"。但其"变"是应该在继承前人规矩法度的基础上，博采约取，融会贯通，化古为己有，进而大胆革新，创造出独具个性的书法作品。我们从释亚栖所举诸名家中，可以看出，他们各自都具有着明显的师承关系，但又都不是单纯地照抄照搬前人之作，而是各得其神，"化古为我"，"自变其体"，形成具有自家鲜明个性的特征，从而使他们"俱得垂名"于后世。必须指出，亚栖提倡通变，注重新变，也体现了禅宗不屈从权威，高扬主体的精神④。要知道，作为禅门中人的亚栖，倡导通变，进行变革本身，就体现了一种对书法传统、古代法度的叛逆精神。后来，黄山谷就批评他破坏了草书法度——破坏了草圣张旭形成的法度："颜太师称张长史虽资性颠逸，而书法极入规矩也，故能以此终其身而名后世。如京洛间人传摹狂怪，字不入右军父子绳墨者，皆非长史笔迹也。盖草书法坏于亚栖也。"⑤在山谷看来，张旭书法虽以狂放称，但张旭放纵而不离法度，而亚栖则坏了草书法度。然而，亚栖则是以颠狂自负，自我作古，

---

① 释亚栖《论书》，《历代书法论文选》（上册），上海书画出版社 1979 年版，第 297－298 页。
② 《宣和书谱》，上海书画出版社 1984 年版，第 148 页。
③ 亚栖《对御书后一绝》，《古今禅藻集》，《禅门逸书初编》第 1 册，第 101 号，第 109 页上。
④ 参见王镇远《中国书法理论史》第二编第四章第三节论"亚栖"部分，黄山书社 1990 年版，第 191－192 页。
⑤ 黄庭坚《跋周子发帖》，《山谷集》卷二十九，文渊阁四库全书印影本，第 1113 册，第 309 页下。

在他看来，张旭只是遵守草书法度，是颠而非狂，他明确指出："世徒知张之颠，而不知实非颠也。"①也就是说，张旭只是谨守草书法度之颠，而非由颠而狂的颠狂，所谓"张颠素狂"，怀素是"以狂继颠"，才是真正的颠狂②。亚栖以佛（禅）论书，自称他的草书："吾书不大不小，得其中道。若飞鸟出林，惊蛇入草。"③所谓"中道"，乃佛教的根本立场，是佛教认为最高的真理。所说道理，不堕极端，脱离二边，即为中道。《大宝积经》卷一百一十二云："常是一边，无常是一边，常无常是中，无色无形，无明无知，是名中道诸法实观；我是一边，无我是一边，我无我是中，无色无形，无明无知，是名中道诸法实观。"④《大智度论》卷四十三也云："常是一边，断灭是一边，一一离是二边行中道，是为般若波罗蜜。"⑤在亚栖看来，他的草书，才是真正的"不大不小"、"得其中道"之颠（狂颠），它如"飞鸟出林，惊蛇入草"般的运笔疾速，痛快流畅，而又有节奏韵律⑥。

在禅门书学中，既有亚栖倡导通变的主张，也有禅僧力主复古、维护传统的主张。宋僧无文道灿在《赠开图书翁生序》中，力主尚古守法论。他出语惊人，尖锐指责钟繇、卫夫人、王羲之父子等等书法大家："书学厄于钟繇卫夫人辈，大坏于王氏父子，极弊于褚薛欧虞"，书学违背古法，是"万波横流，举天下莫之能遏"，"先秦古书，遂流为符玺印籀之学"，"时不好古，士不师古，以风帆阵马为痛快，以插花舞女为姿媚"⑦。北宋黄伯思⑧与道灿同调。黄氏以古法为标准，以汉魏及晋人为尚，指责李监（李阳冰）之篆法、张旭之草法、韩择木之八分："篆法之坏肇李监，草法之弊肇张长史，八分之俗肇韩择木，此诸人亦非不工也，而阙古人之原，教俗士之升木，于书家为患最深。夫篆之方稳，草之颠放，八分之纤丽，学便可至而大势失矣。"⑨他指

① 《宣和书谱》，上海书画出版社1984年版，第148页。
② 《宣和书谱》，上海书画出版社1984年版，第147页。
③ 《宣和书谱》，上海书画出版社1984年版，第148页。
④ 《大宝积经》，《大正藏》第11册，第310号，第633页下。
⑤ 《大智度论》《大正藏》第25册，第1509号，第370页上。
⑥ "惊蛇入草"，喻发笔时逆入动作要快；"飞鸟出林"，喻收笔时回锋宜疾；中间走笔，要有节奏、韵律，笔法痛快流畅而生动。参见披云主编《中国书法大辞典》（上）香港书谱出版社、广东人尼出版社1987年版，第246页；陶明君编著《中国书论辞典》，湖南美术出版社2001年版，第419页。
⑦ 道灿《赠开图书翁生序》，《柳塘外集》，《禅门逸书初编》第5册，第115号，第39页上。
⑧ 黄伯思（1079—1118），字长睿，别字霄宾，自号云林子。邵武（今属福建）人。北宋文学家、书学家，工诗文，善书画。事见《宋史》本传、《书史会要》卷六。
⑨ 黄伯思《论书八篇示苏显道》，《东观余论》，崔尔平选编《历代书法论文选续编》，上海书画出版社1993年版，第84页。

责唐人变乱古法,因而唐以后之书法不足观①。

（四）"须臾变态皆自我,象形类物无不可"

中国古代书论家,非常强调书家创作应有自我,要发挥自己的性灵:"吾辈处世,不可一事有我;惟作书画,必须处处有我。我者何? 独成一家之谓耳。"②"作书要发挥自己性灵,切莫寄人篱下。"③禅门大师也倡导此论。唐著名诗人、书画论家皎然在《张伯英草书歌》中,称赞张伯英之狂草有"风云阵发"之气,"先贤草律我草狂,风云阵发愁钟王",使书圣钟王为之震撼而发愁。张氏有"须臾变态"之"自我"之个性:"须臾变态皆自我,象形类物无不可"。其法书之美,有如"阆风游云千万朵,惊龙蹴踏飞欲堕"。其创作活动,有时或空握其笔,"凝然"(神思)结字,其情有如独鹤飞翔在寥廓的兰天;有时或志气高昂,"取势"构境,其思有如春江奔涌着千里波涛④。清僧今释强调诗书家应有自己的个性:"澹归镇日弄这些把戏不休,真个是没些凭据,写的是澹归的字,做的是澹归的诗文,好的是澹归的,不好也是澹归的。莫道澹归不知古人,连澹归自己也不知在。"⑤

（五）倡导"活法",反对"死法","于纵横变态之中,法时露焉"

在中国古典美学中,"活法"这一美学范畴,是指文艺创作中对既定法度(法则和方法)的自由运用;是文艺创作所追求的一种合规律的自由境界。在书法创作中,则指书家在创作时,应有法可依,继承前人法度,又不被成规所束缚,死守前人之法,这既是对前人成法的变化,又是对前人成法的补充。中国古代书论家提倡"活法"。清代书论家冯武《书法正传》卷五所载宋人《翰林粹言》以"活法"论书法:"为书之妙,不必凭文按本。妙在应变无方。""行行要有活法,字字须求生动。"⑥禅宗大师也提倡书法创造的"活法"说,反对"学书而死于法者"。明僧真可《书周叔宗临帖卷》云:"禅家有离经一字,即是魔说。依经解义,三世佛冤。书家有学书而死于法者,谓之奴书。"指出"学书而死于法者,谓之奴书"。但"周叔宗"则能"于纵横变

---

① 参见王镇远《中国书法理论史》第三编第一章第九节"黄伯思的尚古守法论",黄山书社 1990 年版,第 265—266 页。

② 松年《颐园论画》,于安澜编《画论丛刊》(下卷),中华书局香港分局 1977 年版,第 602 页。

③ 朱和羹《临池心解》,《历代书法论文选》(下册),上海书画出版社 1979 年版,第 733 页。

④ 皎然《张伯英草书歌》,《杼山集》,《禅门逸书初编》第 2 册,第 104 号,第 69 页下。

⑤ 今释《书青原长老论画后》,《遍行堂集(上)》,《禅门逸书续编》第 4 册,第 225 号,第 388 页上—389 页下。

⑥ 冯武《书法正传》,文渊阁四库全书影印本,第 826 册,第 386 页上。

态之中"，"时露"其"法"，而周氏之"法"乃是活法，"譬夫浓云雷动之初，龙虽不见，头角暂露"，它能充分引发人的想像，而"龙之头角"虽"不在叔宗笔阵"，却在观赏者的"欲得不得之间"①，具有强烈的审美效应②。

---

①　真可《书周叔宗临帖卷》，《紫柏尊者全集》卷十五，《新编卍续藏经》第 126 册，第 903 页上。

②　参见皮朝纲《中国古典美学思辨录》，新天出版社 2012 年版，第 218—239 页。

第四章 挥毫落处觅心迹:书法鉴赏品评论

禅宗书学著述在书法艺术的鉴赏品评方面,也提出了不少命题与主张,它们涉及书法品评的价值取向、书法鉴赏的重要原则、书法鉴赏与审美体验、刚柔相济的审美追求、以人品衡书品的审美尺度等等。

一、"在道眼,不在翰墨":书法品评的价值取向

我们在前面已经提及,禅师们非常强调以书法活动作佛事,因而,在书法品评中,就十分看重书家进行书法创作的价值取向。元僧行端在《跋高前山所藏兰亭,并无禅诸老墨迹》中,指出禅宗祖师之书法创造,是"在道眼,不在翰墨"①。《圆觉经》云:"分别邪正,能施末世一切众生无畏道眼。"②《圆觉经析义疏》也云:"道眼者,辩识修道之眼,即正慧也。"③在佛教禅宗那里,"道眼",是指观道之眼,能洞察一切,辨别真妄的眼力。禅门书学家主张通过书法创作,以探寻、体验、领悟禅法的第一义谛,而不执著于书法的形式本身。

(一)"回心归内典,经卷著工夫"

元僧云岫《勉日藏主书楞严》云:"银钩铁画胸中有,得誉多因写外书。何似回心归内典,楞严经卷著工夫。"④他强调书法艺术创作,应"回心归内

---

① 行端《跋高前山所藏兰亭,并无禅诸老墨迹》,《元叟行端禅师语录》卷七,《新编卍续藏经》第124册,第56页上。
② 《圆觉经》,《大正藏》第17册,第916页上。
③ 《圆觉经析义疏》卷三,《新编卍续藏经》第94册,第127页上。
④ 云岫《勉日藏主书楞严》,《云外云岫禅师语录》卷一,《新编卍续藏经》第124册,第101页上。

典"，在书写佛经方面"著工夫"，纵使书法艺术造诣高，胸中有"银钩铁画"，也不应在"写外书"上追求虚幻之"誉"。在云岫看来，那些"得誉"而享名书坛的书法家，常常是"因写外书"所致，是不应提倡和鼓励的。禅宗书学家倡导"回心归内典"，有不少书法家因为能"回心归内典，经卷著工夫"，从而创造出上乘之作，得到禅宗书学家的充分肯定。清僧道霈①高度评价谢茂才以书写佛经作佛像——"谢子笔端，有经有佛"，真是精心之作，高妙之手，"其字画细如毛发，精心妙手不可思议"②，可称书画合璧之上乘。明僧真可十分赞赏宋仲珩篆书《金刚经》达到了"妙绝古今"的艺术境地："宋仲珩篆书，妙绝古今，精密圆活，神气流注，如春著花。余虽至愚，贪玩不知目劳，况智者乎?"③宋仲珩为明代著名书法家，篆、隶、真、草皆工，杨慎《墨池琐录》卷三引方逊志评书云："金华宋仲珩，草书如天骥行中原，一日千里，超涧度险，不动气力，虽若不可踪迹，而驰骤必合程度。"④

（二）"以生死为极则"

禅师们在鉴赏品评祖师的墨迹时，明确指出其书法成功在于以生死大事为重。宋僧元肇在《跋密庵诸老帖》中指出，禅门大师都是"以治生产业擅施为佛事"，因此，包括书法创作在内的一切施为皆"不出生死二字"，因此，"学者参究"应"以生死为极则"⑤。那么，在鉴赏品评他们的法书（帖）时，也应以"生死"为最高准则：看其创作是否服从于服务于了生死、得解脱之大事，看其作品是否蕴含了或启示了有关生死之大义。元僧行端明确指出六祖慧能"倩（央求）童子书壁"⑥，乃是"吾宗诸老"志在弘法，以生死大事为重，因而其书"光明至今，如日月丽天"，"非在笔墨畦径间"⑦。宋僧绍昙批评了世人在"临"王羲之的《兰亭襖事帖》时的偏颇，是只"取妙刻为贵"，而"于死生亦大矣，少有味之者"，不去体验领悟生死大事，故而"真赝所不

---

① 道霈有画学著述及画学思想，参见皮朝纲《丹青妙香叩禅心：禅宗画学著述研究》。

② 道霈《谢石公茂才经作佛像，其字画细如毛发，精心妙手不可思议。（某）敬为之赞》，《为霖禅师旅泊庵藁》卷四，《新编卍续藏经》第126册，第59页上。

③ 真可《跋宋仲珩篆书金刚经》，《紫柏尊者全集》卷十五，《新编卍续藏经》第126册，第896页上。

④ 杨慎《墨池琐录》，崔尔平选校点《明清书法论文选》，上海书画出版社1994年版，第91页。

⑤ 元肇《跋密庵诸老帖》，《淮海外集》，《禅门逸书续编》第1册，第209号，第32页下—33页上。

⑥ "倩童子书壁"：慧能请"解书人"于壁上书"修持偈"："菩提本无树，明镜亦非台。佛性常清净，何处有尘埃。"事见敦煌本《坛经》，《大正藏》第48册，第2007号，第337页下—338页上。

⑦ 行端《跋大慧痴绝天目偃溪晦岩断桥象潭叔凯诸老墨迹》，《元叟行端禅师语录》卷八，《新编卍续藏经》第124册，第64页下。

分"。对于"崇山峻岭,茂林修竹,心画灿然"之自然景观,只是作为美景欣赏,"多作境会"①,而不去体悟自然美景变迁所揭橥的生死大事之义。要知道,旷代书圣王羲之在面对兰亭的春日美景时,在《兰亭序》中也发出过"死生亦大矣,岂不痛哉"的摧人肝胆的悲鸣②。禅师们最为关心的是生死问题,因而他们总是把"生死事大,无常迅速"③挂在嘴边。憨山德清就说过:"从上古人出家,本为生死大事,即佛祖出世,亦待为开示此事而已。非于生死外别有佛法,非于佛法外别有生死。所谓迷之则生死始,悟之则轮回息。是知古人参求,只在生死路头讨端的求究竟,非离此外,别于纸墨文字三乘十二教中当作奇特事也。"④因而,了生死、求解脱,不仅是禅师们参禅悟道的目标,也是他们进行书法创作与进行鉴赏品评的重要准则。

(三)"饶益诸群生",不"疲精神于纸笔"

禅门书学家提倡书法创作应有益于群生,因而他们在鉴赏品评中十分重视书法作品对群生的启迪教育作用。明僧文琇指出,书画等艺术"尽现行此事,饶益诸群生",因而禅门大师"得处亲切,见处明白,发为文章诗词偈颂";而种种门庭施设,"无非揭示向上一著,诱接来学,岂有他哉?"因而,对书画等艺术,不能只重形式技巧,"祇重其语句合作,字画得体",否则,不能体现揭示佛法之真谛,"正如盲者摸象,但逐其头尾耳牙鼻足而已,安能识象之全体也哉!"⑤明僧愚庵智及引"寂音尊者"(慧洪)语,以批评有些世人之书法创作,是"疲精神于纸笔,从事于无用之学",这种"无用之学",乃是"以刀割泥"。他肯定"清河张居士"血书法华,乃是"真精进",是"真法供养如来":"沥娘生十指之鲜血,书法华七轴之真诠。是真精进,是名真法供

① 绍昙《舜侍者请题兰亭帖》,《希叟绍昙禅师广录》卷六,《新编卍续藏经》第122册,第287页下—288页上。

② 王羲之《兰亭序》:"永和九年,岁在癸丑,暮春之初,会于会稽山阴之兰亭,修禊事也。群贤毕至,少长咸集。此地有崇山峻岭,茂林修竹,又有清流激湍,映带左右,引以为流觞曲水,列坐其次。虽无丝竹管弦之盛,一觞一咏,亦足以畅叙幽情。是日也,天朗气清,惠风和畅,仰观宇宙之大,俯察品类之盛,所以游目骋怀,足以极视听之娱,信可乐也。夫人之相与,俯仰一世,或取诸怀抱,悟言一室之内,或因寄所托,放浪形骸之外。虽趣舍万殊,静躁不同,当其欣于所遇,暂得于己,快然自足,不知老之将至。及其所之既倦,情随事迁,感慨系之矣。向之所欣,俯仰之间,已为陈迹,犹不能不以之兴怀。况修短随化,终期于尽。古人云,死生亦大矣,岂不痛哉!"(《晋书》卷八十"列传"五十,中华书局1974年版,第2099页。)

③ 《汾阳无德禅师语录》卷中,《大正藏》第47册,第1992号,第612页下。

④ 德清《示妙湛座主》,《憨山老人梦游集》卷三,《新编卍续藏经》第127册,第239页下。

⑤ 文琇《蕹室西庵梅洲蒲室四尊宿墨迹》,《南石文琇禅师语录》卷四,《新编卍续藏经》第124册,第439页下—440页上。

养如来"。他指出"清河张居士"之所以能如此,是居士"中年割弃尘累,笃志佛乘",而且"既书写之,又读诵之",是躬行实践,"端可谓善用其心者矣"①。

二、"宝其迹而究其心":书法鉴赏品评的重要原则

禅师们普遍主张在鉴赏品评书法时,应从作品的外部形式的分析,深入到作品内在意蕴的体验,从而体悟书家的内在心灵。

(一)"因是迹观是心"

元僧清欲了庵对法书的鉴赏与批评,提出了重要原则:"当视其迹明其心","因是迹观是心","宝其迹而究其心",即是说,应通过书法作品,探究书法家的内心世界,人格风范;绝不要只"尚其迹",而"遗其心",那是无益于佛事的②。宋僧元肇也指出,鉴赏品评禅门大师之法书,应领会他们的"古佛风规"与"切中今时病痛"之旨,而不能"只以笔墨畦町流玩"③,因为只流玩"笔墨畦町"就违背了以笔墨作佛事的宗旨。元僧先睹④认为,对先师之帖,不只"宝其翰墨",应忆念先师之"慈悲深广",了达先师之"规训凛然",进而关怀群生,"悯念世间饥苦",从而"敬思而奉持"之,若能从其墨宝而领会其言外之意("言外有闻"),那么,则受益非浅("则受用又无穷矣")⑤。

清僧如一⑥在《题黄鲁直居士手书道德经》中,明确提出"睹迹明心"的命题。在他看来,鉴赏其法书,绝不是娱玩耳目("宝此遗举,岂徒为耳目玩哉"),是通过书法之迹,探明其道其人。在他看来,黄山谷书写《道德经》是"尊崇其道","林君"惜字是"兼重其人",因而观赏品评黄氏之作,绝不能只"尚其迹"。只有"睹迹明心",才能见到"老子""面目",也才能见到书家面目。如若"苟尚其迹,一双眼睛被学士换却了也"⑦,即是说,如果只"尚其迹",只欣赏玩味其书法的形式技巧,那么,自己的"慧眼"(能洞察一切、辨

① 智及《张居士血书法华》,《愚庵智及禅师语录》卷十,《新编卍续藏经》第124册,第372页上。
② 清欲《密庵和尚墨迹》,《了庵清欲禅师语录》卷九,《新编卍续藏经》第123册,第780页下。
③ 元肇《跋宏智法语》,《淮海外集》《禅门逸语续编》第1册,第209号,第32页上。
④ 先睹有画学著述及画学思想,参见皮朝纲《丹青妙香叩禅心:禅宗画学著述研究》。
⑤ 先睹《古田和尚答无则和尚语》《无见先睹禅师语录》卷二,《新编卍续藏经》第122册,第484页上。
⑥ 如一有画学著述及画学思想,参见皮朝纲《丹青妙香叩禅心:禅宗画学著述研究》。
⑦ 如一《题黄鲁直居士手书道德经》,《即非禅师全录》,《嘉兴藏》第38册,第425号,第737页中。

别真妄之眼力）①就会被"迷眼"（失去判断是非真妄之眼力）②所遮蔽，被黄氏书法形式"换却"了"眼睛"③。有的禅师则提醒人们，佛华经"人人本自具足，不待书写，文彩自彰"，因而不要执著于对它的书写（包括刺血写经），否则，会被情识忘执"换却眼睛"④，失去慧眼。

（二）鉴赏应"生决定心"

"决定心"者，指决断安定而不动摇之心。《往生论注》卷下："信心不一，是无决定之故。"⑤反之，信心专一，则系由于有决定心之故。在禅门宗师看来，要想睹迹而明心，那么，书法鉴赏者应该坚信佛经、佛法"生决定心"。清僧今释在《书黄又如弥陀经后》中云：黄又如居士"以宰官身发西方愿，盖自多生弘誓中来"，他以楷书写《弥陀经》，"亦不仅以笔墨而作佛事"，因而"阅者因此生决定心"，那么，鉴赏作品的"一点一画"，都会与书家"心心相知，眼眼相照"，从而获得极大的愉悦，"皆是当人极乐公"，决不能"徒作法书玩好之观"，否则"即招因带果不小"⑥，即是违背书法创作宗旨而远离佛事。

三、"沉潜往复"，"玩之不忍置"：书法鉴赏与艺术体验

在禅宗书学看来，不少上乘法书，其意蕴之妙，难于言说，必须经过一

---

① 《维摩经·入不二法门品》云："实见者尚不见实，何况非实。所以者何？非肉眼所见，慧眼乃能见。而此慧眼，无见无不见。"（《大正藏》，第14册，第475号，第551页下）

② 寂光豁云："清光灼灼妙威音，今昔关头一气纯。鉴地辉天能破暗，是山悉水彰全真。空空荡荡开迷眼，杳杳冥冥自在身。说与时人不解荐，灯明佛瑞又来陈。"（《寂光豁禅师语录》卷一，《嘉兴藏》第36册，第367号，第857页中。）项希宪云："贪将折桂广寒宫，那信三千色是空。看破世间迷眼汉，榜花一到满城红。"（《金刚持验纪》卷下，《卍新纂续藏经》第87册，第1635号，第546页上）。

③ "换却眼睛"：是佛教禅宗的常用语。它涉及两个方面的含义。一是，由于妄执情识困扰，因而"慧眼"（能洞察一切、辨别真妄之眼力）被"迷眼"（失去判断是非真妄之眼力）遮蔽，"迷眼"换却"慧眼"。如：独朗禅师云："既具圆通手眼，因甚被时人换却眼睛？待他拟议，劈胸与掌。"（《天台通玄寺独朗禅师语录》，《嘉兴藏》第36册，第368号，第884页下。）远庵僼"晚参"云："山僧适才偶兴携拄杖子，向东谷看梅花，却被梅花换却眼睛；清香扑鼻，却被香气换却鼻孔；烹茗树底，却被茶味换却舌头；幽禽聒聒，却被鸟声换却耳朵；坐岩苔石，却被石头换却四大；即景题诗，却被诗句换却意识；山僧一时行乐，却被梅花换却眼耳鼻舌身意。拈拄杖云：诸人还见么？若见拄杖子，即被拄杖子换却眼睛。……师云：不贪香饵味，始是碧潭龙。"（《远庵僼禅师语录》卷六，《嘉兴藏》第37册，第386号，第360页上。）二是，由于参禅悟道实践，祛除了无明烦恼，由迷入悟，"迷眼"解蔽而"慧眼"敞亮，"慧眼"换却"迷眼"。如：南华昺云："掀转鼻孔，换却眼睛，若无这个手段，如何扶竖宗乘？"（《宗门统要续集》卷十五，《永乐北藏》第155册，第1519号，第79页下。）

④ 石奇《跋楚文上人血书华严经》，《雪窦石奇禅师语录》卷九，《嘉兴藏》第26册，第183号，第513页下

⑤ 《往生论注》，《大正藏》第40册，第835页中。

⑥ 今释《书黄又如弥陀经后》，《遍行堂集（上）》，《禅门逸书续编》第4册，第225号，第386页下—387页上。

个反复玩味的过程，方能有获。

（一）"书法之妙，实未易言"

明僧德清云："书法之妙，实未易言，古来临书者多，皆非究竟语。独余有云：如雁度长空，影沈秋水。此若禅家所说，彻底掀翻一句也。学者于此透得，可参书法上乘。"①他明确指出，书法之妙，难于言说，它如"雁度长空，影沈秋水"，不留影迹，正如天衣义怀禅师所言，"雁过长空"，而"雁无遗踪之意"；"影沈寒水"，则"水无留影之心"②。这就是说，杰出的书法作品，其深孕的意蕴（或情趣，或哲理）是难于把握、言传的，正像"雁度长空，影沈秋水"，而"雁无遗踪之意，水无留影之心"，因而必须参究体悟，玩味咀嚼，才有所悟。其参究体悟，要如禅家参究公案，参究机缘语，绝不能死于句下，必须打破语言牢笼，"彻底掀翻一句"，体悟活句，不受法书外在形式的束缚，若能透得此关，"可参书法上乘"。对此参究之法，德清在《梦游诗集自序》中，言及观诗之法时作了诠释，所谓"彻底掀翻一句"，乃是不"以文字语言求之"——不死于"文字语言"之句下。他说："予知醒眼观之，如寒空鸟迹，秋水鱼踪；若以文字语言求之，则翳目空华，终不免为梦中说梦也。"③元僧清欲在《涂毒禅师墨迹》中，指出涂毒禅师之墨迹，有"自得之妙"，其妙如"元酒大羹"，"固非常流所能知味"④，是需要具有审美观赏之能力，需要反复的咀嚼体验。

（二）"欲玩草书开我襟"

唐代诗僧皎然⑤在《陈氏童子草书歌》中，充分肯定、赞赏陈氏童子有草书天赋，"书家孺子有奇名，天然大草令人惊"；其书写之壮观，疾速挥洒，笔下生风，"飙挥电洒眼不及，但觉毫端鸣飒飒"；其笔力之劲健，其"点""有时作点险且能"，其"划""太行片石看欲崩"；其笔势之险劲，"龙爪状奇鼠须锐"。使皎然为之震动，"王家小令草最狂，为予洒出惊腾势"，使皎然获得了强烈的审美感受，"浊醪不饮嫌昏沈，欲玩草书开我襟"⑥。

慧洪在《跋山谷字》中，提及了一个饶有兴味的审美现象，那就是"故

---

① 德清《杂说》，《憨山老人梦游集》卷三十九，《新编卍续藏经》第 127 册，第 776 页下。
② 《五灯会元》卷十六《越州天衣义怀禅师》，《新编卍续藏经》第 138 册，第 604 页上。
③ 德清《梦游诗集自序》，《憨山老人梦游集》卷四十七，《新编卍续藏经》第 127 册，第 858 页上。
④ 清欲《涂毒禅师墨迹》，《了庵清欲禅师语录》卷九，《新编卍续藏经》第 123 册，第 779 页上。
⑤ 皎然有有画学著述及其画学思想，参见皮朝纲《丹青妙香叩禅心：禅宗画学著述研究》。
⑥ 皎然《陈氏童子草书歌》，《杼山集》，《禅门逸书初编》第 2 册，第 104 号，第 74 页下。

旧"之情在艺术鉴赏品评中的审美效应。慧洪"游长沙山林间"往往见山谷"笔扎",对山谷法书有很深的体验,对"法轮竦上人"所出示的山谷的"帖""简"是"玩之不忍置":

"鲁女有遗荆钗而泣者,路人笑之曰:'以荆为钗易办,女乃泣何也?'女以手掠髪曰:'非以其难致也,以其故旧耳!'予所以玩之者,实锺鲁女泣荆之情!"①

"泣荆"者,谓古鲁之妇人,遗荆钗而泣,喻念旧情也。此典,先见于《韩诗外传》:"《韩诗外传》曰:孔子出遊少原之野,有妇人中泽而哭,其音甚哀。孔子使弟子问焉,妇人曰:响者刈蓍薪,亡吾簪,吾是以哀。弟子曰:刈薪而忘簪,有何悲焉?妇人曰:非伤亡簪也,哀其亡故。"②慧洪用鲁妇泣荆之典,言及他观赏山谷笔札"所以玩之"且"玩之不忍置",乃"实钟鲁女泣荆之情",是"故旧"之情,使他对山谷书法之美所深深吸引,深深触动。这涉及了艺术审美鉴赏品评中的一个普遍现象,就是对人对物的"故旧"之情以及所形成的审美认识,常常会积淀为审美主体的"前理解",也常常会以一种审美定势③去对人对物,会被其所熟悉的人和物所吸引所触动,从而作出审美判断。慧洪对黄山谷及其法书有很深的"故旧"之情。他与山谷关系很融洽,他对山谷之德艺赞不绝口,山谷对他的影响颇深(其影响重要体现在诗论和诗作方面)④,宋僧祖琇评曰:"其造端用意,大抵规模东坡,而借润山谷。"⑤他对"法轮竦上人"所出示的山谷"帖",是此前已熟知——"此帖此简前尝见之",已有过审美体验与审美认识,如今又对之进行再度体验,其"故旧"之情,必然会唤醒、激活他强烈的审美情感,与审美对象——山谷书法之美产生审美共鸣,获得审美感受。

---

① 慧洪《跋山谷字二首》,《石门文字禅》,《禅宗全书》第95册,第373页下。
② 宋李昉等撰《太平御览》卷四百八十七引《韩诗外传》,文渊阁四库全书影印本,第897册,第489页上。
③ 审美心理定势,"是指影响或决定同类后继审美心理活动的趋势或形成审美心理活动的准备状态,即按一种审美趣味和审美态度的定向思路进行审美创造和欣赏。审美心定势揭示了具体审美活动中审美个体在审美感受发生以前的特殊心理状态情况,而恰恰是这种特殊状态,对于后继发生的审美活动有着很强的制导作用,它为主体的审美活动指明一个方向,这个方向般般也将是主体的审美心理定势生成、强固的方向。"(皮朝纲、钟仕伦《审美心理学导引》,成都电讯工程学院出版社1988年版,第198页)
④ 参见陈自力《释惠洪研究》,中华书局2005年版,第99—102页。
⑤ 《筠州清凉德洪禅师》,《续传灯录》卷二十二,《大正藏》第51册,第2077号,第620页上。

宋僧居简在《跋横浦帖》中,也声称他为张横浦①之帖所吸引,爱不释手,"把玩不忍置":横浦之"叙","字差小于乡所见,横浦小字不易得,尺牍之类亦且大,把玩不忍置"②。

(三)"自其残缺处而求其全,沈潜往复而遗其全"

居简在《跋平江宁上人〈孔子庙堂碑〉》中指出:"虞书《孔子庙堂碑》,唐人骎骎晋人者。南北壤断,赝迹实繁。此本盖亦未易得,尝自其残缺处而求其全,沈潜往复而遗其全,然后残缺之大全,了了在目,虽有智巧,不得而形容于语言之间也!"③居简在这里提出了鉴赏品评残碑——亦即残缺美的原则:"尝自其残缺处而求其全,沈潜往复而遗其全,然后残缺之大全"。首先,通过审美想像,从残缺处,补充,修复,寻求其全貌;其次,在反复玩味中,又不要受想像中的全貌之束缚,要探索其残缺之美。这样,想像中的全美与实在的残缺美交相辉映,从而"残缺之大全,了了在目"。居简明确书学应重"识"——书家应有学识、胆识,方能对法书作出正确的评价。

四、"法贵立品":以人品衡书品的审美尺度

"立品",是强调书家首先要具有高尚的道德情操。中国历代书论都重立品,清代书论家朱和羹《临池心解》云:"书学不过一技耳,然立品是第一关头。品高者,一点一画,自有清刚雅正之气;品下者,虽激昂顿挫,俨然可观,而纵横刚暴,未免流露楮外。故以道德、事功、文章、风节著者,代不乏人,论世者,慕其人,益重其书,书人遂并不朽于千古。"④中国古典书法美学的一个重要话题,是从人品讨论书法的创造。在禅宗书学著述中,则是许多禅宗大师所反复申说的重要主张。本来,人品是书法家的道德品质、学业造诣、人格修养、气质风度等等方面的总和,而禅门宗师则特别强调禅学修养、"六度"实践。清僧今释在《题天然老人墨迹》中,提出了"法贵立品"的命题,他说:"颜尚书《坐位帖》为书中第一,盖其人又第一。人不足贵,则字为之贱矣。世间法贵立品,僧法亦然。……老人每训人立品,读其诗,铁

---

① 张九成(1092—1159),钱塘人,字子韶,号横浦,自号无垢居士。《家传》称:"先生著述天下罔有阙遗,独简帖字画得者稀少。先生笔下如三峡倒流,遇顺倾泻。凡见之真草,横斜曲直,有张草圣之笔,刊之琬琰,粲然可观,如龙蛇之奋蛰,如珠之走盘,亦足以增人意气。"事见《宋史》卷三百七十四本传。

② 居简《跋横浦帖》,《北礀集》,《禅门逸书初编》第5册,第112号,第96页上。

③ 居简《跋平江宁上人〈孔子庙堂碑〉》,《北礀集》,《禅门逸书初编》第5册,第112号,第99页下。

④ 朱和羹《临池心解》,《历代书法论文选》(下册),上海书画出版社1979年版,第740—741页。

骨棱棱,足以砥柱末流,观者慎勿蹉过。若仅云墨宝,则吾岂敢!"①他强调书家应重人品,"人不足贵,则字为之贱矣";强调"立品","世间法贵立品,僧法亦然"。还提出对禅门大师之墨迹,不能只作"墨宝"观之。

(一)"论书当兼论其平生"

清僧道霈在《题洪紫农先生墨迹》中,引用前人"论书当兼论其平生"之说,用此以评价"洪紫农先生墨迹"。他认为洪氏之为人,能超尘脱俗:"其为人脱略机械,飘然尘垢之外。功名利禄,杂然陈前,竟无以夺其志";洪氏之法书,能匠心独出:"其所书紫阳九曲诗帖,峻骨擎天,匠心独出。一点一画,不肯落晋宋人圈缋"。然后,他充分肯定洪氏"为希世之人",而洪氏之法书"为希世之书",而此书"政当与斯文,并传万世而无弊者也"②。清僧道忞在《三山草序》中,论及著名书法家赵松雪之法书时,也是"论书兼论其平生",他引用黄梅司马之论(认为赵子昂"委身而仕,为翰林何色"),指出虽杰出的书法大家,如少节义,则为人不齿:"草书字圣,今古几人擅长,至若子昂之笔,可谓凌躐一世矣,尤以节义少之不齿录"③。

大訢指出,人们能从禅门大师书法的"于片纸之中,可以见其平生",窥见其人生境界与人格魁力:"无准之径截,天目之精密,痴绝之浩汗"④。笑隐又指出,东湖、无文、笑翁,"皆以高行重丛林",他"幼时数拜其像而记其遗言往行,思効万一以自立",而今见其遗墨,深为感动:"今观其遗墨,感慕无已"⑤。

(二)"墨妙严正,如其人焉"

元僧正印⑥在《明教大师墨迹》中,提出了"墨妙严正,如其人焉"的命题。他高度评价明教禅师的"丰功硕德",与"吾佛化九十六种外道、吾祖破六宗邪见,无以异";并指出明教禅师之书如其人,"墨妙严正,如其人焉",

---

① 今释《题天然老人墨迹》,《遍行堂集》(上),《禅门逸书续编》第 4 册,第 225 号,第 368 页下—369 页上。

② 道霈《题洪紫农先生墨迹》,《为霖道霈禅师餐香录》卷二,《新编卍续藏经》第 125 册,第 890 页上—下。

③ 道忞《三山草序》,《布水台集》,《禅门逸书初编》第 10 册,第 138 号,第 71 页上—72 页上。

④ 大訢《题东湖无文墨迹》,《笑隐大訢禅师语录》卷四,《新编卍续藏经》第 121 册,第 242 页下—243 页上。

⑤ 大訢《题无准天目痴绝三帖》,《笑隐大訢禅师语录》卷四,《新编卍续藏经》第 121 册,第 243 页上。

⑥ 正印有画学著述及画学思想,参见皮朝纲《丹青妙香叩禅心:禅宗画学著述研究》。

"纵使火之,当如百炼精金,光焰万丈,与五种不坏者同传"①。元僧大訢在《题东坡手帖》中,也以书法论人品,指出苏轼为人"刚正","其胸次洞达,不为忧患所移,可想见其人矣","子瞻以直言立朝,流谪万里,思其弟而不见,故追记其诗而书之,爱友之情,可励风教,况其词翰俱妙乎?"②清僧性激在《跋径山费老和尚遗墨》中,谈及他对费老和尚书法之评价:"今观其遗墨,雷砰电射;想见其为人,感慕无已。"③慧洪在《跋鲁公与郭僕射论位书》中,指出能从颜鲁公之书法作品"可以想见其为人":"熟视已觉粲然忠义之气横逆,而点画所至处,便自奇劲。"④清僧今释在《题黄石斋墨迹》中,高度评价黄氏:"黄石斋先生,文章气节为百世师";他指出可以从黄氏之书法,"足以见其心行":其"书法劲而秀,无巉刻之态,又足以见其心行也"⑤。

（三）"字工德不修,名与身俱朽"

慧洪在《次韵龚德颜柳帖》中,以唐代著名书法家颜（真卿）、柳（诚恳）为典范,指出他们在书法创作上有很高的造诣和地位:"颜柳以字名,画画法可究";可而今却缺少无与他们比肩的高手:"后世何寂寥,此辈了无有";而世人却说是自己学识不够、心手未达到相应之妙地:"皆云学未至,妙不应心手";他们却不懂得颜柳之成功,乃是道德高尚,因而菫声远扬:"那知斯人徒,德高名往就"。他进而明确指出:"字工德不修,名与身俱朽。"⑥他还指出,黄龙慧南之法书,"点画奇劲","小大萧散出于自然",其造诣缘于"成德之人":"成德之人,其所作为,虽点笔弄墨之际,亦自卓绝"。他引欧阳修与苏轼之论,倡导书家应有高尚的人品:"欧阳文忠公曰:论书当兼论平生,借使颜鲁公书不工,世必珍之。苏东坡亦曰:字画大率如其为人,君子虽不工,其韵自胜,小人反此也。"他总结云:"老黄龙非其以笔墨传世者也,而其书终亦秀发,乃知欧苏之言,盖理之固然。"⑦他又在《题昭黙墨迹》中,再次强调"德高而名往就之",强调书家人品对书法成就的重要性:"颜平原有大节,于唐而以书名,识者惜之。予以谓斯人德高而名往就之耳!

① 正印《明教大师墨迹》,《月江正印禅师语录》卷三,《新编卍续藏经》第123册,第310页上。
② 大欣《题东坡手帖》,《蒲室集》,《禅门逸书初编》第6册,第120号,第95页下。
③ 性激《跋径山费老和尚遗墨》,《一滴草》,《禅门逸书续编》第3册,第224号,第41页上。
④ 慧洪《跋鲁公与郭瑒射论位书》,《石门文字禅》,《嘉兴藏》第23册,第135号,第710页上。
⑤ 今释《题黄石斋墨迹》,《遍行堂集(上)》,《禅门逸书续编》第4册,第225号,第362页上。
⑥ 慧洪《次韵龚德颜柳帖》,《石门文字禅》卷一,《禅宗全书》第95册,第10页上。
⑦ 慧洪《题黄龙南和尚手抄后三首》,《石门文字禅》卷二十五,《禅宗全书》第95册,第351页下。

借使此老书不工,尤当宝秘,况工乎,愈可宝也!"①

五、"毫光吐彩成金轴,墨浪飞花泼梵园":书艺鉴赏中的审美追求

运笔用墨是中国书法的一个重要特点。"毫光"、"墨浪"创造出风格各异、意境有别的书法作品。清僧道霈在《熊子伟居士书华严经疏论纂要竟,作此赠之》中指出,《华严经》广大无边,是"海墨难书"的,然而熊子伟居士以三年时间书写完《华严经疏论纂要》,是一种"惟修福智自培根"——"修福智"("福德"与"智慧"之并称)者,把书写佛典作为一种修行实践,以积累福德与智慧之资粮;"自培根"者,在书写佛典中加强心性修养,除妄念明净心,培养根本,这正是"回心归内典,经卷著工夫"所达到的境界。其所书佛典,有毫光、墨浪之美:"毫光吐彩成金轴,墨浪飞花泼梵园"②。书法家在毫光、墨浪的闪烁翻飞中创造出书法的风格之美、意境之美。

(一)"笔力遒劲,有扛鼎之势"

通览禅宗书学著述,禅师们在鉴赏品评书家及其作品时,十分赞赏肯定那种"遒劲"的艺术风格。而"遒劲"一词使用的频率也较高,反映了禅宗大师们对书艺的一种审美追求——崇尚刚健有力之美。何谓"遒劲"?乃是指一种刚健有力、含裹丰厚的艺术风格。它强调力的含裹,必须诚中肆外,不露锋芒,给人力丰气厚、韵味悠长的审美感受③。清僧如乾在评"唐褚潭州"所临《兰亭记》时,指出此书"迥然精妙,神彩焕然,笔势飞舞,劢力遒劲,觉前所见,不啻爪余鳞甲耳"④。他还指出赵松雪之《书杜诗帖》:"笔力遒劲,有扛鼎之势,恍如尘珠再现,光耀夺目,泥莲出水,香艳拂人,是亦墨林中希有之奇珍也!"⑤宋僧广闻评宏智正觉之墨迹:"宏智暮年真帖,笔力遒劲,语意缜密。不轻来学,宜其起洞上之宗。寂用无碍处,后来与天地万象,无平出一路。"⑥宋僧绍昙评禅门大师之书法云:"玉上人珍藏数帖,皆禅门负大名宗匠,笔力遒劲,辞语幽深。正眼观之,起必死疾。"⑦清代绘画评

① 慧洪《题昭默墨迹》,《石门文字禅》卷二十六,《禅宗全书》第95册,第354页下。
② 道霈《熊子伟居士书华严经疏论纂要竟,作此赠之》,《为霖禅师旅泊庵稿》卷四,《新编卍续藏经》第126册,第72页上。
③ 参见成复旺主编《中国美学范畴辞典》,中国人民大学出版社1995年版,第389页。
④ 憨休《兰亭记跋》,《憨休禅师敲空遗响》,《嘉兴藏》第37册,第384号,第259页下。
⑤ 憨休《跋赵松雪公帖》,《憨休禅师敲空遗响》,《嘉兴藏》第37册,第384号,第260页上。
⑥ 广闻《跋宏智禅师墨迹》,《偃溪广闻禅师语录》卷二,《新编卍续藏经》第121册,第308页上。
⑦ 绍昙《题玉上人诸祖真迹》,《希叟绍昙禅师广录》卷六,《新编卍续藏经》第122册,第286页上。

论僧香严①高度评价冬溪和尚所书《法华经》："书法遒劲,学海汪洋"②。由于用笔中的笔力遒劲会产生独特的审美意韵,因此书法理论中又多言"遒丽"、"遒媚"、"遒逸"等。而"遒丽"者,乃遒劲而秀丽的艺术风格。元僧行端评"蒋氏子书莲经"乃"诚心所发",其法书"楷正遒丽,与此经相终始"③。

(二)"精妙简远"

一些禅师则赞赏那种精妙简远之韵,这往往与书家(特别是书僧)淡然无营的人生态度密切相关。所谓"简远",乃指一种外表简淡朴素、而意蕴深邃幽远的艺术风格。慧洪指出,宋代高僧释瑛公"以夙净愿坚固力书写"《华严经》,瑛公"风骨清臞,而神观秀爽,⋯⋯与南州名士游,淡然无营。独杜门手写此经,精妙简远之韵,出于颜柳。"④重"精妙简远之韵",必然重萧散之美。"萧散简远"为书家所青睐:苏轼《书黄子思诗集后》云:"予尝论书,以为钟王之迹,萧散简远,妙在笔画之外。"因为"萧散简远",则有一种举止洒落、气韵逸宕、风流倜傥、超然出尘之情韵。慧洪称赞太师楚国公之法书,"骨气深稳,姿媚横生","如行云流水之闲暇"⑤。又称云庵之法书,"大字秀整姿媚","表章精奇雅丽"⑥。清僧今释赞赏董其昌之书法"如冠裳佩玉,趋中采齐,行中肆夏,此乃颓然天放,妙得自然,故可宝也"⑦。

(三)"撇捺画直挑别钩,如行如立又如草"

禅宗书学著述在鉴赏品评方面的一个特点,就是承继中国古代书法理论所具有的意象式点评,以及所使用的诗化语言,常常把抽象的点画线条转化为种种不同的泛造型意象,使仁者见仁,智者见智,各以其情而自得,从而获得形态各异的风格之美⑧。宋姑苏景德寺云法师有云:"书者如也,叙事如人之意⋯⋯"⑨而禅师们则以如其人(骨、筋、血、肉)、如其物(特别是大自然的种种物象)的种种意象,来品评法书。明僧慧机在《题钟王字帖》时云:"撇捺画直挑别钩,如行如立又如草。一点当头永不昧,任随门外

---

① 香严有画学论述,参见皮朝纲《丹青妙香叩禅心:禅宗画学著述研究》。
② 香严《题冬溪和尚所书法华经后》,《香严禅师语录》,《嘉兴藏》第 38 册,第 424 号,第 615 页中。
③ 行端《蒋氏子书莲经,请题》,《元叟行端禅师语录》卷八,《新编卍续藏经》第 124 册,第 63 页上。
④ 慧洪《题疾老写华严经》,《石门文字禅》卷二十五,《禅宗全书》第 95 册,第 337 页上。
⑤ 慧洪《跋太师试笔帖二首》,《石门文字禅》卷二十七,《禅宗全书》第 95 册,第 380 页下。
⑥ 慧洪《题小参》,《石门文字禅》卷二十五,《禅宗全书》第 95 册,第 351 页上。
⑦ 今释《题董其昌卷后》,《遍行堂集(上)》,《禅门逸书续编》第 4 册,第 225 号,第 368 页上。
⑧ 参见金学智《中国书法美学》,江苏文艺出版社 1994 年版,第 116 页。
⑨ 《务学十门》,《缁门警训》卷一,《大正藏》第 48 册,第 2023 号,第 1046 页上。

打之遽。"①我们试以禅门大师对具有宏壮阳刚之美的书法作品的品评为例。在禅门大师看来，佛法浩瀚无涯，佛经广大无边，祖师心量宽广，只有那种具有宏壮阳刚之美的书法，才能呈现佛法之美、佛经之美、祖师人格之美。他们使用诗化语言加以描述，比如：

用"电掣雷奔，风起水涌"评书法。正印高度评价黄山谷之墨迹，认为山谷"深得吾宗佛祖禅髓"，因而其所书"真赞"之笔势，有宏壮雄浑之美，"如电掣雷奔，风起水涌"，有驱魔除邪之力，"向髑髅中，豁开摩醯顶门三只，岂止奔魍魉、走狐狸而已。直得天下老和尚，倒退三舍也。"②用"渴骥奔泉，怒猊抉石"评书法。正印高度赞赏大慧之帖，有遒劲奔放之美，"墨光烂然，银钩铁画，如渴骥奔泉，怒猊抉石，老气益壮"，正反映了大慧佛学造诣，弘法功德，"所谓机辨迅雷霆，语言粲星斗，荷佛祖重任，恢临济正宗，舍师其谁欤？"③用"壁立万仞，俯仰今古"评书法。智及指出，灵源清禅师之"遗辅公坐元小帖"，笔力劲健，字势雄伟，"虽似简率"，但却有"恍若黄龙山，壁立万仞，俯仰今古"之概，展卷视之，"为之凛然"④。

六、书禅互释：书艺品评的叙事模式

我们曾经说过，"以艺诠佛与以佛诠艺"是禅宗对文艺诠释的叙事模式。所谓"以艺诠佛"，即以艺术创作和艺术鉴赏的经验、原则，去诠释佛学义理；所谓"以佛诠艺"，即以佛学义理去诠释艺术创作和艺术鉴赏的经验、原则。这种文艺品评方法，体现出佛教禅宗对于文艺的态度和禅宗美学的某些特点⑤。这种叙事模式在禅宗书法品评中，则表现为书禅互释：以书喻禅、以书论禅，与以禅喻书、以禅论书。

书禅互释，是禅宗绕路说禅的重要方式之一。而禅宗书学著述常常是通过书禅互释，揭示、诠释书法作品的内蕴，或揭示、诠释禅语、公案的主旨，这是禅宗书学著述的最大特色之一。

（一）以禅喻书、以禅论书

---

① 慧机《题钟王字帖》，《庆忠铁壁机禅师语录》，《嘉兴藏》第29册，第241号，第638页下。

② 正印《山谷赞佑禅师墨迹》，《月江正印禅师语录》卷三，《新编卍续藏经》第123册，第312页上中。

③ 正印《大慧禅师衡阳示密首座帖》，《月江正印禅师语录》卷三，《新编卍续藏经》第123册，310页下。

④ 智及《灵源清禅师遗墨》，《愚庵智及禅师语录》卷十，《新编卍续藏经》第124册，第372页上。

⑤ 参见皮朝纲《丹青妙香叩禅心：禅宗画学著述研究·禅宗画学思想论纲》第一章之《以艺诠佛与以佛诠艺》。

我们在前面论述禅宗书法创作的主张和书法品评的观点时,已经涉及禅门大师是如何运用禅学观点去解读书法创作与书法作品的。其方式大体上有两种:

一是直说式,即直接用禅学观点譬喻或论述书法问题。比如唐僧亚栖以中道观言说书法的创造问题。他自称他的草书是"不大不小,得其中道。若飞鸟出林,惊蛇入草"①。在亚栖看来,他的草书,才是真正的"不大不小"、"得其中道"(是不堕极端、脱离二边的佛教的根本立场,是佛教认为最高的真理)之颠(狂颠),它如"飞鸟出林,惊蛇入草"般的运笔疾速,痛快流畅,而又有节奏韵律。

又如明僧密云圆悟的以禅喻书、以禅论书。其《天钧徐居士乞偈》云:"无法可说,何字可写?作字观时,眼中著屑。一念回光,当下安帖。"其《泰华程居士乞偈》云:"只欲纸来求法语,谁知法语无启口。无启口处眼忽开,处处头头唯自偶。"②在他看来,用书法("字")来表现佛法,是不可能的(徐居士乞偈,其意是从密云那里获得佛法;程居士乞偈,也是"只欲纸来求法语"),因"无法可说",要知"法语无启口",那么,有"何字可写"呢? 圆悟认为,有意求法,则为法缚,把书写之偈,"作字观时",正如金屑虽贵,入眼则病。因此,他主张求法应返观自心,体验自己的本来面目,只要"一念回光",当下则身心安宁。要知"无启口处眼忽开",当你不受有意求法的束缚,则慧眼忽开,因为在日常生活中就处处有佛,应该在日常的吃饭睡觉、搬柴运水中参禅悟道,就会像庞居士《日用偈》所说的那样,获得解脱与自由:"日用事无别,唯吾自偶谐。头头非取舍,处处没张乖。朱紫谁为号,丘山绝点埃。神通并妙用,运水与搬柴。"③

二是曲说式,即先用机缘语暗示象征,然后以禅观论述书法问题。比如明僧憨山德清以"雁度长空,影沈秋水"暗示象征书法的深层意蕴,其妙是难于言宣;然后提出以禅家所说的"彻底掀翻一句",深入参究,才有可能"参书法上乘"④,来申说审美体验问题。因为书法之妙,是难于言说的,它如"雁度长空,影沈秋水",不留影迹,因而必须参究体悟,玩味咀嚼,才有所

---

① 《宣和书谱》,上海书画出版社1984年版,第148页。
② 《密云禅师语录》,《嘉兴藏》第10册,第158号,第64页上、64页下。
③ 《庞居士语录》卷上,《新编卍续藏经》第120册,第55页上。
④ 德清《杂说》,《憨山老人梦游集》卷三十九,《新编卍续藏经》第127册,第776页下。

悟;要如禅家参究公案,参究机缘语,绝不能死于句下,必须打破语言牢笼,"彻底掀翻一句",体悟活句,才"可参书法上乘"。

曲说式最能反映禅宗书禅互释的特色。唐僧陈尊宿论"永字八法",是以禅喻书、以禅论书的典型公案。

> 睦州因秀才相访,州问:"蕴何事业?"曰:"会二十四家书。"州以杖空中点一点曰:"会么?"曰:"不会。"州曰:"又道会二十四家书,永字八法也不识!"①

在陈尊宿看来,要想步入书法殿堂,必须从学习"永字八法"开始,从一点一画起步;而任何书法家的书法创作,也是从一点一画开始运毫的。睦州以拄杖书空"点一点",这既示"永字八法",从一"点"开始,又示佛法广大,犹如虚空,它是活泼泼的心灵的自由呈现,它是书而不书,无字而字,充满禅意,这正如赵州从谂所云:"如人暗里书字,字虽不成,文彩已彰。"②然而,自诩能"会二十四家书"的"秀才",却不能领会睦州之举。所以睦州斥之云"永字八法也不识"。睦州以拄杖书空"点一点"示"永字八法",即是以"永字八法"为禅法——心法的表现。乃师黄檗希运禅师曾云:"唯有一心,更无别法。"又云:"此法即心,心外无法;此心即法,法外无心。"③即说明宇宙的一切无非是心的显现,是心的创造。陈尊宿之意,旨在说明书法家应懂得书法(永字八法)即是心法,写字在写心,练字要练心。

自陈尊宿论"永字八法"这一公案提出后,不少禅师作了诠释。或者提出相似的观点,或者表示不同的意见,但都涉及书法与本心的关系问题。宋僧雪峰慧空禅师可算是睦州之知音,他在诠释睦州这一公案时所说的"沙门种子,胸中初无点墨,动著笔头,便见心肝五臟。"④即是说禅家心中,最初并无"点墨"之执著,因而挥毫书写"便见心肝五臟",表现出鲜活的生命律动。在宋僧黄龙慧南看来,睦州的那"一点",即是真实生命(自己本来面目)的显现,何必再以"八法论书",这易被"俗人勘破"。在他看来,这禅

---

① 《五灯会元》卷四,兰吉富主编《禅宗全书》第7册,第231—232页。
② 《抚州曹山元证禅师语录》,《大正藏》第47册,第1987号,第530页下。
③ 《黄檗山断际禅师传心法要》,《大正藏》第48册,第2012号,第380页上。
④ 《雪峰慧空禅师语录》,《新编卍续藏经》第120册,第296页下。

法——心法，"孔门弟子无人识"，而禅宗门人则心颂神会①。宋僧径山印禅师虽认为睦州之用拄杖"点一点"，"如风吹水，自然成文"②，但却过于逞能（"逞俊太过"），反而会弄巧成拙，使"乌""焉"几写而为"马"③。他要把拂子拄杖"束之高阁"，因为文在心中，而不在拄杖子上④。宋僧沩山喆禅师虽然也认为睦州之举，能"用得者（这）一点妙"，但他认为睦州"大似倚势欺人"。他则画一圆相示之，指出圆相"字义炳然，文不加点"⑤。禅门大师常描画一圆形图以象征真如、法性、实相，或众生本具之佛性等。禅僧每以拂子、如意、拄杖或手指等，于大地或空中画一圆相，有时亦以笔墨书写此类圆相，表示真理之绝对性⑥。清僧憨休禅师认为睦州陷入了"葛藤"⑦的纠缠——或曰语言的牢笼，而不能直捷见性⑧。明僧千山剩人禅师认为，睦州用"永字八法"论秀才，恰如"鹞子过新罗"⑨，就会失去对当下正念（本心）的体验，而距本来面目十万八千里。佛鉴懃云："禅师拄杖秀才笔，伎俩皆从手中出。八法论书如未明，面前一点黑如漆。"⑩他指出，禅师之拄杖与秀才之笔头，其"伎俩"都是由他们的手中即心中流出的。如果不领会"八法论书"的主旨是要人们返观自心，以见到本来面目的话，就会陷入无事甲里，而为无明所束缚。在水庵一看来，陈尊宿的"八法论书"，乃是接引学人，破除业识的的方便法门。水庵一云："一著机先用得亲，可怜穷子眼无筋。须知八法论书处，前箭犹轻后箭深。"⑪他认为，陈尊宿接引学人（秀才）的机锋严峻，

---

① 《宗门拈古汇集》，《新编卍续藏经》第 115 册，第 735 页上。
② 《宗门拈古汇集》，《新编卍续藏经》第 115 册，第 735 页上。
③ 《宗鉴法林》："字经三写，'乌''焉'成'马'。"见《新编卍续藏经》第 116 册，第 105 页上。
④ 《宗门拈古汇集》，《新编卍续藏经》第 115 册，第 735 页上。
⑤ 《宗门拈古汇集》，《新编卍续藏经》第 115 册，第 735 页上。
⑥ 参见慈怡主编《佛光大辞典》，第 5403 页。
⑦ 葛藤：葛藤缠树蔓生，比喻事物之纠缠、言语之夹杂。禅宗多以执著言语、公案而不直捷见性者为"葛藤"："禅家者流，凡见说事枝蔓不径捷者，谓之葛藤。"（《丛林盛事》卷上，《新编卍续藏经》第 148 册，第 63 页上。）
⑧ 憨休禅师云："秀才善二十四家书，只者一点也不识！杆自徒劳传摹移写，有甚用处？当时若待伊才点空，便云：草本不劳拈出。匪但截断睦州葛藤，且与孔夫子增气。颂：睦州一点问來端，封后先生眼自瞒。既到班门休弄斧，被他八法累尼山。"（《憨休禅师语录》，《嘉兴藏》第 37 册，第 383 号，第 235 页上。）
⑨ 《千山剩人禅师语录》，《嘉兴藏》第 38 册，第 407 号，第 246 页中。"鹞子过新罗"：意指只要出现分别心、出现情识妄执，就会失去对当下正念（本心）的体验，而距本来面目十万八千里，正像一下飞快跑到新罗（前 57 年—935 年，为朝鲜历史上的国家之一）里去了。所以禅门大师云："计较生时，鹞子过新罗。"（《佛果圜悟禅师碧巖录》卷一，《大正藏》第 48 册，第 2003 号。）
⑩ 《禅宗颂古联珠通集》，《新编卍续藏经》第 115 册，第 268 页上。
⑪ 《禅宗颂古联珠通集》，《新编卍续藏经》第 115 册，第 268 页上。

其破除学人(秀才)的粗重业识之"箭"——权宜方便,却是宽容、亲切的,其"后箭"——直斥秀才不识永字八法,较之"前箭"——"以拄杖空中点一点"要犀利而深入。因秀才陷入了分别心中,执著于"二十四家"书法本身。所以水庵一老婆心切,"前箭"之后,又射"后箭"[①]。"前箭后箭"之"箭",又称之"杀人刀,活人剑"中之"活人剑"(即"活人箭"[②]),是禅门宗师接引学人所运用的、较之"杀人刀"(或曰"杀人箭")的强夺、不许之方式有差别的宽容、给予的自由权巧之方法。陈尊宿直斥秀才不识永字八法之"后箭",要比他"以拄杖空中点一点"之"前箭",锋利而深入。

(二)以书喻禅、以书论禅

禅宗书学著述在以书喻禅、以书论禅方面,鲜明而突出地体现了禅宗绕路说禅的重要特点。

我们以"洞山书字"为例。《筠州洞山悟本禅师语录》记载:

> 师于扇上书"佛"字。云岩见,却书"不"字。师又改作"非"字。雪峯见,乃一时除却(兴化奖代云"吾不如汝"。白杨顺云:"我若作洞山,只向雪峯道:'尔非吾眷属。'"天钵元云:"洞山云岩,平地起堆。雪峯老汉,因事长智。")[③]。

洞山于扇上书"佛"字,其主旨涉及两层含义:一是书写"佛"字,以暗示"佛"无处不在,"佛"就在扇上,就在身边;二是书写"佛"字的书写活动本身,就是心(佛)的外在呈现。要知道曹洞宗人有一种"道遍无情"的思想倾

---

① 前箭后箭:圆悟克勤《碧岩录》第93则《大光师作舞》称:大光师善于接引学人,能替人"抽钉拔楔,去黏解缚",他用跳舞去引导学人(是为"前箭"),而学人陷入执著,也跟着跳舞,大光严斥其为"野狐精"(是为"后箭")。克勤曰:"前箭犹轻后箭深。大光作舞,是前箭。复云'这野狐精',是后箭。"他又引仰山话云:"汝等诸人,各自回光返照,莫记吾言。汝等无始劫来,背明投暗,妄想根深卒难顿拔,所以假设方便,夺汝粗识。""这野狐精,只要换他业识,于中也有权实,也有照用,方见有衲僧巴鼻,若会得如虎插翼。"又云:这些都是"古人权设方便为人,及其啼止,黄叶非金。世尊说一代时教,也只是止啼之说。"又:禅宗用语中,有"杀人刀,活人剑"之语。用刀剑比喻禅门宗师接引学人所运用的自由权巧之方法。用强夺、不准之方式比喻为"杀人刀";用宽容、给予之方式,比喻为"活人剑"(参见黄夏年主编《禅宗三百题》,上海古籍出版社2000年版,第576—577页)。

② "活人剑",有的禅师又称为"活人箭"。《祖庭钳锤录》称:"漳州三平义忠禅师,福州杨氏子。初参石巩,巩常张弓架箭接机。师诣法席,巩曰:'看箭!'师乃拨开胸曰:'此是杀人箭,活人箭又怎么生?'巩乃弹弓弦三下,师乃礼拜。巩曰:'二十年张弓架箭,只射得半个圣人!'遂抛折弓箭。"(《祖庭钳锤录》,《卍续藏》第114册,第764页下。

③ 《筠州洞山悟本禅师语录》,《大正藏》第47册,第1986号,第521页下。

向。洞山的再传弟子、云居道膺的法嗣同安丕禅师说"风云体道,花槛漩玑"①。洞山法嗣抚州疎山匡仁禅师在回答云门文偃关于"法身边事"、"法身向上事"的问题时云:"法身周遍"②。洞山法嗣青林师虔禅师也说"遍界是佛身"③。但云岩昙晟却书"不"字,否定其弟子之见。在曹洞宗门人看来,禅体验是无法用语言文字加以表示、传达的,因为语言文字只是一种工具——只是参禅悟道的方便法门,就是称之为"佛"、称之为"道",也只是一种假名:"佛之与道,俱是名言"④。根据云岩之见,洞山又改作"非"字,旨在说明:第一,一方面,语言文字只是一种工具,"佛之与道,俱是名言",正确的态度,应是"得意忘言"⑤;第二,另一方面,曹洞宗门人并不完全否定语言文字的作用,他们是既"不立文字"又"不离文字"。在他们看来,语言文字是禅师心灵的一种流露和显示,关键在于参禅者迷悟的不同。当曹山智炬"看经"时,有学僧因此而提出疑问:"禅僧心不挂元字脚,何得多学?"意在完全否定语言文字的作用。而智炬则明确回答:"文字性异,法法体空。迷者句句疮疵,悟则文文般若。苟无取舍,何害圆伊?"⑥洞山书"非"字乃是"双遣双非"。"雪峯见,乃一时除却",是因为,在他看来,洞山与云岩之书"佛"、书"不"与书"非",都是一种分别心,都陷入了语言牢笼,应予打破。因此,天钵元说"洞山云岩,平地起堆",乃是执著;而"雪峯老汉,因事长智",才有智慧。

兜率、石田熏、频吉祥等禅师用王羲之、支道林的故事来绕路说禅,也是以书喻禅、以书论禅的生动案例。

> 兜率因僧问:"提兵统将,须凭帝王虎符。领众匡徒,密佩祖师心印。如何是祖师心印?"师曰:"满口道不得。"曰:"只者个更别有?"师曰:"莫将支遁鹤,唤作右军鹅。"⑦

---

① 《五灯会元》卷十三《同安丕禅师》,《新编卍续藏经》第138册,第498页下。
② 《五灯会元》卷十三《抚州疎山匡仁禅师》,《新编卍续藏经》第138册,第484页上。
③ 《五灯会元》卷十三《襄州石门献蕴禅师》,《新编卍续藏经》第138册,第506页下。
④ 《筠州洞山悟本禅师语录》,《大正藏》第47册,第1986号,第508页下。
⑤ 《筠州洞山悟本禅师语录》,《大正藏》第47册,第1986号,第508页下。
⑥ 《五灯会元》卷十三《抚州曹山羌慧智炬禅师》,《新编卍续藏经》第138册,第496页下。
⑦ 《宗鉴法林》,《新编卍续藏经》第116册,第433页上。

在兜率看来,"祖师心印"是不可言说的("满口道不得")。王羲之以书(《黄庭经》)换鹅①,传为佳话。羲之爱鹅成癖,喜从鹅的姿态(生命),领悟书法执笔运笔之理,他舍书换鹅,是爱鹅之鲜活生命。在兜率看来,"祖师心印"(佛性)正在那鲜活的生命之中。支遁好鹤,但他"铩其翮",而"鹤轩翥不复能飞,乃反顾翅,若有懊丧意",使鹤失去"凌霄之姿",只能"为人作耳目近玩",无复翱翔的生命形态②。在兜率看来,不能把"支遁鹤"(已失去自由,不能翱翔高飞,已不是生命的本来面目)"唤作右军鹅"——那才是生命的本来面目。

> 石田熏云:"谁缚无人缚,何更求解脱? 未必右军鹅,便是支郎鹤。"③

石田熏也以"右军鹅"与"支郎鹤"来诠释束缚与解脱问题。据《祖堂集》卷二"第三十三祖僧璨"章记载:四祖道信向僧璨请教"解脱法门",僧璨问"谁人缚汝"? 道信对曰"无人缚",僧璨明确告诉道信:"既无人缚汝,即是解脱,何须更求解脱?"④在僧璨看来,人生之一切痛苦,都是自造的(是无明烦恼所致),根本就没有人来束缚你,人的身心本来就是自由的,就不存在向外寻求什么解脱。所以石田熏说"谁缚无人缚,何更求解脱?"这不是"右军鹅",也不是"支郎鹤"——右军之"鹅"已成为人们近玩之物,支遁之"鹤"是已被人"铩翮"而不能"凌霄"之物,它们都是受束缚的,是人为的,不能以它们来解说束缚与解脱问题。

> 频吉祥云:"向人作赁终非有,自种桑麻薄也多。世事莫如随分好,聊写黄庭换苍鹅。"⑤

在频吉祥看来,人人都有佛性(本心),无需向外寻求:"向人作赁终非有,自种桑麻薄也多"。而对佛性(本来面目)的领悟与把握,只能随缘任

---

① 见马宗霍《书林记事》卷二,文物出版社 1984 年版,第 294 页。
② 见余嘉锡《世说新语笺疏》之"言语"之第 76 条,中华书局 1983 年版,第 136 页。
③ 《宗鉴法林》,《新编卍续藏经》第 116 册,第 96 页上。
④ 《祖堂集》卷二,上海古籍出版社 1994 年版,第 41 页下。
⑤ 《宗鉴法林》,《新编卍续藏经》第 116 册,第 779 页下。

运，自然而然，正像王羲之以平常心"聊写"《黄庭经》，以换回"苍鹅"一样，"随分"对之。

以上数例，是以书法喻禅、以书法论禅，还有综合运用书法、诗歌、舞蹈等艺术喻禅、论禅的。

据晦室师明所编《续古尊宿语要》卷四记载：心闻贲和尚上堂：

> 师云：云峰只知认许多路头走，不知背后被人点背，然后如是健行阔步能有几个？而今或有人问长芦"如何是第一要？""李白歌诗。""如何是第二要？""公孙舞剑。""如何是第三要？""张颠草书。"长芦走得脚步更阔，汝等诸人，还有赶上来底么？若不得流水，还应过别山。①

心闻贲和尚以艺喻禅，用"李白诗歌"、"公孙舞剑"、"张颠草书"来诠释临济"三要"，就是用鉴赏品评艺术的方法，来譬喻学人领会导师言说的要点与方法、参究公案的要点与方法。"三玄三要"乃临济宗师接引学人的三个原则和三种要点。"三玄三要"，指在说法时，一句话中要做到机趣无穷，圆转灵动，要有"权"（灵活性）、"实"（具体性）、"照"（清晰性）、"用"（实践性）。也可以说是一种语言观。三要即三种要点，这是配合三玄而说。所谓"一玄门须具三要"，即是在言说中应当具有此三种要点，而学人领会导师言说与参究公案，也应掌握此三个要点。这三种要点是：第一要，强调言说中无造作，无分别，不粘于物，要求语言离相脱尘，重点在破相上下功夫。汾阳善昭描述为："根境俱忘绝朕兆，山崩海泻洒飘尘，荡尽寒灰始得妙。"②汾阳要求"根尘俱忘"，把主观与客观、我执与法执摒弃干净，并且要忘得"绝朕兆"，不留任何蛛丝马迹。心闻贲和尚以"李白歌诗"释"第一要"。刘禹锡云："诗者其文章之蕴耶！义得而言丧，故微而难能；境生于象外，故精而寡和。"③即是说，古典诗歌（特别是有意境的优秀诗篇）是语言文学中最富深奥意趣的文艺形式，而鉴赏有意境的佳诗（像李白纵逸若仙，极富浪漫主义色彩的诗歌），应得意（义）而忘象（言丧）；其意境又是产生于意象，而

---

① 《续古尊宿语要》，《新编卍续藏经》第 119 册，第 459 页上。
② 《人天眼目》，《大正藏》第 48 册，第 2006 号，第 302 页上。
③ 刘禹锡《董氏武陵集记》，王明居、卢永璘主编《中国历代美学文库·隋唐五代卷》（下），高等教育出版社 2003 年版，第 78 页。

又超越于意象的,就要突破语言形式的束缚而去体悟其深层的意蕴。李白"天才豪逸"若仙①,其"横放""惊动千古"②。对太白诗的鉴赏,应像清代诗论家黄子云所说的那样:"学古人诗,不在乎字句,而在乎臭味。字句魄也,可记诵而得;臭味魂也,不可以言宣。当于吟咏时,先揣知作者当日所处境遇,然后以我之心,求无象于窅冥惚恍之间,或得或丧,若存若亡,始也芒焉无所遇,终焉元珠垂曜,灼然毕现我目中矣。"③即是说,要不受"字句"的局限,要求之于象外("求无象于窅冥惚恍之间"),体味诗歌之"臭味",直探诗人之"元珠"(灵府)。这就如像参究公案要破除对外界物相的执著,要求不受语言的束缚,而去体悟和把握它的禅意(本心)一样。第二要,强调言说的灵活性,随机应变,不执著于言句,以期进入玄妙之境。汾阳善昭描述为:"钩锥察辨呈巧妙,纵去夺来掣电机,透匣七星光晃耀。"④汾阳强调在使用"钩锥"(接机方法如钩似锥)上要巧妙,要不失时机,眼明手快,打破暗箱,使学人明心见性。心闻贲和尚以"公孙舞剑"释"第二要"。公孙大娘乃唐代著名舞蹈家,其剑器舞(女子着军装之舞)在内外教坊独享盛名。晚唐郑嵎《津阳门诗》云:"公孙剑伎皆神奇",自注:"有公孙大娘舞剑,当时号为雄妙。"⑤司空图《剑器》诗亦云:"楼下公孙昔擅场,空教女子爱军装。"⑥杜甫《观公孙大娘弟子舞剑器行·并序》云:"昔有佳人公孙氏,一舞剑器动四方。观者如山色沮丧,天地为之久低昂。霍如羿射九日落,矫如群帝骖龙翔。来如雷霆收震怒,罢如江海凝清光。"⑦人山人海之观众,为公孙大娘浏漓顿挫之舞蹈而惊讶失色,整个天地也似乎随着她的剑器舞而低昂起伏,无法恢复平静。观公孙舞剑,应从其迅速变化("霍如羿射九日落,矫如群帝骖龙翔"——满堂旋转,腾空飞翔)的雄健刚劲的姿势和浏漓顿挫的节奏中,领略其舞蹈的入神之境,不执著于舞姿形象的外在表现,而直探、体悟公孙大娘的生命律动。正如参究公案要随机应变,灵活妙用一样,要从语言的迷离性、多义性中去把握旨趣。第三要,强调佛法真谛,言语道断,即

---

① 严羽《沧浪诗话·诗评》,郭绍虞《沧浪诗话校释》,人民文学出版社 1983 年版,第 173 页。

② 魏庆之编《诗人玉屑》卷十四"惊动千古",上海古籍出版社 1982 年版,第 290 页。

③ 黄子云《野鸿诗的》,王夫之等撰《清诗话》(下册),上海古籍出版社 1978 年版,第 847—848 页。

④ 《人天眼目》,《大正藏》第 48 册,第 2006 号,第 302 页上。

⑤ 郑嵎《津阳门诗》,王仲镛《唐诗纪事校笺》(下),巴蜀书社 1989 年版,第 1674 页。

⑥ 司空图《剑器》,《全唐诗》卷六百三十三,中华书局 1980 年版,第 7268 页。

⑦ 杜甫《观公孙大娘弟子舞剑器行·并序》,仇兆鳌《杜诗详注》(第四册),中华书局 1979 版,第 1816 页。

使有所言说,也必须超出一般常规逻辑的肯定与否定形式。汾阳善昭描述为:"不用垂钩并下钓,临机一曲楚歌声,闻者尽教来反照。"①汾阳之意,是说在接机上要灵活,"钩锥"当用则用,不当用则不用,应根据学人的根机加以引导,使之返观内照。心闻贲和尚以"张颠草书"释"第三要"。唐代著名草书家张旭,醉后往往号呼狂走,索笔挥洒,变化无穷,有颠狂之态,故人称张颠。《旧唐书·文苑传·贺知章》:"旭善草书,而好酒,每醉后号呼狂走,索笔挥洒,变化无穷,若有神助,时人号为张颠。"②张旭草书,放纵潇洒,笔势连绵,变化多端,是他的心灵的直接呈现。唐韩愈《送高闲上人序》评张旭云:"喜怒、窘穷、忧悲、愉佚、怨恨、思慕、酣醉、无聊、不平,有动于心,必于草书焉发之。观于物,见山水崖谷、鸟兽虫鱼、草木之花实、日月列星、风雨水火、雷霆霹雳、歌舞战斗、天地事物之变,可喜可愕,一寓于书,故旭之书,变动犹鬼神,不可端倪,以此终其身而名后世。"③对张旭草书之"变动犹鬼神,不可端倪"的观赏,应如宋代书论家董逌所言:"观其书者,如九方皋见马,不可求於形似之间也。"④也应像唐代书论家张怀瓘所言,应"惟观神彩,不见字形",应"见其心"⑤。应如参究公案,必须超出一般常规逻辑推理形式,去体悟把握书法家的心灵律动与情感逻辑⑥。

① 《人天眼目》,《大正藏》第 48 册,第 2006 号,第 302 页上。
② 《旧唐书·文苑传·贺知章》,《旧唐书》卷一百九十中,中华书局 1975 年版,第 5034 页。
③ 韩愈《送高闲上人序》,马通伯《韩昌黎文集校注》,古典文学出版社 1957 年版,第 158 页。
④ 董逌,《广川书跋》卷七《张旭千字》,文渊阁四库全书影印本,第 813 册,第 415 页上。
⑤ 张怀瓘《文字论》,《历代书法论文选》(上册),上海书画出版社 1979 年版,第 209 页。
⑥ 参见黄夏年主编《禅宗三百题》,上海古籍出版社 2000 年版,第 383—384 页;冯学成《千首禅诗品析》上卷,四川文艺出版社 1996 年版,第 497—499 页

禅宗书学著述荟要

• 例言

一、本《禅宗书学著述荟要》(简称《荟要》)是为中国美学史研究,特别是禅宗美学史研究提供文献资料。它们大多数不见于古代文献的书史、书论、书品、书评、书录、书跋等典籍中,也不见于现当代出版的中国美学文献资料汇编和中国书论(以及书史、书品等)文献汇编中,是有重要参考价值的。

二、本《荟要》系从《大正新修大藏经》、《新编卍续藏经》、《嘉兴大藏经》、《禅宗全书》、《禅门逸书》等佛典中辑录而成,除个别篇目为节录外,其余均系全录。

二、凡与书学有关的序、引、疏、论、记、题(含诗、文)、跋、偈(颂)、赞,均录入本《荟要》。

三、本《荟要》所录篇目,上自唐代,下至请代,大体上按禅师活动的时代先后排序,但时有交叉,因一些禅师的生卒年难考。

四、禅宗书学著述理应包括禅门大师与禅门居士的作品,限于辑录者的学识与精力有限,本《荟要》只收录了禅宗大师的著述,禅门居士的著述,只有暂付阙如。

五、本《荟要》所编写的书学著述作者小传,主要参考了以下文献:震华法师遗稿《中国佛教人名大辞典》,上海辞书出版社 1999 年版;明复编《中国佛学人名辞典》,中华书局 1988 年版;慈怡主编《佛光大辞典》,台湾佛光山出版社 1989 年版；梁披云主编《中国书法大辞典》，香港书谱出版社、广东人民出版社 1987 年版；马宗霍《书林藻鉴·书林记事》，文物出版社 1984 年版；钱仲联、傅璇琮、王运熙、章培恒、陈伯海、鲍克怡总主编《中国文学大辞典（修订本）》，上海辞书出版社 2000 年版。

六、本《荟要》编写了禅宗典籍提要，在提要中，提示了本《荟要》选录文字所涉及的一些书学思想。编写禅宗典籍提要，主要参考了以下文献：任继愈主编《佛教大辞典》，江苏古籍出版社 2002 年版；慈怡主编《佛光大辞典》，台湾佛光山出版社 1989 年版；吴言生《禅宗典籍 560 种提要》；刘保金《佛经解说辞典》，河南大学出版社 1997 年版；明复《禅门逸书》初编、续编之"解题"；于谷《禅宗语言和文献》，江西人民出版社 1995 年版；袁宾主编《禅宗词典》，湖北人民出版社 1994 年版；黄夏年主编《禅宗三百题》，上海古籍出版社 2000 年版；陈滞冬《中国书学论著提要》，成都出版社 1990 年版；陶明君《中国书论辞典》，湖南美术出版社 2001 年版；梁披云主编《中国书法大辞典》，香港书谱出版社、广东人民出版社 1987 年版。

七、本《荟要》之禅宗典籍提要所提示的书学思想所涉及的部分篇目中的重要人物、公案、典故、佛学与书学术语，均作了必要的注释，旨在为了解禅宗书学思想提供一些参考资料。编写注释时，主要参考了以下文献：任继愈主编《佛教大辞典》，江苏古籍出版社 2002 年版；慈怡主编《佛光大辞典》，台湾佛光山出版社 1989 年版；释一如《三藏法数》，浙江古籍出版社 1991 年版；黄夏年主编《禅宗三百题》，上海古籍出版社 2000 年版；袁宾主编《禅宗词典》，湖北人民出版社 1994 年版；袁宾《禅宗著作词语汇释》，江苏古籍出版社 1990 年版；中国佛教文化研究所编《俗语佛源》，上海人民出版社 1993 年版；李明权《佛学典故汇释》，浙江古籍出版社 1990 年版；孙维张主编《佛源语词词典》，语文出版社 2007 年版；梁披云主编《中国书法大辞典》，香港书谱出版社、广东人民出版社 1987 年版；陶明君《中国书论辞典》，湖南美术出版社 2001 年版。

杼山集①[选录]

皎然,唐诗僧。字清昼。湖州长城(今浙江湖州市)人,俗姓谢。主要活动于大历、贞元间。曾多次为初期禅宗诸祖师撰碑文(收于全唐文卷九一七、卷九一八)。事见《全唐文》卷九一九《唐湘州杼山皎然传》、《宋高僧传》卷二十九、明复《杼山集解题》、贾晋华《皎然年谱》。

本荟要所录入文字,据明复主编《禅门逸书初编》第2册,第104号,台湾明文书局1981年版。

• 奉同颜使君真卿开元寺经藏院会观树文殊碑

万国布殊私,千年降祖师。雁门传法至,龙藏立言时。故实刊周典,新声播鲁诗。六铢那更拂,刧石尽无期。

• 张伯英草书歌

伯英死后生伯高,朝看手把山中毫。先贤草律我草狂,风云阵发愁钟王。须臾变态皆自我,象形类物无不可。阆风游云千万朵,惊龙蹴踏飞欲堕。更睹邓林花落朝,狂风乱搅何飘飘。有时凝然笔空握,情在寥天独飞鹤。有时取势气更高,忆得春江千里涛。张生奇绝难再遇(原注:王小令草书,古今称草绝),草罢临风展轻素。阴惨阳舒如有道,鬼状魖容若可惧。黄公酒垆兴偏入,阮籍不嗔嵇亦顾。长安酒榜醉后书,此日骋君千里步②。

• 陈氏童子草书歌

书家孺子有奇名,天然大草令人惊。僧虔老时把笔法,孺子如今皆暗

---

① 杼山集:凡十卷,诗七卷、文二卷、联句一卷。皎然撰,毛晋编。本《荟要》所录文字,涉及的书学思想:皎然高度评价张伯英和"陈氏童子"的草书,指出张伯英之狂草有"风云阵发"之气,使书圣钟王为之震撼:"先贤草律我草狂,风云阵发愁钟王";"陈氏童子"之草书,达到了很高的境地:"书家孺子有奇名,天然大草令人惊。"而他们在创作上的成功,是由于:一、在书法创作中,展示了自己独特的个性。张氏之"自我"突出:"须臾变态皆自我,象形类物无不可";"陈氏童子"之笔法挥洒迅猛:"飙挥电洒眼不及,但觉毫端鸣飒飒"。二、书法家在创作活动中,重视"凝然"(神思)结字,在审美想象中营构意象,其情景有如独鹤飞翔在寥廓的兰天:"有时凝然笔空握,情在寥天独飞鹤。"三、他们很重视"取势"构境,善于使形势递相映带,字字活泼,行行生动,为观赏者创造出一个广阔的审美心理空间,让人进入春江奔涌着千里波涛之境:"有时取势气更高,忆得春江千里涛。"四、他们都具有狂草的独特风貌,笔法狂怪、险劲:诸如"阆风游云千万朵,惊龙蹴踏飞欲堕。更睹邓林花落朝,狂风乱搅何飘飘。""有时作点险且能,太行片石看欲崩。偶然长掣浓入燥,少室枯松欹不倒。"并且具有开人胸襟的审美效应:"欲玩草书开我襟"。

② "黄公酒垆兴偏入"以下两联,《禅门逸书初编》本无,据文渊阁四库全书影印本补。

合。飙挥电洒眼不及，但觉毫端鸣飒飒。有时作点险且能，太行片石看欲崩。偶然长掣浓入燥，少室枯松欹不倒。夏室炎炎少人欢，山轩日色在阑干。桐花飞尽子规思，主人高歌兴不至。浊醪不饮嫌昏沉，欲玩草书开我襟。龙爪状奇鼠须锐，水笺白皙越人惠。王家小令草最狂，为予洒出惊腾势。

唐僧怀素藏真自叙①

怀素(725—785)，唐僧。字藏真。长沙(今属湖南)人，俗姓钱。幼而奉佛，禅悦之暇，颇好笔墨。初学颜鲁公。好饮酒，兴至运笔，飞转如旋风，自言得草圣三昧。其狂草直逼张旭，世称"颠张醉素"。所书《自叙帖》、《苦笋帖》、《千字文》等，为草书瑰宝。事见陆羽《僧怀素传》、光绪《湖南通志》卷二四、《佩文斋书画谱》卷三十、《宣和书谱》卷十九、《墨池编》卷四。

本荟要所录入文字，据朱长文《墨池编》卷四，文渊阁四库全书影印本，台湾商务印书馆1986年版。

怀素家长沙，幼而事佛，经禅之暇，颇好笔翰。然恨未能远睹前人之奇迹，所见甚浅。遂担笈杖锡，西游上国。谒见当代名公，错综其事，遗编绝简，往往遇之。豁然心胸，略无疑滞，鱼笺绢素，多所尘点，士大夫不以为怪焉。颜刑部书家者流，精极笔法，水镜之辨，许在末行。又以尚书司勋郎卢象、小宗伯张正言，曾为歌诗，故叙之曰："开士怀素，僧中之英，气概通疏，性灵豁畅。精心草圣，积有岁时，江岭之间，其名大著。"故吏部侍郎韦公陟睹其笔力，勖以有成。今礼部侍郎张公谓赏其不羁，引以游处。兼好事者，同作歌以赞之，动盈卷轴。夫草稿之作，起于汉代。杜度、崔瑗，始以妙闻。迨乎伯英，尤擅其美。羲献兹降，虞陆相承。口诀手授，以至于吴郡张旭长史。虽姿性颠逸，超绝古今，而模楷精详②，特为真正。真卿早岁，常接游居，屡蒙激昂，教以笔法。资质劣弱，又婴物务，不能恳习，迄以无成。追思

---

① 《自叙》之墨迹称为《自叙帖》，纸本，草书。其气势恢宏，雄强狂纵，剑拔弩张，动人心魄，被誉为"天下第一草书"。怀素运笔如骤雨旋风，飞动圆转，虽多变化，但法度具备。其《自叙》所论，乃主乘兴挥洒："豁然心胸，略无疑滞，鱼笺绢素，多所尘点。"窦冀描述云："粉壁长廊数十间，兴来小豁胸中气。忽然绝叫三五声，满壁纵横千万字。"《唐释怀素与颜真卿论草书》一文，首次提出了"坼壁路"、"屋漏痕"等著名概念。

② 模楷精详：原为"模楷精法详"，今据《书苑菁华》改。

一言，何可复得。忽见师作，纵横不群，迅疾骇人，若还旧观。向使师得亲承善诱，亟挹规模，则入室之宾，舍子奚适！嗟叹不足，聊书此以冠诸篇首。

其后继作不绝，溢乎箱箧。其述形似，则有张礼部云："奔蛇走虺势入座，骤雨旋风声满堂。"卢员外云："初疑轻烟澹古松，又似山开万仞峰。"王永州邕曰："寒猿饮水撼枯藤，壮士拔山伸劲铁。"朱处士遥云："笔下唯看激电流，字成只畏盘龙走。"叙机格，则有李御史舟云："昔张旭之作也，时人谓之张颠，今怀素之为也，余实谓之狂僧。以狂继颠，谁曰不可！"张公又云："稽山贺老粗知名，吴郡张颠曾不易。"许御史瑶云："志在新奇无定则，古瘦漓洒半无墨。醉来信手两三行，醒后却书书不得。"戴御史叔伦云："心手相师势转奇，诡形怪状翻合宜。人人欲问此中妙，怀素自言初不知。"语疾速，则有窦御史冀云："粉壁长廊数十间，兴来小豁胸中气。忽然绝叫三五声，满壁纵横千万字。"戴公又云："驰毫骤墨列奔驷，满座失声看下及。"目愚劣，则有从父司勋员外郎吴兴钱起诗云："远鹤[①]无前侣，孤云寄太虚。狂来轻世界，醉里得真如。"皆辞旨激切，理识玄奥，固非虚荡之所敢当，徒增愧畏耳。时大历丁巳冬十月二十八日。

•唐释怀素与颜真卿论草书[②]

怀素与邬彤为兄弟，常从彤受笔法。彤曰："张长史私谓彤曰：'孤蓬自振，惊沙坐飞，余自是得奇怪。'草圣尽于此矣！"颜真卿曰："师亦有自得乎？"素曰："吾观夏云多奇峰，辄常师之，其痛快处如飞鸟出林、惊蛇入草。又遇坼壁之路，一一自然。"真卿曰："何如屋漏痕？"素起握公手曰："得之矣。"

---

① 鹤：原为"锡"，今据《书苑菁华》改。
② 此文录自《佩文斋书画谱》卷五，乃陆羽《怀素别传》中的一段。见文渊阁四库全书影印本。

筠州洞山悟本禅师语录①[选录]

良价(807—869),唐僧,曹洞宗开创者。会稽(今浙江省绍兴市)人,俗姓俞。初谒南泉普愿,次参沩山灵祐,后得法于云岩昙晟。他和弟子曹山本寂共同开创了中国禅宗五大宗派之曹洞东。圆寂后谥号悟本禅师。事见《瑞州洞山良价禅师语录》、《宋高僧传》卷十二、《景德传灯录》卷十五。

本荟要所录入文字,据《大正藏》第47册,第1986号,台湾新文丰出版有限股份公司1983年版。

• 规诫

夫沙门释子,高上为宗,既绝攀缘,宜从淡薄。割父母之恩爱,舍君臣之礼仪,剃发染衣,持巾捧钵。履出尘之径路,登入圣之阶梯,洁白如霜,清净若雪。龙神钦敬,鬼魅归降。专心用意,报佛深恩。父母生身方沾利益,岂许结托门徒,追随朋友,事持笔砚,驰骋文章。区区名利,役役趋尘。不思戒律,破却威仪。取一生之容易,为万劫之艰辛。若学如斯,徒称释子。

---

① 筠州洞山悟本禅师语录:全一卷。洞山良价述,日僧慧印校订。内容收录上堂、示众、举古、问答等一二○则,及《宝镜三昧歌》、《玄中铭》、《新丰吟》、《纲要颂》、《功勋五位颂》等十一种歌颂。另有日僧宜默玄契编集校订《洞山悟本禅师语录之余》,补录机缘语要十数则,附于书之后。本《荟要》所选录文字,涉及的书学思想:一、洞山良价从佛门弟子应有的人生境界、价值取向和人生宗旨的角度,反对禅门弟子"结托门徒,追随朋友,事持笔砚,驰骋文章"。他认为出家人应该有"高上为宗,既绝攀缘,宜从淡薄"、"洁白如霜,清净若雪"的人生境界;有"履出尘之径路,登入圣之阶梯"的价值取向;有"专心用意,报佛深恩"的人生宗旨。二、以书喻禅、以书论禅。洞山于扇上书"佛"字,其主旨涉及两层含义:一是书写"佛"字,以暗示"佛"无处不在,"佛"就在扇上,就在身边;二是书写"佛"字的书写活动本身,就是心(佛)的外在呈现。曹洞宗人有一种"道遍无情"的思想倾向。诸如"法身周遍"(《五灯会元》卷十三《洞山良价禅师》)、"遍界是佛身"(《五灯会元》卷十三《石门献蕴禅师》),就是这种思想的体现。但云岩昙晟却书"不"字,否定其弟子之见。因为禅体验是无法用语言文字加以表示、传达的,语言文字只是参禅悟道的方便法门,就是称之为"佛"、称之为"道",也只是一种假名:"佛之与道,俱是名言"(《筠州洞山悟本禅师语录》)。根据云岩之见,洞山又改作"非"字,旨在说明:第一,一方面,语言文字只是一种工具,"佛之与道,俱是名言",正确的态度,应是"得意忘言"(《筠州洞山悟本禅师语录》);第二,另一方面,禅宗门人并不完全否定语言文字的作用,他们是既"不立文字"又"不离文字"。语言文字是禅师心灵的一种流露和显示,关键在于参禅者迷悟的不同。洞山书"非"字乃是"双遣双非","雪峰见,乃一时除却",是因为,在他看来,洞山与云岩之书"佛"、书"不"与书"非",都是一种分别心,都陷入了语言牢笼,应予打破。因此,天钵元说"洞山云岩,平地起堆",乃是执著;而"雪峰老汉,因事长智",才有智慧。

• 洞山书字①※

师于扇上书"佛"字。云岩见，却书"不"字。师又改作"非"字。雪峰见，乃一时除却（兴化奖代云"吾不如汝"。白杨顺云："我若作洞山，只向雪峯道：'尔非吾眷属。'"天钵元云："洞山云岩，平地起堆。雪峯老汉，因事长智。"）。

亚栖论书 ※②

亚栖，唐僧。洛阳（今属河南）人。生卒年不详，大约公元931年前后在世。能诗，作品大多失传，《全唐诗》录其七绝二首。擅书，得张颠笔意。光化中，对庭草书，受踢紫袍。事见《佩文斋书画谱》卷三、《宣和书谱》卷十九。

本荟要所录入文字，据《古今禅藻集》，《禅门逸书初编》第1册，第101号；《历代书法论文选》上册，上海书画出版社1979年版。

• 对御书后一绝

通神笔法得玄门，亲入长安谒至尊。莫怪出来多意气，草书曾悦圣明君。

• 论书

凡书通即变。王变白云体，欧变右军体，柳变欧阳体，永禅师、褚遂良、颜真卿、李邕、虞世南等，并得书中法，后皆自变其体，以传后世，俱得垂名。若执法不变，纵能入石三分，亦被号为书奴，终非自立之体。是书家之大要。

---

① 凡篇名标明有"※"者，系荟要者所加。以下同。此段文字选自《瑞州洞山良价禅师语录》，《大正藏》第47册，第1986号。

② 亚栖《论书》，旨在主张书法创作中的通变观。所谓"通"，是融会贯通，即领悟和把握书法艺术创造的客观规律，使之达到内容与形式的高度统一；所谓"变"，是形变，包括笔形、字形、章法布局之形等等。书法艺术之创新，从造型的视角看来，乃是追求一种与众不同的形式美——法和意、情和理、形和神相统一的风格美（参见刘小晴《中国书学技法评注》，上海书画出版社1991年版，第483页）。亚栖通过对"王变白云体，欧变右军体，柳变欧阳体"的论述，以揭示书法创造中的继承与创新的辩证关系。他指出了"变"是书家创作成功的关键，只有"自变其体"，才能"传后世"、"得垂名"，而且，强调通变是"书家之要"。因为书法艺术是创造性的活动，没有创造，就失去了其艺术生命力。因此，"若执法不变，纵能入石三分，亦被号为书奴"。但其"变"是应该在继承前人规矩法度的基础上，博采约取，融会贯通，化古为己有，进而大胆革新，创造出独具个性的书法作品。

訾光论书[①]※

释訾光，字登封，俗姓吴。永嘉人。幼年舍家于陶山寺剃度。多作古调诗，苦僻寡味。长于草隶。闻陆希声谪宦于豫章，光往谒之。苦祈其草法，而授其五指拨灯诀。光书体当见遒健，转腕回笔，非常所知。乃西上，昭宗诏对御榻前书，赐紫方袍。出笔法，弟子从瓌，温州僧正智琮，皆得墨诀。有文集，为知音者所贵。事见《宋高僧传》卷三十、《宣和书谱》卷十九。

本荟要所录入文字，据苏颂《苏魏公文集》，文渊阁四库全书影印本。

（书法）犹释氏心印，发于心源，成于了悟，非手口可传。

禅月集[②][选录]

贯休（832—912），唐末五代僧。字德隐，一字德远。署号禅月大师。婺州兰溪（浙江金华）人，俗姓姜。以诗、画著称于世。为中国绘画史上有

---

① 苏颂《题送訾光序》："光论书法：'犹释氏心印，发于心源，成于了悟，非口可传。'此诚知书者。然当时名称如此，而独不闻于后世，笔迹绝少传者，岂唐人能书者多，如光辈湮没无闻，不知几何人耶？观诸公称誉之言，盖非常常僧流也。"（苏颂《苏魏公文集》卷七十二，文渊阁四库全书影印本，第1092册，第757页下。）释訾光之论，乃是强调书法家在书法创造中，其审美胸襟在有意无意之间与禅（心）水乳般交融，使书法成为禅（心）的形象显现；他还强调书法创作应以心为源，强调书家心灵的创造功能；强调书法创造及其作品，乃是书家审美体验、审美领悟的过程及其产物。訾光之论，对后世书论有深刻的影响。清人康有为《广艺舟双楫》云："吾谓书法亦犹佛法，始于戒律，精于定慧，证于心源，妙于了悟，至极也，亦非口手可传焉。"（康有为《广艺舟双楫》，祝嘉《艺舟双楫·广艺舟双楫疏证》，巴蜀书社1989年版，第335页）

② 禅月集：凡二十五卷、补遗一卷（有毛晋所撰《补遗后序》）。贯休撰，毛晋编。内容包括乐府古题杂言一卷、古风杂言古意五卷、五言律诗十二卷、七言律诗及七言绝句六卷、七言律诗一卷。贯休之草书歌，涉及了以下书学思想：一、贯休指出了怀素与张旭之"颠"有区别："张颠颠后颠非颠，直至怀素之颠始是颠。"是一种"狂僧"之"颠"，或曰狂颠。正如李舟所说："昔张旭之作也，时人谓之张颠，今怀素之为也，余实谓之狂僧，以狂继颠，谁曰不可。"（见怀素《自叙帖》）二、贯休用形象化的语言描绘了怀素"饮酒以养性，草书以畅志。时酒酣兴发，遇寺壁里墙衣裳器皿，靡不书之"（陆羽《僧怀素传》，倪涛《六艺之一录》卷二百九十四，文渊阁四库全书影印本，第836册，第336页上—下）的审美创造心态："半斜半倾山衲湿，醉来把笔狞如虎。粉壁素屏不问主，乱涂乱抹无规矩。"这种审美心态，正是他的人生态度（"师不谭经不说禅，筋力唯于草书朽"）和独特个性（"颠狂却恐是神仙"）的具体表现。三、贯休以狂怪的意象，描绘和揭示了怀素草书"颠狂"之美，其视觉形象的大幅度迭宕与起伏，昂扬情绪的强烈涌动与抒发，给人以强烈的心理震撼，诸如："乍如沙场大战后，断枪橛箭皆狼藉。又似深山朽石上，古病松枝挂铁锡"；"斜凿黄金侧凿玉，珊瑚枝长大束束"；"天台古杉一千尺，崖崩岸折何峥嵘"等等。四、贯休以精深的眼光，分析了怀素草书贵于变化之美："东却西，南又北，倒还起，断复续"。其上下左右所处之位置，富于变化，呼应照顾，大小相参，断续继继，动静得宜，奇正有致，从参差中求芥平，对比中求统一，出于自然，合乎韵律，有别具一格的艺术美。

影响的禅宗画家。事见明复《禅月集解题》、《宋高僧传》卷三十、《释氏稽古略》卷三。

本荟要所录入文字，据《禅门逸书初编》第 2 册，第 105 号。

• 观怀素草书歌

张颠颠后颠非颠，直至怀素之颠始是颠。师不谭经不说禅，筋力唯于草书朽。颠狂却恐是神仙，有神助兮人莫及。铁石画兮墨须入，金鳟竹叶数斗余。半斜半倾山衲湿，醉来把笔狂如虎。粉墨素屏不问主，乱拏乱抹无规矩。罗刹石上坐伍子胥，觚通八字立对汉高祖。势崩腾兮不可止，天机暗转锋铓里。闪电光中霹雳飞，古柏身中旱龙死。骇人心兮目眬瞑，顿人足兮神辟易。乍如沙场大战后，断枪橛箭皆狼藉。又似深山朽石上，古病松枝挂铁锡。月兔笔，天灶墨，斜凿黄金侧锉玉，珊瑚枝长大束束。天马骄狂不可勒，东却西，南又北，倒又起，断复续。忽如鄂公喝住单雄信，秦王肩上锡著枣木槊。怀素师，怀素师，若不是星辰降瑞，即必是河岳孕灵。固宜须冷笑逸少，安得不心醉伯英。天台古杉一千尺，崖崩剞折何峥嵘。或细微，仙衣半拆金线垂。或妍媚，桃花半红公子醉。我恐山为墨兮磨海水，天与笔兮书大地，乃能略展狂僧意。常恨与师不相识，一见此书空叹息。伊昔张渭任华叶季良，数子赠歌岂虚饰，所不足者浑未曾道著其神力。石桥被烧烧，良玉土不蚀，锥画沙兮印印泥。世人世人争得测，知师雄名在世间，明月清风有何极。

• 詟光大师草书歌

雪压千峰横枕上，穷困虽多还激壮。看师逸迹两相宜，高适歌行李白诗。海上惊驱山猛烧（一作海上风惊驱猛烧），吹断狂烟著沙草。江楼曾见落星石，几回试发将军炮。别有寒雕掠绝壁，提上玄猿更生力。又见吴中磨角来，舞槊盘刀初触击。好文天子挥宸翰，御制本多推玉案。晨开水殿教题壁，题罢紫衣亲宠锡。僧家爱诗自拘束，僧家爱画亦局促。唯师草圣艺偏高，一掬山泉心便足。

• 阅衡岳楚云上人血书法华经①

剔皮刺血诚何苦,为写灵山九会文。十指沥干终七轴,后来求法更无君。

《林间录》云:"唐僧楚云血书《莲经》,秘于福严三生藏,随日若开此经,誓同慈氏。"宋皇祐间有贵人游山见之,疑其妄,使人以钳发之,有血如线出焉,须臾风雷震山谷,烟云四障,弥日不散。贵人投诚忏悔。嗟乎,愿力所持乃尔,异也!

白莲集②[选录]

齐己,唐末五代诗僧。自号衡岳沙门。湖南益阳人,俗姓胡,名得生。幼于沩山同庆寺出家习学律仪,后礼德山禅客,得解悟。性喜吟咏,不求名利,爱乐山水,不近王侯。据《释氏疑年录》卷五称,师示寂于后唐长兴(930—933)末年,世寿七十余。事见《宋高僧传》卷三十、《五代史补》卷三、《全唐文》卷九二一、《唐诗纪事》卷七十五、《唐才子传》卷九、孙光宪《白莲集序》、明复《白莲集解题》。

本荟要所录入文字,据《禅门逸书初编》第 2 册,第 106 号。

• 谢西川昙域大师玉筯篆书

玉筯真文久不兴,李斯传到李阳冰。正悲千载无来者,果见僧中有个僧。

• 谢人墨

珍重岁寒烟,携来路几千。只应真典诰,消得苦磨研。正色浮端砚,精光动蜀笺。因君强濡染,舍此即忘筌。

---

① 此诗作为贯休之作品,收入《古今禅藻集》(《禅门逸书初编》第 1 册,第 101 号,第 107 页下),而《禅月集》未收录。齐己《白莲集》收录此诗正文,题为《送楚云上人往南岳刺血写法华经》。

② 白莲集:凡十卷。齐己撰,毛晋编。收录诗八百一十篇。内容包括近体诗九卷、古体诗一卷(末附绝句四十二首)。昙域大师的"玉筯篆书",使"李斯传到李阳冰"失传之书得以保存下来。"玉筯篆书",亦称"玉箸篆",篆书的一种。其书写笔画,丰腴圆润温厚,形如玉筯(筷子),故名。始于秦代,属于篆书宗。齐己《谢昙城大师玉筯篆书》诗称:"玉筯真文久不兴,李斯传到李阳冰"。后人论书,将用笔圆浑丰腴遒劲的其他字体亦称为"玉筯"。清人陈沣《摹印述》云:"篆书笔画两头肥瘦均匀,末不出锋者,名曰'玉筯',篆书正宗也。"

• 送胎发笔寄仁公

内唯胎发外秋毫,绿玉新裁管束牢。老病手疼无那尔,却资年少写风骚。

• 谢人惠端溪砚

端人凿断碧溪浔,善价争教惜万金。砻琢已曾经敏手,研磨终见透坚心。安排得主难移动,含贮随时任浅深。保重更求装钿匣,闲将濡染寄知音。

睦州陈尊宿论书①※

陈尊宿,唐僧。讳道明,一作道纵。江南国主陈氏之后。黄檗希运禅师之法嗣。住观音院数十载,其接引学人以机锋险峻著称。后因老母待养,遂归睦州开元寺,诸方归慕,咸称尊宿。常织蒲鞋养母,又有陈蒲鞋之号。事见《五灯会元》卷四、《五灯严统》卷四、《五灯全书》卷八。

本荟要所录入文字,据《五灯会元》,兰吉富主编《禅宗全书》第7册,台湾文珠出版社1988年版。

• 永字八法※

睦州因秀才相访,州问:"蕴何事业?"曰:"会二十四家书。"州以杖空中点一点曰:"会么?"曰:"不会。"州曰:"又道会二十四家书,永字八法也不识!"

---

① 陈尊宿以禅喻书、以禅论书。在陈尊宿看来,要想步入书法殿堂,必须从学习"永字八法"开始,从一点一画起步;而任何书法家的书法创作,也是从一点一画开始运毫的。睦州以拄杖书空"点一点",这既示"永字八法",从一"点"开始,又示佛法广大,犹如虚空,它是活泼泼的心灵的自由呈现,它是书而不书,无字而字,充满禅意,这正如赵州从谂所云:"如人暗里书字,字虽不成,文彩已彰。"(《抚州曹山元证禅师语录》,《大正藏》第47册,第1987号,第530页下。)然而,自诩能"会二十四家书"的"秀才",却不能领会睦州之举。所以睦州斥之云"永字八法也不识"。睦州以拄杖书空"点一点"示"永字八法",即是以"永字八法"为禅法——心法的表现。乃师黄檗希运禅师曾云:"唯有一心,更无别法。"又云:"此法即心,心外无法;此心即法,法外无心。"(《黄檗山断际禅师传心法要》,《大正藏》第48册,第2012号,第380页上。)即说明宇宙的一切无非是心的显现,是心的创造。陈尊宿之意,旨在说明书法家应懂得书法(永字八法)即是心法,写字在写心,练字要练心。

金陵清凉院文益禅师语录①[选录]

文益(885—958),五代僧。法眼宗之开创者。余杭(浙江余杭)人,俗姓鲁。偶遇罗汉桂琛于漳州,遂嗣其法。南唐国主李氏事以师礼,赐号"净慧大师"。圆寂后,谥号"大法眼"。事见《宋高僧传》卷十三、《景德传灯录》卷二十四、《禅林僧宝传》卷四。

本荟要所录文字,据《大正藏》第 47 册,第 1991 号。

●上堂说法※

一

举:昔有一老宿住庵,于门上书"心"字,于窗上书"心"字,于壁上书"心"字。师云:门上但书"门"字,窗上但书"窗"字,壁上但书"壁"字(玄觉云:门上不要书"门"字,窗上不要书"窗"字,壁上不要书"壁"字。何故?字义炳然)。

二

举:亮座主参马祖。祖问:"讲甚么经?"云:"心经。"祖云:"将甚么讲?"云:"将心讲。"祖云:"心如工伎儿,意如和伎者,争解讲得经?"亮云:"心既讲不得,莫是虚空讲得么?"祖云:"却是虚空讲得。"亮拂袖而去。祖乃召

---

① 金陵清凉院文益禅师语录:全一卷。文益述,明僧语风圆信、郭凝之编集。收录文益之略传,及其住崇寿院、报恩禅院、清凉禅院等处之开堂、上堂、示众、问答、机缘、举古、代古、偈颂等。文益关于门上但书"门"字、窗上但书"窗"字、壁上但书"壁"字的论断,涉及心与物的关系、心的审美创造功能等问题。也是以书喻禅,以书论禅。法眼宗的禅学美学思想是承继石头宗主张以心为本源、心物圆融、事理兼带的禅学美学思想。其"心"乃是立足于消解了心性本源的二元对立,用般若思想把污染与清净、烦恼与菩提之间的距离予以泯灭的基础之上的具体人的当下之"本心",其心有着强大的审美创造功能,"心如工伎儿,意如和伎者","心如工画师,画出诸形像"(憨山德清语。见《憨山老人梦游录》)。"老宿"于门上书"心"字、于窗上书"心"字、于壁上书"心"字,也是在石头宗"触目会道"、"道无所不在"、心物圆融思想指导下的一种举措,在他看来,其门、窗、壁等等万事万物,均是"心"的创造和体现,因而他均书"心"字。在法眼宗人看来,"心外无法,满目青山","佛法现成,一切具足"(《天台德韶国师》、《五灯会元》卷十),那么,门、窗、壁等等万事万物,都"一切现成",都以它们的本来面目存在,因而都是"心"的存在,门就是"门"、窗就是"窗"、壁就是"壁",所以文益说:门上但书"门"字,窗上但书"窗"字,壁上但书"壁"字,用不着另书"心"字。永嘉玄觉则更进一步,认为文益之举也是多余,在他看来,门、窗、壁等等万事万物,都以它们的本来面目存在,是那么彰明,生机勃勃,"字义炳然",又何必去书写什么"门"、"窗"、"壁"字哩! 何况,以"心"或以"门"、"窗"、"壁"等来指称门、窗、壁,也就陷入了语言葛藤,陷入了分别心。文益提出这一公案后,不少禅师曾从不同侧面加以解说(参见本《荟要》所辑录的《古尊宿语要》[选录]、《宗门拈古汇集》[选录])。

云:"座主!"亮廻首。祖云:"从生至老,只是这个。"亮因而有省。

政禅师论书①※

惟政(986—1049),宋僧,一作惟正,字涣然。华亭(上海松江)人,俗姓黄。工书善画。幼从钱塘资圣院本如肄业,律身清检。后从径山惟素受法。住杭之功臣山。出入常跨一黄牛,世称为政黄牛。秦少游爱其书画,每见必收藏之。事见《五灯会元》卷十、《指月录》卷二五、《石门文字禅》卷二十六、《武林西湖高僧事略》。

本荟要所录入文字,据兰吉富主编《禅宗全书》第95册。

书,心画也,作意则不妙耳。

参寥集②[选录]

道潜,北宋云门宗僧。本名昙潜,苏轼改名道潜,号参寥子。於潜(今属浙江临安)人,俗姓何。大觉怀琏之法嗣。为神宗、哲宗、徽宗期间的诗僧,通内外典。能文章,尤喜为诗,与苏轼、秦观游。世寿不详,一说崇宁五年(1106)入寂。生前哲宗赐"妙总禅师"之号。事见陈师道《后山集》卷十三《送参寥序》、陈师道《参寥集序》(《参寥子集》卷首)、苏过《斜川集》卷五

---

① 宋僧慧洪云:"游东吴见岑邃,为予言,秦少游绝爱政黄牛书,问其笔法,政曰:'书,心画也,作意则不妙耳!'故喜求儿童字,观其纯气。"(慧洪《题昭黙自笔小参》,《石门文字禅》,《禅宗全书》第95册,第354页下)政禅师"书,心画也"之说,乃是沿用汉代扬雄的"心画"论(扬雄《法言·问神》:"故言,心声也;书,心画也。声画形,君子小人见矣。声画者,君子小人之所以动情乎?"(见汪荣宝《法言义疏八》,中华书局1987年版,第160页),它涉及书法与书法家思想情感、精神品格之间的关系,书法具有抒情表意的性质与功用。而政禅师所强调的则是书法创作应出自自然,无意而为,因为有意为之则不佳("作意则不妙"),因而他"喜求儿童字,观其纯气"——天真自然之气。秦观"绝爱政黄牛书","见功臣山政禅师书,叹以为非积学所致。其纯美之韵,如水成文,出于自然"(慧洪《题昭黙墨迹》,《石门文字禅》,同上书,第354页下)。

② 参寥集:又称《参寥子诗集》。凡十二卷。道潜撰。卷首列陈无己、吴之屏、黄谏、汪汝谦、杨德周等人之序,参寥子行录。卷末附录两卷,卷上为明汪汝谦辑,卷下为明陈继儒辑,内容为道潜事迹、交游等。其集传世有二种版本,卷帙相同,然顺序稍异,一题三学法嗣广宾订,另一题法嗣法颖编。诗集中亦有与法颖唱和之诗。道潜以兵法论诗,强调要遵循严格的法式,字句行章如同队列:"行伍会须同比栉";而且要能出奇制胜:"出奇方可语纵横"。道潜充分肯定"信上人"之草书,其笔意气势雄劲夭娇,如龙蛇屈曲多变;其飞白用笔遒劲飘逸,如惊电迅疾飞奔。在道潜看来,"信上人"创作成功的因素之一,是他有很高的审美追求,他以唐代著名草书家怀素、高闲为标杆,虽然"怀素高闲世罕追",但他却要努力与之并驾齐驱("君今端与若人期");他的书法创作达到了一种出神入化的忘我境界——其运笔作字,一挥而就,心手相忘。

《送参寥道人南归序》、明复《参寥集解题》、《释氏稽古略》卷四。

本荟要所录入文字，据《禅门逸书初编》第 3 册，第 109 号。

• 观秦师诗书以二绝勉之（之二）

论书当亦似论兵，军律非严事不成。行伍会须同比栉，出奇方可语纵横。

• 用法颖韵寄信上人①

怀素高闲世罕追，君今端与若人期。龙蛇落纸惊飞电，心手相忘岂所思。骥子神驹天与俊，朝燕莫越足难羁。超然遽作双溪别，肯学纷纷儿女悲。

• 千顷廨院观司马才仲遗墨次韵

濛濛春雨暗村桥，竹里禽啼婆饼焦。度谷倦闻车轧轧，穿林愁听马萧萧。细窥陈迹僧坊静，默想风流鄙吝消。浮魂沉魄今已矣，无人为作楚词招。

禅苑清规②[选录]

宗赜慈觉，宋代净土宗、云门宗僧。襄阳人，俗姓孙。谥号慈觉大师。二十九岁，就真州长芦寺圆通法秀落发，并受具足戒，后依广照应夫参叩禅旨。元祐四年（1089），效庐山白莲社，建莲华胜会，普劝道俗念佛号，日记其数，回向发愿，期生净土。崇宁年间（1102—1105），应待制杨畏之请，初于真定府（河北正定）洪济院弘法。事见《龙舒净土文》卷六、附录二，《乐邦文类》卷二、卷五，《乐邦遗稿》卷下，《佛祖统纪》卷二十七，《庐山莲宗宝鉴》卷三、卷四，《续传灯录》卷十二。

---

① "信上人"：宋僧。他与道潜、慧洪交游甚深。慧洪有《信上人自东林来请海印禅师过余湘上以赠之》（《石门文字禅》卷八）。

② 禅苑清规：凡十卷。长芦宗赜集。完成于崇宁二年（1103）。又称崇宁清规、重雕补注禅苑清规、禅规。有关禅院之组织规程及僧众日常生活之规定，称为清规。最早有唐代百丈怀海（720—814）所撰述之"百丈古清规"。至北宋时代古清规已散逸，禅林规则紊乱，宗赜为再兴百丈清规之精神，遂搜集残存于诸山之行法偈颂，编撰本清规。其后，中国、日本所制定之清规，皆以本清规为标准。宗赜十分强调"书状之职"，对书写的字体、言语等都提出了严格的要求。反对"一向事持笔砚"，"不将佛法为事"。

本荟要所录入文字，据兰吉富主编《禅宗全书》，第 81 册，台湾文殊文化有限公司 1990 年版。

• 书状

书状之职，主执山门书疏，应须字体真楷，言语整齐，封角如法，及识尊卑触净僧俗所宜。如与官员书信，尤不得妄发。每年化主书疏，预先安排，即时应副，子细点拾，恐封角差赚，及漏落施主明衔。如写常住书信，即用常住纸笔；如写堂头书信，即用堂头纸笔；如发自己书信，不宜侵用，轻尘积岳，宜深戒之。新到茶汤，特为礼不可阙。院门大榜，斋会疏文，并宜精心制撰，如法书写。古今书启，疏词文字，应须遍览，以益多闻。若语言典重，式度如法。千里眉目，一众光彩。然不得一向事持笔砚，轻侮同袍。不将佛法为事，禅月、齐己，止号诗僧；贾岛、慧休，流离俗宦，岂出家之本意也！

佛果克勤禅师心要[①][选录]

克勤（1063—1135），宋临济宗杨岐派僧。字无著，号佛果。彭州崇宁（四川省崇宁县）人，俗姓骆。五祖法演法嗣。高宗赐号圆悟。寂后谥真觉禅师。其著作《碧岩录》享有盛名。事见《嘉泰普灯录》卷一一、《五灯会元》卷一九、《佛祖纲目》卷三七。

本荟要所录入文字，据《新编卍续藏经》第 120 册，台湾新文丰出版有限股份公司 1993 年版。

• 示魏学士[节录]

觌面相呈，实时分什了也。若是利根，一言契证，已早郎当。何况形纸墨，涉言诠，作路布，转更悬远。然此段大缘，人人具足，但向己求，勿从

---

① 佛果克勤禅师心要：凡四卷。全称《佛果圆悟真觉禅师心要》，又作《圆悟心要》、《圆悟禅师心要》。圆悟克勤撰，子文编，理宗嘉熙二年（1238）重刊。系克勤向当时士大夫、居士、学人等，开示宗乘旨要之机缘语录。内容包括示华藏明首座、寄张宣抚相公，乃至示曾待制、示宗觉大师等，共计一四二项。在克勤看来，在师徒授受佛法中，有个互相默契问题，"所谓挥斥者敏手，亦须受斥者有不动之质，然后二俱入妙"，"是故昔人隔江招扇，渠便横〔舟〕而领"。对于"利根"者来说，会"一拨便转"，"若是利根，一言契证已早郎当"。因此，领会佛法，"但向己求勿从它觅"，因为"此段大缘人人具足"，绝不能从语言文字中去寻觅，否则"形纸墨涉言诠作路布，转更悬远"。

它觅。

• 示同龛居士傅申之

韩文公问大颠,愈公务事繁,佛法省要处请师一言。颠只据坐,公罔然。是时三平侍立,即抚禅床一下云:"侍郎,和尚道'先以定动,后以智拔'。"文公大喜曰:"禅师佛法峭峻,愈却于侍者处有个入处。"利根种性一拨便转。看他师资互作方便,向不可名不可言处发挥,非韩公俊快,安能领略。所谓挥斤者敏手,亦须受斤者有不动之质,然后二俱入妙,不然则成一场漏逗尔。观此那假日日入室,朝朝咨参,是故昔人隔江招扇,渠便横趋而领。今恁么形纸墨,乃知而故犯也。

石门文字禅①[选录]

惠洪(1071—1128)，北宋临济宗黄龙派僧。诗人、画家、评论家。字觉范，又名德洪、寂音尊者。江西瑞州(江西省高安)人，俗姓喻。初随三峰祖、宣秘律师等学俱舍、唯识。后随临济宗黄龙派真净克文修行，七年尽得其道。尝住瑞州清凉寺，宋徽宗崇宁年间(1102—1106)遭恶僧诬告而前后

---

① 石门文字禅：凡三十卷。觉范撰。今通行有《四部丛刊》影径山兴圣万寿禅寺本、《四库全书》本。本书卷一至卷十六：为诗；卷十七至二十：为偈、赞、铭、词、赋；卷二十一至三十：为记、序、记语、题、跋、疏、书、塔铭、行状、传、祭文。本《荟要》所录文字，涉及以下书学思想：一、以人品衡书品。慧洪反复申说书法家应有高尚人品、气节："近世要人达官，其气焰摩层霄，而门可附而炙手者，不翅百千。然其语言翰墨，人见之，皆如拒顽百姓见催租文，引恚视之，不弃掷挥矣。商老灌园修水之上，而笔画一出，人争传宝，以相秒夸，吾是知道德无贫贱也。"(《跋李商老大书云庵偈二首》)慧洪引欧阳修与苏轼之论，倡导书家应有高尚的人品："欧阳文忠公曰：论书当兼论平生，借使鲁公书不工，世心珍之。苏东坡亦曰：字画大率如其人，君子虽不工，其韵自胜，小人反此也。"(《题黄龙南和尚手抄后三首》)他以颜柳书法名于世为例，指出其成功在于人品、道德高尚。如艺高而缺德，则不会名扬于世："那知斯人徒，德高名往就。字工德不修，名与身俱朽。"(《次韵龚德颜柳帖》)他非常推崇颜真卿："颜平原有大节，于唐而书名，识者惜之。予以谓斯人德高而名往就之耳！借使此老书不工，尤当宝秘，况工乎，愈可宝也！"(《题超然墨迹》)二、书法成功的关键在于佛学修养与"六度"实践。他以隆上人、释栖公、琼上人、黄龙慧南等为例，指出隆上人之书法，其"字工戢戢行冻蚁"，其成就缘于："自非道人三昧力，此书何以能至此？"道人栖公所书《华严经》"曲尽其妙"，"其轻妙可以一掌置，开编蝽蝻如行蚁，熟视之其衡斜曲直重交反侧曲尽其妙，不翅如擘窠大书"。其成就缘于"愿力猛利思精特"，有"灵明廓彻不思议之力"(《小字华严经偈并序》)。琼上人于"兼寸环轮中"所书《金刚经》，"望之团团如珠在薄雾间"，"其行如人挽发作烟鬟"，十分精妙；其高超造诣，缘于作者"思精奇"，"能观色性即是空"，"由色空观入诸境，奏刀肯綮无全牛"，达到出神入化之境(《小字金刚经赞并序》)。黄龙慧南之法书，"点画奇劲，如空中之雨，小大萧散出于自然"，其造诣缘于系"成德之人"："成德之人，其所作为，虽点笔弄墨之际，亦自卓绝。"三、高度评价和肯定先贤的书法成就。他说："风流前辈已成尘"，但其"笔迹犹为世所珍"。推崇他们的书法富于生气，有"伟逸"之气势(风格)；其精神(神彩)"秀发"，其点画新颖(《汪履道家观古书》)。释瑛公所书《华严经》，"精妙简远之韵，出于颜柳"(《题疾老写华严经》)。云庵之法书有其特色："盖其谨严，如欧阳率更；小字端方，如颜平原；大字秀整姿媚，如钟太傅；表章精奇雅丽，如王会稽《兰亭记》。"(《题小参》)他认为，书法杰作，可增山川之美："山谷翰墨妙天下，盖所谓本分钳锤"，观赏山谷书法，"便觉增清山川，精神秀发"(《跋山谷字》)。四、对刺血写经的论述。慧洪分析了"道光""出血和墨"所书之《法华经》，精妙无比("庄严微妙")，"其衡斜点画，匀如空中之雨，整如上濑之鱼"。缘于何因？"皆精进力之所成，知见香之所熏，不然何以庄微妙如此之巧耶？"而光之人品高洁，"光之为人，纯素洁忠于事孝于奉亲，为里闬所敬信，法眷所追崇，是真比丘也！"五、倡导以笔墨为佛事。慧洪肯定山谷："此翁以笔墨为佛事，处处称赞般若于我教门，非无力者也"(《跋山谷笔古德二偈》)。批评世人沉溺于书法活动，"疲精神于纸墨者，多从事于无用之学"，乃如龙胜菩萨所说的"皆以刀割泥者也"(《题法惠写宗镜录》)。六、书法鉴赏中的审美现象："故旧"之情的审美效应。慧洪对山谷"笔札"十分赞赏，"玩之不忍置"，之所以如此，他说："予所以玩之者，实钟鲁女泣荆之情！"(《跋山谷字二首》)。七、保存、提供了重要的书学史料。比如他记载了宋高僧政禅之书论："书心画也，作意则不妙耳！"(出自自然，无意而为)政禅师"喜求儿童字，观其纯气"——天真自然之气。其书法成就，"非积学所致。其纯美之韵，如水成文，出于自然"。八、主张书法创作应基于个性，出于自然。慧洪指出，"见蛇斗而笔法进，闻鸡声而遂能神"，乃"能学书者""宁有存法与神于胸中"(既有"存法"，又神于变化)所致。而公衮"行草"，则"既不用法，亦不祈其神"，基于个性，出于自然，"娓娓意尽则止"(《跋公衮帖》)。

入狱四次。后得宰相张商英、太尉郭天民等人之助而获赦。谥号"宝觉圆明"。事见《石门文字禅》卷二四《寂音自叙》、《释氏稽古略》卷四、《佛祖历代通载》卷十九、《嘉泰普灯录》卷七、《五灯会元》卷十七、《画继》卷五、《图绘宝鉴》卷三。

本荟要所录入文字,据兰吉富主编《禅宗全书》第95册。

• 次韵龚德颜柳帖

颜柳以字名,画画法可究。后世何寂寥,此辈了无有。皆云学未至,妙不应心手。那知斯人徒,德高名往就。字工德不修,名与身俱朽。吾子佳少年,俊气驹方骤。新诗作行草,开轴龙蛇走。坐客口为愕,我亦知肯首。积墨如陂池,积笔高陇阜。学之不至颜,要亦终至柳。此诗闻东坡,请君书座右。

• 隆上人归省觐留龙山为予写起信论作此谢之

芙蓉阿隆耽两耳,急性天然缓如苇。怀亲径归不肯留,少留龙山今月矣。新交未数故人稀,睡足明窗临苇几。管城落帽为微笑,便觉金光走龙尾。试校鹅经拂硬黄①,传此宝书千余纸。纸光叶叶揭筠膜,字工戢戢行冻蚁。胜公昔读龙宫文,百本妙谈此其髓。流落人间今几年,此去西天十万里。我寄闲房古寺中,阆风著毡自当止。自非道人三昧力,此书何以能至此?炷香一读万缘空,海印发光初按指。愿君垢尽鸡出㼥,亦于此法信根起。生生要续无尽灯,照了无明痴种子。

• 黄幼安适过予所居题诗草圣甚妙

怀袖功名手未探,乱头睡美厌朝参。笔端五色藻万象,胸次大千供剧谈。山寺寻僧宿风雨,水轩见月出东南。题诗满壁龙蛇动,盛事他年说草庵。

---

① 《黄庭经》,王羲之书,小楷,一百行。原本为黄素绢本,在宋代曾摹刻上石,有拓本流传。此帖其法极严,其气亦逸,有秀美开朗之意态。关于《黄庭经》,有一段传说:山阴有一道士,欲得王羲之书法,因知其爱鹅成癖,所以特地准备了一笼又肥又大的白鹅,作为写经的报酬。王羲之见鹅欣然为道士写了半天的经文,高兴地"笼鹅而归"。原文载于南朝《论书表》,文中叙说王羲之所书为《道》、《德》之经,后因传之再三,就变成了《黄庭经》了。因此,《黄庭经》又俗称《换鹅帖》,无款,末署"永和十二年(356)五月",现在留传的只是后世的摹刻本了。《黄庭经》有诸多名家临本传世,如智永、欧阳询、虞世南、褚遂良、赵孟頫等,他们均从中探究王书的路数,得到美的启示。然而也有人认为小楷《黄庭经》笔法不类王羲之,因此亦有真伪之辨。

• 汪履道家观古书

风流前辈已成尘,笔迹犹为世所珍。促膝猛观惊盛事,临风长想见斯人。气生伟逸龙蛇动,秀发精神点画新。破箧尚能多此物,且欣汪子未全贫。

• 小字华严经偈并序

蜂房于梁间,以漆液固其蒂。鹊巢于木末,累百日而后成。彼曾何知,而经营之妙,积累之功,若习艺之神。盖其灵明廓彻,不思议之力,虽昧劣,飞摇之中,而具足成就,弗差毫末,况首出万物,应物而能言者乎!昔有梵僧来自五天,见晋宫阙崇丽,叹曰:"是与忉利天何异?但彼道力所成,而此直业力耳!"予尝窃笑之,是安知我此妙力,出生太虚,容受寰宇,曾何天上人间楼观之足云哉!道人栖公悯世迫隘,就其所欲,书《大方广佛华严经》于方册中,其轻妙可以一掌置,开编蠕蠕如行蚁,熟视之,其衡斜曲直,重交反仄,曲尽其妙,不啻如擘窠大书。观者填门,叹未曾有。余欲称赞,是无作之功。乃说偈曰:

我闻尊者龙胜师,应供曾入娑竭海。流于五天及震旦,为热恼中甘露门。特能于方册纸墨间,书此大经十万偈。观者种性有差别,爱慕皆生殊异想。昔有智人破此尘,十方世界一切说。了此两宗妙法门,亦摄一切契经海。乃知一念圆古今,真实际中法如是。譬如天帝网明珠,珠体莹然俱照彻。我今以此金刚句,坏灭彼众下劣想。咨尔山君河树神,各各当忆本愿力。毗蓝风吹须弥卢,劫火焚烧大千界。我此现前佛子等,作此观者名正观。

龙宫微尘妙章句,目所一瞥辄能诵。唯道人栖出其后,愿力猛利思精诵于蜗舍巢庵中,了然如在龙宫。要当谛观一尘中,亦有无边妙经。以名尘故非断空,而可破故非实。譬如困卧俄顷际,梦中所历更千。一尘微妙不可测,当知一一尘亦。一珠具足诸网珠,一一珠中同遍。使悟尘中含此经,奚方册中乃惊。要当勇猛勤守护,勿令邪念辄蠹侵。为摊此经一切处,使其凉曝各得所。稽首十方调御师,刹刹尘尘为作证。

• 小字金刚经赞并序

琼上人以饱霜兔毫数茎束为笔,其锐如麦芒,临纸运肘,快等风雨,书《金刚般若经》于兼寸环轮中,望之团团,如珠在薄雾间。即而视之,其行如人挽发作烟鬟。自非思力精微，何以臻此哉？为之赞曰：昔有佛子根猛利，能观空性则是色。欲显空色不思议，仰空书此金刚句。至今风雨被原野，诸樵牧者集其下。乃知肉眼不能见，譬如水中有盐味。唯道人琼思精奇，能观色性即是空。视此纤管大如椽，挥翰如行九轨道。故于兼寸环轮中，备足广大言说身。世人可见不可读，譬如婴儿亲崖蜜。我于此经能证入，初中后善三法门。忽然落笔如建瓴，不复现行生倒想。由色空观入诸境，奏刀肯綮无全牛。尽持此法施群生，甚微细智愿同证。

• 题瑛老写华严经

瑛公风骨清臞，而神观秀爽，措置加于人一等。与南州名士游，淡然无营，独杜门手写此经。精妙简远之韵，出于颜柳。予闻一切贤圣，皆以无为法，而有差别者，皆所庄严之耳。龙胜菩萨以夙智通力诵持之，实叉难陀以入世间智力翻译之，清凉国师以达佛知见力疏释之，而瑛公以夙净愿坚固力书写之。予观其心志，端欲候文殊师利之智海、普贤之行愿海、善财童子利生求法精进海，十二时皆在现行。如善现比丘不动真际，现一切色身，于十方世界作大佛事。顾其措置，非加于人乎？

• 昭默禅师序[节录]

李北海以字画之工，而世多法其书。北海笑曰："学我者拙，似我者死！"当时之人，不知其言有味，余滋爱之。盖学者所贵，贵其知意而已。至于踪迹绳墨，非善学者也。岂特世间之法为然，出世间法亦然。

• 题光上人所书华严经

郏城岸大江，皆深林大泽，自麻城之东，多奇峰峻谷，轮蹄所不至，虎兕所掩。建炎元年十月，予自汉上南还庐山，阻兵于大石山。捷径过钟山之下，有僧舍数椽，道人七八辈，匝笑如旧识。有首众者道光，与其兄道舒邻房，晨香夕灯，以禅诵为佛事，从之者皆肃如也。光尝呼此经以示予，予因再拜，跪而读其篇目，谓舒曰：耆阇婆，面城之医王也，面所见草木土石无非是药。文殊师利童子曰：耆婆见草木无非是药，菩萨见境无非是心。然耆婆祝之疾，燥湿虚实寒病祖病，众生病之方也。而光口不忘诵，目不忘视，手不忘书，写之则随施无所窒其妙。呜呼，耆婆盖世间之医而得妙者也，则出世间之医，其用自心之得妙者也。是经其广则四天下微尘数偈句，其得则震旦所译十万偈句。光拟之于沙界凉曝，得所藏之于毛端，宽博有余。

至于殊胜功德,则非有思议心所能测知。经初毕工而盗贼蚁聚,所至流血可涉光黄舒蕲衲之间,受祸犹酷,独此经所寄,东西南北十里之间,无犬吠之惊,父老男女安堵乐业,岂非龙神所护持而然乎?光少游方,见知识饱参而还,以亲老不忍去其膝。日以研味此文,其为知恩精进不言可知矣!咨尔钟山之下,护持龙神之众,时朔来朝,以秘藏之。某题。

• 题光上人书法华经

晋沙门昙谛初梦于其母黄曰:"我投暂托宿,乃以铁镂书镇并麈尾拂为寄。"母既觉,而二物在手,于是大惊而生谛。逮五龄,母以二物示谛,谛轩渠笑曰:"此秦王请我讲法华经赠我者尔。"母曰:"汝省置之处乎?"谛罔然不答而去。又建兴二年,长沙县西一百里余,有青莲花两本生陆地,道俗堵观,镢之丈有二尺,得瓦棺,莲之根茎自棺之坏处出。开视之,有髑髅栓索而莲实生齿颊间。晋有识曰:"有僧不知名氏,诵莲经十万部,不疾而化,遗言使衣纸而以瓦为棺。"今驿亭故基建寺,其号莲花,呜呼异哉!惟此经之力,能使授持者卒长物于生死后,奇祥于异世惊世,殊异之如此。蕲州永乐寺僧道光,出血和墨写此经,其衡斜点画,匀如空中之雨,整如上濑之鱼,皆精进力之所成,知见香之所熏,不然何以庄严微妙如此之巧耶?光又专精不懈,见一纤毫相之间万八千土,于刹那入无量处三昧,名报佛恩。然随笔任运,经行卧起,语默动止,莫非授持此经。故毫相之间,刹那之顷,岂有间哉!光之为人纯素,洁忠于事,孝于奉亲,为里闬所敬信,法眷所追崇,是真比丘也!予自北还南,留其庵信宿弥日,尽获见其所写之经,无虑十数种;观其施为,日夕以与佛菩萨语言詶酢,岂复有世间之心耶?华严曰:念念不与世间心合,是大精进。光其以之。

• 题超道人莲经

南昌饶益院除馑惠超,自幼出家诵此经。年二十六试于有司,以精通得度,即受具。游诸方事善知识,发明心要。及还,掩关以金为墨,书《妙法莲华经》。政和八年六月四日清晨,携以示予,开卷熟视,笔墨精到,衡斜布列皆有节度,非精诚尽力于此法,莫能臻是也。予闻一切契经皆佛所演,而此经独称过去诸佛,先说法喻双举。莲之为喻,以三世同时十方同会,方其开时即有果,方于果中即有因,莲华莲实莲密是也。诸子虽分布而会聚之,未尝隔断,此其名莲。莲,连也。般若曰:一切智智清净,无二无二分无别无断故者,以是哉!梁大沙门僧祐,平生书写诵持,未舍受即身为烂瓜香,已舍受即舌本为青莲华香,皆其精进真信之力所成就。陈大沙门惠思,诵至是真精进,是名真法供养如来,恍然见灵山一会,俨然如昨。盖此经有不思议力,入二十五种三昧,以大行慈悲入中观,以梵行慈悲入幻观,以胜行慈悲入止观,令一切众生自然见如是事,入菩萨一切色身三昧之旨也!今超师坏衣钵食,一室枵然,与世相忘,以精勤之力致工于此法,可谓知本矣。予将见生身发无垢智光,方吾法下衰,而超用志如是,谁不随喜。愿世世同超,登内院见慈氏,预闻妙义,顿舍人法二执证,对现色身,此予志也。甘露灭,某谨题。

• 题法惠写宗镜录

龙胜菩萨曰:众生心性,犹如利刀,唯用割泥,泥无所成,刀日就损。理体常妙,众生自粗,能善用心,即合本妙。余观世之人,疲精神于纸墨者,多从事于无用之学,皆以刀割泥者也。明州翠岩僧法惠,独施力写永明所譔《宗镜录》一百二十卷,与方广禅寺大法宝藏。呜呼!惠师可谓善用其心者也!夫能使天台、贤首、唯识三宗之旨趣,大乘深经六十卷妙义,西天此土三百家之法句杂传要说契心之至理,镜为一心,心之所缘,笔之所及,常在现前。余以谓此道人即入摩诃衍遍知称性之海,即具普贤一真光明微尘数不思议行门。予幸得托名卷末,愿慈氏大士,从知足天来主龙华时,同闻此录。知今日自足随缘其心,非谬也。

• 题黄龙南和尚手抄后三首

予犹及见丛林老成人,皆云黄龙南禅师游方时,尝至归宗宝鬈头,方会茶,师却倚而坐,宝呵之:"南书记无骨耶!"师惊顾玉立如山。又至栖贤,諟禅师教令坐禅,久之得定,因诵首楞严咒终其身。建中靖国元年春,修水祖超然出云庵所蓄此书为示,点画奇劲,如空中之雨,小大萧散,出于自然。予置卷叹曰:成德之人,其所作为,虽点笔弄墨之际,亦自卓绝,况其不可名者乎!某题。

黄龙南禅师手录《四十二章经》一卷,笔法深稳庄重而若瘦,得颜平原用笔意。云庵老人生平无所嗜好,独秘畜此经,偶为人持去,十余年莫知其所。与客论字未尝不搏髀追绎之。其小师希祖得于筠溪胡氏家,出以示予,曰:君其宝之。政使此字不工,犹足以为希世之珍。矧工如此,又云庵所爱而不忘者乎!

欧阳文忠公曰:论书当兼论平生,借使颜鲁公书不工,世必珍之。苏东坡亦曰:字画大率如其为人,君子虽不工,其韵自胜,小人反此也。老黄龙非其以笔墨传世者也,而其书终亦秀发,乃知欧苏之言,盖理之固然。石门某谨题。

•题小参

如来世尊说般若,传至震旦者,无虑数百万言,其要不过曰:"一切智智清净,无二无二分无别无断故。"杜顺宏《华严入法界》旨诀,终必曰:"一切智通无障碍。"古之宗师,于世尊之意,神而明之,独云门大师。云门灭百年,有云庵老师,握临济剑,得云门之旨,于说法时,如月在千江,不借言诠,一切见者心得意了。自老师之化,出其门者,皆不足以知此,独湛堂师兄知其意。予三复斯语,为之叹息!使云门云庵而在,见此语,当抚掌一笑。盖其谨严,如欧阳率更小字;端方如颜平原大字;秀整姿媚,如钟太傅表章;精奇雅丽,如王会稽《兰亭记》。呜呼,何其盛哉!

•题晦堂墨迹

右晦堂大和尚墨迹三纸,佛印盖公辈流也,而其言推敬之至,称为老师。退之之与柳子厚,欧阳永叔之与杨大年,道枢不同,而韩欧之称柳杨,唯恐不师尊之,议者以谓避争名之嫌,非也,前辈倾倒法当然耳!公道德冠丛林,而器资与公辈一时,又名卿且留情吾道者,今皆成千古,堪师之。能畜此帖,嗜好大是不凡。宣和四年,自印福绝湖来,出以示其侄,因流涕书之。

•题云庵手帖三首

南禅师学鲁公字最有工,当时归南公者,无不学之,然无出云庵之右者。昭默老人尝与德洪共观此书,叹慕之不已,以谓不减杨少师,一道人其珍之。崇宁五年十月十八日,门人某题。

云庵和尚与檀越帖一纸,伏读如受训词。丛林荒寒,无复平日。此老知不复见,况笔画语言乎?门人某流涕谨书。

右云庵寄张惠渊偈一首,惠渊予不见二十年,闻其精进日新,真能遵受云庵之言者也。诚上人来自宣梵,问其师泊惠渊健否?偶记前偈,遂书以授诚,归举似惠渊,使较当日之本异同也!某书。

• 题彻公石刻

彻上人诗,初若散缓,熟味之有奇趣。字虽不工有胜韵,想其风度清散,如北山松下见永道人耳!公虽游戏翰墨,而持律甚严,与道标皎然齐名,吴人为之语曰:余杭标摩云霄、霅溪昼能清秀、嵇山彻洞冰雪。予视三人者,在唐号以诗鸣者尚多有,而后世敬爱之者,以其知所守而已,文字不足道也!东坡每曰:使鲁公书不工,尚足以为希世之珍。其是之谓耶?

• 题才上人所藏昭默帖

传曰:虽无老成,尚有典刑。然则老成,典刑所不逮也。予还自海外,丛林顿衰,心不为之动者,恃昭默在耳!今又弃我而先,惟之不自知涕零也!宣和元年八月,游法轮见东瓯才公道人,出此轴为示,知师弟子之间盖如是。衲子动成阡陌,而才独轸念昭默,岂妄与人者乎?予既见其笔迹,又得与才游弥日。兹游也,岂虚行哉!

• 题灵源门榜

灵源初不愿出世,堤岸甚牢。张无尽奉使江西,屡致之不可,久之翻然改曰:禅林下衰,弘法者多,假我偷安不急撑拄之,其崩颓跬可须也!于是开法于淮上之太平,予时东游登其门,丛林之整齐,宗风之大振,疑百丈无恙时不减也!后十五年,见此榜于逢原之室,读之凛然,如见其道骨。山谷为擘窠大书,其有激云。呜呼,使天下为法施者,皆遵灵源之语以住持,则尚何忧乎!祖道不振也哉!传曰:人能宏道,非道宏人。灵源以之。

• 题昭默墨迹

余还自海南,馆于道林。道人朱公破雨自云盖来,坐未定,出昭默书一轴。予久去箴诲,初见,必辄辄熟视之,不自觉意消也!秦少游至钱塘,见功臣山政禅师书,叹以为非积学所致。其纯美之韵,如水成文,出于自然。昭默暮年臻妙,其以是哉!颜平原有大节于唐,而以书名,识者惜之。予以谓斯人德高而名往就之耳!借使此老书不工,尤当宝秘,况工乎,愈可宝也!然与其门人书语,多以见及,余衰退流落,又自根生所知遇,不能不短气耳!

• 题昭默自笔小参

游东吴见岑邃,为予言,秦少游绝爱政黄牛书,问其笔法,政曰:"书心画也,作意则不妙耳!"故喜求儿童字,观其纯气。昭默自卧疾后,无他嗜好,以翰墨为佛事。如示众,以小参之语,皆肯自笔。此殆清闲有余,又性不违人,岂一代宗师,而作许儿戏事。此所谓大慈过人之行,非近世栽培声名、高自标致所能及也。诚侍者出以示予,览之涕泗横流。某年月日。

• 题昭默遗墨

昭默老人,道大德博,为丛林所宗仰,虽其片言只偈,翰墨游戏,学者争秘之,非以其书词之美也,尊其道师之德耳!予游诸方,处处见之,开卷辄识其真,精到之韵,骨枯老状,盖其退居时笔也!南岳见方广圆首座,出此为示。噫,圆知敬慕昭默,其亦贤于人远矣!

• 题佛鉴僧宝传

禅者精于道,身世两忘,未尝从事于翰墨,故唐宋僧史皆出于讲师之笔。道宣精于律,而文词非其所长,作禅者传,如户婚按检。赞宁博于学,然其识暗,以永明为兴福、岩头为施身。又聚众碣之文为传,故其书非一体,予甚悼惜之。顷尝经行诸方,见博大秀杰之衲,能袒肩以荷大法者,必编次而藏之,盖有志于为史。中以罪废逐,还自海外,则意绪衰落,魂魄遗失,其存者无几。宣和改元,夏,于湘西之谷山,发其藏畜,得七十余辈,因仿前史作赞,使学者概其为书之意。书既成,有佛鉴大师净因者,曰:噫嘻,此先德之懿也,愿首传以为毕生之玩。因以父事佛照,以大父事云庵,而视余为季父也。因生庐山之阳,游方饱丛林,参道有知见,恭谨孝友,盖其天性而酝藉雅尚,若出自然。与余游余二十年,久而益敬,故余欣然授之。因以谓此书当得妙于笔札者传之。于是凭川道者敏传,愿施其能,传以伯父事佛照,以兄事佛鉴。其能书乃夙习,笔楮不择精粗,飞翰如蚕食叶,俄顷千字,其衡斜布列,擘窠棋画,非特字工而已!工诗善丹青兼众妙而有,然未尝以自多。长坐不睡,一食终日者,十二年矣。人以为难,而传以为易。久游灵源之门,得其旨要者也!六月二十五日,佛鉴携此书来,请记其本末,而以谓先觉之前言往行,不闻于后世,学者之罪也!闻之而不能以广传,同志之罪也!今予既以传次之,而因又善传,传公又成之。呜呼,后世学者读之,当想见法席之盛也。

• 题宗上人僧宝传

予撰此传方定稿,上净三昔,而东瓯道人将还石门,自汋水过谷山欵予，见其书曰："噫嘻，此一代之博书，先德前言往行具焉，愿手录以示江南道侣。"即挂巾屡坐夏，四月二十三日录毕，以示予，予叹曰：夫弹冠必整衣，心敬必形肃，宗非至诚，爱重法道，其谨楷精严，渠能至是哉！欧阳率更以书画名世，见钟太傅碑，爱其笔法，卧其下三昔不忍去，率更嗜世间法且尔，况出世间法乎？宗为法坐夏，贤于率更远甚。

• 跋鲁公与郭仆射论位书

鲁公作字，多擘窠大书，端劲而秀伟。黄鲁直云："此所期无不欲高照千载者！"此帖草略匆匆，前所未见，开轴未暇熟视，已觉粲然忠义之气横逆，而点画所至处，便自奇劲。公尝谓卢杞曰：朝廷法度，岂更堪公破坏也于此！又曰：朝廷纲纪，须共存正！凛然想见其为人，盖公所遭之时如此，而所守之道不得不然，故仓卒未敢忘国之纲纪也。余私有感于中者，因记于此。

• 跋东坡山谷帖二首

东坡山谷之名，非雷非霆，而天下震惊者，以忠义之效，与天地相始终耳，初不止于翰墨。王羲之颜平原皆直道立朝，刚而有礼，故笔迹至今天下宝之者此也。予于云岩讷室观此帖，皆其海上穷困时自适之语，然高标远韵，凌秋光，磨月色，令人手玩，一饭不置。若讷当藏之名山，以增云林之佳气。

前代尊宿火浴，无烧香偈子，山谷独能偈之。初见罗汉南公化作偈，其略曰：黑蚁旋磨千里错，巴蛇吞象三年觉。天下衲子，听莹十年。晦堂曰：鲁直作此有据乎？亦意造尔。山谷曰：吾聊为丛林戏耳！晦堂大笑曰：岂可以般若为戏论乎！山谷始悔前所学，未登本色垆鞴。乃卜居于庵之旁，方知晦堂真不请之友耳！今读此书，乃是未见晦堂时语也，不然安有吹剑语乎？

• 跋东坡与佛印帖

东坡骑鲸上天，去十九白矣，平生文章，流落世间者，所在神物护持。然士大夫罕蓄之，多见山人野士之室。汝水旼禅者出此帖示予，虽其一期醉酢之语，而谦光烛人。三复之，想见幅巾杖屦，翛然行儋石水溢间，如渊明在柴桑斜川时。某题。

• 跋东坡与荆公帖

子尝见东坡与荆公帖，谓少游曰：愿公称扬之，使增重于世。又举鲁直自代表曰：魁垒之才，足以冠绝天下，孝友之行，足以追配古人。是四老俱登鬼录。览此翰墨，尚足以增山川之胜气也。

• 跋东坡书简

王逸少骨鲠，颜平原刚正，两公皆有立朝大节，而后世以字画称，予尝嗟惜之。然名德之重，故世珍其笔迹，盖理之固然。东坡之于王颜，又其逸群绝尘者。其法极可宝秘。宣和四年人日，觉慈轴以来示予，予忻然喜其嗜好，若可教也。

• 跋山谷所遗灵源书

熙宁元丰之间，西安出二伟人，徐德占一旦兴草莱，与人主论天下事，若素宦于朝。黄鲁直气摩云霄，与苏东坡并驰而争先，二公皆名震天下，圣世第一等人也。而诗词所寓，翰墨之妙，拳拳服膺于灵源大士，如此则知彼上人者，必有大过人者耳！一以达摩正谛不断才一缕为忧；一以愿得一云门为言，岂非念其所负，不可以踪迹者耶？高安道人谊叟久从之游，蓄此书出以示予，予祝之使藏之名山，庶百千年之下，知江南道德所在，未全寂寥也！

• 跋山谷笔迹

山谷为予言，自出峡见少年时书，便自厌。此帖在龙舒时作，自然有一种胜气，未易与俗人言也。当有赏音耳。

• 跋山谷帖

山谷翰墨，风流不减谢东山，而书词郑重，倾倒于华光如此。予疑百世之下，有读之者，知华光后身支道林哉！

• 跋行草墨梅

山谷醉眼盖九州，而神于草圣；华光道价重丛林，而以笔墨作佛事。两翁并轴，如夏口松下，见娄师德永禅师像于邢和璞瓮中耳！

• 跋黔安书

王家父子翰墨流落后世不少，而所见皆吊丧问病之帖，岂其得意之书，已为当时贤士大夫所藏，世不得而见之耶？弼上人处见黔安青石牛帖，皆与村落故人语。然其傲睨万物之意不没,更百年后,斯帖当亦贵耳!

·跋山谷字二首

山谷初自鄂渚舟至长沙时,秦处度范元实皆在,予自三井往从之。道人儒士数辈日相随,穿聚落游丛林,路人聚观以为异人。今余二十年,予再游长沙,山林间往往见其笔札。此帖此简前尝见之。宣和二年秋八月,至法轮,竦上人出以为示,玩之不忍置。鲁女有遗荆钗而泣者,路人笑之曰:"以荆为钗易办,女乃泣何也?"女以手掠发曰:"非以其难致也,以其故旧耳!"予所以玩之者,实钟鲁女泣荆之情!

山谷初谪,人以死吊笑曰:四海皆昆弟,凡有日月星宿处,无不可寄此一梦者。此帖盖其喜得黔戎有过从之词,其喜气可传掬。山谷得瘴乡有游从,其情如此。使其坐政事堂,食箸下万钱,以天下之重,则未必有此喜也!

·跋与法镜帖

山谷作黄龙书时,与予同在长沙碧湘门外舟中。今余年,佛鉴出此以示予,昙谛见前身麈尾,山谷醉中仙去,此帖堕空之垢被也!

·跋石台肱禅师所蓄草圣

少游此诗,荆公自书于纨扇,盖其胜妙之极,收拾春色于语言中而已!及东坡和之,如语中出春色。山谷草圣不数张长史、素道人,遂书两诗于华光梅花树下,可谓四绝。予不晓草字,开卷但见其雷硆电射,揭地祇而西七曜耳!吁哉,异也!政当送与龙安照禅师,使一读之!

·跋山谷笔古德二偈

此两诗,唐智闲禅师所作也,世口脍炙之久矣,而莫知主名,岂山谷未敢必谁所作耶?觉思示山谷在华光时笔,此翁以笔墨为佛事,处处称赞般若,于教门非无力者也。今成千古,为之流涕书之。

·跋东坡山谷墨迹

予自南来,流落山水,久不见伟人,便觉胸次勃土可扫。宣和二年冬,涌师于湘西古寺中,出以为示,如见苏黄连璧下马,气如吐霓也!

·跋山谷字

山谷翰墨妙天下,盖所谓本分钳锤,至于说禅,自到于三老之后,则似挽夺行市。奇杰之气,光风霁月,如珥立殿陛之下,何其照曜哉!漳州正道书记,于东山雪朝出以相示,便觉增清山川,精神秀发。道虽一枝一钵,求实于己者无有。然骨董箱有此轴,殆可与连城照乘争价也!

• 又诗

山谷论诗,以寒山为渊明之流亚,世多未以为然。独云岩长老元悟以为是,此道人村气而俎豆山谷灵源之间也,已可惊骇,乃又能斫评诗之论,殊出意外。此寒山诗也,以山谷尝喜书之,故多为林下人所得。颜平原方乞米,而山谷已谢得米,要之非胡椒八百斛之家也!

• 跋叔党字

王子敬童稚时作字,行草已超,故方引纸著腕,右军从后掣其笔不获,乃叹曰:是儿他日名当大成。予观叔党行草,皆蝉蜕坌尘之类,笔法通亚乃翁矣!惜其早世不秋,庸讵不以此郎媲子敬耶?邵阳俭上人雨歇携此帖见过,翛然如见父子,角巾竹杖行小港榕林之下,不胜清绝。建炎二年三月十八日。

• 跋本上人所蓄小坡字后

鸡苏,本草龙脑薄荷也。东吴林下人,夏月多以饮客,而俗人便私议坡误用鸡苏为紫苏,可发吴侬一笑。予将发鸾溪,上人以此轴为示,笔势飞动,皆学坡而未臻坡嵚处者。要之如马巷中逢王谢家子弟,步趋状貌,蕴藉风流,有自来矣。觉范题。

• 跋莹中帖

莹中窜海上,而名震天下,不减司马丞相之在洛中时,平生多与山林之人游,处处见其翰墨,虽戏语,亦如雪中春色。予观堪公所蓄答仰山真慧禅师,简重而谨严,如其为人,味其立朝尽节,无愧宋广平陆宣公也。

• 跋苏子由与顺老帖

子由每多疾病,则学道宜;多忧患,则学佛宜。常坐党人,两谪高安,多与山林有道者语,知其为排遣忧患者也。顺老予时拜之,又吾云庵贤之,漓然流涕而书云。

• 跋邹志完诗乃其子德久书

道乡文章,种性自然,如五色凤。此诗乃浴天池时容光也,其雏笔法,已能追踪山谷之气。读之令人想见蹇驴风帽,如宗武扶子美醉吟诗也。

•跋蔡子因诗书三首（之一）

欧阳文忠公，尝非笑肥字，而夸杜子美独贵瘦硬。东坡作诗曰："杜陵论书贵瘦硬，此论未工吾不平。丰妍瘦容各有态，飞燕玉环谁敢憎！"予因此帖，可谓丰妍者也。观其俊气横逸，不受富贵鞿勒之韵，宜从古人中求。宣和元年十月八日，临川瞻上人出以为示，便觉神魄飞越于铁瓮城之下，瓜洲杳霭之间。

•跋李商老大书云庵偈二首

商老以大父事云庵，以伯父事天宁，则予盖其叔父也。仰山曰："东院师叔若在，惠寂不到寂寞。"商老寂子后身也。然甘露灭固未死，而商老与其弟未尝不啼饥，其大言以诟骂魔佛，高自许可，盖习气也！

近世要人达官，其气焰摩层霄，而门可附而炙手者，不翅百千。然其语言翰墨，人见之，皆如拒顽百姓见催租文，引恚视之，不弃掷幸矣。商老灌园修水之上，而笔画一出，人争传宝以相矜夸，吾是知道德无贫贱也。觉慈生一十年，去年从余而知有商老，偶出所畜一轴，见嬉喜而书其尾，且以雪道向无知之耻云。

•跋韩子苍帖后

苏东坡伯仲文章之妙，无愧相如子云，而其见道之大全，则扬马瞠若乎后！子苍文字，师法苏氏，西蜀后来之骏也。读其问照公向上一路，后照未见酬语，予为代之曰：不辞向汝道，只恐撞见刘幽求，大帽压耳手提油。子苍他日见之，定是无语。

•跋太师试笔帖二首

此帖骨气深稳，姿媚横生，其得意时笔也。不然，何其如行云流水之闲暇也？予卧疟逾月，偶阅之，觉疟不辞而去，乃知橛愈头风，非虚语耳！

予观太师楚国公之书，骨含富贵，积学之至，神气盖人。然付其倕以宝公诗，其外护，欲传之子孙，为无穷家法也！

•跋公衮帖

见蛇斗而笔法进，闻鸡声而遂能神，东坡以谓宁有存法与神于胸中，而能学书者乎？予观公衮行草，既不用法，亦不祈其神，娓娓意尽则止耳！

•跋三学士帖

秦少游、张文潜、晁无咎，元祐间俱在馆中，与黄鲁直居四学士，而东坡方为翰林,一时文物之盛,自汉唐已来未有也!宣和四年七月,太希先倒骨董箱,得此三帖,读之为流涕。呜呼,世间宁复有此等人物耶?

• 跋兰亭记并诗

宣和四年夏,弥月不雨,稻田龟兆出。予晨兴垂头坐西斋,方与造物者游,而厨丁聿来告米竭,余作白眼久之。希先送此轴来索跋,欣然见王子敬诸君子,忘其厨丁。厨丁求与决,予曰:当以三筊用事,正不必逼人也!

• 跋荆公元长元度三帖

予儿时剧于邻家,见壁间有诗曰:"是非不到钓鱼处,荣辱常随骑马人。"今日见此三帖,偶忆前句。

• 题墨梅山水图

华光老人眼中阁烟雨,胸次有丘壑。故戏笔和墨,即江湖云石之趣,便足春色,不可收畜也。而此老人藏于耐寒冻枝头,一时高韵哗于士林。而其所畜又其尤精选也。以病举以付其子涌,涌如获夜光照乘千里,以书夸于予。不有是父,安得此子哉?欧阳率更见索靖碑,因留不去,竟寝其下三昔。文字画刻是中安得美味,而嗜好有如此者,予初大怪之,及视涌之好尚,率更要不足怪也!

• 东坡画应身弥勒赞(并序)

东坡居士,游戏翰墨,作大佛事,如春形容,藻饰万像。又为无声之语,致此大士于幅纸之间。笔法奇古,遂妙天下,殆希世之珍,瑞图之宝。相传始作,以寄少游,卿上人得于少游之家。二老流落万里,而妙观逸想,寄寓如此,可以想见其为人。余还自海外,见于湘西,谨拜手稽首,为之赞曰:唯老东坡,秀气如春。游戏翰墨,挝雷翻云。偶寄逸想,幻此沙门。了无一事,荷囊如奔。憨腮皤腹,行若不闻。众生狂迷,以利欲昏。如一器中,闹万虮蚊。吾未暇度,驼卧猿蹲。傲倪一世,随处乾坤。

林间录①[选录]

本荟要所录入文字,据兰吉富主编《禅宗全书》第 32 册,台湾文殊出版社 1988 年版。

衡岳楚云上人,生唐末,有至行,尝刺血写《妙法莲华经》一部,长七寸,广四寸,而厚半之。作栴檀匣,藏于福严三生藏,又刻八字于其上,曰:"若开此经,誓同慈氏。"皇佑间,有贵人游山见之,疑其妄,使人以钳发之,有血如线出焉。须臾,风雷震山谷,烟云入屋,相捉不相见,弥日不止。贵人大惊,投诚忏悔。嗟乎!愿力所持,乃尔异也。予尝经游,往顶戴之细看,血线依然。贯休有诗赠之曰:"剔皮刺血诚何苦,为写灵山九会文。十指沥干终七轴,后来求法更无君。"

百丈山第二代法正禅师,大智之高弟。其先尝诵《涅盘经》,不言姓名,时呼为涅盘和尚。住成法席,师功最多,使众开田,方说大义者,乃师也。黄檗、古灵诸大士皆推尊之。唐文人武翊黄撰其碑甚详,柳公权书妙绝古今。而传灯所载百丈惟政禅师,又系于马祖法嗣之列,误矣。及观《正宗记》,则有惟政、法正。然百丈第代可数,明教但皆见其名,不能辨而俱存也。今当以柳碑为正。

大慧普觉禅师语录②[选录]

宗杲(1089—1163),宋临济宗僧。字昙晦。法号大慧、妙喜,谥号普觉。宁国(安徽宣州)人,俗姓奚。参谒昭觉克勤禅师而得法,是杨歧派第

---

① 林间录:全称《石门洪觉范林间录》。凡二卷。另有《新编林间后录》一卷。惠洪集。谢逸序文称:"洪觉范得自在三昧于云庵老人,故能游戏翰墨场中,呻吟謦咳皆成文章。每与林间胜士抵掌清谈,莫非尊宿之高行、丛林之遗训、诸佛菩萨之微旨、贤士大夫之余论。每得一事,随即录之,垂十年间,得三百余事。"其中有书学史料数则。

② 大慧普觉禅师语录:凡三十卷。宗杲语,宋僧蕴闻编。本书内容分为语录(卷一至卷九,卷六附有张浚所撰的《大慧普觉禅师塔铭》)、颂古(卷十)、偈颂(卷十一)、赞佛祖、自赞(卷十二)、普说(卷十三至卷十八,其内容为宗杲对宋代各派禅匠之宗旨的说明)、法语(卷十九至卷二十四,是宗杲对僧俗弟子的开示,而由弟子私下录录的)、书(卷二十五至卷三十,收录宗杲对门下缙绅居士所提问题的书信回答)等七部。本《荟要》所录文字,涉及的书学思想:一、在大慧杲看来,书写佛经,可以弘传佛法,"居士笔端,宣畅果海"。二、佛法(心性、本心)是包括书法在内的文字语言所不能呈现的。但宏扬传布佛法(心性、本心)又必须借助包括书法在内的文字语言这个必不可少的工具:"佛祖之道,虽非文字语言所及。而发扬流布,必有所假而后明。"

五世著名禅师。他在南宋时代鼓吹公案禅（看话禅），与提倡默照禅的宏智正觉并称。事见《五灯会元》卷一九、《佛祖通载》卷二〇、张浚《大慧普觉禅师塔铭》、祖咏《大慧普觉禅师年谱》。

本荟要所录入文字，据《大正藏》第 47 册，第 1998 号。

• 示周子充写华严经

总别同异，成坏行布。圆融无碍，尘入众刹。非宽刹入，众尘非隘。居士笔端，宣畅果海。因源自在，我今说偈。赞扬同证，一真法界。

• 蔡知县小庵（并引）

快活居士，结庵于南岳之阳，以小名之，盖取石头和尚"庵虽小含法界"之义。居士欲予书其榜，因说是偈：此庵非小亦非大，堪笑石头空捏怪。不知法界即此庵，强谓此庵含法界。而今欲识住庵人，万象之中独露身。妙喜为写此庵榜，要与太虚为近邻。

• 蕴闻：进大慧禅师语录奏札［节录］

（臣）僧（蕴闻）窃以佛祖之道，虽非文字语言所及。而发扬流布，必有所假而后明。譬如以手指月，手之与月，初不相干。然知手之所指，则知月之所在。

大慧普觉禅师宗门武库①［选录］

本荟要所录入文字，据《大正藏》第 47 册，第 1998 号。

一

任观察，内贵中贤士，徽庙极眷之。任倾心释氏，遍参知识，每自叹息

---

① 《宗门武库》一卷。又称《大慧宗门武库》、《大慧武库》、《杂毒海》。大慧宗杲说，弟子道谦编。系禅宗古德言行录的纂辑。其内容是古代公案的选辑，收载洞山广道、慈明楚圆、湛堂文准等禅门缁素数十人的机缘语，共一一四条。由于它能显示临济家风，因而为临济宗人所喜诵读。本《荟要》所录文字，涉及了文字语言（包括书法）与心（本心、佛性）的关系问题：在大慧宗杲看来，人之本心（"至妙之心"——本来面目），是文字语言（包括书法在内）所不能表达的："其至妙之心在我，不在文字语言"；所有包括佛典在内的文章典籍，都是"语言糟粕"，而"非心之至妙"。对于"至妙之心"（本心、佛性——本来面目）的把握，只能返观自心，靠"心之自得"。当领悟、把握、自得"至妙之心"时，包括文章在内的文艺创作中，就能心手相应（"得之于心，应之于手"），而得心应手之创造，也是"心法"（以心传心的佛法——亦"至妙之心"）的功能和作用（"皆灵然心法之妙用也"）。

曰:"余幸得为人,而形体不全,及不识所生父母,想前世轻贱于人,招此报应。"遂发誓,遇休沐还私宅,屏绝人事,炷香礼佛,刺血写《华严经》一部。每一字三拜,愿来世识所生父母。忽一日有客相访,任出迟,客怒云:"人客及门,何故不出?"任笑曰:"在家中写一卷赦书。"客诘其故,任以实对,遂取经示之云:"此是阎老子面前,吃铁棒吞铁丸底赦书。"客悚然惊骇,回舍亦自写一部。

二

湛堂准和尚,因读孔明《出师表》,悟得做文章。……大宋元符戊寅岁,有汉中沙门意忠上座,寻师访道,选佛参禅。干木随身逢场作戏,然其场也戏乎一时,以其功也利益千古,于是革其旧制。郢人犹迷,徇器投机,变通在我,岂以绳墨拘其大猷,而为古人规矩之所限哉?是谓有子不可教,其可教者语言糟粕也,非心之至妙。其至妙之心在我,不在文字语言也。纵有明师密授,不如心之自得。故曰得之于心,应之于手,皆灵然心法之妙用也。……

云卧纪谭①[选录]

晓莹,生卒年不详。南宋临济宗僧。字仲温,号云卧。洪州(江西)人。嗣法于大慧宗杲。晚归隐江西罗湖,杜门不与世接。有《罗湖野录》四卷、《云卧纪谈》二卷(成书于绍兴二十五年),为世所重。事见《明高僧传》卷六、《佛祖通载》卷二十、《续灯正统》卷十、《续传灯录》卷三二。

本荟要所录入文字,据《新编卍续藏经》第148册。

仰山小释迦,住豫章观音,僧齐己为总辖庶务,有《粥疏》曰:"粥名良药,佛所赞扬。义冠三檀,功标十利。更祈英哲,各遂愿心。既备清晨,永资白业。"昔刊于石,既经建炎兵火,无复存矣。豫章职方乘但云:"诗僧齐己《粥疏》。己之所书,文墨可观,不收其词。"今禅林晨粥唯唱前四句,且不知谁作也。己世姓胡,潭之益阳人。幼捐俗于大沩,依祐公,盖与寂公为同

---

① 云卧纪谭:又称《感山云卧纪谭》。凡二卷。晓莹录。绍兴年间(1131—1162),晓莹于江西丰城曲江感山之云卧庵闲居时,随笔记录诸方高僧之遗言逸迹,士大夫之嘉言懿行,凡可资修行警策、学人龟鉴者悉皆收录,约九十余条。卷末并附云卧庵主书一卷,记述其师大慧宗杲与学人之机缘问答。书中有书学逸事趣闻四则。

门友。其后居西山金鼓而示寂,塔尚存龙盘,乃其书堂。元祐间,马都运醇有小诗题院壁,曰:"支遁逍遥不我逢。等闲下马憩莲宫,欲询齐己幽栖事,七十山僧两耳聋。"

龙牙禅师,讳从密,字世疏。以草圣,为世所珍。舒人张怀素自号落魄野人,以幻术游公卿间。崇宁四年,怀素谋反事败,陵迟处斩,检其囊,有密草书,洪公觉范跋其后,由是二公连累获谴。密后归闽,因有偈曰:"长汀有个老头陀,猛省思量恶业多。怕老人中添白发,惊翻浪里走黄河。天涯海角藏身去,剑树刀山眨眼过。今日南归犹活在,从佗笑不似禅和。"尝有四大颂曰:"地风火水本无根,今藉其元作尔尊。六用停时人不见,一机空处我何存。休于燥湿寻宗祖,勿向坚摇认子孙。记得曾郎言谛当,都卢似个破沙盆。"密晚住福之东禅,一日,招郑编修尚明饭,手自瀹茗,乃曰:"某大事到来,屈公证明。"又云:"曾得某草书千字文否?"郑云:"未蒙见觑。"师乃命笔草千字,大胜平时所作。又索纸书偈云:"阅尽人间七十秋,万缘今日一时休。虚空扑破浑闲事,惊起全身露地牛。"投笔而逝,茶毗,烟所至处,皆五色舍利。

严阳山在武宁县东南四十里,有赵州和尚嗣法上首讳善信者,乐山之奇秀,结庵其间,信以道德崇重,世不欲名。故称严阳尊者。二虎一蛇,驯绕左右。尊者尝问赵州:"一物不将来时如何?"赵州曰:"放下著。"尊者曰:"既是一物不将来,又放下个甚么?"赵州曰:"放不下便担取去。"黄龙南禅师有颂发挥之曰:"一物不将来,肩头担不起。言下忽知非,心中无限喜。毒恶既忘怀,蛇虎为知己。光阴几百年,清风犹未已。"唐天祐间,江西制置刘公于县治之西创新兴院,迎尊者居焉。僧致问曰:"如何是新兴水?"答曰:"面前江里。"今院之额改为明心。国初,有僧道宁于尊者祠堂作分书,写尊者送僧偈。大观中,尚存败壁间,曰:"身如云兮貌如祖,及至身中无伴侣。椰栗横担不顾人,直入千峰万峰去。"今丛林唯诵后二句,亦不知为谁作。至于传灯录遗脱尊者之名,诚可大息也。

佛印禅师,元丰五年九月,自庐山归宗赴金山之命,维舟秦准,谒王荆公于定林。公以双林傅大士像需赞,佛印掇笔书曰:"道冠儒履佛袈裟,和会三家作一家。忘却率陀天上路,双林痴坐待龙华。"公虽为佛印所调,而终服其词理至到,故小行书弥勒发愿偈数百字为酬,山谷为跋。佛印既住云居,而刊于石,尚复存焉。

禅宗颂古联珠通集①[选录]

　　法应，南宋僧。住池州报恩光孝寺。有《禅宗颂古联珠通集》四十卷。事见《续藏目录》。普会，元僧。有《禅宗颂古联珠通集》。事见《续藏目录》。

　　本荟要所录入文字，据《新编卍续藏经》第115册。

●永字八法※

　　睦州因秀才相访，称"会二十四家书"。师以拄杖空中点一点曰："会么？"秀才罔措。师曰："又道会二十四家书，永字八法也不识！"②

　　颂曰：

　　明招谦：一点曾无异，微尘劫不增。百千诸佛眼，同共此灵明。

　　佛鉴懃：禅师拄杖秀才笔，伎俩皆从手中出。八法论书如未明，面前一点黑如漆。

　　水庵一：一著机先用得亲，可怜穷子眼无筋。须知八法论书处，前箭犹轻后箭深。

---

　　① 禅宗颂古联珠通集：凡四十卷。南宋法应集，元代普会续集。系编集古来禅家诸祖颂古之作。内容共收世尊机缘二十四则、菩萨机缘三十则及大乘经偈六十二则、祖师机缘七〇二则。举凡增续及续收均冠以"续收"二字，以与原集区别。自睦州（陈尊宿）"秀才不识永字八法"公案提出后，不少禅师用颂古表达他们的看法。他们以禅喻书、以禅论书，都涉及书法与本心的关系问题。一、明招谦认为本心（佛性）那"一点"，是不一不异，不增不减，百千诸佛与蠢重含灵，都"共此灵明"的。黄檗希运禅师的《传心法要》对此的解释非常明确精彩："此灵觉性无始已来与虚空同寿，未曾生未曾灭，未曾有未曾无，未曾秽未曾净，未曾喧未曾寂，未曾少未曾老，无方所无内外，无数量无形相，无色像无音声。不可觅不可求，不可以智慧识，不可以言语取，不可以境物会，不可以功用到。诸佛菩萨与一切蠢动含灵，同此大涅槃性。性即是心，心即是佛，佛即是法。"（《黄檗山断际禅师传心法要》，《大正藏》第48册，第2012号。）二、佛鉴懃则指出，禅师之拄杖与秀才之笔头，其"伎俩"都是由他们的手中即心中流出的。如果不领会"八法论书"的主旨是要人们返观自心，以见到本来面目的话，就会陷入无事甲里，而为无明所束缚。三、在水庵看来，陈尊宿的"八法论书"，乃是接引学人，破除业识的的方便法门。水庵一认为，陈尊宿接引学人（秀才）的机锋严峻，其破除学人（秀才）的粗重业识之"箭"——权宜方便，却是宽容、亲切的，其"后箭"——直斥秀才不识永字八法，较之"前箭"——"以拄杖空中点一点"要犀利而深入。因秀才陷入了分别心中，执著于"二十四家"书法本身。所以水庵一老婆心切，"前箭"之后，又射"后箭"。"前箭后箭"之"箭"，又称之"杀人刀，活人剑"中之"活人剑"（即"活人箭"，见《祖英钳锤录》），是禅门宗师接引学人所运用的、较之"杀人刀"（或曰"杀人箭"，见《祖庭钳锤录》）的强夺、不许之方式有差别的宽容、给予的自由权巧之方法。陈尊宿直斥秀才不识永字八法之"后箭"，要比他"以拄杖空中点一点"之"前箭"，锋利而深入。

　　② 睦州（陈尊宿）论书事，见本《荟要》所选《陈尊宿论书》。

橘洲文集^①[选录]

宝昙(1129—1197),宋代临济宗僧。又称少昙。号少云。世称橘洲老人。嘉定府(四川)龙游人,俗姓许。为大慧宗杲之法嗣,住于庆元府(浙江)仗锡山延寿禅院。师将过去七佛至大慧宗杲等禅宗诸祖之传记编辑而成《大光明藏》一书,凡三卷。事见《大光明藏序》。

本荟要所录入文字,据《禅门逸书初编》第5册,第116号。

•跋写法华经

大惠在洋屿时,四方衲子从之游,皆一世英杰。时太青老子,亦在其中也。大惠噫欠风雨,鞭笞龙象。一夏,十三人如锥处囊,皆颖脱而出。余恨不能如毛遂捧盘,欨恤招十三人于堂下也。绍兴末得预千七百众中,龙蛇混淆,已乏当时之盛。每怀洋屿师友,心尝悁然。后二十年,见太青于四明,此恨方雪。太青端静简洁者也,机不妄发,发必中的。世方以众骄人,而师寂寥,空山殆兴,草木俱殒。有智英者,事师久之,尝曰:"吾师之心不敢,吾师之训不敢堕一。"且沥十指血书闻妙法莲华以贾僧伽梨,其志可尚,丐一语为证,夫天人所难舍者一身,一身所难忍者苦痛也。子能忍之,置身于吾法中,异时头目髓脑皆法檀度行矣,必有闻弦赏音者。年月日橘洌书。

•写法华经求僧疏

成佛之令,盖起于吾国中。度人之缘,是最为胜福聚。是故刹帝利种,不生旃陁罗家。惟浊泾清渭,不可同流,而方服圆颅,遂可入道。故我置书而叹,得每按剑于人,七轴莲华,沥尽指间之血,九重雨露,疏为世外之恩。未能学古而骑圣僧,实欲从今而报知己。

---

① 橘洲文集:凡十卷。宝昙撰,昙观编。据昙观跋语称:是书"元存径山,毁于癸巳之火。咸淳改元,岁在乙丑化城石桥塔院重刊印行"。只有卷七(杂文)、卷八(榜疏)、卷九(榜疏)、卷十(记)、附录。宝昙肯定"智音"血书佛经"其志可尚",能忍"沥十指血"之"苦痛",此乃置身于佛法之中,他日必获佛果。

破庵祖先禅师语录①[选录]

祖先(1136—1211),宋僧。字破庵。广安(今属四川)人,俗姓王。依罗汉院德祥得度。谒密庵咸杰于乌巨庵,而得悟。事见宗性所撰破庵祖先《行状》(《破庵祖先禅师语录》附)、《明高僧传》卷八、《续传灯录》卷三五、《祖庭指南》下、《增集续传灯录》卷二。

本荟要所录入文字,据《新编卍续藏经》第121册。

• 示禅人写华严经

毗卢大经卷,尘识久埋藏。上人笔端力,掇出放毫光。笑他自城游历,自倒自起自忙。江天月晓,梦破斜阳。一印印定,无法商量。

• 示写法华经求僧行者

止止不须说,我法妙难思。诸增上慢者,闻必不敬信。已是成痕成迹,那堪将青黄碧绿彩画虚空,添得一场热闹。向曹溪门下天地悬殊,要得相当,只向止止不须说,我法妙难思处,冷地里捋下面皮,自笑一回。子是真勇猛,是真精进,是名真法供养,方知道写经求僧也不是,不写经不求僧也不是。问人讨法语也不是,不问人讨法语也不是。毕竟如何?"此是选佛场,心空及第归。"子宜往矣,无滞于此,会有闻弦赏音者。

• 柏堂刘居士持大慧禅师与成节使法语复藏宝光塔求跋

大慧老人,心手无碍。沛然之作,流无穷矣。展转自成,而至柏堂。既能宝之,奉宝光塔庙。所谓照世灯,精进幢,诚有在焉。

高丽国普照禅师修心诀②[选录]

知讷(1158—1210),高丽曹溪宗僧人。高丽中期僧侣,韩国禅宗"中兴

---

① 破庵祖先禅师语录:全一卷。又作《破庵和尚语录》。破庵祖先撰,圆照等编。收录卧龙山咸平禅院语录、平江府秀峰禅院语录、广寿慧云禅院语录、穹窿山福臻禅院语录、秉拂、普说、法语、偈赞、行状、跋等。书法与佛法的关系问题,是禅门大师讨论的话题之一。在他们看来,书写佛典,可以传播、弘扬佛法,"毗卢大经卷,尘识久埋藏。上人笔端力,掇出放毫光。"

② 高丽国普照禅师修心诀:一卷。《修心诀》以修心为中心,从概念上对心性论做了必要的提示。普照认为,欲通过"刺血写经"等方式以求佛道,乃是"如蒸沙作饭",是徒劳无益的。这是"不识自心是真佛,不识自性是真法","尔但识自心,恒沙法门,无量妙义,不求而得"。

祖"。其所传曹溪宗,是将九山禅门集大成的禅宗宗派。俗姓郑,自号牧牛子。京西洞州(黄海道瑞兴郡)人。神宗三年(1200),于松广山吉祥寺组织"定慧社",前后十一年广宣禅教。熙宗元年(1205),改松广山定慧社为"曹溪山修禅社",提倡先悟后修、定慧双修,成为朝鲜禅的根本道场(即今曹溪山松广寺)。事见金君绥所撰《佛日普照国师碑铭》、何劲松《韩国佛教史》第十章《知讷与曹溪宗》(社会科学文献出版社2008年版)、任继愈《中国佛教史》第十章第一节第二项《知讷和曹溪宗——朝鲜民族化佛教宗派》(中国社会科学出版社1993年版)。

本荟要所录入文字,据《大正藏》第48册,第2020号。

嗟夫!今之人,迷来久矣,不识自心是真佛,不识自性是真法。欲求法而远推诸圣,欲求佛而不观己心。若言心外有佛,性外有法,坚执此情,欲求佛道者,纵经尘劫,烧身炼臂,敲骨出髓,刺血写经,长坐不卧,一食卯斋,乃至转读一大藏教,修种种苦行,如蒸沙作饭,只益自劳。尔但识自心,恒沙法门,无量妙义,不求而得。故世尊云:"普观一切众生,具有如来智慧德相。"又云:"一切众生,种种幻化,皆生如来圆觉妙心。"是知离此心外,无佛可成。过去诸如来,只是明心底人;现在诸贤圣,亦是修心底人;未来修学人,当依如是法。愿诸修道之人,切莫外求,心性无染,本自圆成。但离妄缘,即如如佛。

北磵集①[选录]

居简(1164—1246),宋临济宗僧。字敬叟。世称北磵居简。潼川府(四川三台)人,俗姓王(一说姓龙)。进谒育王德光,参学凡十五年,得其法印。事见《续传灯录》卷三十五、《增集续传灯录》卷一、《五灯严统》卷二十。

本荟要所录入文字,据文渊阁四库全书影印本。

---

① 北磵集:凡十卷。居简(号北磵)著。近人张元济《涵芬楼烬余书录》集部著录宋刊残本《北磵文集》八卷。今通行有《四库全书》本。卷首有张诚子序,卷一至卷十,依赋、辞、记、传、序、铭、赞、箴、颂、杂文、跋、疏、启、铭、墓志铭、祭文、哀辞分类编次。本《荟要》所录文字,涉及的书学思想:一、书写佛经有重要功德。能宏扬佛法,传承佛法。居简指出:强斋大士书写佛经,乃是"续父厥志,写佛语心",正由于是写"佛语心",因而"一点画中具无量义"——"字可悉数,义则无量"。他又指出,应了解其本源,应"冥去来相"——勿执著于文字相(《强斋高使君金刚诸经赞》)。书写佛经,可获佛之妙心。居简云:"金刚心经,欲置大士心中,而身相已具。冈契心初,蚤暮恳切,宝眷春然,获本妙心。""妙心"即"大般若心,即天地心"(《高秘阁金书心经颂并引》)。二、高度评价前贤时修之书法创作。居简认为,黄山谷之草书,可以与张旭、怀素媲美,"山谷草圣不下颠张醉素",但行楷"弗逮也",然而"皆自成一家法,如王谢子弟不冠不袜,虽流俗人盛服振衿,不如也"。山谷之《绿茹赞》,则"绰约柔缓"(《跋山谷绿茹赞真迹》)。山谷之《岩下放言》,"于规矩准绳之外,而不失规矩准绳,然字亦放,若孔子从心时不逾矩矣。"(《跋谭浚明所藏山谷岩下放言真迹》)居简比较了欧虞褚薛诸人书法之特色,指出在欧虞褚薛诸人中,其书法之"谨严瘦劲","欧阳绝出"。而学习欧阳者,"往往失其韵致,但贵端庄,如木偶骞死于活处"(《跋欧阳率更九成宫醴泉铭》)。居简还比较了秦淮海、参寥、杨杰之书风,认为秦淮海之书,有"飘飘凌云之气";参寥之书,"谨严而疏荡";无为子(杨杰)之"字虽不工",但"率意信手,拔俗千丈"(《跋五公帖》)。居简认为,王荆公之帖,"笔势掀举而稳重,虽不习书,吾必谓之习矣",其书法与其人之"特立独行"相一致,在习书上"不欲踏人脚迹"(《跋陶山帖》)。居简指出仲房之隶书,"自成一家",其风格"拓搨骞腾,鲸鹏撮摩,夭矫容与,烟云卷舒"。又云虞氏有"丰功厚德","不专在翰墨也",有人"独以隶古称"之,是并不"知公"者。他不同意欧阳修"以墨君称文湖州",虽然文与可"其篆真草隶皆入神",但其"道德文采光明照人",是德艺双馨者。因此,提示后人,切莫"以隶古称"虞氏,"而蹈墨君称湖州之辙也"(《跋虞仲房隶字》)。居简以"遒婉而劲"、"老成"评颖德秀之法书:"颖书柳鬼传,遒婉而劲,文赋尤老成"。提出不能玩物丧德:"外物则德,全玩物则德丧"(《跋颖德秀书文赋后》)。三、居简提出了鉴赏残碑的原则:"尝自其残缺处而求其全,沈潜往复而遗其全,然后残缺之大全,了了在目"(《跋平江宁上人〈孔子庙堂碑〉》)。1、通过审美想像,从残缺处,补充、修复,寻求其全貌;2、在反复玩味中,又不要受想像中的全貌之束缚,要探索其残缺之美。这样,想像中的全美与实在的残缺美交相辉映,从而"残缺之大全,了了在目"。居简明确书学应重"识"——书家应有学识、胆识,方能对法书作出正确的评价。四、居简区分了在书法上的"庸工"、"俗儒"与"良工"、"名儒":如果只按书法的"规矩",致力于书法的工整,从而成为"工师者",则是庸工——书匠、书奴。若不遵循书法的"规距",而只致力于书写佛典,而成为"经师者"(写经生),则是俗儒。只有"得之于文字之表",即"于规矩准绳之外,而不失规矩准绳",那么,如此则"工则良工,儒则名儒"(《跋诚斋为谭氏作一经堂记》)。五、从比较辨析书法与篆刻两种艺术创造的难度问题,指出,书法与篆刻都难。进而指出这两种艺术,都应"专心致志",进入那种观"公孙氏剑舞"而"得草圣之妙"的境界,达到庖丁解牛那样"与夫游刃肯綮,春然中桑林之舞,十九年若新发于硎"的境界(《赠陈生》)。六、对血书佛经问题的论述。居简不同意以血书佛经来报师恩、亲恩。在居简看来,报师恩、亲恩,应以"德"报,"知报则知道"。如以刺血书经为报,"匪报也",因为"瞿昙未说,毛颖未血,文采未发,经在何处"?(《跋顶山珂兄刺血写莲经》)

• 强斋高使君金书诸经赞

淀蓝蘸楮屑金作字,去字与楮,经果何似?曰:此诸经即楮与金,续父厥志,写佛语心。惟佛语心,粤如父志,一点画中具无量义。字可悉数,义则无量。欲了其源,冥去来相。强斋大士年八十余,目如心明,作蝇头书,于一蝇头分可为二尘毛。太华弗巨弗细,佛神力故,初不作难是故,北碉作如是观。

• 高秘阁金书心经颂并引

东禅明觉院比丘妙信,创华阁舍补陀大士,判府秘阁高公年八十九,飞步登阁,早年梦像,若今所造,施玻璃瓶,承以白金藕花,其余佛事,一一随喜。金书心经,欲置大士心中,而身相已具。冈契心初,蚤暮恳切,宝脊杳然,获本妙心。十目惊嗟,叹此创见。蜀人北碉居简比丘,谬振颂声一十一章,章四句,嘉熙元年二月初九日。

大般若心即天地心,区区冥求,沧溟索针。爰有大智,金书作供,欲充佛身。妙发机用,佛尘沙身,无乎不在,作如是观。堕世间解,离世间解。复何所求?於东招提,一瞬协谋。尘沙佛身,初涌出海。小白花开,物物三昧。愿以所书,印厥心地。此念始蘖,览斯契宝脊杳然,虚禺以俟,若合符节,如龟从筮。微此大智,孰考其朕。惟神而明,函盖相称。我观此经,非金非字。而此宝脊,未始启闭。繄正法明,曰观世音。澄五浊澜,如一月临。临兹大智,净彻无垢。介以景福,介以眉寿。

• 赠陈生

写字与刻字孰难?曰:写字难,画被忘穿,临池忘缁,专心致志,仅仿佛古人用笔意。公孙氏剑舞,观者得草圣之妙,彼顺朱耳。或曰:凿为笔,锤代腕,欲颜则颜,欲柳则柳,劲铁瘦蔓,出笔墨畦畛,与夫游刃肯綮,杳然中桑林之舞,十九年若新发于硎,何以异?故曰刻字难。往复竞辩,侃侃不相下,欲解其纷,而未能也。则谓之曰,昔人梦鹿子知之矣!敢用是而中分之,曰二难。丁亥九月几望,丁山法堂纪岁月,郡刻工陈文颇臻妙策,其勋吊其贫,书以为赠。

• 祁公子美帖

妇翁钩画遒劲,于冰过清;甥馆行草掀举,比玉尤润。晋东土以东床坦腹萧洒为名谈,恐不足语于吾庆历之盛。

• 跋顶山珂兄刺血写莲经

能生不能教亲也，教必从师。师以德亲，以恩知报则知道，舍是吾何观？刺十指写三周七喻以为报，匪报也。盍思瞿昙未说，毛颖未血，文采未发，经在何处？若三七日思而得之，无丝毫别。夫如是，则七世父母师长，同见灵山未散，非汝欺也！书经后二十三日，慧日北磵书。

• 跋颖德秀书文赋后

异时观老坡与参寥一帖，云："见颖上人数纸不觉惊喜。"雏猊奋鬣，已过老彪。及观颖书《柳鬼传》，遒婉而劲，《文赋》尤老成。颖书此赋，毋虑十数本，笃于文也，第未见其文。余不解书，喜蓄前辈逸迹，每得一帖，则必曰："奇技也，岂彼能我独不能奇玩也，岂彼有我独不有？"夜以继日，思竭吾力兼而有之，然终不能有！或曰："我安用是为？治人者劳心，治于人者劳力，人将劳吾力矣！外物则德全，玩物则德丧，物将丧吾德矣，所有不既多乎？"余敬受教。

• 跋五公帖

或谓前辈贬米南宫字，如仲由未见孔子时，吾未见其贬也。秦淮海飘飘凌云之气，见于觚牍。参寥谨严而疏荡，称其为人；无为子辩才，师字虽不工，率意信手，拔俗千丈。西菩僧舍故纸中，得此五公，豁然眼明。

• 跋虞仲房隶字

丹丘林咏道，出虞兵部书杜工部《李潮八分小篆》、《王宰山水图》两篇隶法，坏自公始，然亦自成一家。挐㩜骞腾，鲸鹏撮摩，夭矫容与，烟云卷舒，数十年间，丰功厚德之所载，识借公为重，不专在翰墨也。不知公者，独以隶古称，岂知公哉！昔欧公以墨君称文湖州，而其篆真草隶皆入神，道德文采，光明照人。荆公诵其《咏鹭》，欧云与可拾得耳！好贤莫如欧公，而以墨君失之文湖州。后世慎无以隶古称公，而蹈墨君称湖州之辙也！

• 跋横浦帖

横浦不喜东坡，晚自岭外归，始诚服焉！手书其韩愈《庙碑》、《读孟郊诗》、《送琴聪序》，无虑十数。旧在闽中，见于韶石诸孙，纸尾有大慧题字，云横浦喜书此，使韶藏护惟谨。今复见此叙，字差小于乡所见，横浦小字不易得，尺牍之类亦且大，把玩不忍置，虽无玉蕤蔷薇冷泉芳柏，可熏可濯耳！

• 跋贝多叶二

尝观此叶于焦山行,行老而西归,死于绵之云盖寺。以遗汉嘉邓秀烈,邓墓木拱矣!复见于升上座,因作而言曰:译场不作,竺锡不至,鹤跱蛇惊,愕听眩视,一叶之书与无数叶,叶叶之义,字字融摄。盍观其义而遗其言,所观既亡,其亡亦然。古之至文,鸟迹科斗,今不复古,竟亦何有?惟道人升,好古痴绝,焉从得此于邓秀烈华竺二文一之者?人孰为此言,北碉隐沦。(原注:右为升维那赞)

像存乎甦,教存乎叶。籣云载驰,止于建邺。虆搜遗文,以十象驮。龙伯取将,半沦殑伽。今之所存,皆其零落。残圭断璧,此经自若。经无攸全,义有攸往。维义与经,非一非两。吾不了义,又不识书。乃于字外,洞明心初。(原注:右为舟老赞)

• 跋大参楼攻媿论征侨帖

余姚龙泉寺唤仙阁,旧题有"征侨"二字。客属普满珣公问于文昌楼公,公答之之帖云云。又云:终未见二字所出。吁,公胸中多书,若十数世豪贵家,畜藏珍奇,固有会稽所掌,既富且伙,岂窭人子日生所雠,目阅手数,且旦知出纳之地哉?盖尝见于《大人赋》"斯征伯侨而役羡门兮,诏岐伯使尚方。"《甘泉赋》"虽方征侨与偓佺兮,犹仿佛其若梦。"颜师古曰:"方,并行也。征,姓。北侨其名,仙人也。""伯"与"北",声讹耳!岂公未见相如、子云赋乎?吾固曰:公胸中多书,岂窭人子日生所雠,目阅手数,且旦知出纳盈缩之地哉?开禧元年季秋旦,北碉某书于酂山三锡堂。

• 跋后溪刘西清赠艮传二帖

艮传嗣讲行脚,皆后溪西清刘侍郎德修指南,传历百城,自初友从别峰来,至慈氏楼阁门开所见,几人所得何法?若谓有得,负吾后溪,果无得耶,亦复若此。至于无得之得,亦莫不然。夫如是,则后溪所不死者,与童寿紫金色臂同一关纽。

• 跋龙门元侍者血书华严八十一卷作八卷

龙门佛眼侍者天竺觉元上人,血指细书华严八十一卷为八卷,外看经人名氏一卷。钱塘薛大资昂作记并跋,圆悟大士、冯大学济川皆随喜赞叹,后一二莫非名胜,衲子不知讲明续纸嗣书,芜薉先进,庸言俗画,骎骎不已。虽圆融行布无所不容,然鱼目骊珠必先分辨,遂别作一卷。首书薛公记跋,继以圆悟冯公一二名胜，其真迹则存诸经后，余则题诸卷末，虚左以俟，如薛冯者。一以致尚友古人之心，一以旌忘躯报母之孝，一以遵勿轻末学之戒。

• 跋山谷绿茹赞真迹

山谷草圣不下颠张醉素，行楷弗逮也。然皆自成一家法，如王谢子弟不冠不袜，虽流俗人盛服振衿，不如也。右绿茹赞，疑其宜州腕力潜微时作，不然，何以绰约柔缓也如此。

• 跋平江宁上人《孔子庙堂碑》

书学废识，书者益尟。韩愈称"羲之俗书，吾所以望后世者益狭"。虞书《孔子庙堂碑》，唐人骎骎晋人者。南北壤断，赝迹实繁。此本盖亦未易得，尝自其残缺处而求其全，沈潜往复而遗其全，然后残缺之大全，了了在目，虽有智巧，不得而形容于语言之间也！

• 跋诸尊宿帖

翰墨不足论诸老，然皆可观。若昙与讷，固擅书名。佛智老禅，又自得笔外意。韩子苍评大慧书，如古锦囊师子。非老于研墨者，未易语此。

• 跋陆放翁帖

镜湖一曲，皆翁吟啸，提封翁所自有，非若贺秘监请而有也。遂与山僧巷友争渔樵席，翰墨淋漓，人争得之，是三帖，遂为勤上人所藏。

• 跋圆悟真迹

示惠悟宜人语，在建炎初元仲夏老子间关江淮烟尘时也。一言一语，务开晦昧，正人心，揭正眼，曾无纤毫自为安适计。盖佛祖在人间世，别无他事，惟此事耳！自此归云居，寻归少城，婆娑大隐，得人虽不若全盛时，潜符密契，若惠悟者，未易一二数，揽此旧墨，使人拳拳。

• 跋谭浚明所藏山谷岩下放言真迹

放言于规矩准绳之外，而不失规矩准绳，然字亦放，若孔子从心时不踰矩矣。往往不识此等气象，故有软语之讥。公自黔涪起，废舟泊滟滪，邻樯二客，乘月吟啸，曰："今代无诗人，鲁直软语，定不能写此奇伟之观！"盍联句赋此，其一曰"千古城西滟滪堆"，其次曰"上陵下浸碧崔嵬，酒数行悲嘶不已"，而苦涩不续。公朗吟云："晓涛激喷万丈雪，夜浪急回千里雷。"二客诘姓字,公曰:"软语鲁直。"客愧谢移棹。右五篇字字有法度,为公非家藏,今为谭浚明所珍。宝庆二年清明,北碉盟凤泉,展玩于介亭之阴。

• 跋诚斋为谭氏作一经堂记(名去疾,字更生,一字浚明)

致力于工成于工师者,庸工也。必得之于规矩之外,致力于书成于经师者,俗儒也。必得之于文字之表,工则良工,儒则名儒。谭氏世儒名门,艮斋谢公书其一经堂云:"为家之甘棠,自是名谈。"诚斋杨公则曰:"不家于藏,而身于藏,则几矣!"余旧赋《张氏万卷堂》诗,略云:"万卷堂中浩如海,胸次洞然无芥蒂。瞳昽初日上阑干,坦腹便便日中晒。"敢妄意诚斋同哉?盖其与人同者如此。

• 跋卍庵法语

右三百余字,孰非故纸中千百年死语?死语活弄,十倍精明。信不与当时将死雀就地弹者相碌碌,况今碌碌者耶? 时为之语曰:妙喜长书,佛眼普说,卍庵法语,天下三绝。

• 四明至淳上座写华严经施开元寺跋

根本部略则四种,广则无尽,无尽中复无边,乃至不可说。转回入四种,行布圆融,各安本位,各离本处。不同不殊,无坏无杂,不动本际,平等无碍。八十一卷,一嗅无遗,百一十城,不移寸步,逐字写过,未尝动笔。尊者童子,至淳上人,是则名为三无差别。

• 跋欧阳率更九成宫醴泉铭

贞观初,欧虞褚薛以王佐才弄翰,追配二王。谨严瘦劲,欧阳绝出,流落天壤间者何限! 独《化度寺记》《醴泉铭》,最为珍玩。习之者,往往失其韵致,但贵端庄,如木偶死于活处,鲜不为吏牍之归赝刻误,人人亦罕识真。忽见此本,殆未易得,反复数日,书以归之。

• 跋陆放翁帖

予束发就外傅时,先生长者,言蜀帅范石湖、陆放翁宾主,笔墨勍敌。片言只字,人皆珍惜。壮而游吴越,始克识之,因其与吾蜀别峰、橘洲诸大老臭味之偶,故屡闻謦欬帖中所谓正法。龙华皆别峰在蜀开法处,与翁蹒跚勃窣抵掌啸咏之地。若季长知几,亦蜀之大名胜。翁于数公尤寿,考晚年使子孙选陶谢警策语于雪壁,挂邛州九节竹,东西而观之,拳拳于蜀,虽竹策不相舍,贵其有节而重蜀产,若与帖中诸老游焉。

- **跋陶山帖**

陶山谓荆公素不好习书,不欲踏人脚迹。不特书尔,至于问学,不喜观左丘明,肯踏他人迹哉?得时行道,凡所建明,众所不与,此其特立独行者如此!右一帖,笔势掀举而稳重,虽不习书,吾必谓之习矣!陶山东莱书其后,吾欲分其一,又恐天下奇物不可离其偶,属恢护持以传世后,见我必出此作供!

- **跋四明何道友写华严**

五十三人一缕穿,小儿虽小胆如天。百城烟水无重数,买得归来不费钱。或曰书经佛子何道友,请跋手书华严,乃赞南询童子何哉?则谓之曰,八十一卷菩萨说十之七八,教主辄出光明以表示之,非无说也。至于云兴瓶注问答,繁作一生事毕,童子一人而已。尘中消息,属之谁与?乃知教主放光,菩萨问答,童子南询,三无差别。佛子书之,不加一点。北碉饶舌,不入众数。

石田法薰禅师语录①[选录]

法薰(1170－1245),宋僧。字石田。眉山(今属四川)人,俗姓彭。年十六,从石龙山法宝院智明出家。游方至吴门,参破庵祖先于穹窿。见松源岳、肯堂充、遁庵演,皆许为法器。住苏州高峰,迁枫桥钟山等寺。端平二年驻灵隐。事见大观所撰石田和尚《行状》(《石田法薰禅师语录》附)、《续传灯录》卷三五、《增集续传灯录》卷三、《续灯存稿》卷三。

本荟要所录入文字,据《新编卍续藏经》第122册。

---

① 石田法薰禅师语录:凡四卷。石田法薰撰,了觉、师坦等编。又名《石田和尚语录》。卷一,平江府高峰禅院语录,平江府枫桥普明禅寺语录,建康府蒋山太平兴国禅寺语录。卷二,临安府净慈报恩光孝禅寺语录,临安府景德灵隐禅寺语录,诸因缘普说,拈古。卷三,小参、法语。卷四,赞佛祖、偈颂、小佛事、行状、祭文、跋。本《荟要》所录文字涉及的书学思想:论述书写佛典的功德。法薰指出,书写佛经,功德不浅,万君善友,剡藤墨书,毛颖淘泓"有成佛之分",银钩铁画"当收辅教之切","岂浅功德哉"(《万善友书法华经请跋》)。法薰强调在书写佛经中,不能起一丝一毫的分别心("一丝毫知解"),才能领悟把握佛性,进入佛陀境界("大人境界")。

- **跋真歇墨迹**

真歇老子与慈闹书,诸方题跋,各出己见,互若不同。殊不知,书首云:再覆则是当自有别幅也。言及奉诏住山,并问亲眷上下,亦母子之至情,又何嫌焉！岂必言言,言出世外,然后为得哉？学者宜于此求之。

- **题卍庵墨迹**

卍庵空里采花,诸人石上种藕。三点前三点后,动南星蹉北斗。山僧口似磉盘,舜若多神失笑。

- **何居士书华严经请跋**

华严大教,诸经极谈。一字含万法,一音遍一切。口议心思,湿纸包火。何君书而施诸名山,有缘者披诵,非从五十三参长者居士中来,安能如此？若于白纸黑字外,不起一丝毫知解,则大人境界,其庶几焉！

- **万善友书法华经请跋**

法有三周,喻凡七种。止止牢辞,不肯容易便说。忉忉勤请,必以开演为期。不得已八字打开,用副彼四众渴望。万君善友,剡藤墨书,毛颖淘泓①,俱有成佛之分。银钩铁画,当收辅教之切。是最上因缘,岂浅功德哉！我有大经卷,量等太虚空。目前直下辨端倪,纸上方知成染污。

- **题刘右司笔迹**

朔斋居士,为传侍者书龙门及白杨语,出以示予,求书数字于后。予云:二老言端语端,朔斋心正笔正,汝能笃信(原注:力行即日),策勋圣处。毛颖淘泓,俱有一分功德,况朔斋乎！

- **跋游丞相为印上人书心经**

般若心经,大资相公所书,一字是一字。印上人授持,一句是一句。石田不敢措一浮辞,以谤真实义谛。

- **痴绝写师上堂心禅人以之求语**

南山半夜,信脚过连云。太白无端,走笔追陈迹。心禅人谨谨收藏,不

---

① "剡藤墨书,毛颖淘泓":剡藤:剡溪出产的藤可以造纸,负有盛名。后因称名纸为剡藤。唐李肇《唐国史补》卷下:"纸则有越之剡藤苔笺。"陶泓:陶制之砚。砚中有蓄水处,故称。唐韩愈《毛颖传》:"颖与绛人陈玄、弘农陶泓及会稽褚先生友善,相推致,其出处必偕。"毛颖指笔,陈玄指墨,陶泓指砚,褚先生指纸,皆为拟托人名。

知与山僧有甚死冤仇？见者不可不为雪屈。

- 一化士取血和墨写藏经乞颂

欲书火后旧时经，剔血和煤字字真。未举笔前全藏了，闻弦应有赏音人。

无准师范禅师语录①[选录]

师范（1178—1249），宋僧。字无准。梓撞（今属四川）人，俗姓雍。九岁依阴平山道钦出家。具戒后遍参诸宿德。又至钱塘见松岳源于灵隐，复游吴门，谒万寿修无证。依西华秀峰破庵，尽得其传。理宗频召入大内修政殿说法，赐金襕衣，号佛鉴禅师。事见《径山无准禅师行状》（《无准和尚奏对语录》附）、《明高僧传》卷八、《续传灯录》卷三五、《增集续传灯录》卷三。

本荟要所录入文字，据《新编卍续藏经》第121册。

- 跋大丞相游公所书心经

此经吾佛以覆大千之舌所说，句句皆心语也。大丞相以运造化之手所书，字字皆心法也。灯既能受持，则知古佛今佛无二心尔。

- 跋大慧出队归止知事头首出迎手帖

此是大慧退闲时帖，既言省缘，又言省静。观其恁么写出，大故不省也。余持钵江乡，纯上人持以觅语，奔走中为书，当与大慧并桉。

- 跋痴绝书石田语

石田供来，句句不实。痴绝写出，字字譑讹。然上项事，于劣弟即无干预，恐后难以分说，书此为凭。

---

① 无准师范禅师语录：凡六卷。又作《佛鉴禅师语录》、《佛鉴录》、《无准和尚语录》、《无准禅师语录》。无准师范撰，宗会、智折等编，理宗淳祐十一年（1251）刊行。卷一至卷二辑录清凉寺、普济寺、资圣寺等五会之语录；卷三至卷六辑录小参、法语、普说、拈古、偈颂、自赞、小佛事、祭佛鉴禅师文、入内引对升座语录（奏对录）、行状等。其门人中之兀庵普宁、无学祖元、日僧东福圆尔等，对日本之禅宗有极大之影响。无准师范提出了一个重要的书学观点：佛经"句句皆心语"，写经"字字皆心法"。在无准看来，包括《心经》在内的一切佛典，都是"吾佛以覆大千之舌所说"，因而句句都是吾佛之"心语"；而"大丞相"以"运造化之手"所书写的佛经，其字字都是"心法"。无准师范之论，旨在说明佛经乃佛之"心语"（佛心、本心），而佛教书法艺术（写经）则是佛之"心法"——佛之"心语"（佛心、本心）的形象呈现。

- **费居士请诸山书金刚经得最後一分仍命跋**

若谓如来有所说，则为谤佛。若谓如来无所说，则为谤经。这里著得一只眼，瞿昙善现，无地容身。其或不然，非但诸山，乳峰亦遭连累。

- **跋圜悟法语**

警海学徒笔授之语，盛于圜悟祖师。其纵横之作，如大药肆。窗牖洞开，奇材异品，牛溲马浡，插架盈橱，贵贱粗细，莫不有也。拈起一物，皆能杀人，亦能活人。中间误服食者，往往致病，然非药之咎也。敏既能宝之，宜谛审之。

- **跋破庵法语**

破庵老人书此法语日，恰在侍傍，是时不觉恶心呕吐而去。经今数十年，岂谓復有宝之者，我所不解。

- **跋阐提颂轴**

性上人以阐提为称，其大旨已见于柏庭友于之作，袖轴亦欲求语。因谓之曰："老夫有一句子，出之不辞。但不知上人信耶，不信耶？与其信，胡为阐提；若不信，则书之何益阐提！"闻之，乃仰天掉臂长歌而去。云："饭一鉢兮香普薰，卧连床兮堂七楹。一句子也年已陈，信不信兮自有人。"于是引笔呼之，笑而为书。

石溪心月论书[①]※

心月（？—254），宋僧。字石溪。眉州（四川眉山）人，俗姓王。依金山善开受法。事见刘震孙《石溪心月禅师语录·序》、《五灯会元续略》卷五、《增集续传灯录》卷四、《续灯存稿》卷四、《五灯严统》卷二十一。

---

① 石溪心月禅师语录：凡三卷。石溪心月撰，（侍者）住显等编。卷上：卷首有奉大夫、宗正少卿兼国史院编修官、实录院检讨官刘震孙序。之后，为石溪心月住建康府报恩禅寺、建康府能仁禅寺、建康府蒋山太平兴国禅寺、平江府虎丘山云岩禅寺、临安府灵隐景德禅寺、临安府径山兴圣万寿禅寺之语录；卷中：为秉拂、小参、普说、法语；卷下：为题跋、偈颂、赞佛祖、自赞、小佛事，及新添的五首序、题、疏等。卷末有偃溪（黄闻）之跋。石溪心月禅师杂录：凡一卷。收录偈颂、小佛事、赞等。石溪心月认为：一、先辈之法书，能见其"面目"，是由于"道德行解，所致然也"。而"自得翁"年虽高，但"其字体"如七八岁儿童之有天真之气，是由于能"学道守婴儿行"，有赤子之心。他批评了近岁那种"缓于道，急于字"的风气，告诫"学者宜审思之"（《为承天真藏主跋诸老墨迹》）。二、书写佛经，可以佳惠后学（"惠诸来学"）。而"游参政"所书《心经》甚为奇特，为"第一希有之书"，是其能达到"菩萨行深般若波罗蜜多"的境界所致（《跋游参政所书心经》）。

本荟要所录入文字,据《新编卍续藏经》第123册。

• 为承天真藏主跋诸老墨迹

先辈愈远,声迹愈新。或得其片言只字,一展玩时,面目见在。此无他,道德行解,所致然也。真藏主近获诸老墨迹,凡十数家字,意各不同,同宣此义。就中深爱,自得翁年已高,其字体,如七八岁。凭几案时所书,学道守婴儿行,翁得之矣。近岁缓于道,急于字,学者宜审思之。

• 题遯庵与明首座书后

遯庵一代伟人,此书拳拳。为乃翁妙喜老人,辨末后事,有不敢坐视之语。可为天下法,令人一见三叹。视今时师弟子之间,犹路人者,可不愧哉!

• 刺血写法华

矮窗岑寂中,一字一点血。血尽笔秃时,止止不须说。

• 跋觉如居士手书心经①

觉如居士,公务余暇,手书法华楞严圆觉金刚等经,仍集古今诸家解说,布于章句之下,末后收功于心经,其微意不言可知。余展卷一观,见诸家所注,一言是一言一句。居士所书,一画是一画,一字是一字。不免合掌赞叹,奇哉心经也,若离此别求可乎?淳祐己酉端午后五日,灵隐住山某跋。

• 跋游参政所书心经

龟堂大资相公,燕居雪上,日书心经,惠诸来学。余游太白,方一闻之,心已起敬。及抵冷泉,始获一见,奇哉第一希有之书也!古今王公大人,于此道,或倾心赞之,或肆口毁之。虽赞毁不同,同一心也。楞严曰:"顺逆皆方便。"矧龟堂所书二百七十六字,既以心名,孰不具有?先觉后觉,同入此门。如是宣说,如是书写。信解受持,依如是住。噫,此时非菩萨行深般若波罗蜜多时耶?具顶目者,乃能默契。

---

① 以下选自《石溪心月禅师杂录》。

虚堂和尚语录①[选录]

智愚(1186—1269)宋僧。字虚堂。四明(浙江宁波)人,俗姓陈。湖州道场山运庵普岩之法嗣。生前曾应高丽王请,于该国居住八年。明嘉靖中,仍有传法后裔来中国为其扫塔。事见法云《行状》(《虚堂和尚语录》附)、《续灯存稿》卷四、《增集续传灯绿》卷四、《佛祖纲目》卷四〇。

本荟要所录入文字,据《大正藏》第47册,第2000号。

• 跋应庵和尚书

圆悟道,蕲州子得则得,脑后少一锥。逮见虎丘牛过窗棂,颖然顿脱。起东山正续之统,如杲日丽天,众星掩耀。凡片言只字落江湖,得之者如获夜光,道之感人如此。尝与莲华峰诸衲往来。观其书饰,笔力清劲,风度翔舞,使人畏之。

• 张颠草书※

结夏小参。破有法王,有大陀罗尼门,名为圆觉。能成就一切种智,破坏一切法门。于梦幻影边,聚集四方衲子,九十日内,立期立限,决要打破漆桶成就慧身。虽然只如西天制令,还有者消息也无？卓主丈:"李广神箭,张颠草书。"

• 题书画什后

发挥多古迹,优彼色丝辞。逸少观鹅处,元晖纵墨时。室虚蛟自触,神久树生悲。得处何机感,寻披当尔思。

• 高丽国淑法师印藏经

如石含玉,非精鉴焉能识其真。道在己躬,苟外求难以适其妙。鉴之弗精则隐微,求之不敏则溟涬。要明体道之源,非朝夕而可求之者也。故我竺土老师,守志不坚,弃万乘尊荣,受六年饥冻,于腊月八夜,忽睹明星,不离草座,入不思议之境。说一大藏葛藤,笼络天地日月,包括阴阳造化。

---

① 虚堂和尚语录:凡十卷。又称《虚堂智愚禅师语录》、《虚堂禅师语录》、《虚堂录》。虚堂智愚撰,宋僧妙源编。集录虚堂智愚的法语、偈颂、诗文。前七卷是虚堂在世时,由其门人刊行。后三卷则为妙源辑集,于宋咸淳五年(1269)年刊行。虚堂指出,应庵法书有特色:"观其书饰,笔力清劲,风度翔舞,使人畏之";受到丛林的喜爱:"凡片言只字落江湖,得之者如获夜光,道之感人如此"。

致于有情无情，总出他影子不得。三贤十圣无不倾心，外道天魔悉皆拱手，可以报君亲，厚风俗，镇浮去伪，潜利阴益者多矣。末后却道，始从鹿野苑，终至跋提河。于是二中间，未尝谭一字，可杀漏逗。从兹关钥不严。便见殊方异域，赤县神州，海藏金文，无处不有，岂止乎破一微尘，而出此经卷而已哉？高丽淑法师者，竺土老师之眷属也。宿熏既深，航海而来，远致一身，愿满十藏，绵历风霜，其志愈笃。遍寻知识，求所未闻。傥能未展经绿，入此阿字法门，则五千余卷，总是切脚。且道，切个什么字？囥蓦然眼皮绽，不得忘却老僧。宋景定癸亥，秋八月，虚堂叟书于四明雪窦西庵。

偃溪广闻禅师语录[1]［选录］

偃溪广闻(1189－1263)，候官（今福建福州）人，俗姓林。其祖上世代以儒为业。临安径山如琰禅师之法嗣。少时从其叔父智隆禅师于宛陵光孝寺出家，十八岁落发得度。后游方参学，先后礼谒过铁牛印、少室睦、无际派等禅德。事见《五灯严统》卷二十二、《五灯全书》卷五十三、《增集续传灯录》卷二、《续灯正统》卷十一。

本荟要所录入文字，据《新编卍续藏经》第121册。

• 跋宏智禅师墨迹

宏智暮年真帖，笔力遒劲，语意缜密。不轻来学，宜其起洞上之宗。寂用无碍处，后来与天地万象，无平出一路。要见古佛。过去久矣。

• 题王龟龄墨迹，同严首座竹赋（龟龄讳十朋，号梅溪）

石桥未到已先知，熟处难忘。入境还如入梦时，切忌寐语。僧唤我为严首座，不可讳却。前身曾写石桥碑，赃物现在。噫，一念见道，三世情尽。诵梅溪居士之作，可知前身后身。一梦两觉，天台月落，雁山春晓，即此梦觉。无二无别，人或不然，听竹君说。

---

① 宋偃溪广闻撰，侍者如珠、道隆等编。二卷。宋开庆元年(1259)序刊。又名《偃溪和尚语录》、《偃溪佛智禅师语录》、《径山偃溪佛智禅师语录》。主要辑录其住净慈、智度、万寿等禅寺的语录、普说、法语、偈颂、佛祖赞、自赞、小佛事、题跋、遗表、塔铭等。偃溪广闻亲见过宏智正觉"暮年真帖"，其法书"笔力遒劲"，"语意缜密"。此不见于历代书论、书史，是考察宏智书法的重要史料。广闻还提供了有关刺血写经的史料：他在《血书心经为圆相》中，记载了有人刺血书经而成"圆相"。这是血书佛经中的一种少见的形式。

- **血书心经,为圆相**

色何从眼,声不到耳,耳色眼声,血滴滴地。出乎尔,反乎尔,全身不在圈㮙里。

- **赠书华严**

南询曾不涉途程,写尽山云海月情。放笔看来亲到处,一场特地又愁生。

- **上堂说法**※

端午上堂,举:古有老宿,于门上书"心"字,窗上书"心"字,壁上书"心"字。后来法眼和尚道:门上但书"门"字,窗上但书"窗"字,壁上但书"壁"字。今日看来,一等是随邪逐恶,若无白泽之图,岂有如是妖怪?雪窦不然,以拂子画一画云:天行已过,使者须知。

丛林盛事①[选录]

道融,宋代临济宗黄龙派僧。字古月。涂毒智策之法嗣。偶读《罗湖野录》,深有所感,遂以三十年间于丛林之见闻,编集一部近古之名僧善行录,即《丛林盛事》二卷(宁宗庆元五年(1199)刊行)。事见《丛林盛事序》。

本荟要所录入文字,据《新编卍续藏经》第148册。

乐全先生张安道,庆历中守滁州,至一僧舍,见梵夹齐整,怪取阅之,乃《楞伽阿跋多罗宝经》。恍然如获旧物,细观笔画手迹,宛然如自所书者,悲喜太息,从是悟入。尝以经首四偈发明心要。东坡过南都,亲见公说,且以钱三十万托云:"印施於江淮间。"东坡亲书,令佛印刻石金山。故赠乐全诗有曰"乐全居士乐於天,维摩丈室空翛然"之句。

陈谏议彭公汝霖手写《观音经》施旻,旻拈起曰:"这个是观音经,那箇是谏议底。"彭曰:"此是某亲书。"旻曰:"写底是字,那个是经?"彭笑曰:"却了不得也!"旻曰:"即现宰官身而为说法。"彭曰:"人人有分。"旻曰:"莫谤经好。"彭曰:"如何即是?"旻举经示之。彭抚掌大笑曰:"嗄!"旻曰:"又道

---

① 丛林盛事:凡二卷。笔记体著作。古月道融撰。本书被列入禅门七书。主要辑录其平日于丛林之所见所闻,及有关古今诸禅师、居士之嘉言善行。内容包括程大卿参黄龙、佛印解东坡玉带、宝峰祥叉手等,计一百四十一条。书中有书学逸事二则。

了不得！"彭乃顶礼。

希叟绍昙禅师广录①［选录］

绍昙，宋僧。字希叟。西蜀（四川西部）人。依径山无准了悟心宗，成为无准的法嗣。师曾于南宋理宗淳祐九年（1249）正月入住佛陇山晋院说法。《希叟绍昙禅师语录》于宋咸淳五年（1263）刊行。事见《五灯会元续略》卷五、《增集续传灯录》卷四、《五灯全书》卷四九。

本荟要所录入文字，据《新编卍续藏经》第122册。

•题樗寮书金刚经板

善现一生，向虚空里作活计。引惹瞿昙，挈空撮空，妄生穿凿。樗寮居士，觑见败缺，展虚空纸，大书歉案，连累平人。板行末运，俾泥真空者，去其静胜。守顽空者，脱其桎梏。如鸟飞空，不留眹迹。若知端的，空不生花。倘涉意思，又从序分说，大脱空去也。

---

① 希叟绍昙禅师广录：又作《希叟和尚广录》。凡七卷。希叟绍昙撰，（侍者）法澄等编。收录其庆元府佛陇山进山语、平江府法华寺进山语、庆元府雪窦资圣寺进山语、小参、法语、拈古、题、跋、颂、赞、小佛事等。卷四之"示日本平将军法语"，系日僧兰溪道隆遣使请希叟开示法语，以寄予当时之幕府将军北条时宗。卷六之"俊侍者将别山四会语录归日本板行求予序引"，及"日本澄上人"（最澄）、"日本然上人"（法然）之颂等，都显示希叟与来华日僧交往密切。本《荟要》所录文字，涉及书学思想：一、对前贤法书的赞扬和肯定。希叟绍昙指出，"禅门负大名宗匠"之法书，"笔力遒劲，辞语幽深"，用法眼观之，"起必死疾"——有极大的启迪作用。希叟绍昙高度评价钝庵密庵之帖，"谛观二帖，丁宁不倦槌拂，善裁阃外威权。如卧龙则苦肉计，使公瑾奏赤壁功，若合符契。"（《跋钝庵密庵帖》）高度评价大慧之帖，"今观妙帖，举方山待时而鸣，激砺后人，勿求速效。如帝网交罗，重重摄入。真护法城，壁立万仞。非不动步，遍游十三华藏界，百亿香水海者，所能睥睨。夜光可市，求此实难，了沂其宝。"（《跋大慧帖》）他指出，他们之帖，缘于他们的佛法造诣，佛学境界：大慧"于海涌峰前，阅华严第七地，发明映掘摩罗救产难因缘。峻机电卷，雄辩潮奔，世无婴其锋者。""钝庵与云卧，歃血论盟，誓不应世。晚念法门衰替，戏伸怒臂，振颓纲于云海亭前。铁网漫空，麟凤龟龙，皆归笼络。密庵以破沙盆，换正法眼，清庙之器，为之改色。大张佛日应庵之道，若揭日月，岂小补哉？"高度评价张魏公紫岩先生所书《心经》："今观亲书心经，妙画龙翔凤翥，英气逼人。三沐三熏，不忍去手。倘非妙悟真空，洞万物表，岂能照破空生败阙！夜光可市，求此实难，上人其宝之。"指出紫岩先生所书《心经》的成功，缘于其皈依佛门的虔诚，"趋圆悟室，潜鞭密炼。真金绕指，汗血奏功。致使熏风南来，凉生殿阁。揭示诸佛出身处，拈花慧命，一缕系千钧，断而复续，大功不宰，岂小补哉？"（《跋张魏公亲书心经》）二、希叟绍昙指出，书如其人，大觉之帖，"字画端诚，语辞卑逊，略无一毫尊崇气味"。三、希叟绍昙指出，书写佛典，能弘宣佛法，使"不了义人，了此一段义"。四、希叟绍昙批评了世人在"临"王羲之的《兰亭褉事帖》时的偏颇，是只"取妙刻为贵"，而"于死生亦大矣，少有味之者"，故而"真赝所不分"。对于"崇山峻岭，茂林修竹，心画灿然，多作境会"，而不去体悟生死大事。五、绍昙赞美血书佛典，其美如"血染春风开杂花"，其效应是"香喷龙王宫殿满，胡僧嗅得鼻头喎"（《明月谷血书华严，蒙恩宣入内庭》）。

• 题灯首座送行轴后（天童堂司，梅侨首座，石鼓受业）

无传首座，烂游湖海。秋赋式微，群公乘间，得肆其谤。或谓太白峰前，法战不胜，罚钱出院，凌辱宗风。或谓惠云堂上，机思迟钝，触瓢堕地，方解转身。巧语无根，煞人可恕。谤则谤了也，但责情三十棒。至竟无人动着，待石鼓一挝，恶声远播。丛林必有动心骇目者，为之赏音。

• 志侍者送行轴（用天童西湖三十景为题）

衲僧家，折主丈头，尽乾坤大地，不消一札，瓦解冰消。何止西湖风月，太白烟云，酾鸡瓮天，分甘桎梏。今观此轴，虽善辟宏智古佛眼，返孤山处士魂，欲觅行踪，白云万里。

• 题玉上人诸祖真迹

先哲书问往来，字字句句，无非根道，纵涉世谛。细味之，如庖人趋市，于海岸渔家，巨口细麟，皆吾脍炙中物。然与实相，不相违背，故历代宝之，以为大训。岂似今时恣祝鮀佞，欺诳百端，习成魔业。玉上人珍藏数帖，皆禅门负大名宗匠。笔力遒劲，辞语幽深。正眼观之，起必死疾。计优波离室，必无晋人斥儿辈贱鸡为诮焉。秀峰其宝之。

• 为毒庵杨居士题彭侍郎真迹（讳大雅）

彭云：湛寂明妙，独立不变，与太虚为体者，谓之性。混沌开先，造化后出，与太极为蒂者，谓之命。动静阖辟，循环错综，与天地为机者，谓之心。见于四时，形于万端，与性命为用者，谓之情。

性命心情，体蒂机用。待制彭公，为八面敌。故能纶巾羽扇，坐碧油幢。折千里遄冲，立万世勋业。今观妙画，英气逼人。死诸葛走生仲达，可以并案。非草书愈头风，子彰髑髅血模糊，祛疟鬼者，同日而语。毒庵其宝之。

• 题王逸老草书心经

般若真空，语言道断，心行处灭，不容拟议于其间。因甚有许多络索，直饶四无碍辨，穷尽玄微，切莫草书谩我。

• 为石壁长老题应庵诸祖真迹后

锅子大小，杓柄短长。诸老家私，尽情吐露。就中些子诵讹，浑动不著。若点检得出，诸方知这一络索，总是嚼饭喂儿，隔屏骂妇，不直一笑。

其或未然,时难且与同香火,岁晚须知各户门。

• 题大觉真迹

大觉赴紫泥之诏,对使者焚龙脑钵。法道愈尊,策勋僧史,真万世鼎彝也。满谓气食万牛,凛然有不可犯之态。今观此帖,字画端诚,语辞卑逊,略无一毫尊崇气味。视今炙手权门,歃血盟里胥者,以位自骄,令人呕秽。

• 为记行人,跋书圆觉经后

大光明藏,墨聚万重。圆觉妙场,泥深三尺。老瞿昙,出身无路。诸菩萨,没脚重渊。口欸既招,欲隐弥露。记行人,从头写过,锓板流通,俾不了义人,了此一段义。若于纸上推寻,连累行人,负鞍衔铁。离此别求,同黄面老儿,入犁泥狱。

• 舜侍者请题兰亭帖

唐临兰亭禊事帖,世取妙刻为贵,于死生亦大矣,少有味之者,故真赝所不分。呜呼!崇山峻岭,茂林修竹,心画灿然,多作境会。使右军更生,宁免一字三叹。

• 跋石桥写圆悟心要

妙圆悟以之,毛锥颖悟,石桥以之。熊掌与鱼,二者兼得。上人宜以天厨禁脔,十袭珍藏。必有舐鼎知味,三咽三叹,为之沃心。

• 跋钝庵密庵帖

老宿言,钝庵与云卧,歃血论盟,誓不应世。晚念法门衰替,戏伸怒臂,振颓纲于云海亭前。铁网漫空,麟凤龟龙,皆归笼络。密庵以破沙盆,换正法眼,清庙之器,为之改色。大张佛日应庵之道,若揭日月,岂小补哉?谛观二帖,丁宁不倦槌拂,善裁阃外威权。如卧龙划苦肉计,使公瑾奏赤壁功,若合符契。德琏监寺,需予著语。明镜绘像,染污清明。亟卷而还之,庶无诮焉。

• 跋大慧帖

大慧以天纵之资,熏风南来,空华翳目,错认诸佛出身处。后于海涌峰前,阅华严第七地,发明殃掘摩罗救产难因缘。峻机电卷,雄辩潮奔,世无婴其锋者。今观妙帖,举方山待时而鸣,激砺后人,勿求速效。如帝网交罗,重重摄入。真护法城,壁立万仞。非不动步,遍游十三华藏界,百亿香水海者,所能睥睨。夜光可市,求此实难,了沂其宝之。

• 跋天童净和尚墨迹诸老跋后

太白死句中有活句,诸老活句中有死句。死活向上有事在,拟议寻思。吴元济不待夜入蔡州城,已被擒捉了也。具透关眼者,切忌扫雪求迹。年月日。

• 跋破庵和尚墨迹(无准和尚跋后)

凤山攘羊,龙困证之,已是笑破他人口,更添乳窦灶仓。耳语鼎鼎,是什么人家?年月日跋。

• 跋张魏公亲书心经

紫岩先生,以经天纬地之材,羽扇纶巾,策勋帷幄。调鼎余暇,侍母秦国太夫人。趋圆悟室,潜鞭密炼。真金绕指,汗血奏功。致使熏风南来,凉生殿阁。揭示诸佛出身处,拈花慧命,一缕系千钧,断而复续,大功不宰,岂小补哉?慨想典彝,斗山仰止。今观亲书心经,妙画龙翔凤翥,英气逼人。三沐三熏,不忍去手。倘非妙悟真空,洞万物表,岂能照破空生败阙!夜光可市,求此实难,上人其宝之。

• 写华严求偈

衲僧用处得能乖,肯向龙宫鼻嗅来。黑墨浓磨涂白纸,重重无尽杂花开。

• 明月谷血书华严,蒙恩宣入内庭

一回堑破娘生指,血染春风开杂花。香喷龙王宫殿满,胡僧嗅得鼻头喝。

无文道灿禅师语录①[选录]

道灿,宋僧。字无文,号柳塘。吉安泰和(今属江西)柳塘村人,俗姓陶。十八岁剃度,从杞室和尚受业,历参笑翁无准、痴绝道冲,而得法于笑翁妙堪,为南岳十八世。尝住饶州荐福寺、庐山开先寺,并复兴故乡的慈观寺。自开庆元年(1259)辞归荐福寺后,其事迹不详。其《语录》于咸淳九年(1273)刊行。其诗文、法语,传诵禅林。事见《增集续传灯录》卷二、《续灯存稿》卷二、《五灯全书》卷五三、《四库全书》提要、明复《柳塘外集解题》。

本荟要所录入文字,据《新编卍续藏经》第150册。

• 跋血书华严经

七处九会所说,山河大地草木丛林以耳听,后五百世最后成佛之人以眼听,又后五百世灯上人以手听。耳听者聋,眼听者盲,手听者痛彻骨髓。所听者不同,所证亦不同。余旷大劫前盖尝以手听矣,独无所证。何哉?灯上人能下一转语,方许证阿字法门。

• 跋天童净和尚寿无量墨迹

无量拳头能杀而不能活,天童拳头能活而不能杀。闲云亲中二老之毒,山河大地草木丛林至今忍痛未已也。虚空霹雳未尝不殷然天地间,雅维那于展卷处忽然轰入髑髅,政恐不及掩耳。

• 跋大慧墨迹

寺大僧众终日汲汲不了目前,此先大慧示人以日用常行之道。其曰欢喜忍受,盖直叙自己受用三昧也。后世师家以日用现行为重累,以受用三昧为极苦,六凿相攘,举天地万物皆为己敌,正恐此老笑人。

---

① 无文道灿禅师语录:全一卷。无文道灿撰,(法嗣)惟康编。内容包括荐福寺语、开先华藏寺语、再住荐福寺语、小佛事、赞、偈颂、题跋等。本《荟要》所录文字,涉及的书学思想:一、道灿在评价痴绝和尚的书法时,指出"佛法外不曾别有世法"("书法"也是"世法"),佛法与世法没有"两般"。也就是说,书法(特别是书写佛经)即是佛法——佛心(《跋痴绝和尚墨迹》)二、对前贤时修书法书的肯定。无文道灿认为,山谷之字(书法)与龙济之词(颂),都"可为千载之传"(《题山谷书修山主颂后》)。无文道灿指出,大慧"示人以日用常行之道","直叙自己受用三昧"——"平常心是道","神通与妙用,运水与搬柴",道在日常的运水搬柴之中。并批评了"后世师家以日用现行为重累,以受用三昧为极苦"的认识与行为(《跋大慧墨迹》)。

• 跋圆悟诸老墨迹

圆悟禅师受草本于老东山，已而传之先大慧，自是人传一人，举天下不复知有正本。而吾江西之士受惑尤甚，使当时有具辨风云别气色底眼目，举而纳诸水火，其患岂止今日而已。贤维那后诸老百年而出，既不能略试焚溺之手，又将宝之以为大训，开眼受惑不自知觉，嗟夫！

• 跋石镜颂轴

皎日丽天，寸云尺雾油然而起。大明逝矣，石镜之明亦复若是，加以藻绘，滓秽清明尔。长歌短偈非藻绘欤？余欲碎而石镜去而藻绘。东平老子谓余曰：卿自用卿法，不必逼人也。

• 题山谷书修山主颂后

龙济说不出处，山谷写得出。山谷写不出处，龙济说得出。两翁千载人也，片语只字皆可为千载之传。扼其吭而綮其臂，后世必有千载人，余姑置而不问。

• 跋痴绝和尚墨迹

余昔从老子游，惟学佛法，至于世法，未尝半语及之。出游人间，方知佛法外不曾别有世法，欲质诸老子，而恨不可复见。今观此语，乃知佛法世法，岂有两般乎？然有当于人心者，又甚恨其当时不明以告我也。书此以授紫湖持归东林，举似阿翁为我发一大笑。

柳塘外集[1][选录]

本荟要所录入文字，据《禅门逸书初编》第 5 册，第 115 号。

• 赠开图书翁生序

书学厄于钟繇卫夫人辈，大坏于王氏父子，极弊于褚、薛、欧、虞。万波横流，举天下莫之能遏。先秦古书，遂流为符玺印籀之学，世变使然，可与

---

① 柳塘外集：凡四卷。道灿撰。卷一，为诗。卷二，为铭、记。卷三，为序、文、疏、书。卷四，为塔铭、墓志、圹志、祭文。道灿主张恪守古法，以古法为标准，批评钟繇、卫夫人、王氏父子、褚薛欧虞等人坏了古法："书学厄于钟繇卫夫人辈，大坏于王氏父子，极弊于褚薛欧虞"；书学违背古法，是"万波横流，举天下莫之能遏"，"先秦古书，遂流为符玺印籀之学"；严厉批评时不好古、士不师古之风，"时不好古，士不师古，以风帆阵马为痛快，以插花舞女为姿媚"。

识者论。翁生越人，少以古学自负，秦彝汉鼎之制，鸟书虫篆之文，精考熟辨，积三十年不退初志，其用心亦难矣！然时不好古，士不师古，以风帆阵马为痛快，以插花舞女为姿媚。翁学虽古，孰肯过而问哉？淳祐己酉，自越来杭，登径山，留两月乃行，以所得江湖歌颂谒序。予谓曰：序不难。予有一印，号无文，其间字义，诡然如蛟龙翔，蔚然如威凤跃也，翁生识之乎？曰不识。予曰：果若不识，则可与论学矣！

兀庵普宁禅师语录①［选录］

普宁（1197—1276），南宋临济宗杨岐派僧。日本临济宗兀庵派之祖。号兀庵。西蜀（四川成都）人。自幼出家，初习《唯识》，后南游，遍参知识，依止阿育王山无准师范，为其法嗣。于灵隐、天童居第一座。主象山灵岩，移无锡南禅。景定元年（1260）赴日本，初抵博多圣福寺，寻至帝都，缁素归化。后回国，建明州，主双林。晚住温州江心龙翔寺。寂谥号宗觉禅师。其门流称兀庵派，或宗觉门徒，为日本禅宗二十四派之一。事见《元亨释书》卷六、《延宝传灯录》卷二、杨曾文《日本佛教史》第三章第六节第二项《短期旅日传禅的兀庵普宁》（人民出版社2008年版）。

本荟要所录入文字，据《新编卍续藏经》第123册。

•跋安忍子大智律师草书心经

竺皇先生，四处十六会。慈悲之故，有落草之谈。掬其旨归，八十余科，不出乎一纸。灵芝老子，守南山家法外，笔阵扫云烟，无故随后草窠里辊。虽则贯古通今，正眼看来，草气太甚。

•写华严经求颂

破一微尘出此经，因该果海果该因。无端却被管城子，名句文俱错指陈。

---

① 兀庵普宁禅师语录：凡三卷。又作《宗觉禅师语录》、《兀庵宁和尚语录》、《兀庵和尚语录》、《兀庵录》。净韵等编，南宋度宗咸淳年间（1265—1274）初刊。内容收录庆元府象山灵岩广福禅院语录、巨福山建长兴国禅寺语录、法语、佛祖赞、小佛事等。兀庵普宁曾往日本弘法，本录即收录其在日本圣福寺、建长寺等处之法语。华严经为如来成道后之第二个七日，于菩提树下为文殊、普贤等上位菩萨所宣说之第一部经典，因其内容记述并直接彰显了佛陀之因行果德，含摄了全部教法精义，历来被大乘佛教所推崇为"经中之王"（参见《中国佛教》第3辑，知识出版社1989年版，第3—18页）。在普宁看来，华严经之要义已广博无尽、圆融无碍，"因该果海该因"，是文字语言所不能表达呈现的，因而书写华严只会是对它的语言与义理的错误"指陈"："无端却被管城子（笔的别称），名句文俱错指陈。"

西岩了慧禅师语录①[选录]

　　了慧(1198－1262)，宋僧。字西岩。蜀蓬州蓬池(今四川蓬溪)人，俗姓罗。依玉掌山祖灯出家。雪窦无准禅师法嗣。事见大观《行状》(《西岩了慧禅师语录》附录)、《增集续传灯录》卷四四、《续灯存稿》卷四四、《五灯严统》卷二一。

　　本荟要所录入文字，据《新编卍续藏经》第 122 册。

·永嘉彬上人写华严经,请书其后

　　华严法界，重重无尽，无尽重重。大海为口，须弥为舌，说莫能尽。世间有限量纸笔，焉能尽之。彬上人深得无尽藏三昧，故以无限量之纸，无限量之笔书之。纸笔无尽，书亦无尽，只此无尽亦无尽。虽然，犹是法界量边事。且如何是法界量外事？胡僧翻贝叶，王老嚼生姜。

·石桥写圆悟心要

　　语曰心要，字曰心画。见其画须求其心，求其心须得其要。倘得其要，则便见圆悟与石桥，同一舌根，共腕头力，信口而说，信笔而书，无古今毫发之间。设或泥其迹执其言，则二大老，相去何止隔四世矣！

·石桥和尚试新笔,写滕王阁记。石溪和尚,书风幡话颂

　　石桥翁略试新毫，大沛西山之雨。石溪老重书妙偈，扫开南浦之云。淳熙己酉已前，嘉熙丁酉之后。一句子，槛外长江，已为流通。若是风幡旧话，宜束之高阁可也。

---

　　①　西岩了慧禅师语录:凡二卷。了慧述，(门人)修义等、(侍者)清继等编。卷首有元肇序。卷上:为住平江府定慧禅寺、温州雁山能仁禅寺、江州东林禅寺、庆元府太白名山天童景德禅寺、瑞岩山开善禅寺之语录。卷下:依次为法语、跋语、偈颂、赞佛祖、自赞、小佛事。卷末附录慈云物初大欣所撰《行状》、了慧之《日本国丞相藤原公舍经记》。本《荟要》所选录文字，涉及的书学思想:一、书法与本心的关系。西岩了慧指出，书法是"心画"——是"心"(本心、佛性)的形象呈现。应从书法("画"、"心画")求其"心"(本心、佛性);而"求其心"，应"得其要"，"心要"者，自识本心(真心、非妄心)、自见本性也。书法能得其"要"，则能体现佛心佛性。因此，西岩提醒对书法的评价，不能"泥其迹执其言"，否则不能透过书法见佛心(《石桥写圆悟心要》)二、书写佛经者，应有很高的佛学造诣，才能书写好佛经，使书写的佛典书法之美具"无尽"之意。西岩了慧云:"彬上人深得无尽藏三昧，故以无限量之纸，无限量之笔书之。纸笔无尽，书亦无尽，只此无尽亦无尽。"(《永嘉彬上人写华严经，请书其后》)

· 瑞上人血书莲经报亲

二千年前血滴滴，今日分明重指出。所生父母知不知，一二三四五六七。

淮海外集①[选录]

元肇，宋僧。亦作原肇。通州静海（江苏南通）人，俗姓潘。幼从邑之妙观出家，年十九薙染受具，参径山湘翁如琰得法，嗣为南岳十八世。掌记室甚久。绍定六年（1233）琰寂，出世安吉道场寺。事见《增集续传灯录》卷五、《五灯全书》卷五三、《五灯会元续略》卷三、《五灯严统》卷二二、明复《淮海外集解题》。

本荟要所录入文字，据《禅门逸书续编》第 1 册，第 209 号，台湾汉声出版社 1987 年版。

· 跋郑侍郎庵僧所藏怀素临羲之帖，范文正东坡米元晖题其后

晋唐临笔，至今若有呵护，国朝名贤题，正可谓世珍。后夜贯虹之气，与锦峰照回之光相烛，岂偶然也。

· 跋佛照湘翁二帖

尊宿垂世，未尝以一法系缀于人，谓纸墨为何物，而后人爱敬之，愈远而愈重也。观此二帖，辞温意真，盖当时父兄诏子弟者尚如此，视今取位尊大，拒人于千里之外者，宁无泚乎！元上人宝之尤宜。

· 跋赵信庵书"断云"（代人）

枢使大参相公，文武全才，克济勋业，天下仰望，如北斗泰山，发于吟咏，播之雅颂，挥洒翰墨，照映金石，人得而宝之。至于岩根林叶，时有遇者焉。某释天肤寸，随处孤飞，顷在溧阳，误际尘点，宠赐"断云"二大字，以为

① 《淮海外集》，为元肇之徒吏辑其住持以来所撰商略世学、酬应俗缘之偈文五十三篇，勒为二卷。由于元肇于巨刹讲法三十余年，有语录一卷，为世推重，因而名其偈文二卷曰"外集"。卷首有物初大观禅师之序。本《荟要》所选录文字，涉及的书学思想：一、对前贤时修书法之赞扬、肯定。元肇指出，郑侍郎庵僧所藏怀素临羲之帖与范文正东坡米元晖之题，"可谓世珍"，它们如"后夜贯虹之气，与锦峰照回之光相烛"（《跋郑侍郎庵僧所藏怀素临羲之帖，范文正东坡米元晖题其后》）。赵信庵所书"断云"二字，"银钩铁画"，相比之下，钟王"琐细"，"自是光烛行包"（《跋赵信庵书"断云"（代人）》）。二、书法鉴赏品评原则。在元肇看来，禅门大师都是"以治生产业擅施为佛事"，诚然"不出生死二字"，因此，鉴赏品评他们的法书（帖），应"以生死为极则"（《跋密庵诸老帖》）。应领会他们的"古佛风规"与"切中今时病痛"之旨，而不能"只以笔墨畦町流玩"（《跋宏智法语》）。

野号。银钩铁画,琐细钟王,自是光烛行包,不容独秘,敬用寿梓,与众分珍,非惟侈公赉,且令快睹语溪碑样如此。

• 跋石湖放翁等帖

石湖牧益州,放翁相与翱翔其间,文彩风流,一时照映西土,蜀人宝其翰墨,多规画之。孟藏春能刮磨,金张友媲庞李,许大魁以名节去位,国论伟之,灯灭翁□,此重包笠,趣尚非凡衲子也。

• 跋圆悟佛照法帖

圆悟入汴,禅宗始重。妙喜在樏木寮,参得黄杨本禅,而后临济之道中兴于世。当时笔伽陀以挟分卫,如刹之一尘,海之一滴,太仓之一稀,曷足忆其点画之后先耶!佛照孤云世其家者,云卧不争桃李之春,幽然居数,而丛宅自闻其馨,皆可珍也。临江贤禅人兼蓄之,志亦可尚。诗不云乎,高山仰止,必恭敬止。

• 跋东坡帖

东坡先生尝谓颜鲁公书虽不工,亦当传世,况妙绝天下乎!余观此帖,于先生亦云。

• 跋于湖墨迹

东坡百世师,于湖天下士,虽地生淮蜀,时有后先,文章翰墨,照映千古,若合一契。今加爱梅先生之题,遂成三杰矣。

• 跋翁居士写金刚经

金刚经秘典,如来心印。尽法界有情无情,一印印定。无一钦毫解碍,信受奉行,其来必矣!譬诸铸印,庸或销之。今翁居士重铸之,是佛心等无差别,若曰赞叹,人是重添注脚。

• 跋宏智法语

宏智书偈遣化,尚有古佛风规。天目药石后言,切中今时病痛。若只以笔墨畦町流玩,吾未如之何也矣!

• 跋密庵诸老帖

密庵佛照佛心三大老之帖,皆以治生产业檀施为佛事,大川示末句,以灭却正法眼为佛事,二者不出生死二字。学者参究,莫不以生死为极则。谛观尽之矣,非长语也。

• 跋宏智后憁自得墨迹张汉卿跋在宏智后

宏智以无碍法方,几一句一偈,皆洞上真宗,为世宝惜。大梁张汉卿言,其少时多游晋绛间,隰连壤也。此巢南嘶北,未能忘情耶?自得石憁皆克其家者,兼收并蓄,宜矣。痴钝书于百年之后,余又题后四十年。后之视今,信非虚言也。

祖庭事苑①[选录]

善卿,宋僧。字师节。东越(浙江东部)陈氏。幼投开元慈惠篇为子。访道诸方,住京都华严寺。元符中,归隐乡里,所居曰睦庵。事见《祖庭事苑·法英序》。

本荟要所录入文字,据《新编卍续藏经》第113册。

• 晋锋八博

晋锋,盖指晋王逸少之笔锋也。八博,未详。疑八法,声近之讹也。禁经云:八法起于隶字之始。自崔、张、钟、王传授所用。墨道之最,不可不明也。隋僧智永,发其旨趣于虞世南,自兹传授,彰厥存焉。李阳冰云:昔逸少工书,遂历多载,十五年中偏工"永"字,以其八法之势,能通一切字也。

八法者,永字八画矣。一、点为侧。二、横为勒。三、竖为弩。四、挑为趯。五、左上为策。六、下为掠。七、右上为啄。八、下为磔。

• 罗汉书字

仰山和尚在洪州观音时,粥后坐次。有僧来礼拜,师不顾。其僧问:"师识字否?"师云:"粗识。"僧乃右旋一币,云:"是甚么字?"师于地上书"十"字酬之。僧左旋一币,云:"是甚么字?"师改"十"字作"卍"字。僧以两手托圆相,如修罗掌日月势,云"是甚么字?"师乃画一圆相②围却"卍"字。

---

① 祖庭事苑:凡八卷。北宋睦庵善卿所编的佛学辞典。系对云门文偃、雪窦重显等师之语录所作的注释。凡其书中之难解语句,包括佛教或世典之故事、成语、名数、人名、俚语、方言等,皆加以诠解。计二千四百余项。卷首收录法英序文。善卿提出书法创作应明"墨道"(书道)之说,而"八法"为"墨道之最",因而应懂"八法之势",因"八法"能通一切字"。

② 圆相:"圆相之作,始于南阳国师付授侍者耽源,源承谶记,传于仰山。今遂目为沩仰家风。明州五峰良和上尝制四十则。……良云:'圆相总六名:一、圆相。二、义海。三、暗机。四、字海。五、意语。六、默论。'"(见《祖庭苑》卷二)

僧乃作金刚势,师云:"如是,如是。"僧礼谢,腾空而去。

- **右军**

晋右将军王羲之,字逸少。善草隶,为古今之冠。论者称"其笔势飘若游云,矫若惊龙。"尝为越州内史。永和九年三月上巳日,与子弟辈至山阴之兰亭,修禊事也。曲水流觞,赋诗为乐,遂制《游兰亭诗序》。辞翰冠绝,为世所宝。苏易简《文房四赞》云:"逸少兰亭叙,用蚕茧纸,鼠须笔,遒媚劲健,绝代更无。"唐太宗后得之。洎王华大渐,语高宗曰:"有一事,汝从之,方展孝道。"高宗涕泣,引耳而听。言"得《兰亭序》陪葬,吾无恨矣!"唐末乱,罹诸陵温韬所,发其所藏书画,皆剔取其装轴金玉而弃之。晋魏以来,诸贤墨迹复流落于人间。今所传者,皆其模刻,失真远甚。《兰亭》,唯长安薛本尤为精绝。禊,音系。

- **墨池**

墨池在兰亭之侧,乃逸少涤砚池也。池之旁有细竹,竹之叶皆斑斑有墨点。世传当年逸少洒笔所及,至今尚尔。或移植它处,则不复见矣。盖亦异事之可传也。昔云门僧清隐常赋诗云:"枝枝叶叶洒成纹,不比湘川有泪痕。手里鼠须池里墨,至今踪迹记龙孙。"

禅宗杂毒海①[选录]

法宏,宋僧。参径山大慧宗杲得悟。后留寺为首座。见《续传灯录》卷三二、《续灯正统》卷一〇。

---

① 禅宗杂毒海:凡二卷。又作大慧禅师禅宗杂毒海、普觉宗杲禅师语录、大慧普觉禅师语录。法宏、道谦编,宋高宗绍兴元年(1131)刊行。本书之名系由大慧之语"参禅不得,多是杂毒入心"而来。内容辑录先德之机缘法语、参禅居士追忆记、方外道友赞、佛祖赞等。其后,明代僧仲猷祖阐将本书增编为十卷,广搜诸之偈颂,包括佛诞、成道、初祖、众赞等,计三十余项,七三二首,刊行于洪武十七年(1384)。清顺治十一年(1654),梅谷行悦继祖阐之后又增八七〇余首。康熙年间,临济宗僧迦陵性音将十卷删减,重编为八卷。其内容次第为佛赞、杂赞、投机、钞化、杂偈、道号、山居等,卷八附录普明牧牛十颂及梁山牧牛十颂。刊行于康熙五十三年(1714)。为宋、元偈颂之集大成者。本《荟要》所选录文字,涉及的书学思想:一、主张书法创作应"静临池",应"澄心"定志(《谢智观和尚书陶渊明诗文手卷》),为书法创作营构心理前提。二、在禅师们普遍肯定书写佛经有巨大功德时,台州瑞嵓云巢嵓则认为写经只是一种权宜之计,正如黄叶止啼耳:"释迦老子舌无骨,黄叶拈来吓小儿。"(《写经》)三、刺血写经,乃是佛教书法艺术的特殊形态,许多禅师加以赞扬,认为血写佛经乃是以自己生命写经,其血书之经,是书写者的"心肝";它是无价之宝,黄金也没法铸造:"六万余言血滴滴,黄金难铸此心肝。"它放射出生命之光—生命之美,如同春日百花盛开:"四句偈胜七宝施,祇园会上百花春","一毫头上能通变,红菡萏花三四枝"。

道谦，宋僧。号密庵。建州（福建建瓯）游氏。初谒佛果，后随妙喜至径山，一日妙喜遣往长沙通书紫巖居士，途中大悟。回里住开善寺，声光大振。见《联灯录》卷一七、《嘉泰普灯录》卷一八、《五灯会元》卷二〇、《续传灯录》卷三二。

本荟要所录入文字，据《新编卍续藏经》第114册。

• 血书莲经

大丈夫儿皮有血，自家针札自家知。一毫头上能通变，红菡萏花三四枝。（云谷）。

• 写经

以字不成八字非，当阳拈出大家知。释迦老子舌无骨，黄叶拈来吓小儿。（云巢嵩）。

• 题中峰和尚墨迹

瓶泻云兴诸佛机，不堪把玩涕交挥。仍愁玉匣诛龙剑，穿屋终随霹雳飞。

• 峰藏主血书华严

尘说刹说炽然说，无边香水血淋漓。杂华林内红如锦，五十三人醉似泥。（月江印三）。

破一微尘出大经，血痕腥汗百余城。善财南去无消息，啼断春山杜宇声。

• 血书金刚经

四句偈胜七宝施，祇园会上百花春。须知大士书经血，流出如来忍辱身。

• 血书华严

九会垂慈喷热血十身珍御惹尘埃。不因收拾毫端上大地人遭点污来。（铁关枢）。

• 跋净首座血书法华报亲

父是谁兮母是谁，胸中忤逆是男儿。看他义断情忘处菡萏花开三四枝。（五屋珙）。

•写法华塔为僧

此经一字何曾有？莫写浮屠谤老胡。若谤老胡终有报，定教须发一茎无。（谷源道）。

•血书金刚经入佛腹藏

点点滴滴娘生血，狼狼藉藉给孤园。尽大地人收不得，依然返本又还源。

•血书莲经

重重宝藏一毫端，于一毫端揭示看。六万余言血滴滴，黄金难铸此心肝。（笑欣二）。

•谢智观和尚书陶渊明诗文手卷

书法真传自本师，松窗为我静临池。来朝更买澄心纸，乞写渊明归去辞。（九溪续）。

续古尊宿语要①[选录]

晦室师明,宋僧。

本荟要所录入文字,据《新编卍续藏经》第119册。

一

·心闻贲和尚语·上堂[选录]

师云:云峰只知认许多路头走,不知背后被人点背,然后如是健行阔步能有几个? 而今或有人问长芦"如何是第一要?""李白歌诗。""如何是第二要?""公孙舞剑。""如何是第三要?""张颠草书。"长芦走得脚步更阔,汝等诸人,还有赶上来底么? 若不得流水,还应过别山。

二

---

① 续古尊宿语要:晦室师明编。全书六卷。又名《续刊古尊宿语要》。此书继《古尊宿语要》之后而编,收录临济、汾阳昭、琅琊觉、慈明圆等八十位禅师的语要。心闻贲和尚以艺喻禅,综合运用"李白诗歌"、"公孙舞剑"、"张颠草书"来诠释临济"三要",就是用鉴赏品评艺术的方法,来譬喻学人领会导师言说的要点与方法、参究公案的要点与方法。三要即三种要点,它们是:第一要,汾阳善昭描述为:"根境俱忘绝朕兆,山崩海泻洒寒尘,荡尽寒灰始得妙。"汾阳要求"根尘俱忘",把主观与客观、我执与法执摒弃干净,并且要忘得"绝朕兆",不留任何蛛丝马迹。强调言说中无造作,无分别,不粘于物,要求语言离相脱尘,重点在破相上下功夫。心闻贲和尚以"李白歌诗"释"第一要"。是鉴赏有意境的佳诗(像李白纵逸若仙,极富浪漫主义色彩的诗歌),应得意而忘象,要突破语言形式的束缚去体悟其深层的意蕴。这就如像参究公案要破除对外界物相的执著,要求不受语言的束缚,而去体悟和把握它的禅意(本心)一样。第二要,汾阳善昭描述为:"钩锥察辨呈巧妙,纵去夺来掣电机,透匣七星光晃耀。"汾阳强调在使用"钩锥"(接机方法如钩似锥)上要巧妙,要不失时机,眼明手快,打破暗箱,使学人明心见性。强调言说的灵活性,随机应变,不执著于言句,以期进入玄妙之境。心闻贲和尚以"公孙舞剑"释"第二要"。公孙大娘乃唐代著名舞蹈家,杜甫《观公孙大娘弟子舞剑器行·并序》,把公孙大娘舞剑器的场面描绘得淋漓尽致:人山人海之观众,为公孙大娘浏漓顿挫之舞蹈而惊讶失色,整个天地也似乎随着她的剑器舞而低昂起伏,无法恢复平静。观公孙舞剑,应从其迅速变化的雄健刚劲的姿势,和浏漓顿挫的节奏中,领略其舞蹈的入神之境,不执著于舞姿形象的外在表现,而直探、体悟公孙大娘的生命律动。正如参究公案要随机应变,灵活妙用一样,要从语言的迷离性、多义性中去把握旨趣。第三要,汾阳善昭描述为:"不用垂钩并下钓,临机一曲楚歌声,闻者尽教来反照。"汾阳之意,是说在接机上要灵活,"钩锥"当用则用,不当用则不用,应根据学人的根机加以引导,使之返观内照。强调佛法真谛,言语道断,即使有所言说,也必须超出一般常规逻辑的肯定与否定形式。心闻贲和尚以"张颠草书"释"第三要"。唐代著名草书家张旭,醉后往往号呼狂走,索笔挥洒,变化无穷,有颠狂之态。其草书之放纵潇洒,变化多端,是他的心灵的直接呈现。对张旭草书之"变动犹鬼神,不可端倪"的观赏,应"惟观神彩,不见字形",以"见其心"(张怀瓘《文字论》)。这如参究公案一样,必须超出一般常规逻辑推理形式,去体悟把握书法家的心灵律动与情感逻辑(参见黄夏年主编《禅宗三百题》,上海古籍出版社2000年版,第383—384页;冯学成《千首禅诗品析》上卷,四川文艺出版社1996年版,第497—499页)。

• 别峰云和尚语 • 上堂 [选录]

举昔有一老宿住庵，门上书"心"字，窗上书"心"字，壁上书"心"字。法眼云：门上但书"门"字，窗上但书"窗"字，壁上但书"壁"字。玄觉云：门上不必书"门"字，窗上不必书"窗"字，壁上不必书"壁"字。何故？字义炳然。

师（别峰云和尚）云：诸方商量，咸谓"三老各善笔法，点画可观，且不是草书相谩。"支提敢道：诸方未具辨书眼在，殊不知，字经三写，乌焉成马！

绝岸可湘禅师语录①[选录]

可湘（1206—1290），元时临济宗杨岐派破庵派僧。字艳岸。台州宁海（今属浙江）人，俗姓葛。参径山无准得旨，为无准师范之法嗣。出世福州雪峰。事见《增集续传灯录》卷四、《续灯存稿》卷四、《续灯正统》卷二二、《五灯全书》卷四九。

本荟要所录入文字，据《新编卍续藏经》第121册。

• 血书华严

释迦老子，七处九会，含血喷人。究竟将来，犹是传言送语。本彰维那，向十指爪边，深锥痛札，一笔书就，且非和墨徇朱。虽然，毕竟传谁之言，送谁之语，华严四种法界，莫拟是那法界中收？彰由此起疑，特求点出。予曰：岂不见善财童子，遍参五十三知识，人推一人，末后得弥勒指见文殊，文殊指见佛。佛所指者，是那些个。明眼阿师，切忌蹉过。

• 钱东岩侍郎书金刚经渊首座求

此经坚如金刚，岂容锥札？因空生道个希有，起人二十七疑。瞿昙悯物垂慈，节节破荡。东岩侍郎，不忘其旨，从而笔之，字义炳然，急须著眼。

---

① 绝岸可湘禅师语录：绝岸可湘撰，妙恩等编。一卷。又名《绝岸和尚语录》。收录其住兴圣、能仁等禅寺的语录，以及拈古、颂古、法语、赞、颂、小佛事、跋等。可湘肯定刺血书经的意义与作用。在他看来，释迦七处九会，乃是"传言送语"，本彰刺血书经，也是传送佛祖之语，也是呈现自己之心。"岂不见善财童子，遍参五十三知识，人推一人，末后得弥勒指见文殊，文殊指见佛。佛所指者，是那些个。"

龙源介清禅师语录①[选录]

介清(1240—1301),元初临济宗杨岐派僧。号龙源。福州(福建省)长溪县人。俗姓王。于雪峰山出家,得度于一峰齐禅师,十五岁薙发受具。其后遍参诸方,与寂窗有照相契,遂嗣其法,管理藏钥。至元二十二年(1285),湖州(浙江省)道场山罹火,介清以重建道场山为己任,再建大佛宝殿等堂宇,补足大藏经及钟鼓等法器。元世祖尝赐予金襕袈裟及"佛海性空禅师"之号。事见《增集续传灯录》卷四、《传灯存稿》卷五。

本荟要所录入文字,据《新编卍续藏经》第121册。

● 刺血书莲经

一指尖头下一针,红莲初绽碧波深。香风吹散花狼藉,片片无非是赤心。

云外云岫禅师语录②[选录]

云岫(1242—1324),元代曹洞宗僧。字云外,别号方崖。浙江昌国人,俗姓李。从直翁德举得度,并嗣其法。历住慈溪石门、象山、智门、天宁等寺,后移住天童寺,阐扬宗风。事见《云外云岫禅师语录》文琇所撰《天童云外禅师传》、《五灯会元续略》卷一、《五灯全书》卷六十一。

本荟要所录入文字,据《新编卍续藏经》第124册。

● 勉日藏主书楞严

银钩铁画胸中有,得誉多因写外书。何似回心归内典,楞严经卷著工夫。

---

① 龙源介清禅师语录:一卷。龙源介清撰,士洵、德高等编。又名《佛海性空禅师语录》。宋大德四年(1138)跋刊。收录其住开寿普光、湖州道场等禅寺语录及小参、拈古、偈颂、赞、跋、小佛事、塔铭、跋等。介清赞扬刺血书经如"红莲初绽",会呈现"赤心"之美:"香风吹散花狼藉,片片无非是赤心。"

② 云外云岫禅师语录:元云外云岫撰,士惨编。一卷。又称《云外和尚语录》。收录其住智门禅寺的上堂、小参、拈古、颂古。佛事、祖赞。偈颂、序跋等。云外云岫禅师强调,对书法艺术的创作,应"回心归内典",在书写佛经方面"著工夫",纵使书法艺术造诣高,胸中有"银钩铁画",也不应在"写外书"上"得誉多"。表明禅家在书法创作上的价值取向。

• 拈古[选录]

举僧问仰山:"和尚识字否?"山云:"随分。"僧乃右旋一匝:"是什么字?"山於地上书"十"字。僧左旋一匝,山改"十"字作"卍"字。僧画一圆相,以两手如修罗掌日月势云:"是什么字?"山画一圆相围"卍"字。僧乃作娄至德势,山云:"如是如是,汝善护持。"

拈曰:龙树现月轮相隐身说法,为无相三昧圆相之始也。后忠国师付耽源,至良五峰制四十则,总为六名:一圆相,二义海,三暗机,四宗学,五意语,六默论。耽源谓仰山曰:"国师圆相九十七个,详谶汝躬,宜深秘之。"仰山得而焚之。耽源一日上堂,仰山作圆相以手托呈却叉手而立,耽源交拳示之,仰山作女人拜。此皆圆相之体也。仰山"十"字即"卍"字之体也,修罗之三昧也。大抵圆相有缘起,有意语,含诸佛之妙义。不知者画圆相诳人,纰缪也。(原注:按宗学或作字学)

• 偈颂[选录]

• 贺苣书记

笔底钟王通草圣,胸中郊岛富唐吟。竺仙去后无文佛,今日喜逢僧翰林。

海印昭如禅师语录①[选录]

昭如(1246—1312),元僧。字海印。江西新淦(新干)人,俗姓杨。年十九出家,得法于袁州仰山雪岩祖钦。属大鉴下第二十二世。至元十九年(1282)受请仰山首座。元贞二年(1296)赐号普照大禅师。事见《增集续传灯录》卷五、《续灯正统》卷二三、《海印和尚语录》附《塔铭》。

本荟要所录入文字,据《新编卍续藏经》第122册。

---

① 海印昭如撰,行纯等编。一卷。又名《普照大禅师语录》、《海印和尚语录》。延祐四年(1317)序刊。收录袁州木平兴化禅寺语录、临江瑞筠山慧力禅寺语录、饶州东湖荐福寺语录、颂古、偈颂、佛祖赞、自真赞、跋、法语、小佛事、塔铭、跋。不少禅门宗师的书法作品都有感人肺腑的力量,而鉴赏这些作品的禅门中人,也是以一种十分敬仰和虔诚的态度来观看它们。昭如就声称他观看佛照和尚之书帖,是"炷香展味",细细体味,并深受感动,"恻然久之"。昭如还赞扬痴绝老人用小楷所书的伯夷颂,他指出:痴绝老人之作,与苏公之"赞"、文公之颂,"相尚乃同",都崇尚"夷齐高风",他们之"道"相同,"理"相契。在昭如看来,痴绝老人之书,相比之下,还要好一些("犹较些子"),因为在禅门中,还缺少这样的法书。

- **佛照和尚书帖南冈长老求跋**

佛照在灵径时，益公政当国，王臣外护，得行其道。遂有孤云秀岩空叟诸老，相继而出，可想当时法社之盛。偶持钵来吉文，访南冈于龙华，出此轴相示。炷香展昧，恻然久之。

- **跋痴绝书伯夷颂**

夷齐高风，穷天地，亘万世。苏公赞，文公颂，痴绝老人，界方眼作小楷书，相望虽邈，相尚乃同。道之所同，理契即邻也。就中痴绝犹较些子，何故？我王库内，无如是刀[①]。

元叟行端禅师语录[②][选录]

行端（1255—1341），元僧。字景元，号原叟。台州临海（今属浙江）人，俗姓何。参径山藏叟珍得旨，嗣其法。赐号慧文正辩，加赐佛日普照。寂后徒众尊称为寂照禅师。事见黄溍《塔铭》（《元叟行端禅师语录》卷八）、《南宋元明禅林僧宝传》卷一〇、《续传灯录》卷三六。

---

①　王库内无此刀：事见《祖庭事苑》卷六："王子宝刀：涅槃云：譬如二人，共为亲友。一者王子，一是贫贱。如是二人，互相往返。是时，贫子见是王子有一好刀，净妙第一，心中贪著。王子后时捉持是刀逃至它国，于是贫人后于它家寄卧止宿，即于眠中寱语：'刀，刀。'傍人闻已，收至王所。时王问言：'汝言刀者，何处得邪？'是人具以上事答王：'王今设使屠割臣身，分张手足，欲得刀者，实不可得。臣与王子素为亲厚，先与一处，虽曾眼见，乃至不敢以手振触，况当故取！'王复问言：'卿见刀时相貌何如类？'答言：'大王，臣所见如羊角。'王闻是已，欣然而笑。语言：'汝今随意所至，莫生忧怖，我库藏中都无是刀。'"（《祖庭事苑》卷六，《新编卍续藏经》第113册，第164页下。）

②　元叟行端禅师语录：凡八卷。元叟行端撰，（门人）法林等编。内容为辑录其在湖州资福寺、杭州中天竺万寿寺、杭州灵隐寺、杭州径山万寿寺的法语、偈颂、题跋、塔铭等。本《荟要》所选录文字，涉及的书学思想：一、禅门书学家非常强调以书法活动作佛事，十分看重书法创作的价值取向。元叟行端关于禅宗大师之书法创造"在道眼，不在翰墨"的命题，强调了书法创作要探寻、体验、领悟佛法的第一义谛（《跋高前山所藏兰亭，并无禅诸老墨迹》）。行端指出，六祖慧能请童子书壁，"光明至今，如日月丽天"。但同时指出，禅宗大师志在弘法，以生死大事为重，"非在笔墨畦径间"（《跋大慧痴绝天目偃溪晦岩断桥象潭叔凯诸老墨迹》）。二、对前贤时修法书的赞美。元叟行端高度评价"大智老人"的弘法贡献与佛学造诣："为宋僧一狐之腋"，其"燕寂墨墨"，"一字千金"。行端提醒人们，在"五浊"之世，应识"大智老人"之本心，不应只欣赏其遗墨之美（《题照律师遗墨》）。行端认为"紫岩张魏公"所书《心经》，"劲正之气，与南岳争高"，可与王羲之所书《遗教经》媲美"当不在王逸少《遗教经》下也。"其成功之因，在于人品与佛学："忠孝两全，为宋南渡第一人物，自非明悟此不生不灭，般若清净心体。思陵二百年，中兴之业，何由克成？"（《题紫岩张魏公所书心经后》）行端指出，张义祖之法书"其引笔润墨，有晋诸王凝操气骨"，他能"以书画自娱，而不为声色所鸩"（《题张义祖墨迹》）。指出"蒋氏子书莲经"乃"诚心所发"，其法书"楷正遒丽"（《蒋氏子书莲经，请题》）。三、关于刺血书经的论述。行端肯定"慧明上人"刺舌血书九经，"发大勇猛，施大精进，于自己舌端，放红莲华色光明"，可传播、弘扬"此无上法宝"，"大饶益"于众生，有不可思议之"功行"。四、行端指出，紫溪真逸擅长楷书、草书（《跋名公帖》）。可补书史。

本荟要所录入文字，据《新编卍续藏经》第 124 册。

• 题英宗皇帝手诏泊苏子瞻小帖

大觉琏，在宋为禅门硕德，仁宗赐以龙脑钵盂。琏谓："非佛仪式。"辄对中使焚之。苏文忠作碑，纪述其详，可得闻也。英宗赐以任性住持之诏，琏谓骇人耳目，内诸针线包间。苏文忠作书，求示其详，莫得闻也。琏后坐蜕四明阿育王山，其后莫得闻者。人皆共睹，什袭至今，由是如希世之宝焉。

眉山程正辅，文忠外兄也。绣衣持斧，为南海详刑使者。时文忠谪居罗浮，与正辅相别已久。其小帖所言，嗒然陶然，岂知当轴，有欲杀意乎？噫彼儒此佛，虽各不同。其砥节砺行，守志不回。上悚九重明主，下激万世颓波，谁谓其果不同耶？

• 题徽宗皇帝墨宝

宋有天下第八世，大柄日移，庶政日解。时薛昂由尚书左丞，登门下省，进无謇谔之忠，退无恬静之节。区区为二子，祈请职名，可谓社稷臣乎？祐陵亲御翰墨，批其谢辞，龙翔凤翥。虽耸观瞻，禄位之冗，莫甚于斯者。又六年，金人长驱汴京矣，宗庙既沦禾黍，生民亦坠涂炭。此札独流传至今，脱或播之太史，实为千古商监。

• 题云居即庵和尚入院佛事遗稿

即庵始登云居时，先一夕，宿瑶田庄，梦伽蓝神安乐公，谓曰："汝与此山，只有一粥缘。"明日午后至寺，晚参罢，会同袍二僧斗狠。闻于寺司，凡新到例遭斥逐。师深切疑讶。后数年，蜀士有官达于朝者，与师亲故。以云居虚席，请师补处。师欣然承命，将复征往梦，竟至瑶田庄而寂。佛能空一切相，成万法智，而不能即灭定业。能知诸有性，穷亿劫事，而不能化导无缘。于斯二者，即庵可无憾矣。痴绝以福不逮慧为虑，重加粉饰，何言之小哉？

番阳克贯藏主，出其入院佛事真墨，为示。余谓："此纸有关教门重轻，豁达空拨因果，妄谋进取者观此，得不稍戢芒锐云。"

• 跋张紫岩及圆悟宏智诸老墨迹

紫岩张魏公，为宋南渡第一人物。其宣抚四川时，圆悟大师祖尝把其手嘱曰："杲首座，真得法髓，苟不出，无支临济宗者。"叮咛再三，至于忍泣。故公造朝，首以径山奏请。大慧师祖出世，济北一宗，由是震耀天下。兹偈之寄，其于大法，岂小补哉！师祖平生，痛事韬晦，有"不作者虫㸒"重誓，故偈末，因以"肯出头否"诘焉。叙引朽腐，衔位磨灭，览者固难晓解。今以公所述塔铭，与小溪云门祭文，及圆悟临终，录日月证之，洞然无复余蕴矣。圆悟为隰州诸父行，大慧与隰州并化四明，当时号二甘露门。默照邪禅，尤大慧所深诋。

天目为圆悟五世孙，跋语盛称隰州。云篷月棹，沙鸥旅雁，皆题品详悉。独无一语，及力扶圣主，作中兴，赢得广传无尽灯之寄。岂当时未有魏公张紫岩此衹夜伽陀耶？何掎摭星宿遗曦娥也。

• 题照律师遗墨

大智老人，为宋僧一狐之腋，四明颜圣徒，评之详矣。今观燕寂遗墨，因寄意云：律中麟角者，一字直千金。五浊波涛海，何人识此心？

• 跋高前山所藏兰亭，并无禅诸老墨迹

"龙跃天门，虎卧凤阁"，梁武至公之评也，况兰亭又其得意者耶！吾宗诸老，在道眼，不在翰墨。无禅则戒月孤高，见地暴白。由前山翁，嗣其法知焉。雪岩则禅门巨擘，有向上爪牙，而波澜放肆者也。佛慧佛心木翁，辈行虽不同，则与前山翁，同颉颃西澜雄席间。胶漆其情，金石其义，死生以之固宜。

• 题浮山远禅师小帖

师始参叶县，县门庭峻硬，衲子畏，莫敢近。时天方雪寒，既水洒之，又挺逐之，师志益锐。言曰："某甲数千里，特为此事而来，岂以水挺去！"县笑曰："子却要参禅，遂得挂搭。"后充典座，众苦枯淡。县偶出，师取油面，作五味粥。县归赴堂，大怒其事。坐僧堂前，估衣钵，趁出院，师无难色。因僦屋而居，托人愿求随众入室，县亦不许。后征索僦屋钱，师持钵以偿。县出见之，复笑曰："子真有意参禅。"令人唤归，未几遂浩然大彻，光明至今烛天。

今之雏道人，稍不协意，谤焰蜂起，恨不诛之。如仇视师，宜如何哉？余尝想其人，不可见。今观此小帖，亦足聊慰万一。师自号柴石野人，以其通晓吏事，或称录公云。

• 题圆悟帖

高皇幸江都时，圆悟由金山，诣行在所。一日上遣使者八辈请悟，就殿说法。敷演简径，奏对明白，皇情大悦。尝问"所居金山何如"？悟以"大江多风寒，恐老病浸极"为对。因有天下名山，惟师择居之诏，遂迁瓯峰祖席。时高庵已挝退鼓，居寺之东堂。塔碑载之详矣。此帖谓金山和尚以窝蜂怀持江心，因以病辞。当是高庵既立僧之后，未华顶之前，有旨补处金山，而坚卧不起，故形简牍如此。不然，何言其在东塔，甚安稳也。禅门宝训云："同高庵者，异圆悟。是圆悟者，非高庵。"此乃二家宗徒事也。悟退院上堂，与临归蜀小参，略曾及云。今赝浮图，往往引以为故事，以藉攘夺之口，岂果知古人也哉？

• 题紫岩张魏公所书心经后

唐太宗以般若辞义浩博，卒难究尽。玄奘因缩大为小，译成此经，以便观览。紫岩张魏公，忠孝两全，为宋南渡第一人物，自非明悟此不生不灭，般若清净心体，思陵二百年，中兴之业，何由克成？今观经中所书，劲正之气，与南岳争高，当不在王逸少《遗教经》下也。

• 题痴绝示众墨迹

龙门佛眼云："是身寿命，如驹过隙，何暇闲情，妄为杂事。"迦文老人，最后决定明训，莫过此也。玉山痴翁，举以示徒，从而忉怛再三。致使随声逐色禅流，一时堕在葛藤窠里，无出头处。徒弟希昙，尝典钟山藏钥，但以龙门最初四句，作日用警策。非独一大藏教，皆成剩语，且知鹰窠，元有镜容十二面也。

• 题子昂赵学士所书中峰和尚钟铭

昔拘留孙佛，于竺干造青石钟，顶类诸天，腹陷众宝，其中可容十斛。有化如来，随日出没，明宣秘演，或闻不闻教典，至今传焉。古杭为东南第一都会，天目则高出古杭众山，狮嵒禅苑，则又高出天目西顶。比丘志彰，冶青铜万斤，而成一钟，簴于寺岩之后冈。其化如来，霜朝月夕，常为吴浙梦境众生，作大佛事。将使声尘所至，登正法楼，悟无生忍，臻自觉圣智之妙。殊勋胜烈，非独不在拘留孙下。幻住之记，子昂之书，亦将与此钟音吼，同不磨也。

• 题圆悟帖

如是顺物,如是方便,此菩提达磨,十万里西来,悲海边隅家法也。当黏罕陷汴,四海九州,侔一鼎之沸。高皇以兵马都元帅,即位南京,行幸吴会。圆悟老祖,由金山得请云居,能循弘觉旧例,遣化五十员。丰粮食,赡斋盂,使八极项目者,优游禅悦,究明生死大事。法席之盛,至今传焉。视碧眼胡如上格言大训,真不忝矣。后生晚进,以世俗简牍衒鬻者,其可得与此帖并案哉!

• 跋觉范寄黄蘗佛智禅师书

大慧老人,黑暗崖,照夜之火炬也;浊恶海,济人之津筏也。尝自誓云:宁以此身,代大地众生,受地狱苦。终不将佛法当人情,烧乃翁碧岩之板,揭洞上密传之榜,排郑尚明默照之非。其以天下至公,为无上大法施主,有祖以来,一人而已。

今观觉范与黄蘗智此帖言,某窃见百禅师传,辄焚去者,一十九人,不知为何意?盖虎生三日,其气固已食牛。觉范虽称前辈词彩照暎禅门,见地差讹,岂能全免。谚有曰:明眼人前三尺暗,其斯之谓乎?

• 题张义祖墨迹

邓国文懿公,当宋有天下第四世,君明臣良,海宇宁一,三登中书门下省。于仁宗前,尝为范仲淹极口开解谤讟,其事伟矣。纳女宫中,以图固位,由是时论鄙之。义祖,文懿晚子也,生绮纨中,五十年,以书画自娱,而不为声色所焐。张方平以宣徽南院使判陈待之十日,竟不一至,所立卓尔,贤于乃翁远甚。其引笔行墨,有晋诸王凝操气骨。得而不知宝之,可乎?

• 题痴绝墨迹

痴绝得法自在,其汪洋衍迤,出同时诸老上。至若钳键绵密,机语切深,视圆悟大慧应庵,则不无惭色。今楫藏主所收,揭示开禅法语,黄蘗打临济,则固是。临济因甚却掌黄蘗,谓知此毒来处,埋没临济老师;谓不知此毒来处,辜负痴绝和尚。总不与么,黄蘗在鼻孔里,冷地发笑。

• 跋宏智石窗自得张汉卿诸老墨迹

今天下据曲录木,以铁炉步自冒者,求一刚正如石窗,已不可得,况古淡如自得者乎?求一古淡如自得,已不可得,况典赡丽密、光明俊伟,如隔州古佛者乎？宗门号称本色，尚皆看不上眼，副墨之子，洛诵之孙，求一轩豁磊落，深信吾法，如雪窗张左藏，何异钻冰索火，压沙讨油哉！焚香三复，令人心意朗然。回视今诸方，作望尘态，于形势之途者，何其陋耶！

• 书颜圣徒手抄四六稿后

用世语言，入佛知见，如来深所诃责。易之一阴一阳，老之道可道，清凉尤加摈斥。况骈四俪六，抽黄对白者乎？

四明颜圣徒，宋建绍间，由毗尼而天台，由天台而禅肆，当时号为俊人。其达磨疏，有曰："日居月诸，曾根源之罕究。齿摇发脱，犹枝叶之遍寻。能自知入海算沙之困，庶几可无愧焉！"

• 蒋氏子书莲经，请题

由雉身为晋开士，杭之翼公是也。由蛤身为宋名缁，婺之印公是也。山梁吐绶之姿，春池吠月之质，一闻此经，便乃蝉蜕死生，超然物表，为光明幢，炳耀痴昧，三周七喻之功，不其大乎！至若禀五行之秀，口诵此经，归真后，舌作青莲华香，与置铁镂书镇于母氏者，固不在言也。

古雪蒋君，手书此经，诚心所发，楷正遒丽，与此经相终始。异世他生，可得涯涘哉。览者其毋忽。

• 跋一村僧帖

村僧之村，阿伽陁药，所不能疗。诸大秃兵，复出村语，增其沉痼。千佛出世，亦无如之何矣。

• 跋心远同知、五峰参政，题高前山诗卷墨迹

昔无畏琳公，玄理外，吟笔尤高古。一时士大夫，皆与为方外交。苏文忠尝擘窠大书云：琳老诗禅，或曰禅诗。丛林至今，以为美谭。

今心远同知，于前山翁，其所书，既已暗合孙吴。五峰之激赏，雪庵之品评，咸不在熙丰诸老下。岂今人中，果无古人耶？

• 跋大慧墨迹

济北之道，至大慧，如朗日丽天，何幽不烛。如疾雷破山，何蛰不醒。呫呫动其喙，腾妬谤之焰者，非盲与聋，则不为也。一时文章巨公，弃所学，执弟子礼。如李汉老、韩子苍、冯济川、张无垢辈，骈肩累迹，殆不可悉说。其光明俊伟，绝出古今矣。

此偈由无相居士，发以偈句。事迹推之，则内都知董德之其人也；以法语道号校之，则内殿直邓子左其人也。师被命育王，十三阅月，复被命径山，岂当时参问，有两子张？法语所示，是董非邓。其抠衣既多，其说法亦广，禅录难备考乎？读之者，宜详焉。

•跋痴绝赞迦文项羽二墨迹

法性宽，波澜阔，在玉山痴翁，则固有之。黄面老人，三百六十余会，说一大藏，之乎者也。至拈华普示大众，迦叶波只一破颜微笑，便云："吾有实相无相，微妙法门，用付于汝。"项王麾百胜之师，所向无不如意，至垓下之会，乃泣下数行。取彼一骑一都尉，引天之亡我，非战之罪为辞。由是而言，若儒若释，至切害处，岂言议足以尽其所蕴耶？

•跋大慧痴绝天目偃溪晦岩断桥象潭叔凯诸老墨迹

新州樵者，倩童子书壁，光明至今，如日月丽天。吾宗诸老，非在笔墨畦径间，昭昭矣。大慧起济北于将仆，香水海为口，苏迷卢为舌，亦莫称扬万一。痴绝见曹源，天目见松源，其法中伯仲也。偃溪、晦岩、断桥，同时鼎立，今皆有儿孙，据雄席。象潭尝典惠严破院，欲聚泥团听法，而泥团亦无。叔凯苦吟，师浪仙而不及者，九皋集今在焉。

•跋名公帖

紫溪真逸，楷法外，兼臻草圣之妙。此书，恐非得意者。蓬居事母，以孝闻当时。济颠灵迹甚异，泉大道之流也。朴翁学诗蓬居，而青于蓝。由鄮峰悟旨之后，开口动舌，无非歌咏本地风光。松源三句注脚，脱出语言窠臼。灭翁谓其深得彭郎家训，岂必然耶？

•跋偃溪墨迹

天台宗徒西堂，以所号，为请佛智师伯，以"笑堂"命之，欲其蝉蜕客尘烦恼，怡然自家阃奥，意固伟矣！殊不知，迦叶波破颜微笑，反居门外；水潦遭蹋，正堕阶前。千古之下，翻成笑具。

•松江明上人舌端血，书九经，请题

如上九部妙典，诸佛骨髓也，众生命脉也，禅门关键也，教苑精华也。悟之则高蹈十方，迷之则流浪诸趣。松江慧明上人，发大勇猛，施大精进，于自己舌端，放红莲华色光明。发挥此无上法宝，普为有情界中非器人等，

作大饶益。其功行,可思议乎?

• 跋瞎堂和尚墨迹

瞎堂老人,曾参云岩逊及起铁拂者,皆蒙印可。其心终不自肯,至圆悟室中,然后大彻。有奋铁舌、转关楔之赠。故禅林至今,以铁舌称焉。大慧师祖,在梅衡,有传其提唱。骇云:老师晚年,有此儿耶? 遂以圆悟所付法衣寄之。其所说,超离情见,脱略窠臼,皆非承言滞句雏道人可窥测。彻禅此偈,奚足涯涘其平生万一。

牧潜集[1][选录]

圆至(1256—1298),元僧。字牧潜,号天隐。高安(今属江西)人,俗姓姚。年十九依仰山慧朗祖钦出家。历荆、襄、吴、越,体禅理而外,工诗文。元真简主建昌府能仁。后寂于庐山。有《牧潜集》、《唐诗说》。事见《四库全书总目》、《续灯存稿》卷六、《补续高僧传》卷二四、《续灯正统》卷二三。

本荟要所录入文字,据《禅门逸书初编》第 6 册,第 118 号。

• 送冯君玉归修厚斋所刻经板

古镊刓残蠹篆斜,以刀为笔窜讹差。传家不绝书成种,入木能香墨喷花。寿比石经垂更永,用侔竹简费尤加。百金何日投君赎,眼底空空冀暂遮。

古林清茂禅师拾遗偈颂[2][选录]

清茂(1262—1329),元僧。字古林,别号休居叟。乐清(今属浙江)人,俗姓林。参横川清洪于雁山能仁,开悟受法。皇庆间(1312—1312),两度奉旨开堂,赐号佛性禅师。元泰定丙寅间,说法于金陵保宁。事见《古林清

---

① 牧潜集:凡七卷。内容包括诗、铭、碑记、序、书、杂著、榜疏等。圆至指出,木刻佛经比书写佛经,更有价值,保存永久,"传家不绝书成种,入木能香墨喷花;寿比石经垂更永,用侔竹简费尤加"。
② 古林清茂禅师拾遗偈颂:凡二卷。清茂撰,海寿编次。卷首有梵仙《刊古林和尚拾遗偈颂绪》、《助缘檀越》名。卷末附《古林和尚行实》(梵仙撰)、《古林和尚碑》(梵仙撰)、《刊古林和尚拾遗偈颂募缘疏》(友梅撰)。古林清茂肯定壁禅人血书佛典之美,字字如摩尼宝珠,"好是众生无尽藏,坐看香露滴芙蕖"。他还肯定无准和尚所书之偈语,有横放自然之美:"今观此轴,当铺纸运笔之际,如风行水面自然成纹,岂有意於措置者耶?"

茂禅师拾遗偈颂》卷末附《古林和尚行实》（梵仙撰）、《古林和尚碑》（梵仙撰）、《五灯会元续略》卷五、《增集续传灯录》卷五、《五灯严统》卷二一。

本荟要所录入文字，据《新编卍续藏经》第123册。

• 赠璧禅人血书莲经

璧禅十指头尖血，撒出摩尼六万余。好是众生无尽藏，坐看香露滴芙蕖。

• 禅人书金字莲经化灵山接待求

七轴莲经六万言，灵山一会尚依然。黄金自有黄金价，宝所分明在目前。

• 古藏主贝叶为示索偈

高人示我贝多叶，来自竺乾光烨烨。梵书初看墨尚鲜，行布横斜不相涉。缅想当年结集时，法王真子知为谁？阿难无学只强记，迦叶不语长攒眉。城东母不愿见佛，岂复认此为希奇！我今合掌尚加敬，意根夙习何由除。空花无根拟结果，分摘句读开胸愚。晚生学道贵勉励，赤水有底宜寻珠。须臾还复高人去，将止小儿啼不住。

• 跋无准和尚偈语

荷担佛祖之道，至彻法源底。辩说无碍，如珠走盘，然后可谓能起人必死之疾。今观此轴，当铺纸运笔之际，如风行水面自然成纹，岂有意于措置者耶？东山法门开发正见，光明显露，如青天白日，予谓老圆照得之。

天目明本禅师杂录[①][选录]

明本（1263—1323），元僧。字中峰，自号幻住，法号智觉。钱塘（今杭州）人，俗姓孙。初依吴山圣水，继参高峰原妙，为其法嗣。仁宗闻名，特赐金纹伽梨，进号佛日广慧普应国师。事见《佛祖通载》卷三六、《增集续传灯录》卷六、《续稽古略》卷一、《新续高僧传》卷一七。

---

① 天目明本禅师杂录：凡三卷。卷一，收示徒众、偈颂、歌；卷二、卷三，收法语。卷末，附《天目中峰和尚怀净土诗（一百八首）》、《中峰和尚和冯海粟梅花诗百咏》。明本赞扬血书佛经之美："夜深吹到宝池月，白藕花开叶叶红"，"印板不知文彩露，杜鹃啼血上花枝"，"遮那真体遍尘沙，血染春风二月花"。

本荟要所录入文字,据《新编卍续藏经》第122册。

• 赠血书莲经

向一针锋显大功,血淋淋处扇醒风。夜深吹到宝池月,白藕花开叶叶红。

• 血书华严经

遮那真体遍尘沙,血染春风二月花。一百十城烟水外,善财童子不归家。

• 血书金刚经

云何降伏云何住,问得瞿昙口似锥。印板不知文彩露,杜鹃啼血上花枝。

无见先睹禅师语录①[选录]

先睹(1264—1334),元僧。字无见,号瞎驴。仙居(今属浙江)人,俗姓叶。瑞崖宝禅师法嗣。寂后赐号真觉。事见昙噩《无见覩和尚塔铭(并序)》(《无见先睹禅师语录》附)、《续指月录》卷七、《补续高僧传》卷一三、《增集续传灯录》卷六。

本荟要所录入文字,据《新编卍续藏经》第122册。

• 跋高峰和尚书(中有"清斋白饭"之语)

天目和尚振法道于斯世,其如辉暗之灯与? 今观书帖,初无尔疆我界之语,警训之辞,凛然在耳。窄庵首座珍藏之久,一日持以示余,需语于后。噫,幸好一分白饭,何必糁以姜椒。

• 蔺翁方山和尚书

安洲遇维那持蔺翁方山和尚遗墨,求一语于后。噫,二大老只为慈悲

---

① 无见先睹禅师语录:凡二卷。先睹撰,(嗣法门人)智度等编。卷上:为示众、小参、法语、颂古、真赞;卷下:为偈颂、山居诗、题跋、临终遗诫、辞世偈。本《荟要》所选录文字,涉及的书学思想:一、关于书法的鉴赏原则。无见先睹认为,对先师之帖,不只"宝其翰墨",应忆念先师之"慈悲深广,了达梦幻,规训凛然",而"悯念世间饥苦,一日只作一日计",从而"敬思而奉持"之(《古田和尚答无则和尚语》)。二、无见先睹指出,可从法书见禅僧弘法之功绩,天目和尚"振法道于斯世,其如辉暗之灯",今观书帖,"警训之辞,凛然在耳"(《跋高峰和尚书(中有"清蘁白饭"之语)》)。

故,未免口里水漉漉地。余又岂可推波助澜,合掌加额,卷而还之。

• 古田和尚答无则和尚语

古人见父师手泽,如侍严诏,况酬答叔父书帖乎!焚香拜观,悯念世间饥苦,一日只作一日计。慈悲深广,了达梦幻,规训凛然。成藏主既能珍藏,非惟宝其翰墨,当敬思而奉持,其或言外有闻,则受用又无穷矣!

樵隐悟逸禅师语录①[选录]

悟逸(?—1334),元临济宗僧。字樵隐。怀安(今属河北)人,俗姓聂。得法于净慈愚极慧。三住雪峰崇圣寺,百废具修,诚法门盛事。赐佛智号。事见《续藏目录》、《增集续传灯录》卷五、《五灯全书》卷一一九。

本荟要所录入文字,据《新编卍续藏经》第150册。

• 跋痴绝和尚书心经(诸老题后)

灵山向经中所谈,般若心法未空。太白向纸上所传,般若手法未尽。诸老向言中所赞,般若句法未到。雪峰与么道,未免获谤般若罪。

• 题佛心和尚墨迹与渊藏主

昔子房得石公所授素书,房能用其一二糟粕,足以亡秦兴汉。兹余以先师佛心所书普说,授侄德渊藏主,倘能用其所说,而天下望刹,皆吾父翁箕裘之业累,曰能世其家,岂独希于子房者哉?

• 龙藏主请跋大慧书后

肃观妙喜老人与性庵主手帖,首云:以竹篦用事,无须臾闲,为道忧也。二处得人,百姓幸甚,为国喜也。岂后世訾浮屠氏,谓无君亲之道,其可得乎!龙藏主宝诸,庶可以崇吾道,而镇浮薄也!

---

① 樵隐悟逸禅师语录:又称《樵隐和尚语录》。二卷。樵隐悟逸撰,(侍者)正定编。卷上:收录其再住雪峰崇圣寺的语录。卷下:收录其法语、佛祖赞、题跋、偈颂、佛事、自赞、偈语等。本《荟要》所选录文字,涉及的书学思想:一、樵隐悟逸认为,从司马温公之“帖”,可见其人品之高:“二百五十余年,犹能睹公亲染,中间语言端谨,笔力遒劲,芒寒色正,凛不可犯,恍如见孔子于《乡党篇》中。”(《题司马温公帖》)二、关于血书佛经的论述。指出刺血写经,可以传承佛法:“续佛慧命,血脉不断,尽在是矣。”(《琛上人血书楞严》)赞扬血写佛经之美:“吹去菱花雨新好,乱红零落剡溪藤。”(《越州巴上人血书法华经求偈》)

• 题赵庸斋鳌山阁真迹

庸斋先生,大书"鳌山阁"三字,为中际接待扁,便方来之士,知有覆车之戒,宁无意于后世者哉!潮阳镜上人,出其真染,诸方老宿,争先题跋,欲得一语其后。因谓之曰:方今太平旅邸耳。禅锡倦游,谁复作鳌山梦。此卷,宜束之高阁。

• 题司马温公帖

余儿时,读公书,其匡君泽民,升降黜陟,董狐史鳅,不能过焉。公母,温国太夫聂氏,余忝同姓,不意后公人。二百五十余年,犹能睹公亲染,中间语言端谨,笔力遒劲,芒寒色正,凛不可犯,恍如见孔子于《乡党篇》中。

• 琛上人血书楞严

七处征心,八还辨见。提奖娇儿,穷尽口业。老瞿昙曲于爱弟之情也。嘉定琛上人,沥其指血,从而笔之。然续佛慧命,血脉不断,尽在是矣。后之贤者,毋堕安公破句之辙!

• 越州巴上人血书法华经求偈

依经解义蜗沿壁,七喻三周血聚蝇。吹去蓂花雨新好,乱红零落剡溪藤。

石屋清珙禅师语录[1][选录]

清珙(1272—1352),元僧,临济宗第十九世禅师。字石屋。常熟(今属江苏)人,俗姓温。事崇福永惟为师。初参高峰,服勤三年。次参道场及庵宗信有省,为及庵信禅师之法嗣。后入吴兴霞雾山天湖,躬自薪蔬,吟咏自得。寂谧佛慈慧炤禅师。事见《石屋清洪禅师语录》所附元旭所撰《福源石屋珙禅师塔铭》、《续灯存稿》卷七、《新续高僧传四集》卷一七、《五灯全书》卷五一。

本荟要所录入文字,据《新编卍续藏经》第122册。

---

[1] 石屋清洪禅师语录:凡二卷。清珙撰,至柔等编。卷一,收语录;卷二,收山居诗、五言律诗、七言绝句、歌、偈赞。卷末附元旭所撰《福源石屋珙禅师塔铭》。在清珙看来,佛经"在处皆有佛",读经就会获得佛性,不必劳心血书,"不劳心力更施功"。

- **常侍者血书金刚经**

此经在处皆有佛,不劳心力更施功。祇园秋晚霜华重,树叶红于血染浓。

- **跋净首座血书法华报亲**

父是谁兮母是谁,胸中五逆是男儿。看他义断情忘处,菡萏华开三四枝。

缁门警训①[选录]

永中,元僧。临济宗禅师中峰明本之法嗣。元皇庆二年(1313)将编者未详之《缁林宝训》加以增补而成《缁门警训》二卷。

如卺,明僧。临济宗禅师空谷景隆之法嗣。明成化十年(1474),如卺从其师空谷景隆领受该书,复添加自己追补之续集二卷而刊行于世

本荟要所录入文字,据蓝吉富主编《禅宗全书》第33册,台湾文殊文化有限公司1988年版。

- **姑苏景德寺云法师务学十门·不工书无以传**

书者如也,叙事如人之意。防现生之忘失,须缮写而编录。欲后代以流传,宜躬书以成集。则使教风不坠,道久弥芳。故释氏经律结集贝多,孔子诗书删定竹简。若不工书,事难成就。翻思智者无碍之辩,但益时机,自非章安秉笔之力,岂留今日?故罽宾高德盘头达多,从旦至中手写千偈,从中至暮口诵千偈。但当遵佛能写名字,慎勿傚世精草隶焉!

- **律制杂学以妨正业**

钞文云:五分云,为知若会等(知事差僧及法食会集等)学书,不得为好废业。不听卜相,及问他吉凶。四分开学诵文书,及学世论,为伏外道。杂

---

① 缁门警训:凡十卷。永中补,如卺续补。元皇庆二年(1313),永中将将宋代择贤所撰之《缁林宝训》一卷加以增补,而成《缁门警训》二卷。明成化十年(1474),嘉禾真如寺如卺从其师空谷景隆领受该书,复添加自己追补之续集二卷而刊行于世。但现存者皆为十卷本,可能经后人所增补而成。书中收录先圣古德之示众、警策、训诫、箴铭等,自沩山警策至梁皇舍道事佛诏等共计一百七十余篇。本《荟要》所录入文字,涉及的书学思想:一、书法在传播、宏扬佛典中,有重要作用。"不工书无以传","若不工书,事难成就","书写"为五"传法"之一,等等。二、但同时又告诫僧侣学人,绝不能沉溺于书写等活动,"慎勿傚世精草隶";往古高僧傍涉文艺,"无非志在护持,助通佛化",乃是以翰墨为佛事。

法中,新学比丘,开学算法,十诵,好作文颂,庄严章句,是可怖畏,不得作。毗尼母论,佛言:"吾教汝一句一偈,乃至后世应行者即行之,不应行者亦莫行之。"后世比丘所说亦尔。记云:以书算卜术,俗典文颂,俱是世法,非出家业。为因缘故,时复开之。今时释子,名实俱丧,能书写则称为草圣,通俗典则自号文章,择地则名为山水,卜术则呼为三命,岂意舍家事佛,随顺俗流之名。本图厌世超昇,翻集生死之业。故智论云:学习外典,如以刀割泥,泥无所成,而刀自损。又如视日光。令人眼暗。然往古高僧,亦多异学,或精草隶,或善篇章,或医术驰名,或阴阳显誉,皆谓精穷,傍涉余宗,无非志在护持,助通佛化。故善戒云:若为论议,破於邪见,若二分经,一分外书,不犯四分开诵,此其意耳!今或沽名邀利,附势矜能,形厕方袍,心染浮俗,毕身虚度,良可哀哉!

•传法有五

一受持,二看读,三讽诵,四解说,五书写。外护内护流传,即佛法僧宝不断也。

雪庵论书①※

溥光,元僧。亦作普光,字玄晖,自号雪庵。大同(今属山西)人,俗姓李。五岁出家,十九受大戒,励志精勤,克嗣先业。赵孟頫荐之于朝,特封昭文馆大学士,赐号玄悟大师,自署为"圆悟慈慧禅师"。平生戒行清修,晚节亦自刻苦,恶衣恶食,志切于道。为诗冲淡,善画山水,书法俊劲。事见《顺天府志》卷七、《佩文斋书画谱》卷五四、《书史会要》卷七、《书林藻鉴·书林记事》卷十。

本荟要所录入文字,据《书法正传》,上海书画出版社1986年版;《涵芬

① 雪庵永字八法:凡一卷。释溥光撰。分十二篇:一、八法解;二、把笔八法;三、运笔八法;四、永字八法;五、八病;六、永字散形;七、永字结构;八、三十二势;九、八病势;十、八法分论;十一、颜鲁公八法颂;十二、柳宗元八法颂。雪庵字要:凡一卷。释溥光撰。又名《雪庵大字书法》,专为学大字而作,书中有溥光自撰,也有辑录他人之作。分为挦襟字原(他人作,雪庵录)、大字说(雪庵自撰)、大字评(贝自强所评)、歌诀、永字八法变化二十四势、用笔八法图、字中八病图、大字体十六字等篇。雪庵对"永字八法",详加推阐,颇惠后学。其"大字说"篇为溥光自撰,主张学书要严规矩,极宗"永字八法"。于学书次第,主张"学书大字,首必当书小字端楷,而无偏促粘滞之病,然后自小而渐大"。与一般主张先大后小之说不同;强调"亦当学颜柳之帖为最,欧帖次之"。大字要求达到"如王者之尊,冠冕俨然。有威严端厚之福相"。前人于该书序跋中极力推崇,"是书之传,实学者之规矩也",将雪庵与唐张旭、颜真卿、宋米芾、蔡君漠相提并论(见詹恩、叶胜所撰序)。

楼秘笈》。

• 雪庵永字八法[选录]

八法解 盖闻文字之来尚矣，自伏羲氏造书契以代结绳之政，厥后仓颉象鸟兽之迹以广之，其所书者，古朴而已。历代以下，书者工于笔法之妙，其名世者，如晋之钟繇、王羲之；唐之欧、虞、颜、柳之辈，亦各家有书，所传之秘惜乎沦没日久，真迹不存。惟羲之《永字八法》共《三昧歌》流传在世，理趣渊深，初学之者难于措手。独雪庵《永字八法》变化三十二势，其于书法，实于有功，书者不由其法而成，则未免陷于粗俗草率之病也。雪庵之作者，运笔之法有八：曰落、起、走、住、叠、围、回、藏；永字八法有八：曰侧、勒、努、趯、策、掠、啄、磔。八法之势，又名曰怪石、玉案、铁柱、蟹爪、虎牙、犀角、鸟啄、金刀。于中又为二十四法：曰悬珠、垂珠、龙爪、瓜子、杏仁、梅核、石楯、象简、垂针、象笏、曲尺、飞雁、龙尾、凤翅、狮口、搭勾、宝盖、金锥、悬戈、飞带、戏蝶、蟠龙、吟蛩、游鱼，通前共三十二势，使初学者下手运笔，有所依归。凡习书必先学《永字八法》，学且熟，方可学二十四法。于此三十二势，习之既精，方可结构成字。如此，则学有规矩，字有体法；不然则笔意不精，字亦失乎格度矣。盖一笔有一笔之法，一字有一字之法。一字之法，贵在结构；一笔之法，妙在起止。起止得宜，则画无不美；结构有道，则字无不佳。然结构之道，所重者，由在乎笔法之精妙也，笔法之妙不亦难乎！如[侧]之祖，妙须三作，用峰向右而势向左。[勒]之祖，首尾藏锋，用笔欲横而势欲歙。[努]之为法，用弯行曲扭，如挺千斤之力。[趯]之为法，要轻挫潜生而起伏峻之锋。[策]始作者，用仰锋上揭而贵乎迟留。[掠]始作者，用肥健悠扬而宜乎舒畅。[啄]法之妙，在卧侧潜进，以连敛其锋铓。[磔]法之妙，在险横三过，而开揭其势力。此八法已精，则二十四法自然有得，变化而成也。然其妙则首尾欲有情，起落欲相顾。偏锋者不可使其笔正，正锋者不可使其笔偏。蹲过处当审于轻重，抢驻处必宜于著力。折锋搭锋，为下笔之始；衄笔揭笔，为收杀之权。笔捺则肉自肥，笔提则筋有余力。为骨之法，凭指骨之提纵；生血之道，赖水墨之和匀。忌软劲之失均，喜威严之敦厚。勿轻浮以阻碍，务均布以安平。变换屈伸，转向旋于起伏；藏收开闭，运承接于送迎。措边旁而合轨，振气象以生神。笔法之妙，于斯乎尽矣。是虽未能造夫升堂入室之域，抑亦为登高行远之一助云。

八法分论 ［侧］不得平其笔,当侧笔就右为之。口诀云:先右揭其腕,次轻蹲其锋。取势紧则乘机顿挫,借势出之。急则失中,过又成俗。侧锋顾右,借势轻揭潜出,务于勒也。然不言点而言侧,何也?谓笔锋顾右,审其势险而侧之,故名侧也。止言点,则不明顾右,无存锋向背坠墨之势。若左顾右侧,则侧无方。故侧不险则失于钝,钝则芒角隐而书之神格丧矣。侧者侧下其笔,使墨精暗坠,徐乃反揭,则棱利矣。又口诀云:作点,向左以中指斜倾,向右以大指齐顿作报答,便以中指挫锋,须按笔收锋在内而出之。右军云:"作点皆须磊磊如大石之当衢。"又云:"点不变谓之布棋,贵通变也。"

［勒］不得卧其笔,中高两头下,以笔心压之。口诀云:头傍锋仰策,次迅收。若一出揭笔,不趯而暗收,则薄圆而疏,笔无力矣。夫勒,笔锋似及于纸,须微进峻趯,然不言画而言勒,何也?曰勒者,趯笔而行,承其虚画,取其劲涩,则功成矣。不言画者,虑在不趯,一出便画,则锋拳而怯薄矣。若作策法,斜指抬笔;若作勒法,即用中指钩笔涩进;覆画,以中指顿笔,然后以大指遣至画处。此三势相近,用法不同,画有重复,不为布算乃可。

《简缘》云:"趯者,打势也。"

［努］不得直其笔,直则无力,立笔左偃而下,最要有力。口诀云:凡旁卷微曲蹙笔累走而进之,直则众势失力,滞则神气怯散。夫努须侧锋顾右潜趯,轻挫其揭。或问:画者中心竖画也,今不言直画而言努,何也?曰努者,势微努。在乎趯笔下行。若直置其画,则形圆势质,为书之病。《笔诀》云:努笔之法,竖笔徐行,近左引势,势不欲直,直则无力矣。

［趯］须蹲锋,得势而出,出则暗收锋。又云:前画卷则别敛锋而出之。口诀云:傍锋清揭借势,势不勒,笔不挫,则意不深。趯与挑一也,贵于涩出,适出期于倒收,所谓欲挑还置也。夫趯自努出,潜锋轻挫,借势而出之。或问:凡字出锋谓之挑,今谓之趯,何也?曰趯者,语之小异耳。以笔锋去而言之,趯自努画收锋,竖笔潜劲,借势而趯之。《笔诀》云"即努笔下杀笔趯起"也。法须挫衄转笔出锋,伫思消息,则神踪不坠矣。

《简缘》云:"左笔曰趯,右笔曰挑。"

［策］须斫笔,背发而仰收,则背斫仰策也,两头高,中以笔心举之。口诀云:仰笔潜锋,似鳞勒之法,揭腕趯势于右。潜锋之要在画势,暗锋捷归于右也。夫策笔仰锋竖趯,微劲借势,峻顾于掠也。又云:作策法,仰指抬

笔上。或问，策一名折翼画，今谓之策，何也？曰仰笔趯锋，轻抬而进，故曰策。若及纸便画，不务迟涩、向背、偃仰者，此备画耳。笔诀云"始筑锋而仰策，徐转笔以成形"是也。

[掠]者拂掠须迅，其锋左出而欲利。又云微曲而下，笔心至卷处。口诀云：撇过谓之掠，借于策势以轻驻锋，右揭其腕，加以迅出，势旋于左。法在涩而劲，意欲畅而婉，迟留则伤于缓滞。夫侧锋左出谓之掠。或问，掠一名分发，今称其掠，何也？曰掠乃疾徐有准，手随笔遣，锋自左出，取险劲尽而为节。发则一出运用无的，故掠之精旨可守也。《笔诀》云：从策笔下左出而锋利不坠，则自然佳矣。

[啄]者如禽之啄物，其笔下掩，以疾为胜。口诀云：右上左之势为卷啄，按笔蹲锋，潜蠹于右，借势收锋迅掷旋左，须精险衄去之，不可缓滞。夫笔锋及纸为啄，在潜劲而啄之。或问，撇谓之啄，何也？撇者蒙俗之言，啄因势而言。啄以轻劲为胜。《笔诀》云：啄笔速进，劲若铁石，则势成矣。

[磔]者不徐不疾，战行欲卷，复驻而去之。又曰趯笔战行，翻笔转下，而出笔磔之。口诀云：右送之波皆名磔，右揭其腕，逐势劲趯，傍笔迅磔，尽势轻揭而暗收，在迅劲得之。夫磔法笔锋须趯，势欲险而涩，得势而轻揭，暗收存势，候其势尽而磔之。或问，发波谓之磔，何也？曰发波之笔，循古无从，源其用笔，磔法为劲。《笔诀》云：始入笔，紧筑而微仰，便下徐行，势足而后磔之。其笔或藏锋或出锋，由人心之所好为之也。

颜鲁公八法颂　侧，蹲鸥而坠石；勒，缓纵以藏机；努，弯环而势曲；趯，峻快以如锥；策，依稀而似勒；掠，彷彿以宜肥；啄，腾凌而速进；磔，抑惜以迟移。

柳宗元八法颂（或曰，张旭传）　侧不贵卧，勒常患平，努过直而力败，趯宜峻而势生。策仰收而暗揭，掠左出而锋轻。啄仓皇而疾掩，磔趯趄以开撑。

　·雪庵字要[选录]

　大字说　夫匠人能教人以规矩，不能使使之以巧也。凡学文学字与夫百家艺术之流，莫不有规矩尔。予尝学书大字，积年而无所成，谓不得其要。后得淮阳宏道陈先生之所传，其教有方法，则规矩之有准，不日而成之。予自布衣而入翰苑，足以酬其平昔之之劳也，恐后以泯其传。为公暇将以之书，删繁纂捷取以"永"字为则，设其八法之要，集而成式，简明易见，欲以广其传也。凡学者,切不可杂书别字,必当先学永字八法,然后学书变化二十四法。二者既精而熟,方可辏成"永"字,而书"永"字既精,十百万亿之字法,则皆在其中也。倘书者入门未学书永字八法,亦未学书变化二十四法,便要成字,而书者必不得其法,则所学终无所成,且不能结体合格,是谓之躐等而进,不可慎乎!凡学书大字者,必当学书小字端楷,而无偏促粘滞之病,然后自小而渐可至于大也。亦当学颜柳之帖为最,欧帖次之。大抵大字如王者之尊,冠冕俨然,有威严端厚之福相也。倘犯粗俗飘欹之态者,即小人颠沛之状,岂足观哉?若论乎布置均称,收敛紧密奇巧者,此无难事,乃学力之所至与未未至耳!至于筋骨神气苍劲清古者,人罕能之。有自幼至老而不可得之者,有学之未久而变化中得之者,有学之久而积累中得之者,此皆出于笔力自然至妙,而非人力之所能也。古云不明理难学文,书亦不易耳。苟学而未尽善,又不可半途而废也,可不勉之。至大元年菊月望日,圆悟慈慧禅师资善大夫昭文馆大学士李溥光雪庵书于翰林院文会轩。

月江正印禅师语录①[选录]

正印,元代临济宗僧。字月江,晚年自号松月翁。连江(今属福建)人,俗姓刘。参径山虎崖净伏得法。至治年间(1321—1323)奉旨于镇江金山建水陆法会,升座说法。事见大䜣《育王月江和尚语录叙》(《月江正印禅师语录》卷首)、《续灯存稿》卷七、《五灯全书》卷五二。

本荟要所录入文字,据《新编卍续藏经》第123册。

---

① 月江正印禅师语录:又作《月江和尚语录》、《月江印禅师语录》。凡三卷。月江正印撰,(门人)居简等编。收录正印禅师于碧云寺、淀山寺、南禅兴国寺、宣化寺、道场寺等处之上堂与小参语,以及拈古、颂古、普说、法语、赞等。卷首有笑隐大䜣、清拙正澄的序文。本《荟要》所选录文字,涉及的书学思想:一、以人品衡书品。月江正印高度评价明教禅师的"丰功硕德",与"吾佛化九十六种外道、吾祖破六宗邪见,无以异",其法"墨妙严正,如其人焉","纵使火之,当如百炼精金,光焰万丈,与五种不坏者同传"(《明教大师墨迹》)。二、对前贤时修法书的品评。月江正印高度评价大慧之帖,"墨光烂然,银钩铁画,如渴骥奔泉,怒猊抉石,老气益壮",正反映了大慧佛学造诣,弘法功德,"所谓机辨迅雷霆,语言粲星斗,荷佛祖重任,恢临济正宗,舍师其谁欤?"(《大慧禅师衡阳示密首座帖》)月江正印高度评价山谷之墨迹,认为山谷"深得吾宗佛祖禅髓",因而其"真赞"有雄壮阳刚之美,"如电掣雷奔,风起水涌",有驱魔除邪之力,"向髑髅中,豁开摩酰顶门三只,岂止奔魑魅、走狐狸而已。直得天下老和尚,倒退三舍也。"(《山谷赞佑禅师墨迹》)。三、关于观赏先辈墨宝的原则。月江正印指出,观赏先辈"墨宝","不特宝其语言三昧,实尊其道德行解相应也"(《别峰涂毒墨迹》)。

• 明教大师墨迹

明教禅师阇维，不坏者五：曰顶，曰耳，曰舌，曰童真，曰数珠。非夙承悲愿，弘法拯难，曷能尔耶？当其皇祐至和间，群儒锋起，力拒吾道。微禅师，火其书，庐其居，人其人者，久矣。丰功硕德，与吾佛化九十六种外道、吾祖破六宗邪见，无以异。今观亲书《送周感之入京诗序》，虽经数百年，老舌炽然，如无恙时。而墨妙严正，如其人焉。蘸藏主得之于六花峰，烈焰之际，不翅如获轮王髻中之宝。愚谓纵使火之，当如百炼精金，光焰万丈，与五种不坏者同传。

• 大慧禅师衡阳示密首座帖

妙喜谪居衡阳，草堂和尚，专书慰问。有"道盛则魔旺，城高则卫生"之语。老师答曰："自到衡阳，一向谢绝宾客。四方书问，一切阔略。独于吾叔祖，未能忘怀。"盖其达人大观，不以患难，二其心也。密首座久侍老师，即编集《正法眼藏》。曰冲密者，因其回浙，嘱其须见何三公夫妇二人。盖亦尝入师室问道者，而老师未能忘怀也。绍兴至今，二百余年，墨光烂然，银钩铁画，如渴骥奔泉，怒猊抉石，老气益壮。所谓机辨迅雷霆，语言粲星斗，荷佛祖重任，恢临济正宗，舍师其谁欤？

• 真歇和尚墨迹

古人住院，不拘大小，贵在得时行道而已。今观真歇老人，劝请一尊宿住护国之帖，为法道危急之忧，故拳拳勉谕，见于真情也。或曰：所请者，乃是竹庵。恐传者之讹矣！考之，真歇住江心时，竹庵奉诏，开山雁宕能仁，真歇恐竹庵缘法未熟，特过江迎归方丈，待以师礼，由是缁白翕然归敬。盖竹庵自鼓山，赴能仁之招，请住护国者，非竹庵明矣。信藏主出示此卷命题，不容不辨。

• 别峰涂毒墨迹

别峰禅师赠敏知藏偈，涂毒与勇维那帖，二墨宝获披览于二百年后，不特宝其语言三昧，实尊其道德行解相应也。涂毒住径山，别峰居海门庵，末后一著，了然明白。而涂毒临示寂，受七日生祭。二大老，皆十地中人也。余晚生恨不及见，追想遗风余烈，为之悚然。

• 又瓮阴墨迹

予早年入众时，闻之老宿，痴绝禅师，见曹源和尚，有所契悟。后曹源令小师礼藏主,持法衣一顶,密而随之,不使其知。待他出世,若拈我香,将衣对众付之,礼一依所嘱。二十年后,老痴出世嘉禾天宁,一香为曹源拈出,礼捧衣具陈遗言。痴翁下座接衣,哭为之恸。见者闻者,莫不感叹流涕。不惟弟子,求师之难,而师求弟子,尤难也。

今观墨妙,叙平生,出峡见人,至于入寂,从上所供,并皆诣实。师示寂于宋淳祐庚戌,时年八十有二,终于径山。此段因缘,行状中不收。予姑以所闻,书于卷后。异时僧中,秉董狐笔者,有所取焉。

•山谷赞祐禅师墨迹

山谷老人,深得吾宗佛祖禅髓,故其真赞,如电掣雷奔,风起水涌。向髑髅中,豁开摩酰顶门三只,岂止奔魑魅、走狐狸而已。直得天下老和尚,倒退三舍也。

•峰藏主血书华严经

尘说刹说炽然说,无边香水血淋漓。杂华林内红如锦,五十三人醉似泥。

•血书金刚经

四句偈胜七宝施,祇园会上百华春。须知大士书经血,流出如来忍辱身。

•康上人血书华严经

破一微尘出大经,血痕腥汗百余城。善财南去无消息,啼断春山杜宇声。

昙芳守忠禅师语录①[选录]

守忠(1275—1348),元僧。字昙芳。南康(今属江西)人,俗姓黄。依灵隐玉山德珍受法。文宗赐号宏海普印昙芳禅师。事见克新《有元大中大夫佛海普印广慈圆悟大师忠公行业记》、欧阳玄《元故大中大夫佛海普印广慈圆悟大禅师大龙翔集庆寺长老忠公塔铭》、《增集续传灯录》卷六、《续灯

---

① 昙芳守忠禅师语录:二卷。元昙芳守忠撰,(嗣法)继祖等编。其主要内容,卷上:收录其住崇因、太平兴国、大崇禧福万寿、兴圣万寿等寺的语录。卷下:收录其住大龙翔集庆寺语录及偈颂、佛祖真赞、自赞、题跋、行业记、塔铭等。昙芳守忠肯定"行中仁书记"所书《华严经》"字字如珠转玉盘"。他赞赏"钟王(钟繇、王羲之)字画入木三分"。

存稿》卷七、《五灯严统》卷二一、《新续高僧传四集》卷五〇。

本荟要所录入文字,据《新编卍续藏经》第123册。

• 赠岳禅人书华严经毕游浙

主丈头波腾岳立,毫端上香水浮空。楚天木落千峰外,楼阁重重夕照中。

• 谢径山行中仁书记寄手书华严经至蒋山

无边刹境一毫端,字字如珠转玉盘。五十三人休寐语,龙华师主莫相瞒。

• 辱示妙偈,捧玩无已,谨柝为四首,录呈座下,以报盛德。寓庐山东林比丘至仁再拜

无边刹境一毫端,童子当年被热瞒。庐阜腊残梅蕊白,钟山云尽月光寒。

字字如珠转玉盘,黄金殿上见龙颜。昙花香遍三千界,坐镇江南第一山。

五十三人休寐语,大地撮来无寸土。金声玉振破砂盆,夜半日轮正卓午。

龙华师主莫相瞒,教海波澜彻底乾。帐里真珠三百颗,明明撒出与人看。

• 钟王字画※

上堂:请新仲铭充书记,并谢琏真大师。"人从大都来,接得海南信。报道番阳湖,吞却峨眉峰。直得文殊菩萨,向龙河拂子头上,转大法轮。"击拂云:"钟王字画入木三分①,李杜文章光焰万丈。"便下座。

---

① 入木三分:喻笔力沉劲,用墨深入纸背。宋代书论家朱长文《墨池编》卷一称:王羲之"晋帝时,书祭北郊文,久乃更写,工人削之,笔入木三分。"

蒲室集①[选录]

大訢(1284—1344),元代临济宗僧。字笑隐。江州(江西九江)人,俗姓陈。参谒百丈山之诲机元熙,得嗣其法。文宗时赐"广智全悟大禅师"之号。顺帝时赐"释教宗主"之号。事见虞集《元广智全悟太禅师太中大夫住太龙翔集庆寺释教宗主兼领五山寺笑隐訢公行道记(有赞)》(《笑隐大訢禅师语录》附)、《四库全书总目提要》、《五灯会元续略》卷四、《五灯全书》卷五十五、《增集续传灯录》卷四、《续稽古略》卷一、《续灯存稿》卷五。

本荟要所录入文字,据《禅门逸书初编》第6册,第120号。

• 题东坡与程正辅手简

苏公以刚正,为小人谮毁,凡所交游,亦为罗织。其时有得其文字者,不敢以示人,甚者取所书于梁壁亦削而漫之。而后世秘惜之,过若父祖手泽。当时小人,犹切齿愤恨,如已冠仇然。由是观之,大抵人之心术,不可不正,又何忍而不为君子耶? 此帖在惠州时,与程正辅者。二月而云天气斗热,其炎瘴可知。而他书又云譬如惠州秀才,累举不第,有何不可? 其胸次洞达,不为忧患所移,可想见其人矣! 观此益增感叹。

• 题东坡手帖

苏子瞻尝有诗云:"周公与管蔡,恨不茅三间。"推原常棣之义,以仁人之于兄弟也;无贤不肖,一以亲爱待之。周公身任天下之重,处嫌疑而以大

---

① 蒲室集:凡十五卷。笑隐大訢撰,延俊等编。辑录其住乌回寺语、禅宗大报国寺语、中天竺寺语、大龙翔集庆寺语,以及真赞、偈颂、序、题跋、古辞、古诗、律诗、绝句、联、记、铭、书问、疏等。集中多与赵孟頫、柯九思、萨都拉、高彦敬、虞集、马臻、张翥、李孝光往来之作。本《荟要》所选录文字,涉及的书学思想:一、从人品论书法,指出苏轼为人"刚正"、"其胸次洞达,不为忧患所移,可想见其人矣"、"子瞻以直言立朝,流谪万里,思其弟而不见,故追记其诗而书之,爱友之情,可励风教,况其词翰俱妙乎?"(《题东坡手帖》)二、倡导书法创作活动应遵"佛制",不能"溺于文艺"。大訢说:"其徒毋溺于文艺,恐其偏重,若溺而力不能以自举,惟大乘者,假之以护教御侮可也"。他肯定智永,"智永好书而为房次律则可";批评戒公,"戒公以传宗自任而为苏子瞻,则吾法不取也"(《书金陵十诗后》)。三、大訢提倡,书法家应"自成一家",有自己的个性与风格,在学习古人古法方面,要"善学柳下惠,不师其迹"。他肯定米元章:"元章多蓄晋人书帖,作宝晋斋,而其书豪放,自成一家"(《题米元章书后》)。四、大訢借古智禅师之口,说明"字画"对于弘传佛法的意义。对于重刻李邕碑,有人以"道无今古,时有废兴,而文以纪,一时之事耳! 师者宜训人以道,于字画何取焉"而质疑,古智禅师引华严经,答曰:"华严法界,世俗众艺,皆为道用,且吾以兴复之劳,欲后之继吾居者,皆若远公照觉能隆其道,以昌吾宗,又岂无如邕者而述之于将来也,故吾刻之石,庶有功于后。"(《题东林寺重刻李邕碑后》)

义灭亲，岂其心哉？子瞻以直言立朝，流谪万里，思其弟而不见，故追记其诗而书之，爱友之情，可励风教，况其词翰俱妙乎？

• 题松雪翁所书千文

松雪翁为予书字，凡数百幅，悉散于人，无一存者。予素不习书，其真赝工拙皆莫能辨。然如伯乐相马，正不求于骊黄牝牡也，有以翁所书千文求题，故云。

• 题思聪遗墨后

欧阳公慕韩子作文，因欲攘佛而喜与僧交，盖当时僧有以取重之者，闻讷公之辩博，而见明教之上书，固已气沮心服其下。若惠勤思聪，又因其所好以相入。苏子瞻谓聪九岁善弹琴，十二舍琴而学书，十五舍书而学诗。又曰：慧能生定以至于道，则书与诗当益奇。观此可见其人品矣！天台聪闻，复名若字，与思聪同所业，亦相类士大夫，多乐与之游，惜时好趋尚各异，未有如欧苏者以振发之。因其以所藏思聪遗墨寄题，予既喜其所同，感其所异，并识其末云。

• 题宋高宗书东方朔答客难后

佛惠居雪，多得故家图史书画，又与松雪翁交，号称博古。后至元丙子九月，佛惠迁化，其高弟耀公，以所藏宋高宗书《东方朔答客难》示予，予于珍玩古物、图画字帖，皆不能辨。松雪尝诮予以"不韵"，予谓：虽不识物而能识人，汉高不知文纵知武，亦多战败，至治生产业皆不能，独能为君耳！宋徽宗无不能，而独不能为君。若高宗虽称中兴，然不能用李纲宗泽与诸将，如汉光武克复中原，深为可惜也！然其慈仁谨俭，忧民爱贤，可谓守文之主，况其字画之妙，可传后世乎？念二翁之不复见，追忆畴昔，以识所感，故书于后。

• 题陈世荣血书金刚经后

唐元德秀李观丧其亲，沥指血书佛经以资冥福。或者谓亲则亡矣，而徇俗荐悼何益哉？予谓：元李为唐儒宗，其讲亦熟矣。知亲之灵然不昧者，不与草木同腐，则神明变化，死生往复，天人万类，必有所归。而佛之以性喻金刚之不坏，而般若者，性之常明；波罗蜜者，语到彼岸，犹儒之止于至善也。夫孝子之心，以衰经哭泣，不足尽其哀慕，而求亲之灵，如佛所谓不坏而常明者，超彼岸以止乎至善，其于爱亲不已至乎？金陵陈世荣，刺血书金刚经,以报亡母,祈于悟上乘超净域,惟以见其高识,有合于元李诸贤,而无惑于末习浅议为可嘉也!他日其子以示予,谓先君手泽未尝一日去目,诗曰"孝子不匮,永锡尔类",陈氏有焉,谨书其后而归之。

• 书金陵十诗后

邓善之为予言,肯堂王公与果长老厚善,追果化去而继学于是夕生。今年夏继学来为南台侍御,质之云:先公尝指予言,果长老将化而来,别云复有廿年之聚,予二十余,先公弃世,则善之之言为然也。继学居官不数月而去,视予若宿契,每作诗必录示吾,党和之者百篇。而永嘉安雪心为书,继学喜而尤喜,雪心书后有作率令书之。雪心取予稿命题其后,予闻佛制,其徒毋溺于文艺,恐其偏重,若溺而力不能以自举,惟大乘者假之,以护教御侮可也。不识果老为何如人,得非所谓溺者乎?智永好书而为房次律则可,戒公以传宗自任而为苏子瞻,则吾法不取也。吾与雪心可以为鉴云。

• 题黄山谷诗后

苏子瞻荐鲁直,有曰:"瑰伟之文,妙绝当世。孝友之行,近配古人。平生尽之,其诗与字画特余事尔!"后鲁直参禅,老晦堂闻桂香悟道,故超然于患难死生之表,而视子瞻之论,又大有径庭矣!因观答任道教授诗,评之如此,使鲁直复生,必以予言为然。

• 题米元章书后

元章多蓄晋人书帖,作宝晋斋,而其书豪放,自成一家。所谓善学柳下惠,不师其迹者也。

• 题东林寺重刻李邕碑后

庐山之胜甲天下,而东林又山之胜处也。由远法师居之而名益重,至宋照觉总公易为禅林,而寺始大。其间名贤品题,不啻千百,独李邕碑以字画之妙,为世所珍。延祐七年寺火碑坏,住山古智禅师,既新其寺,复取李邕碑旧本重摹刻之。或谓道无今古,时有废兴,而文以纪,一时之事耳!师者宜训人以道,于字画何取焉?而禅师之言曰:道外事乎,事外道乎?华严法界,世俗众艺,皆为道用,且吾以兴复之劳,欲后之继吾居者,皆若远公照觉能隆其道,以昌吾宗,又岂无如邕者而述之于将来也,故吾刻之石,庶有功于后云。龙翔法弟大訢,闻而识其说于下。

笑隐大訢禅师语录①[选录]

本荟要所录入文字,据《新编卍续藏经》第121册。

• 血书莲经

重重宝藏一豪端,于一豪端揭示看。六万余言血滴滴,黄金难铸此心肝。

• 题中峰和尚墨迹

瓶泻云兴诸佛机,不堪把玩涕交挥。仍愁玉匣诛龙剑,穿屋终随霹雳飞。

• 达上人血书法华经

血淋漓处下针锥,痛忍俱忘是阿谁?勇过药王然臂日,疾于龙女献珠时。千华云锦相层出,百宝香风不住吹。如此本怀方始畅,二千年后好提撕。

• 天禧镇法师血书华严经

初惊照夜月朦胧,更觉春生锦绣丛。粲粲优昙十指血,重重华藏一针锋。当阳直蹋毗卢顶,何用藏身北斗中。幸有长干塔如笔,古今无间写虚空。

• 题血书行愿品

华严设教,由悲智行愿,而至无相无作无愿,入于一真法界。迨至末

---

① 笑隐大訢禅师语录:凡四卷。笑隐大訢撰,(门人)延俊、慧昙等编。内容主要为集录其住乌回禅寺语录、禅宗大报国寺语录、中天竺禅寺语录,以及真赞、偈颂、月江和尚语录序、证道歌序、题中峰和尚语录等。本《荟要》所选录文字,涉及的书学思想:一、关于刺血写经的论述。笑隐高度赞美血书佛经,认为血书佛典乃书写者对佛法的虔诚:"六万余言血滴滴,黄金难铸此心肝"(《血书莲经》)。"血淋漓处下针锥,痛忍俱忘是阿谁?"其虔诚之深厚,是赛过"药王然臂"与"龙女献珠"("勇过药王然臂日,疾于龙女献珠时"),其书法之美,如"千华云锦相层出,百宝香风不住吹"(《达上人血书法华经》),"初惊照夜月朦胧,更觉春生锦绣丛"(《天禧镇法师血书华严经》)。二、可于禅门大师书法中,窥见其人生境界与人格魅力:"无准之径截,天目之精密,痴绝之浩汗","于片纸之中,可以见其平生矣"(《题无准天目痴绝三帖》)。三、对前贤时修书法的评价。笑隐指出,东湖、无文、笑翁,"皆以高行重丛林",他"幼时数拜其像而记其遗言往行,思効万一以自立",而今"今观其遗墨,感慕无已"(《题东湖无文墨迹》)。他还指出,雪嵒之法书乃其心行自由洒脱的写照,出于自然,无事藻饰,"雪嵒亦肆口而说,信笔而书,盖其见处亲切,如所见而行,如所行而言,不自知其然而然,岂求其辩博哉!……孰若今之以赠言为藻饰清事也。"(《题痴绝雪嵒二墨迹》)

卷,复系以普贤十种弘愿,盖结集者示人以进修不辍,犹天四时循环无终。使民事因之,以春作而冬藏,岁功既成,而复兴春作也。庐山住上人,禅余刺指血书普贤行愿品示予,且曰:"吾以为己为人之学验之,惧力之不充,将以自励。"予闻而重有警焉,遂书其后以识吾愧云。至顺壬申八月廿八日。

• 题东湖无文墨迹

东湖无文,生同里,又同师笑翁,皆以高行重丛林。或谓宋季宗门提唱,流于时习,委靡不古。非通论也。近时学者,率学高古而薄俗险行,虽言如佛祖,何益哉!有藏主,以东湖作罗汉赞,无文与琳公书,装背同轴示予。予与有之受经院及二老之故庐相望,幼时数拜其像而记其遗言往行,思效万一以自立。今观其遗墨,感慕无已,拜书其后。

• 题无准天目痴绝三帖

无准之径截,天目之精密,痴绝之浩汗,三大老同时,而用处不同。于片纸之中,可以见其平生矣。

• 题痴绝雪嵒二墨迹

开先一山和尚谓云:"痴绝住山,以一箧付侍者,有求其语,令以纸投箧中。定钟后,令侍者以箧进秉烛书之,随纸多寡俱尽,日为常规。且曰:'无孤其诚意。'"后雪嵒亦肆口而说,信笔而书,盖其见处亲切,如所见而行,如所行而言,不自知其然而然,岂求其辩博哉!故学者亦遵其训而力行之,孰若今之以赠言为藻饰清事也。庐山景南首座,得痴翁雪嵒三偈示予,读之有恨生晚之叹。而一山翁亦化去矣,并书其语于后,以识吾所感云。

• 题野庵无文帖

吾乡诸寺,率多徒居,往时诸老训徒有法,或主巨刹,虽甚老,归见其师必拱侍终日,凛然风度可画也。如臞庵野庵孤云、西江东湖无文,一时名德辈出,何其盛哉!去今才六十年,而乡社寂寥。一日野庵后人定首座,以野庵、无文墨迹示予,犹可想见其家法。感叹良久,书而归之。

• 题天目礼禅师帖

予尝过良渚,闻老宿言,天目禅师退天童返钱唐,其受业诸孙,负行李归故山净相院。而禅师与良渚真寂寺净高僧素厚,又喜近都城,遂留西丘终焉。时赵节斋官临安,为主丧索行李,三分之,以其二令天童净相各建塔，以一津送后事，丛林服其公。师殁距今七十载，其嫡孙东屿和尚，唱道南北山，益大其宗。屿翁之徒子嘉得师良渚，时与净相徒众书，嘉喜而藏之。嘉杭人，遡师为曾大父，又与师同里，知慕其手泽，思振其道于无穷，视彼负行李而趋，以慕师之恶者不啻枭獍也。闻者，当知所戒。

• 又题归去来辞后

予初住杭报国时，松雪翁作疏劝请，以报国回禄后，复书字数百幅，与予作人事，以干施者。临终之日，尚力疾为予书钟铭。其夕梦翁从予索饭而别，将度钱唐而往天台。又闻翁尝云，其始生母梦僧寄宿而娠，以是知为罗汉应身。以文章事业，善知众艺，游戏人间，为法外护无疑也。东潮首座，出翁所书《归去来辞》示予，因感前事，并纪于后云。

• 题圜鉴禅师手帖

圜鉴禅师，居仰山三十年，初罹寇夺，复火其寺。气刚直不折节于人，而施者川轮云委，不十年而寺成。及迁径山，江右之人，书疏往来无虚月。禅师湔人也，湔地富室倍江右，径山又位诸寺上，而施者益寡，人反茧丝于我。故补樊支倾，仅仅不给。岂道之行，各以其地耶？抑尝原之江右多故家尚文而慕道，禅师有道而甚文，故不待求而后合也。五峰贺公为庐陵显族，崇道好礼，凡方外之耆宿，无不纳交而尽其诚。尝有施于其邻之禾山寺，又为主僧慧愚谷者，致恳于师，得所复书装褫成轴，携之与俱时一展，对久而不忘。今之挟左道，狐媚巨室以罔利，使其门墙厮养，视己有骄色，而犹以为得志者，观此无少愧乎？予以桑门行乞，依檀施而住古制也，而二公之交有道，又乐吾乡俗尚之美，故题其书后云。

千岩和尚语录①[选录]

元长（1284－1357），元代临济宗僧。号千岩。字无明。越州（浙江绍

① 千岩和尚语录：元长说，嗣诏录。一卷。收上堂、小参、普说、法语、颂古、偈颂、赞跋、佛事等。本《荟要》所选录文字，涉及的书学思想：关于书写佛典的论述。一、书经并非真功德。千岩和尚指出，蒋道昌银书佛典，是为"报父母恩，普令有情无情，同时成佛"。在千岩看来，人人"净智妙圆，体自空寂，如是功德，不以世求"，因而"成佛"不在于"多书得两行"经，书经虽有"功德"，但"非真"功德（《跋银书华严经》）。又说，书写佛经只是将释迦的"闲言语誊在纸上"（《示能上人书经》）而已。二、肯定血书佛经。千岩认为，"身是世界"，"心是众生佛"，而血从身来，经是心（众生佛）书，佛是心（众生）做，因而"一佛一字一滴血"，血书佛典是成佛之举（《跋血书梵网经》）。

兴)萧山人,俗姓董。七岁出家,十九岁受具足戒。尝于武林山灵芝寺学戒律,后谒中峰明本禅师。初于无明寺弘法,后迁住圣寿寺,蒙赐"普应妙智弘辩禅师"、"佛慧圆鉴大元普济大禅师"等号。事见《千岩和尚语录》附宋濂所撰《佛慧圆明广照无边普利大禅师塔铭》、《五灯全书》卷五十八、《新续高僧传》卷五十。

本荟要所录入文字,据《嘉兴藏》第32册,第273号,台湾新文丰出版有限股份公司1987年版。

• 跋银书华严经

宜兴蒋道昌,银书华严大经,报父母恩,普令有情无情,同时成佛。你信得及么? 若信得及,真个成佛有余,所以道一念普观无量劫,无去无来亦无住,如是了知三世事,超诸方便成十力。与么则不劳引纸运笔,文彩全彰,莫不与毗卢为父,法身为母,释迦弥勒、文殊普贤、诸法王子、善恶知识,皆是我家儿孙奴婢边事,呼来唤去也由我,拳来踢去也由我,初不假于它术。至于一字一句,一尘一毛,一动一静,一语一默,皆从法界中流将出来。看经须具看经眼,书经须具书经手,手眼相资,全体全用。你若道多书得两行,多看得一卷,有多功德。功德虽有,非真,何也? 净智妙圆,体自空寂,如是功德,不以世求。怀州牛吃禾,益州马腹胀,天下觅医人,炙猪左膊上。杜顺法师将心肝五脏,倾在你怀里了也! 且作如何会? 若作经会则谤禅,若作禅会则谤经,若作一团则儱侗。毕竟作么生? 龙生金凤子,冲破碧琉璃,虽然,也须亲证亲悟始得。

• 跋血书梵网经

佛观世界,犹如网孔,有世界便有众生,有众生便有佛,有佛便有戒,有戒便有破犯。智慧上人,你还知身是世界么,心是众生佛么,戒是持破处么? 若无身,是谁持犯,血从何来,经是谁书,佛是谁做? 不见道,一花一国一释迦,无明则不然,一佛一字一滴血。

• 跋瑞上人所藏雪岩和尚真蹟

尽大地是个无字,明眼衲僧跳不出。惠朗老人,为机藏主书此三篇,太煞老婆,通身泥水。瑞上人,汝于甚处得来?

- 示能上人书经

释迦老子,若不会说这几句儿闲言语,粥饭也无吃处。能上人你也只要博些粥饭吃,又将他底闲言语誊在纸上。予乃信雪峰之言不谬。

- 跋晦机虚谷幻住墨迹

佛鉴尝云,汝等后生,那里知得我入众时,晦机和尚已倾寮舍矣!后住净慈径山,大宏祖道。予住仰山三十年,只做得个修造直岁,今请主之,汝当依附,堪为法式。佛智亦云,你禅和子,还知么,大慧说禅之后,当今为幻住一人,吾辈有所不及。石门文藏主出云三尊宿墨迹,敬题昔日亲闻语于后,如曰不然,诸方必有批判。

天如惟则禅师语录①[选录]

惟则(？—1354),元僧。字天如。庐陵(江西吉安)人,俗姓谭。中峰明本的法嗣。事见欧阳玄《师子林菩提正宗寺记》(《天如惟则禅师语录》附)、《增集续传灯录》卷六、《五灯会元续略》卷三十、《新续高僧传四集》卷一七。

本荟要所录入文字,据《新编卍续藏经》第122册。

- 血书法华经序

法华者,吾自心之法华也,外自心以求法华无有也。迦文一代时教,若播百谷而获在法华,由其以佛知见开悟众生,归于授记作佛而后已。授记之说不同,有本有迹。迹则为诸声闻开权显实,本则为诸大会开近而显远。譬犹抹诸世界以为微尘,以尘为劫,以劫计其成佛已来之寿命,至于后际而未穷其间,说法授记者可胜计哉!其远虽若此,然亦未离乎数量也。究夫

---

① 天如惟则禅师语录:凡九卷。天如惟则撰,(小师)善遇编。第一卷:示众、普说。第二卷:普说、升座、小参。第三卷:法语。第四卷:偈颂。第五卷:佛事、佛祖赞、赞、诗。第六卷:序、说、记、铭。第七卷:跋、疏、榜、书问。第八卷:书问、祭文。第九卷:宗乘要义。卷末附欧阳玄撰《师子林菩提正宗寺记》。本《荟要》所选录文字,涉及的书学思想:天如惟则认为,书写佛典有巨大功德:"如今诸佛刹海,乃至天人众会,宫殿床座云台宝网一切受用庄严等事,却在夏居士一毫头上出现。"(《跋墨书华严经》)而血书佛典,功德更为巨大。他引用佛经作证,"经不云乎,若佛灭后闻是经典有能自书,若教人书,则为已起僧坊诸殿堂园林浴池经行禅窟,一切乐具充满其中",然后指出,"由是观之,一毛之孔一缕之血,一点一画之布置,可以展化权,可以树幢刹,可以现诸佛之本光。乃至宝所之归,轮王髻珠之赐,灵山一会之未散,若天若人奉宫殿床座花香幡盖以供养,悉在乎此。"(《血书法华经序》)

曰生曰佛、曰悟曰迷、曰近远始终之数量，其在吾之自心，特一念随缘所现之影响耳。是故一念之扩，山毫海墨不足以书其少分；一念之敛，针窍毛孔函之而有余。所谓非思量分别之所能解，深固幽远无人能到者。其旨在此，陋庸之士足以语此哉！可庭讵藏主受业袁州盘龙山显庆禅寺，早挟策为四方游，至顺癸酉寺厄于火。其师云峰峙禅师奋力兴复，今又七年矣。可庭寓吴门得受业书，遂刺指血书法华经凡七卷。复于是经一字一拜，助其师祷于佛，速寺之完令法久住，其用心亦勤矣。经成拟奉以还，持示余。余稽额称赞且语之曰：经不云乎，若佛灭后，闻是经典有能自书，若教人书，则为已起僧坊作诸殿堂园林浴池经行禅窟，一切乐具充满其中。又云：众生见劫尽，大火所烧时，我此土安隐，天人常充满。由是观之，一毛之孔一缕之血，一点一画之布置，可以展化权，可以树幢刹，可以现诸佛之本光。乃至宝所之归，轮王髻珠之赐，灵山一会之未散，若天若人奉宫殿床座花香幡盖以供养之，悉在乎此。子诚知此，则吾自心法华之说，亦当有以验乎此矣！

• 跋墨书华严经

华藏世界海，微尘数佛刹，尽在普贤大士一毛孔中出现。如今诸佛刹海，乃至天人众会，宫殿床座云台宝网，一切受用庄严等事，却在夏居士一毫头上出现。所现底既在目前，能现底还在甚处？于此著得只眼，方许诸人与居士相见，亦许居士与普贤相见。

• 白鹤观金书道德经建玄帝殿疏

白鹤横江东，来此地卜神仙之宅。青牛度关西去，今吾传道德之经。谋将募金以代墨卿，藉是构殿以祠玄帝。诸贤一诺二美俱成，瑶坛展卷灿星华，鸾凤交飞而光摇紫府。皂纛拂檐垂斗柄，龟蛇合兆而气转洪钧。简在帝心，介尔景福。

了庵清欲禅师语录①[选录]

清欲(1288—1363),元僧。字了庵,号南堂。台州(浙江)临海人,俗姓朱。参古林清茂于保宁契机而嗣其法,为南岳下第二十二世。以墨迹扬名海外。事见宋濂《慈云普济禅师了庵欲公行道记》(《了庵和尚语录》附)、《五灯会元续略》卷六、《增集续传灯录》卷六、《五灯全书》卷五十二。

本荟要所录入文字,据《新编卍续藏经》第 123 册。

• 大慧和尚墨迹(三)

"才高谤起,法盛魔强",此草堂以为妙喜南迁之兆也。因思五祖谓能大师曰:"夫传法者,命若悬丝。"今妙喜帖中后语勿使天魔知之,又设巧便矣,可不慎哉。

参学兄弟,未有正见,而务外学,故先德有杂毒入心之诫。老妙喜榜之于门,罚及邻案,在洋屿一夏打发一十三人,夫岂偶然。雪峰龙岩翁得此榜,时以示人,不为无补。

---

① 了庵清欲禅师语录:凡二十二卷。了庵清欲撰,(后学)一志等编。该书集录其住开福、本觉、云岩等禅寺的语录,以及举古、法语、普说、偈颂、谣、歌、十二时歌、四威仪、铭、赞、题跋等。本《荟要》所选录文字,涉及的书学思想:一、对前贤时修书法的品评。了庵清欲指出"五尊宿"均有"道德文采",他们的"真迹","生气凛然"(《五尊宿真迹》)。他指出"圣徒"系有"道德才思"之人,其"所遗《敬如庵小帖》","词语温雅,笔意精熟,无在而不妙也"(《妙喜禅师圣徒首座二帖》)。指出涂毒禅师之墨迹,有"自得之妙,暗合孙吴",其妙如"元酒大羹","固非尝流所能知味"(《涂毒禅师墨迹》)。指出别峰、涂毒二师之"道德位望,并驱争先,是皆人龙僧凤也"。他们所书偈简,"皆肆口而说,肆笔而书,曾不经意,深足以发明言外之旨"——出自胸臆,出于自然,有直率自然之美。同时批了那种"以雕虫篆刻为事,睹之未始不茫然自失"的不正之风(《别峰涂毒二禅师手泽》)。他肯定"此庵师祖"之"帖":"虽寻常数语,无一点俗气,而况笔意精妙不可及"。缘于此师祖的佛学境界:"育王师祖,老腕有回天之力,一洗浇漓,顿还淳古"(《此庵师祖手帖》)。肯定痴绝和尚之法书,"流落丛林,仅二百年,虽纸墨微蠹,精彩犹新"(《痴绝和尚书应庵师祖法语》)。指出陆放翁"深得吾宗之蕴",因而"发而为翰墨,犹虎而角者也"(《陆放翁小简》)。二、论述书写佛典的旨归与功德。书写佛经,其旨归在于:"是为不舍根本智,而能成就诸愿海";有巨大功德:"毫端显示妙莲华,随说而行血滴滴。乘时破彼妄想尘,全出无边大经卷"(《何山复藏主血书法华,募印藏教,建殿曰毗卢性海》)。雪心所书佛经,"端楷入神"——楷书端正,有入神之妙。书写中,心净如冰雪,"各于毫端现神变";有巨大功德,"深入普贤行愿海,同证遮那根本智"(《承天量维那集同志,书杂华大经,为十卷。其二乃吾雪心所写,端楷入神,求余题之。说偈以赞曰》)。他充分肯定"紫岩公"所书心经,首先肯定其"印心于佛果,扩充于妙喜,以之致君唐虞,中兴王业",为"观自在之流亚"(即能行之之人也,照见五蕴皆空,即此智慧之力也)。其法书"有回天之力":"观其腕头,盛有回天之力者,其观自在之流亚与? 故其笔是经,以寿后世,即自觉觉他之道,无有穷也"(《张魏公所书心经》)。三、对法书的鉴赏与批评,提出了重要原则。了庵清欲指出,品评书艺"当视其迹明其心","因是迹观是心","宝其迹而究其心",不应"尚其迹而遗其心",这是无益于佛事的(《密庵和尚墨迹》)。

妙喜亲书别帖，是亦残编断简，却有别峰无准两代古佛批判。二百年后得之，夜光明月，不换于乎道德之能。取重于人如此，而人自不能力致之者，又将奚算？

• 五尊宿真迹

"天上无双日，人间只一僧"，此慈云哭四明之语也。吾于慈云，无间然矣。妙喜隰州，同唱斯道于玉几太白，千载一时，不可复见。玉山虽后于两翁，而道德文采，曾不少让。石溪能传聩祖不传之衣，亦一代宗工也。此五真迹，生气凛然，在在当有神物护持耳。

• 妙喜禅师圣徒首座二帖

少时阅大慧禅师广录，知参禅之难；观圣徒颜公释难文，知为僧之不易，自是两翁风度，常在心目间。明公从妙喜于衡阳所得亦不少已，尝以大禅称之，逮授衣之际，叮咛戒饬。乃曰："如将梵位直授凡庸，你也须生惭患始得。"又知付授之难如此。近世庸妄，视同儿戏，大法之微，有所自也，于此未尝不泪下。圣徒道德才思一狐之腋，所遗《敬如庵小帖》，词语温雅，笔意精熟，无在而不妙也。德侍者其宝之。

• 佛照禅师墨迹

栢岩为洞山下得一转语好，遂开粥相延，则檀林无杂树也。育王以之故，能慎择以警游惰。又谓看经不必多，但研究法理，以悟为则。至于收拾精神，理会腊月三十日生死公案，直欲攻其兄出淤泥而登彼岸尔。老佛照此书，百世师法也。

• 别峰涂毒二禅师手泽

别峰涂毒其道德位望，并驱争先，是皆人龙僧凤也。此偈此简，皆肆口而说，肆笔而书，曾不经意，深足以发明言外之旨。彼胶于情识者，方以雕虫篆刻为事，睹之未始不茫然自失也。悲夫！

• 涂毒禅师墨迹

湛堂昔因决渠水溅衣，豁然大悟以白真净。净诟曰："此中乃可容蘧苴耶？"今观策禅师与勤道者小简，才有肯重，便成渗漏之语。自得之妙，暗合孙吴，然元酒大羹，固非常流所能知味。大圆智公，不可谓不知人也。

• 佛灯珣和尚墨迹

昔妙喜谓"佛灯为临济顶中髓，杨歧眼里睛。棒头明杀活，喝下辩疏亲."以此而骂佛骂祖,卒灭吾宗,于骂天乎？何有赠规之偈,舐犊之情。于此见佛灯,何异水中捞月。识者辩之。

• 长灵卓和尚手帖

灵源出晦堂之门,其粹密岩正,真万世师范长灵克家子也,是以荷负正宗之心,咄咄不辍口,犹自谓筋疲力苶,止可暖热些些门庭而已。若觅委托大缘,诚未易得也。读至此,俯仰今古,为之慨然。至于应涉事事与世相反,警救不逮,惟恐混而为流俗之旨,真药石之言也。

• 张魏公所书心经

"摩诃般若波罗密多",梵语也。此翻大智慧到彼岸,所谓达佛心宗之径也。"观自在"即能行之之人也,照见五蕴皆空,即此智慧之力也。"度一切苦厄",即到彼岸之时也。至于空色互明、理事俱遣,即佛与众生同一体,处处皆同真法界,受用自在三昧也。紫岩公印心于佛果,扩充于妙喜,以之致君唐虞,中兴王业。观其腕头,盛有回天之力者,其观自在之流亚与？故其笔是经,以寿后世,即自觉觉他之道,无有穷也。然未易与儒墨自卦者议。

• 密庵和尚墨迹

密庵老祖,任少室正宗之寄,鼓一破沙盆,震惊天地,若涂毒鼓然。宜其燕坐高堂,四事供养,以应来学。而犹不免于持钵奔走,艰难万状,吾不知造物之待人,固如何哉？岂必欲其显发吾先佛轨仪,以为后世窃服踞位,妄自尊大者之戒乎？灯侍者当视其迹明其心,则破沙盆遗音可继也！

• 无准和尚笔迹

五祖下出三佛,佛眼最为谨密,日用唯恐有失,故切切自省如此。老无准书之,岂无意乎！不幸脱去前二段,环溪能补之,知父莫若子。在首座宝其迹而究其心,则不虚矣。苟徒尚其迹而遗其心,亦何益于事哉？余因是迹观是心,而作是说者,且以自儆而复儆在也。

正续老师居五峰,法席之盛不下妙喜时也。众多粮少,而重罹回禄,故奔走四方,不能自已。伏读此帖,可以想见其曲折。苟非以荷负正宗为心,则安能篷簾若此耶？近世羡痴福,踞大方坐围千众,口无所说,心无所思,傲然自足,以谓师道之尊,莫过受用随意而已,安知有荷负正宗之说哉？吁！

• 此庵师祖手帖

育王师祖，老腕有回天之力，一洗浇漓，顿还淳古。所与妙胜长老小帖，虽寻常数语，无一点俗气，而况笔意精妙不可及。启侍者既入保福一庵之室，宝之宜矣。

• 痴绝和尚书应庵师祖法语

此吾应庵老祖，示作禅者之语也。痴翁因伟上人之请而书之，伟亦佳衲子与？流落丛林，仅二百年，虽纸墨微蠹，精彩犹新。四明临藏主能宝之，而求余题。二宗师三学者，出处有后先，而所存一也。以古视今，益重余之感慨。

• 灵源痴绝二禅师二帖

黄龙昭默禅师，德尊一代，虽士大夫登其门者，未尝假以辞色。观此慰帖，谓既了大事，必闲居味道内遣，则亦入室之人也。若夫，言简而意足，善于文字者皆能之。必欲见此老人，当在此帖之外著眼可也。痴翁所示道书记法语，病多谙药性，经验始传方。习藏主其深味之。

• 陆放翁小简

放翁先生，南渡师儒也。雅从育王佛照、径山别峰涂毒、灵隐松源老祖游，其深得吾宗之蕴。故发而为翰墨，犹虎而角者也。此帖特其土苴绪余，而览者方且赞咏之不暇。苟知其大全之体，岂又当如何哉？

• 有异比丘以金刚经写成释迦佛像，高不五寸，广则半之，可视不可读，为作赞曰

三十二相，金刚法宝。色见声求，是行邪道。应无所住，而生其心。梦幻露电，功德之林。纵横倒植，珠明玉润。毫端发挥，摄入方寸。如明镜中，而现色像。善哉佛子，显此智藏。

• 高安陈茂卿书四大部经，求赞

善哉茂卿大居士，深入诸佛法性海。乘彼无始大愿力，而于一念了万事。随顺世间一切相，不坏不杂悉平等。与我法性无差互，然此法性不可得。彼诸世相亦无有，以无有故无挂碍。于一切处无顺逆，譬如虚空无所依。为诸色相所依止，不即不离无取舍。具足成就一切法，而于一切无作受。若能若所寂静故，居士既入此法性，无复发起世间想。若利若禄如梦

幻,岂有智者于梦幻,一毫端许生染著,是名菩萨如幻智。居士以此幻智力,游戏一切翰墨海。于一微尘出经卷,量等三千大千界。开敷一切三昧华,庄严诸佛法性土。具足无上大智慧,绝生死流到彼岸。众宝积聚如须弥,涅槃自性无繫属。发起普贤诸大愿,于一切处为先导。而此居士翰墨海,瀰漫汹涌无有涯。于一滴中具众智,一一滴中无不尔。以一切智入一滴,一切智智亦复然。是为菩萨无尽藏,于一切处作利益。是为菩萨大法船,于一切处作津济。是为菩萨精进幢,于一切处无退屈。一切诸佛净天眼,证我作此无畏说。普愿一切法界海,与我所说无涉入。令彼居士法性身,与诸佛等菩萨等。而于诸佛法末世,兴起广大诸佛事。普使沈溺诸有情,同见自性天真佛。

• 何山复藏主血书法华,募印藏教,建殿曰毗卢性海

我观如来真法界,清净广大如虚空。若性若相悉平等,故能建立于一切。能作所作不可得,而于诸法不染著。善哉佛子证此法,即见本身卢舍那。三际洞然入一念,不越一念了三际。譬如皎月行太空,不作明照一切想。是为菩萨无功用,于一切处作佛事。交光相罗无坏杂,体用涉入如帝网。小溪不隔逝多林,遮那不起菩提树。所以庄严大楼阁,动念俱息开复闭。于此不作奇特想,亦复不作无奇特。是为不舍根本智,而能成就诸愿海。今观佛子所建立,始终不离如是义。毫端显示妙莲华,随说而行血滴滴。乘时破彼妄想尘,全出无边大经卷。普为来者作饶益,不出遮那同体悲。自然常在于其中,若经若行若坐卧。求其实性不取相,即是诸佛所受用。我今随喜说伽陀,聊为太虚安耳穴。作是观者为正观,异是说者即邪说。

• 承天量维那集同志,书杂华大经,为十卷。其二乃吾雪心所写,端楷入神,求余题之。说偈以赞曰

毗卢遮那华藏海,七处九会炽然说。文字句义悉平等,悲智行果所成就。不起于座遍尘刹,一切诸佛亦如是。重重主伴互开演,历历交参同帝网。一经普摄一切经,一义具足无量义。言词道断心行灭,此经真体即无寄。是名华严大法界,若理若事无有碍。情与无情本一体,能所动静性空寂。善哉心量十比丘,智愿弘广北溟水。安住无住冰雪心,各于毫端现神变。缩此大经八十一,萃为十卷悉周备。我观如来本无说,尔诸比丘未尝

写。无说而说是真说，不写而写是真写。受持读诵与供养，开示悟入亦复然。佛子当作如是观，安住解脱不思议。深入普贤行愿海，同证遮那根本智。

• 灵隐昇藏主书华严塔，求赞

毗卢遮那大经卷，量等三千大千界。书写大千界中事，一一事相各差别。理随事遍一即多，事得理融多即一。即多即一即事理，交摄融通了无碍。是为诸佛法性海，俨然藏在一尘中。有大比丘名可昇，出生如来法末世。发起广大同体悲，为欲饶益诸含识。以净天眼普观察，破此微尘出经卷。书成广大华严塔，高显挺特踰须弥。围绕重重香水海，基陛下极金轮际。相轮上彻有顶天，五十二位列层级。一百一十布阑楯，十虚弥漫宝丝网。流出一切供具云，觉树开敷智慧华。园池涌现功德藏，佛之身光蔽日月。菩萨声闻众无数，而诸世主称妙严。一一云集普光殿，虽分七处与九会，其实不离菩提场。我此本师卢舍那，与十方佛当不异。我观十方诸世尊，所现身土悉平等。而诸世尊刹网中，应有比丘出经卷。方便善巧总殊胜，所作佛事无有别。佛等刹等众会等，悲智行愿亦复然。如此无上窣堵波，全是遮那法身王。遮那法身入我性，我性即与遮那合。我愿一切身众云，咸具无量辩才海。穷未来际赞此塔，而与我今无有异。我此言词相寂灭，悬契诸佛真如心。若见若闻若随喜，各悟自性获道记。

• 法华塔赞

道人夏坐莲华峰，晨起为写莲华塔。深入法华妙三昧，旋而证得陀罗尼。八万四千毛孔中，咸放光明照天地。是身即塔塔即经，离名离相绝能所。十方诸佛皆欢喜，异口同音赞善哉。当知世尊释迦文，一代时教三百会。开权显实示真要，难信难解唯此经。当时灵山大会中，尝以此经嘱累汝。是故佛子乘本愿，笃生五浊法末世。通身被服精进铠，毕生扶植坚固意。为灭荒唐痴暗狱，耀此炽盛光明幢。开廓自己神通门，显发诸佛知见海。方其点画未形初，此塔遍界已充塞。塔中古佛与今佛，不从地涌从心现。所以引笔与行墨，行布圆融了无碍。相轮层级甚高耸，宝网香云悉周遍。天华缤纷雨新好，法音清扬振金铎。若闻若见悟本智，是名真法供如来。咨尔天神及龙鬼，在在处处为诃护。令此宝塔镇浩劫，永为群生作饶益。

• 法华经塔为道藏主赞

是法华经藏，深固复幽远。开示与悟入，弥纶大千界。善哉道上人，以无作妙智，摄诸一毫端，幻此大宝塔。高广至梵世，绵亘恒沙劫。无断亦无灭，不骞亦不崩。仍于念念中，兴起诸佛事。若见若供养，疾得成佛道。当知此宝塔，全是芬陀利。开权而显实，一切义成就。是名经中王，於塔最第一。古佛与今佛，常在于其中。刹网互辉映，而诸分身佛。一时皆集会，能说与所说。言词相寂灭，无取亦无证，吻合诸佛心。能契此心者，得法华三昧。我为赞此塔，说此妙伽陀。以尔精进力，激我懒憧意。则知此上人，是我善知识。我观十方国，此经无不在。诸佛法末世，无不书此塔。亦有赞塔者，与我将不异。安住四法故，即具普贤道。稽首释迦文，证我如是说。

禅林备用清规①[选录]

弌咸，元僧。承天觉庵真法嗣。住庐山东林寺。有《禅林备用清规》行世。事见《增集续传灯录》卷五。

本荟要所录入文字，据《新编卍续藏经》第 112 册。

• 商　侍者[选录]

书状之职，英财特立，黼黻宗门。官员书尺往还，山门制疏作榜，方丈命下具草禀呈。如无书记，文翰一体，乃赞辅住持也。既不预回向打锤，亡僧不应把帐。然亦随方毗尼，当究宗乘，期出生死，毋事笔砚，虚度一生。如石田之侍破庵，不尚翰墨，慧命重焉。

• 吊　书记

声名清雅，翰墨典严。制文须合古规，发语当为新鉴。悚动观听，辉映林泉。

若曰佛祖慧命，岂在兹乎？黄龙南和尚，遇云峰悦禅师，指见慈明，方

---

① 禅林备用清规：凡十卷。又称《备用清规》、《泽山清规》、《至大清规》、《备规》。元代僧泽山弌咸于武宗至大四年(1311)编成。弌咸汇集古来禅林丛规、礼法等，列举圣节升座讽经、坐禅、楞严会、专使请住持、百丈龟镜文、持犯轨仪、当代住持涅槃、日用清规等，计一六九项禅门规仪。卷首收录袁桷之序、弌咸之序。禅门以"出生死"为大事，反对迷恋世俗的书画等艺术活动："当究宗乘，期出生死，毋事笔砚，虚度一生"。

决大事。谋西江,华藏遁庵会下,充书记,代赴张循王府,陞座。到府门,问曰:"书记若会禅,家间自有教授。"谋即归寺,焚却所畜文字,径造天童,默耕此道,凡十年不出僧堂,方了大事。后住雪窦,至天童法道大振,任重致远,丛林共知。

- **国　百丈龟镜文**[节录]

为众僧典翰墨,故有书状。……书状不工,文字灭裂,非书状所以饰众也。……事持笔砚,驰骋文章,非所以报书状也。

月磵禅师语录①[选录]

文明,元僧。字月磵。住饶州荐福院。得法于明州天童寺西于岩了慧。事见《增集续传灯录》卷五。

本荟要所录入文字,据《新编卍续藏经》第150册。

- **血书金刚经**

娘生指上血一滴,染尽给孤园里花。三十二枝春盎盎,不知香蔼几恒沙。

- **题破庵和尚帖后**

破庵老祖示众,不是心,不是佛。语犹埙器中,具黄钟大召音,百世之下,闻之者,亦足以兴发。今之作者,犹危弦脆管,非不美好,能热凡耳,而一闻则索然而尽矣。九拜敬读,凛焉为之发立,寿首座其宝之。

- **跋西岩和尚墨帖**

此帖乃余别师后,十阅月所书也。已知客远访出此,因焚香拜读。恍若叶拱侍左,自丁自丙,倏四十年。惊岁月之易化,感世时之殊异。只令前辈掩光,丛林寒寂,睹此犹盆盎中曡洗,可不敬哉。子其宝之。

---

① 月磵禅师语录:凡二卷。月磵撰,侍者妙寅、永仁、宗焕等编。卷一,收住信州鹅湖仁寿禅寺语录、饶州天宁禅寺语录、饶州荐福禅寺语录、告香普说;卷二,收再住荐福禅寺语录、送行、颂、题跋、小佛事、赞、自赞。本《荟要》所选录文字,涉及的书学思想:一、祖师之书法有巨大的启示和教育作用。月磵指出,破庵之帖,其书写之"语",有振瞆发聋之力,"犹埙器中,具黄钟大召音,百世之下,闻之者,亦足以兴发"。而今之作者,虽有"美好"之书,但乃"危弦脆管",只"能热凡耳,而一闻则索然而尽矣"(《题破庵和尚帖后》)。二、关于血书佛典的功德。月磵指出,取"娘生指上血一滴",可以"染尽给孤园里花",其书法之美:"三十二枝春盎盎,不知香蔼几恒沙"(《血书金刚经》)。

• 跋无准和尚与清凉长老法衣墨迹

圆照师翁,无端将一片烂瓜皮,信手搭在柳树上,又奉赠一道咒诅真言。小孙若当时在傍,只消轻轻控鼻一声,教者老汉无地著羞。

即休契了禅师拾遗集①[选录]

契了,元僧。字即休。住润州金山寺。为余杭径山虎岩净伏弟子。属大鉴下第二十三世。事见《续灯正统》卷二四、《增集续传灯录》卷六。

本荟要所录入文字,据《新编卍续藏经》第 123 册。

• 大金东庵真济二老手帖跋

金时名师,东庵真济二老遗墨,日东无梦首座,出以示及,予得寓目焉。乌乎！汉更新室,仅三十年,父老见光武军容之异,犹叹曰:"不图今日,复见汉官威仪！"皇朝更化,车书混一,岁数倍之。彼时二老,文华之异,今日见之,得不与见汉官威仪,同一感叹耶?

• 龙华悟宗主血书华严经

华严大经八十一卷,世之流传者,多以墨本,众少信而义少圆。今龙华会主圆悟,乃出指血,通书全部,期与来者传诵。庶信易兴,而义易圆,四恩酬而三有资,利不加博乎?敬赞以偈:

鹫峰说得血滴滴,龙会今朝又指陈。耳处能观眼处听,杂华开遍百城春。

• 李知州、郭教授、石县尹,作画作字于库院,索题

天材拔地匠不收,空埋雪壑成乾休。李侯郭公识真态,写影肯作山堂留。古松古桧对立碧,涧莎散发和湍流。新篁擢秀摇翠葆,石面突出夜叉头。白日黯惨青烟湿,鹤群飞下孤猿愁。霜枝缺处露冰柱,蝌蚪倔强欺蛟虬。向来虚壁木泥土,墨香一染金难酬。风月长年生六户,大夫封树空千

---

① 即休契了禅师拾遗集:即休契了撰,日人愚中周及编。一卷。又名《金山即休契了禅师拾遗集》。集录其诗偈、疏、祭文、题跋、记等百余篇。即休契了充分肯定"龙华会主"刺血所书之华严经。他指出:世所流传之"墨本"华严经,"众少信而义少圆"(信众少而能圆满了解其义的也少),"龙华会主"以指血"通书全部","期与来者传诵",使之"信易兴,义易圆"。更能弘宣佛法:"耳处能观眼处听,杂华开遍百城春"。

秋。羡君总为廊庙具,快我无钱得沃州。

• 题五尊宿书卷

凤瑞物也,昌期则现,昏代则隐。或堕一毛于林间池上,有得之者,犹为希世之瑞,秘而珍之,况多得乎?

今观故宋村僧、橘洲、石桥、淛翁、天目,五先德遗语,编次为轴。殆乎凤毛集瑞,粲粲然,照耀八表之窗几;琅琅然,省发群学之耳目。如使时出,益加披究言外之旨归,得不回宗教于季运,而复昌期耶?视凤之毛,抑岂足为世瑞哉!珍之宜矣。

• 跋密庵和尚嗣法书

玉蕴荆山,非卞和别之,不能以自白。珠沉赤水,非罔象得之,不能以自表。先中峰老祖,复广福安长老嗣法书,词严旨密,殆乎玉之蕴山,珠之沉水,今为日东荣首座得之。其非具明宗之眼,探玄之手。有加于卞和罔象,何能及是耶?

楚石梵琦禅师语录[①][选录]

楚石(1296—1370),明僧。名梵琦,字楚石。明州象山人,俗姓朱。南岳下二十世法孙径山行端之法嗣。元至正七年(1347),顺宗赐号"佛日普照慧辩禅师"。事见至仁《楚石和尚行状》、宋濂《佛日普照慧辩禅师塔铭有序》(以上载《楚石梵琦禅师语录》)、《释氏稽古略续集》卷二、《南宋元明禅林僧宝传》卷十、《增集续传灯录》卷四。

本荟要所录入文字,据《新编卍续藏经》第124册。

---

① 楚石梵琦禅师语录:凡二十卷。梵琦撰,(门人)祖光、昙绍、良彦等编。主要编集其福臻寺语录、天宁永祚寺语录、大报国寺语录、本觉寺语录、秉拂小参、颂古、法语、杂著,并附行状及宋濂所撰之序、塔铭等。本《荟要》所选录文字,涉及的书学思想:一、梵琦指出了文字、书法对于传播佛法的意义:"然钟鼓非礼乐之本,而器不可去。文字非宗乘之极,而书不可无。因筌以得鱼,藉指而观月";"受持读诵,如饮海以无边。书写流通,若量空而不尽"(《血书莲经跋》)。肯定智祚书写佛经("具足烁迦罗心,书写首楞严典"),非常虔诚("一诚注相,十帙奏功"),乃毕世之弘愿("誓毕世以受持,命谕才而称述")(《书楞严经》)。二、关于血书佛经的功德。梵琦概括论述了《华严经》的"大旨",并指明它"为群经之元首",然后讲明血书佛典的功德:能"亲见普贤",是"已参慈氏",获得佛性("下笔时亲见普贤,弹指处已参慈氏"),可以获"神物护持",可以广作佛事,"广作世间饶益"(《人上人血书华严经跋》)。肯定"德慧"血书佛经,乃弘扬佛法("刺血而书此经,毕命以弘斯道")系"以报师恩,以酬佛荫"。其书写之美:"毫端散绮,诸天莫不雨花。纸上流金,大地为之震动";其功德之巨,可使佛灯不灭:"譬夫膏油相续而灯不灭,条甲无间而木向荣。"(《血书莲经跋》)

• 入上人血书华严经跋

夫常住真心,举一尘而尘尘顿现。难思妙德,修一行而行行全彰。喻众色之依空,若千波之匝海。始从信地,无位不周;终至觉场,本体何别。然众生迷于妄念,不知即妄以明真。诸佛照于圆宗,所以唱玄而设教。事非报化之末迹,理绝凡圣之常谈。今古炽然,物我交彻。此杂华之大旨,为群经之元首也。与比丘悟入,证十法界,入重玄门。泯性相而不无,示身心而非有。刺血为墨,书写是经。下笔时亲见普贤,弹指处已参慈氏。积劫求之而不足,半偈得之而有余。当令神物护持,广作世间饶益。

• 血书莲经跋

妙理虚玄,真乘湛寂。念而无念,甘露沃其心。持而不持,金印封其口。所以分身佛集,多宝塔来。远近同归,古今共贯。三世如来法施之式,十方菩萨悟入之因。谩劳历劫证修,不出刹那圆具。然钟鼓非礼乐之本,而器不可去。文字非宗乘之极,而书不可无。因筌以得鱼,藉指而观月。昔药王然身于净明德佛,释迦屈体于阿私陀仙。即以不坚之身,了于常住之法。慧光兰若比丘德慧,刺血而书此经,毕命以弘斯道。毫端散绮,诸天莫不雨花。纸上流金,大地为之震动。譬夫膏油相续而灯不灭,条甲无间而木向荣。慎厥终惟其始,佛法无多子,久长难得人。勉之。

经王尊贵,秘藏幽深。究竟绝于名言,方便令其悟入。自如来开演,出彼千龄。及罗什再翻,成兹七轴。受持读诵,如饮海以无边。书写流通,若量空而不尽。潜利阴益,妙用恒沙。随喜赞扬,神功叵测。粤有比丘惟德者,丹诚贯日。素检怀霜,念得度之缘。非师不具,臻报恩之极。舍佛何由,由是发起行云。炼磨心地,沥十指血,终七轴经,以报师恩,以酬佛荫。推此志也,岂小缘哉。凡我同流,宜加赞叹。

• 书楞严经

性觉妙明,亘古今而不变。本觉明妙,在迷悟而皆如。假喻虚空而不空,发挥群相而非相。超乎闻见,异彼因缘。交光相罗,弥满清净。十方诸佛,同宣了义之玄旨。一切众生,咸具圆通之正体。只为客尘扰扰,岂知日用昭昭。耳目所拘,孰解骑声盖色。根尘未脱,安能息虑忘缘。堕情想之樊笼,感升沉之业报。譬如眚目晕此明灯,宛若沤花发于巨海。外列山河世界,中分鬼畜人天。本因织妄而成,莫匪瞪劳而现。四三宛转,十二轮环。生死死生,有无无有。直下断除爱欲,还他调御丈夫。自今疾至菩提,教我多闻弟子。超越五蕴区宇,廓清十种禅那。如能宣此呪心,乃可制诸外道。利人利己,世出世间。证不动尊,成无上觉。未城澄照沙弥智祚,少年苦行,锐志禅门。具足烁迦罗心,书写首楞严典。一诚注相,十帙奏功。誓毕世以受持,命谪才而称述。姑伸梗概,甚愧荒芜云尔。

• 赠前西隐玉碉血书华严经

毗卢性海无边表,非古非今非大小。有时捏聚一毫头,血滴滴地从挥扫。有时伸作广长舌,一卷百番宣未了。玉涧老金溪宝,如来样向心中造。善财童子未知归,度水穿云谩寻讨。当砌华映帘草,雪白甆瓯香袅袅。自然觉者处其中,终不随他打之绕。

恕中无愠禅师语录①[选录]

无愠(1309—1386),明僧。字恕中,别号空室。台州(今属浙江)临海人,俗姓陈。昆山荐严妙道禅师之法嗣。事见乌斯道《天台空室愠禅师行业记》、宋濂《瑞岩恕中和尚语录序》、《南宋元明禅林僧宝传》卷十二、《增集续传灯录》卷六、《佛祖纲目》卷四一、雍正《浙江通志》卷二○○。

本荟要所录入文字,据《新编卍续藏经》第 123 册。

• 外道问佛

不问无言与有言,张颠颠后更谁颠。扫成笔底龙蛇阵,流落人间万古传。

---

① 恕中无愠禅师语录:又称《瑞岩恕中和尚语录》、《空室和尚语录》。凡六卷。恕中无愠撰,(嗣法参学)宗黼等编。主要收录其在广福、净土二禅寺的语录,以及举古、颂古、小佛事、赞、铭、偈颂、法语、诗、题跋等。卷末附《天台空室愠禅师行业记》。本《荟要》所选录文字,涉及的书学思想:一、关于刺血书经的论述。恕中无愠赞扬"韬侍者"刺血书法华经:"指端沥尽娘生血,烨烨红莲广长舌。拽脱尘劳八万门,直把心肝铸生铁。"十分虔诚("指端沥尽娘生血"),能弘宣佛法("烨烨红莲广长舌"),能摆脱尘劳羁绊("拽脱尘劳八万门"),能使心净、坚硬如铁("直把心肝铸生铁")(《韬侍者刺血书法华经》)。二、对前贤时修书法的品评。恕中无愠指出,妙喜法书"得处稳实,说处谛当,如风行水上,自然成纹"。并非那些"涉情识计较,以文字语言,尖新缜密,为夸诩"之徒(《题大慧和尚真墨》)。恕中无愠高度评价"高上人"所书"小字金刚经",精细、清晰:"纵不过三寸有奇,横足四寸而已。骤观之,如蚍蜉聚腥,熠熠浮动,不知端倪","及静虑谛观,寻其行布,究其文句,凡一字字,明明历历,无半画之讹"。指出其成功之处在于"运指行笔"能"得大自在,不啻擘窠大书"。无愠指出,"人心之精妙,超越限量,固不可以大小议"。指出高上人"平日存养圆融之力","苟非存养纯一,圆融无间,又安能以大为小,以小为大哉?"(《题高上人书小字金刚经》)

• 韬侍者刺血书法华经

韬其光晦其迹,未免悠悠滞空寂。觌面当机证一乘,看来也是方便力。灵山一会常俨然,何须显实而开权。释迦不受然灯记,当来作佛犹浪传。指端沥尽娘生血,烨烨红莲广长舌。拽脱尘劳八万门,直把心肝铸生铁。君不见言法华,翩然饮啖屠沽家。火宅之中恣游戏,笑他门外求三车。

• 题大慧和尚真墨

妙喜老祖在宋南渡时,其门庭峭峻,如德山临济;慧辩汪洋,如南阳大诸。一时贤士大夫,有志于此道者,莫不愿登其门,而受策励也,况衲子乎!居常与学者曰:"我者里说蚌蛤禅,开口便见差珍异宝。"盖其得处稳实,说处谛当,如风行水上,自然成纹。岂涉情识计较,以文字语言,尖新缜密,为夸诩哉?谓余言为未信,请以此帖观焉。

• 题高上人书小字金刚经

天台镜禅人,示余高上人,手书小字金刚经一卷。纵不过三寸有奇,横足四寸而已。骤观之,如蚍蜉聚腥,熠熠浮动,不知端倪。及静虑谛观,寻其行布,究其文句,凡一字字,明明历历,无半画之讹。想其运指行笔之时,得大自在,不啻擘窠大书也。盖尝论人心之精妙,超越限量,固不可以大小议。苟非存养纯一,圆融无间,又安能以大为小,以小为大哉?上人平日存养圆融之力,于此见之矣。或谓庄生言:"棘端之刻猴,堂下之斲轮,宜与此经并按。"是则固是,但恐管城子,未肯点首尔。

山庵杂录①[选录]

本荟要所录入文字,据《新编卍续藏经》第 148 册。

合尊大师者,宋幼主瀛国公也。既归附大元,萨禅皇帝命薙发为僧。帝师躬为摩顶,授秘密戒法,精炼坚确,已多应验。至英宗朝,大师适兴吟诗云:"寄语林和靖,梅开几度华。黄金台上客,无复得还家。"谍者以其诗

---

① 山山庵杂录:凡二卷。无愠编于洪武年间。本书内容采自罗湖野录、云卧纪谭、丛林公论、禅林宝训、诸传灯录等,及当时江湖参学之见闻,并对若干误传重加考据。卷上收录自定水宝月和尚至无象易和尚,计七十余条;卷下收录自湖州僧净至檀主德颙,计六十余条,皆为近古名德之拈提及嘉言懿行。其中有书学轶事趣闻八则。

意在讽动江南人心，闻之于上，上收斩之，白乳流溢，上悔。出内帑黄金为泥，诏江南善书僧儒集燕京，书大藏尊经，庸助冥福。首夏驾幸上都，避暑中途遇弑，新书经未及半藏，乃已。

混源禅师住紫箨，既为库司，壁记，复题其后云："滴水粒米，尽属众僧。务悦人情，理难支破。当思披毛戴角，岁月久长。明因果人，幸宜知悉。"遗墨岁久，漫灭殆尽。后一山和尚来踞其席，重粉饰其壁，亲为书之，至今尚存。惟利是图者，不可不自省。

老素首座，一生掩关潜伏，世无识之者。元天历间，有禅人得其《述怀》、《山居》、《偶书》三偈真墨，请归源先师著语。先师云："丛林皆以其不出世说法为恨，今读此三偈，如金钟大镛一击，众响皆废，谓之不说法，可乎？"偈恐久而无闻，因如目记之："传灯读罢鬓先华，功业犹争几洛叉。午睡起来尘满案，半檐闲日落庭华。尖头屋子不嫌低，上有长林下有池。夜久惊飙掠黄叶，恰如篷底雨来时。浮世光阴日不多，题诗聊复答年华。今朝我在长松下，背立西风数乱鸦。"

径山耆旧，讳清泚，号一溪。壮年不守戒律，饮啖无所择。至中年，自念人生于世，寿命能几何，一旦无常杀鬼到，将何排遣。遂尽敛所积衣资，就普庆寺东，建观音堂一所。修白净业，祈生净土。越数载，手书金刚般若经，至三千大千世界处，握笔正身，安坐而化。至正丁酉，猫獠烧劫普庆及居民房室，独观音堂岿然独存。佛说善恶报应如影响，渠不信夫！

黄岩陈君璋，为人端重寡言，慎交以善，信服一乡。年几四十，与室叶氏，暇则披诵《法华》惟谨。乡无梁皇忏本，君璋手书之。既毕，门首有山茶，秋吐花，而君璋漠如也。洪武庚戌，君璋年六十，疾笃，其子景星与子妇王氏性孝，躬调药食。夜不解衣，昼不离病所，王氏又刲股肉为粥以进。是岁十二月十一日，夕阳啣山，君璋命扶之坐，谓景星曰："吾归去。"曰："归何处去？"曰："日没处去。"又曰："我死宜依桑门法阇维。"遂命家人同称念阿弥陀佛，须臾气绝。君璋有二子，长即景星，次从余出家，居顶是也。

前朝天历初，召天下善书僧儒会杭州净慈寺，泥金书大藏尊经，王文献公亦在所召。而公必与众僧同食，若别为治具则不乐，甚至掣肘诟骂，不食而去。尚记公为僧题《悬崖昼兰》云："袅袅春风一样吹，托身高处拟何为？从渠自作颠倒想，要见悬崖撒手时。"题东坡像云："五祖禅师世外人，娑婆久矣断生因。谁将描貌虚空手，去觅他年身外身。"题山谷像云："笑杀当年老晦堂，相逢刚道桂华香。披图面目浑依旧，鼻孔何曾有短长。"盖公为一代儒宗，而造诣渊邃，形诸翰墨，虽不经意，而与古德提吻唱相合，可尚也矣。

寂照先师，早年偕虚谷参苏州承天觉庵真公，别后得其启发，遂赋《思洞庭》一诗寓意。其实敷扬向上一著，特措辞异耳。诗曰："烟苍苍，涛茫茫，洞庭遥遥天一方。上有七十二朵之青芙蓉，下有三万六千顷之白银浆，中有人兮体服金鸳鸯。游龙车，明月珰，直与造化参翱翔。忆昔天风吹我登其堂，饮我以金茎八月之沆瀣，食我以昆丘五色之琳琅。换尔精髓，涤尔肝肠，洒然心地常清凉。非独可以眇四极，轻八荒，抑且可以老万古，凋三光。久不见兮空慨慷，久不见兮空慨慷。"又尝为儒生题《古昔十贤咏梅诗图》云："诗之召南，书之说命，孔子昔所删定也。皆言其实，而不及其花。由梁何逊至唐宋十君子者，读召南，诵说命，习孔子之业者也。形诸咏歌，述诸章句，皆言其花而不及其实。噫，世道不古，人心益薄，且伪其不敦本也。例皆如是。余观是图，窃有感焉。"赵松雪、虞邵庵诸公见之，叹曰："元叟识见地位高，命笔吐辞自然，超拔今古。我辈尽力道，也出他彀中不得。"寂照乃传持临济正宗人也，游戏翰墨，藻黼宗兽，特余事耳。然而缙绅推重之如此。无文粲公谓今时丛林中，眼不识丁者，穷则不失真禅和子，达则为真善知识。斯言可谓痛切矣。

明善韩先生，书陆放翁《普灯录叙草后》云："放翁先生手书普灯录叙草本，报恩净上人之所藏也。余故有先生遗文二帙，其间误处，皆手自涂了。传灯言：世尊举华，迦叶一笑。今讲者以为经无此事，诋其妄传。或曰：金陵王丞相于秘省得梵王决疑经，阅之，有此语，有所避讳，故经不入藏。今先生以为书之木叶旁行之间，不知即丞相之所见以否？其言如此，必有所考矣"。并书其后云："夫二先生学广理明，其言岂妄？"近翰林宋公为余叙《应酬录》，亦曰，予观大梵天王问佛决疑经所载拈花云云，宋公既亲观之，则此经世必有之，而或者诋以为妄。前云，有所避讳，故不入藏。斯言尽矣。

愚庵智及禅师语录①[选录]

智及(1311—1378)，元代临济宗大慧派禅僧。字以中，号愚庵，又称西麓。江苏吴县人，俗姓顾。径山寂照行端法嗣。至正二年(1342)，于浙江隆教禅寺开堂，其后历住普慈禅寺、杭州净慈报恩禅寺、径山兴圣万寿禅寺。赐号"明辨正宗广慧禅师"。事见宋濂《塔铭》(《愚庵智及禅师语录》附)、《增续传灯录》卷四、《续稽古略》卷二、《佛祖纲目》卷四十一、《续灯存稿》卷五、《五灯严统》卷二十二。

本荟要所录入文字，据《新编卍续藏经》第 124 册。

•赵魏公书楞严长偈

梵语首楞严，此翻一切事究竟坚固。良由庆喜未全道力，求佛方便故。世尊示之，以十方如来，一门超出。妙庄严路，乃至多方，决择真妄，发明阴入七大，皆如来藏。使悟器界万法，当体全真。销亿劫颠倒妄想，获究竟坚固法身。于是说偈赞佛：发愿度生，虚空可亡。心无动转，实为微妙章句。松雪居士赵魏公，大书特书，以传不朽。书法之妙，大海为口，须弥为舌，赞莫能及。而公出处光大，名满天下。硕德盛业，不可思议。得非楞严会上，

---

① 愚庵智及禅师语录：凡十卷。愚庵智及撰，(门人)观通等编。主要收录其上堂、小参、示众、法语、机缘、问答、偈颂、题跋等。本《荟要》所选录文字，涉及的书学思想：一、关于血书佛经的论述。智及肯定"清河张居士"血书法华："沥娘生十指之鲜血，书法华七轴之真诠。是真精进，是名真法供养如来，端可谓善用其心者矣。"他之所以能如此，是"中年割弃尘累，笃志佛乘"，而且"既书写之，又读诵之"，因而，"端可谓善用其心者矣"。但智及强调，要成佛必须返观自心，发明心性：必须"能一言之下，心华发明。彻见一会灵山，俨然未散，不妨便是千佛一数"(《张居士血书法华》)。二、对前贤时修书法的品评。智及指出，河南褚士文"博学而尤精书法"，他特爱"太白佛海"的墨宝，而佛海八十五岁，"能作冻蝇细字，手书旧诗数十篇酬之"，"士文宝秘珍惜，时一展玩，如见古道颜色，虽隋珠卞璧不换"。有人批评佛海："为一代尊宿，不以本分事接人，遗之以诗，有失大体。"愚庵智及为之辩护："不然，上乘菩萨，善巧利生，乃至示现种种形相，与其同事。佛海遗诗，岂非四摄之一也。"(《天童佛海禅师遗墨》)智及高度肯定赵松雪书写楞严长偈，"松雪居士赵魏公，大书特书，以传不朽。书法之妙，大海为口，须弥为舌，赞莫能及。"并且指出，赵雪松不只"独书是偈"，还书写了"金刚般若圆觉诸大乘经"，非常虔诚，"皆励精书写，锓梓流布"，此举系身心奉尘刹，"名为报佛恩"(《赵魏公书楞严长偈》)。智及指出"逊斋陆公"事佛尤笃"手写《华严经》八十一卷，"以永传持"，真"上乘根器"。此举乃"其发大信心，启大行愿，不翅阴翊王度，报资恩有"。其功德无量，"与极微尘刹海，无尽众生，同证一真法界，功德其可量哉"(《陆逊斋书华严经》)。王元吉夫妇所书佛经，"朵朵青莲毫末现，腕头余力更堪夸"指出灵源清禅师之"遗辅公坐元小帖"，"虽似简率"，但却有"恍若黄龙山，壁立万仞，俯仰今古"之概。展卷视之，"为之凛然"(《灵源清禅师遗墨》)。三、对"疲精神于纸笔"，而无益于佛事的批评。愚庵智及引"寂音尊者"语，以批评有些世人，是"疲精神于纸笔，从事于无用之学，是皆以刀割泥者也"(《张居士血书法华》)。

菩提萨埵，乘大愿轮，一来人间，游戏者欤？公非独书是偈，至若金刚般若圆觉诸大乘经，皆励精书写，锓梓流布。将此身心奉尘刹，是则名为报佛恩。浮俗阐提观此，亦当自化。

• 陆逊斋书华严经

无上法王，初成正觉。称法界性，说华严经。譬如虚空具含众象，于诸境界，无所分别。唯上乘大士，信解弗疑。中下之机，如聋若哑。吴郡逊斋陆公，吏隐而事佛尤笃。佐政之暇，手书是经。八十一卷，装潢函秘。安奉五瑞山大雄宝殿，以永传持。非上乘根器，畴克是也。观其发大信心，启大行愿，不翅阴翊王度，报资恩有。欲寿大法，无有尽灭期。与极微尘刹海，无尽众生，同证一真法界，功德其可量哉！至正壬寅，余客留山中，得遂披阅。时公已没于王事，追授承事郎昌化县尹。木落天空，秋高气肃，净几明窗，焚香展卷。恍若与公游泳毗卢性海，死生何间焉！

• 秀峰徽太古所藏圆鉴寂照妙明三老遗墨

老圆鉴与寂照先师，早时尝充书记之职，各以文学鸣世。厥后相继主法双径，为天下师表。致丛林礼乐全盛，四海象龙，川委云集。道德之光，犹日月丽乎中天，亘千古而不可磨灭也。时妙明太古二兄，实能同参法席。后三十年，妙明由补陀中竺，亦主双径。今观圆鉴赠休复子兰说，以兰比有道君子，期渐乎馨，熏乎心，润乎道，而周流乎天下。寂照送中一上人序，切切以斯道勉旃。有谓"非俶傥瑰玮，信之笃，见之明，奋不顾流俗，孰能相与踔厉乎此哉"之语。回视碌碌，冒名窃位。驰骋浮华，勾章棘句，不原道之所存，至竟痴狂外边走者，愧当何如也。太古分座说法华藏时，妙明居补陀，书疏往复，曾弗及世谛。唯以游心华藏世界，与法报化，同为唱导为喜。三大老可谓同一舌头，同一心知。虽片言只字，未尝不以单传直指之道自任。而其后先接踵联辉，为天下师表也。宜矣！太古匡徒秀峰，方东南兵变之余。所至若逃亡家，丛席为之特振。堂中衲子，数十人，皆崭崭出头角者。一日钵盂两度湿，不可暂缺，因行化访余，受业海云出此俾题，引纸运笔，觉我形秽。

• 张居士血书法华

龙胜菩萨曰：众生心性，犹如利刀。唯用割泥，泥无所成。刀日就损，理体常妙。众生自粗，能善用心，即合本妙。寂音尊者谓：世之人，疲精神于纸笔,从事于无用之学,是皆以刀割泥者也。

清河张居士,中年割弃尘累,笃志佛乘。沥娘生十指之鲜血,书法华七轴之真诠。是真精进,是名真法供养如来,端可谓善用其心者矣。既书写之,又读诵之。苟能一言之下,心华发明,彻见一会灵山,俨然未散,不妨便是千佛一数。居士宜加勉诸。

• 灵源清禅师遗墨

灵源大士,道德言行,为宗门百世师表。观其遗辅公坐元小帖,虽似简率,一再展卷,恍若黄龙山,壁立万仞,俯仰今古,为之凛然。

• 天童佛海禅师遗墨

河南褚士文,博学而尤精书法。四方多士,咸愿游从。尝与太白佛海,为方外交。征言于海,海时年八十有五,能作冻蝇细字,手书旧诗数十篇酬之。士文宝秘珍惜,时一展玩,如见古道颜色,虽隋珠卞璧不换。或谓佛海,为一代尊宿,不以本分事接人,遗之以诗,有失大体。予曰:不然,上乘菩萨,善巧利生,乃至示现种种形相,与其同事。佛海遗诗,岂非四摄之一也。噫,儒与释,分两涂。迹虽不同,道实靡间。苟非达而不拘者,往往肝胆楚越。观士文佛海之风,亦当少愧。

• 佛印禅师遗墨

佛印禅师,窃怪丛林以文字为禅。尝示众云:"云门说法,如云如雨,绝不喜人记录其语。见必骂逐曰,'汝口不用,返记吾语,异日裨贩我去!'学者渔猎文字语言,正如吹网欲满,非愚即狂。盖师荷负临济正传,言语道断,心行处灭。策励禅徒,法如是故,岂欺人哉?"

观此送茶手帖,种种譬喻,深入法味。醍醐毒药,毒药醍醐。亦能杀人,亦能活人。虽知法离语言文字,而能遍一切处,如实为人演说,于师见之矣。

• 血书华严经

五十三人血战来,百城烟水尽成灰。毗卢楼阁红云涌,帝网山河赤帜开。十指头边师子吼,一针锋上象王回。有无功力难思识,直得腥风遍九垓。

• 墨书法华

松陵信士王元吉,夫妇同持妙法华。笑倒虚空多宝塔,惊翻露地白牛车。世缘未了曾何碍,宝所亲登定不差。朵朵青莲毫末现,腕头余力更堪夸。

- **绣字金刚般若经**

般若灵文宿有缘,等闲绣出喜功圆。银钩铁画分行布,玉线金针显妙玄。兔子怀胎皆剩法,蚌含明月匪真诠。金刚正体堂堂露,锦上添花五色鲜。

- **秦因二上人,同书华严**

毫端幻出大华严,名句形身胜妙兼。宝网云台同演说,尘毛法界尽包含。众生共入毗卢藏,梵苑双敷优钵昙。披卷了无文字相,善财空走百城南。

- **血书法华经报母**

笔底红莲朵朵开,是名真法供如来。指端沥尽娘生血,全体何曾出母胎。

蒲庵集①[选录]

来复(1319—1391),元末明初临济宗松源派禅僧。字见心,号蒲庵,世称豫章来复。豫章(江西)丰城人,俗姓王。嗣法径山之南楚师悦。事见杨士奇《题蒲庵诗集后》(《蒲庵集》附)、《钱氏列朝诗人传·蒲庵禅师传》、《补续高僧传》卷二十五、《增续传灯录》。

本荟要所录入文字,据《禅门逸书初编》第 7 册,第 125 号。

---

① 蒲庵集:凡六卷。来复撰,法住编。卷首有欧阳玄、宋濂之序文。卷一至卷三,为诗;卷四,为序;卷五,为记;卷六,为铭。另附《幻菴诗》一卷,《蒲庵集》(《藕香簃钞》)一卷、《蒲庵集补遗》。来复在写经问题上,持两点论:第一、书写佛经,有无量功德,"能弘济无穷,体用一觉,物我一妙,清净本然,离诸名相。若真若俗,若显若幽,根器大小,无不圆具"。第二、不能执着于书写佛经,因佛遍虚空,处处有佛,"迦陵仙音,遍十方界",因而"于一毫端现现宝王刹,未尝不书写是经也","必以引笔濡墨为书写,是自蔽矣"(《大佛顶无上首楞严经序》)。三、来复高度评价赵松雪一门三世书画成就("一门三世才且贤,后先述作光联翩"):松雪乃"吴兴赵公宋宗室,文采当时夸第一",其书法妍丽遒劲之美,"临池写青李(法帖一法书),蔚若鸾蛟翔";其子"雍子亦奇迈,小篆行书俱可爱";其孙"麟孙试甲科,妙画清词并传代"。他又高度赞赏夔子山(康里山夔山夔):"洒翰亲从魏国游,题遍宣麻数千幅"(《题赵松雪夔子山二公墨迹卷后》);"青李临来笔有神","磨崖题遍燕山石,夜夜奎光照北辰"(《题康里夔子山平章墨迹卷后》)。并且指出,赵松雪夔子山二公之书法造诣很高:"此诗此书今绝无,万金高价经敢沽?风流二妙不复见,使我抚卷增嗟吁。"(《题赵松雪夔子山二公墨迹卷后》)

• 题赵松雪夔子山二公墨迹卷后

吴兴赵公宋宗室,文采当时夸第一。秀眉红颊真天人,出海珊瑚照云日。笔蘸太湖水,百斛磨龙香,临池写青李,蔚若鸾蛟翔。后来雍子亦奇迈,小篆行书俱可爱。况有麟孙试甲科,妙画清词并传代。一门三世才且贤,后先述作光联翩。雅知国灭史不灭,家声无愧三百年。康里平章起燕族,貂帽狐裘面如玉。洒翰亲从魏国游,题遍宣麻数千幅。此诗此书今绝无,万金高价谁敢沽?风流二妙不复见,使我抚卷增嗟吁。方今圣明混海岳,岂无来者继绝学。六科应召罗群英,校书多在文渊阁。

• 题康里夔子山平章墨迹卷后

南省为藩奉帝纶,风流自是玉堂人。紫薇吟罢诗兼妙,青李临来笔有神。锡爵固应登辅相,修文端不愧词臣。磨崖题遍燕山石,夜夜奎光照北辰。

• 谢潭王殿下赐锦笺

远赐名笺下帝乡,象龙欢跃凤鸾翔。濯来蜀锦千花烂,练作宣麻五色光。金粉洒云微暎彩,银膏和露浅含光。临池想见多清暇,绝胜兰亭写硬黄。

天光五夜焕奎文,雪茧持来荷宠勋。金采虚含湘浦月,水纹微带剡溪云。漫从内史题千幅,谁觅中郎写八分。愧我单传无一字,只将斯道答吾君。

• 大佛顶无上首楞严经序[节录]

溧阳报恩住山东洲胜公,松源六世孙也,早究心学,依天如则禅师,于吴师子林,研味楞严,博通大旨,初无局于禅与教也。尝手书此经,集施缘而板行四方,以余禅者征言序之。余惟世尊所说大经,无非开显一乘实相,应机设化,方便多门,要其旨归,咸趋一道。世之读诵受持,乃至书写流通者,皆能弘济无穷,体用一觉,物我一妙,清净本然,离诸名相。若真若俗,若显若幽,根器大小,无不圆具。是知迦陵仙音,遍十方界,未尝不读诵是经也;救护世间,得大无畏,未尝不受持是经也;于一毫端现宝王刹,未尝不书写是经也;应身无量,度脱众生,未尝不流通是经也。若必以寻章析句为读诵,是自蔽矣;以箧藏囊佩为受持,是自蔽矣;必以引笔濡墨为书写,是自蔽矣;必以镂梓印帙为流通,是自蔽矣。作是观者,则能善超诸有而造乎毕竟坚固之地无疑也，其于言说文字奚有哉？余回东洲之请不得辞，故抒臆说，序其梗概，以俟知言者正焉！

• 与友人共十四书[节录]

……唐之颜鲁公，宋之富范二相，皆以文章政事之余，怡神禅观，故能洞视今古，临死生祸福之际不变其节。……

克新论帖①※

克新，明僧。字仲铭，自号江左外史，又称雪庐和尚。鄱阳（江西波阳）人，俗姓余。依龙翔笑隐受业。元末住嘉兴水西寺。洪武初，诏至南京，敕往西域招谕吐蕃。能文，擅古隶。事见《续灯正统》卷一五、《增集续传灯录》卷五、《书史会要》卷七。

本荟要所录入文字，据《古今禅藻集》，见《禅门逸书初编》第 1 册，第101 号。

• 题清心堂帖卷后

山郭高堂花木新，夜虹穿屋结晴云。绕床蛇蚓钟王字，满架琳琅秦汉文。笔冢秋烟迷鸟迹，墨池春雨散鹅群。为怜书法湮沦久，乱后题诗却忆君。

道衍论书②

道衍（1335－1418），明初禅僧。名广孝。号独庵。长洲（江苏吴县）人，俗姓姚。十四岁出家，初习天台，后从径山智及参禅得旨。先后住持临

---

① 克新指出，《清心堂帖》之书写有如"绕床蛇蚓"之势可比钟王之字，有如"满案琳琅"之风可追秦汉之文。系书法家勤学苦练的结晶，笔冢堆积，如秋烟弥漫，飞鸟迷迹（"笔冢秋烟迷鸟迹"）；池水墨染，如春雨泛花，群鹅离散（"墨池春雨散鹅群"）。

② 本《荟要》所录入文字，涉及的书法思想：一、道衍十分赞赏"陆继翁"之法书，称为吴兴"第一"，为当今"无匹"。其书法创作成功条件之一，是选笔精良，但关键是运笔圆熟："取材妙选中山毫，挥觚圆转犹霜刀"，"纵使材良制未工，玉堂兰蕊空名色"。其创作风格，迅猛异常："快如饥蚕食老叶，骤若巨峡翻秋涛。"道衍认为，要能鉴赏陆书法之美，必须具备相应的书法创作经验与能力（"湖海知名购者多，惟有能书始能识"）。二、石刻佛经是中国佛教书法艺术的重要组成部分，它有重要的艺术价值。道衍高度评价房山石刻佛经："片片青瑶光，字字太古色"，"初疑神鬼工，乃著造化迹"。

安普庆寺、杭州天龙寺、嘉定留光寺。能诗文，擅长阴阳术数，尤能诗画。曾监修太祖实录、永乐大典等。平日居城西佛寺，法服礼诵，养一侄为侍者。谥号"恭靖"。事见《增集续传灯录》卷五、《续灯存稿》卷四。

本荟要录入文字，据《古今禅藻集》，见《禅门逸书初编》第 1 册，第 101 号。

• 赠笔生陆继翁

吴兴笔生谁第一，陆家孙子今无匹。湖海知名购者多，惟有能书始能识。取材妙选中山毫，挥觚圆转犹霜刀。快如饥蚕食老叶，骤若巨峡翻秋涛。助贤喜得中书力，称心奚问千金直。纵使材良制未工，玉堂兰蕊空名色。陆生遗我老兔毛，得之贵比瑛琼瑶。嗟余好书久成癖，细写笑作莺歌娇。荐绅先生多刮目，文章迭赠牛腰轴。今朝忽过索吟篇，笔底生花梦方熟。

• 石经山并叙

石经山在燕之范阳郡，峰峦秀拔，若天竺山，故称曰小西天。隋大业间，有法师静琬者，处是山，惧圣教有难，不能流通，于是发愿募缘，敦工凿石为板，刊造一大藏经，储积于山以备。其后法师首刊，至唐贞观初，仅成《大涅槃》一部，而法师乃卒。其后，子孙绳绳，化亿万人乞钱粟，刊造余部。历辽与金，然后完此一大藏，贮于岩洞者七、地穴者二。洞以石门闭之，穴以浮屠镇之。自隋唐辽金及元，碑碣森列，照映岩野。然而累经干戈，无秋毫之犯。洪武二十一年，岁在戊辰春正廿一日也，余奉旨往观，念法师之愿力宏大坚固，是山之泉石灵异清胜，故赋是诗，镌于华严堂之壁，虽未足彰法师之幽光，庶以纪兹行之岁月，而托其不朽也。诗曰：

峨峨石经山，莲峰吐金碧。秀气钟芯题，胜概拟西域。竺坟五千卷，华言百师译。琬公惧变灭，铁笔写苍石。片片青瑶光，字字太古色。功非一代就，用藉万人力。流传鄙简编，坚固陋板刻。深由地穴藏，高从岩洞积。初疑神鬼工，乃著造化迹。延洪胜汲冢，防虞犹孔壁。不畏野火燎，讵愁藓苔蚀？兹山既无尽，是法宁有极。如何大业间，得此至人出。幽明获尔利，乾坤配其德。大哉弘法心，吾徒可为则！

南石文琇禅师语录①[选录]

文琇(1345—1418),明僧。字南石。崑山(今属江苏)人,俗姓李。出家淞南绍隆院,礼智兴为师。尝询法于虎丘行中仁,得言外旨。永乐中,奉诏纂修《永乐大典》。事见姚广孝撰《径山南石和尚语录序》、《五灯会元续略》卷四、《续灯存稿》卷六、《五灯严统》卷二二、《五灯全书》卷五六。

本荟要所录入文字,据《新编卍续藏经》第124册。

•束本日墨书金刚经后

金刚般若,有不可思议不可称量无边功德。闻此而信心不逆,尚超恒沙七宝,三时身命,布施之福,况书写受持读诵者乎?吴门伊蒲塞束本日,

① 南石文琇禅师语录:凡四卷。南石文琇撰。崇祯十三年(1640)刊行。卷一,收录苏州府普门禅寺语录、灵岩报国永祚禅寺语录、苏州府万寿报恩光孝禅寺语录;卷二,收录径山兴圣万寿禅寺语录、颂古、举古、拈古、佛祖赞;卷三,收录偈颂;卷四,收录偈颂、法语、题跋、小佛事。本《荟要》所选录文字,涉及的书学思想:一、关于书写佛经的功德问题的论述。南石文琇指出,金刚般若"有不可思议不可称量无边功德",如闻金刚般若,"信心不逆"的话,即可超越"恒沙七宝,三时身命,布施之福",何况是"书写受持读诵者",会获更大之福。在文琇看来,"束本日""持诵已久,兹复书写,深信般若可知矣"。有人对此持异议,认为"必为当来成佛之缘,岂可与世福相较!"(把"书写受持读诵"作为"当来成佛之缘",不能"与世福相较")文琇辩护云:深信般若,在未举笔书写之先"已成佛竟",何"况书写受持读诵者乎"?(《束本日墨书金刚经后》)二、书画艺术有益于佛事,有益于教化群生。文琇指出,书画等艺术"尽现行此事,饶益诸群生",因而禅门大师"得处亲切,见处明白,发为文章诗词偈颂";而种种门庭施设,"无非揭示向上一著,诱接来学,岂有他哉?"因而,对书画等艺术,不能"只重其语句合作,字画得体",否则,"正如盲者摸象,但逐其头尾耳牙鼻足而已,安能识象之全体也哉!"(《薤室西庵梅洲蒲室四尊宿墨迹》)三、关于刺血书经问题。血书佛经,能弘扬佛法,"指头一滴娘生血,流出尤能冠古今"。能获得福慧,"百十余城俄顷遍,三阿僧行一生圆。"有光耀大地之美,"众曜潜晖杲日悬","晓霜红叶满东林"(《题血书楞严》)。文琇指出,一些居士血书佛经,非常虔诚:"练川王福源,平昔发心,刺血书首楞严经,至第八卷而亡",而"其友胡本澄,为续书完"。文琇认为:"今王福源书楞严,未了而亡。其友胡本澄续书,而福源不劳再生,而了其愿。即于此身,便成真脱矣。本澄,实可谓福源知心友也。"(《题血书楞严经后,胡本澄请》)南石文琇高度评价"练川诸正智,刺血为墨,书写妙法华经"。他引用佛典,指出"练川诸正智"居士,"乃是二万数中菩萨,乘愿力而再来者也。不然,何以能于末法之中,起大忍力,不惜身命,刺血为墨,书写此经者耶?"文琇同时指出,佛经在"未下金针,未举毛锥之前"是"元自具足"的,因此,不能认为是在"点画已形之后,而见此经",否则就是刻舟求剑了!(《题血书法华经》)文琇指出,有人刺血书经是为报亲恩:"中吴利济比丘闻韶,尝典藏灵谷,发心刺血,书华严大经,用报父母劬劳之恩。"(《血书华严经》)文琇指出,刺血书经是画蛇添足之举。禅家要实行"真精进","是名真法供养如来"。那么,居士顾福敬"誓诵妙法华一万部,复刺指血,书写此经",是否"真精进",是否"真法"?在文琇看来,"真精进真法",是在未启口诵佛经,未举笔书佛经之先,已"洞然明白"。如果要"向声音字画求之,鹞子已过新罗矣"。而有尊宿对此"声偈以赞"是"画蛇添足",径山"恁么批判"是"洋澜左蠡"(《血书法华经》。洋澜左蠡:《五灯会元·庐山栖贤道坚禅师》:(有官人)"问:'如何是祖师西来意?'师曰:'洋澜左蠡,无风浪起!'")。

持诵已久,兹复书写,深信般若可知矣。观者谓:"必为当来成佛之缘,岂可与世福相较?"殊不知,未举笔之先,已成佛竟。如其不信,试入日光定,问取兜率慈氏!

• 题血书楞严经后,胡本澄请

练川王福源,平昔发心,刺血书首楞严经,至第八卷而亡。其友胡本澄,为续书完。复来双江,永怀再拜请识其后。噫!张方平,前身书楞伽未了,再生续书,酬本愿也。今王福源书楞严,未了而亡。其友胡本澄续书,而福源不劳再生,而了其愿。即于此身,便成真脱矣。本澄,实可谓福源知心友也。若挂剑墓树①,安可同日语哉!

• 题血书法华经

练川诸正智,刺血为墨,书写妙法华经。既完,载拜请题其后。因谓曰:经中有云:药王菩萨,与二万菩萨,皆于佛前,作是誓言:"惟愿世尊,不以为虑。我等于佛灭后,起大忍力,读诵此经,持说书写,种种供养,不惜身命。"善哉居士,乃是二万数中菩萨,乘愿力而再来者也。不然,何以能于末法之中,起大忍力,不惜身命,刺血为墨,书写此经者耶?虽然,未下金针,未举毛锥之前,此经元自具足。若向点画已形之后,而见此经,剑去久矣!

• 雍室西庵梅洲蒲室四尊宿墨迹

经书咒禁术,工巧诸伎艺,尽现行此事,饶益诸群生。故宗师家,得处亲切,见处明白,发为文章诗词偈颂。至于戏笑怒骂咄嗟棒喝,无非揭示向上一著,诱接来学,岂有他哉?四尊宿遗墨,今中吴万寿住持象初璿公,宝而藏之在此也。凡展卷者,亦当如是而观。若只重其语句合作,字画得体,正如盲者摸象,但逐其头尾耳牙鼻足而已,安能识象之全体也哉!

• 血书华严经

经云:剥皮为纸,析骨为笔,刺血为墨,书写经典。积如须弥,为重法故,不惜身命。且道如何是法?七处九会佛菩萨所说,是法耶?云台宝网,

---

① 季札"挂剑墓树":"延陵季子将西聘晋,带宝剑以过徐君,徐君观剑,不言而色欲之。延陵季子为有上国之使,未献也,然其心许之矣,使于晋,顾反,则徐君死于楚,于是脱剑致之嗣君。从者止之曰:'此吴国之宝,非所以赠也。'延陵季子曰:'吾非赠之也,先日吾来,徐君观吾剑,不言而其色欲之,吾为上国之使,未献也。虽然,吾心许之矣。今死而不进,是欺心也。爱剑伪心,廉者不为也。'遂脱剑致之嗣君。嗣君曰:'先君无命,孤不敢受剑。'于是季子以剑带徐君墓即去。徐人嘉而歌之曰:'延陵季子兮不忘故,脱千金之剑兮带丘墓。'"(刘向《新序》)

自然出声，是法耶？五十三知识，为善财所说，是法耶？若是灵利衲僧，便能直下领略。则知七处九会佛菩萨所说，不是法；云台宝网自然出声，不是法；五十三知识为善财所说，不是法。既皆不是法，且毕竟唤甚么是法？明眼人前，不得错举。中吴利济比丘闻韶，尝典藏灵谷，发心刺血，书华严大经，用报父母劬劳之恩。余因获观，遂为书于卷末。

• 血书法华经

是真精进，是名真法供养如来。中吴清信士顾福敬，誓诵妙法华一万部，复刺指血，书写此经。且道，是是真精进，非是真精进？是是名真法，非是名真法？须知真精进真法，在未启口、未举笔之先，洞然明白。灵山一会，俨然未散。若向声音字画求之，鹞子已过新罗矣。蓬庵一雨一庵诸尊宿，声偈以赞，在于别卷，尽是画蛇添足。径山怎么批判，在里许不在里许也，是洋澜左蠡。

• 血书楞严为胡觉性题

佛顶楞严义甚深，言言戛玉又铿金。如来演畅三摩地，菩萨修成万行林。见不见时名正见，心非心处是真心。指头一滴娘生血，流出尤能冠古今。

• 血书华严，为寿宁安长老题

华严大典冠诸诠，沥血书成岂小缘。百十余城俄顷遍，三阿僧行一生圆。群峰顿落须弥耸，众曜潜晖杲日悬。却笑善财空费力，南询走得脚皮穿。

• 题血书楞严

八还辨见七征心，直向劳生痛处针。于一毫端轻抹过，晓霜红叶满东林。

• 题慧无尽藏主塔铭后

沙门者，贵在明佛心宗，行解相应。近世为沙门，或有行无解，或有解无行，或行解俱无。间有行解兼全，渠能明佛心宗者乎？若夫有行有解，而能明佛心宗，中吴慧无尽藏主其人欤？无尽，戒捡冰清，禅诵勤勇，刺血书诸大乘经，攻苦敷淡，备行三宝中事，孜孜弗懈，岂非有行乎？学教观于古庭，听楞严于融室，皆有所入，岂非有解乎？又从行翁于虎丘，究别传之旨，岂非明佛心宗乎？是三者，出世大丈夫事，无尽既兼而有之。其出生入死，得大自在，固宜然矣。若示身火聚，乃游戏三昧，灰烬出舍利，乃行之显验，岂为异哉！蓬庵法师，状其行，吾佛幻法兄，铭其塔。诚与蔡邕作郭林宗碑铭无异也。稗沙门观之。得不其颡有泚。

呆庵普庄禅师语录①[选录]

普庄(1347—1403)，明初临济宗杨岐派禅僧。号呆庵。又称敬中。台州(浙江)仙居人，俗姓袁。于天童山出家，后参谒天宁寺了堂惟一，为其法嗣。洪武十二年(1379)，住于江西北禅寺，次移居江西云居山真如寺。二十六年春，奉诏入内庭说法；秋，于庐山修法，帝赐衣一袭；冬，敕住径山兴圣万圣寿寺。事见《呆庵普庄禅师语录》所附《塔铭》、《五灯会元续略》卷七、《南宋元明僧宝传》卷十三、《增续传灯录》卷六、《续稽古略》卷三。

本荟要所录入文字，据《新编卍续藏经》第123册。

·跋中峰和尚墨迹

幻住老人，法性宽波澜阔。肆口而说，信笔而书，莫非揭示生佛已前一段奇特大事。今观所与阿塔轮夫人法语，以无碍辩才，发明法华奥旨，可谓穿过释迦老子鼻孔。虽然，若约衲僧门下，犹欠剿绝在。悟藏主，宝此遗墨。且道予作是说，毕竟意在于何？吴门兜率园比丘明闻阅。

---

① 呆庵普庄禅师语录：凡八卷。又称《敬中和尚语录》。明代敬中普庄撰，慧启等编。刊于崇祯三年(1630)。本书内容乃普庄住持上记三刹之语录，包括上堂、小参、拈古、颂古、偈、诗、赞、塔铭等。呆庵普庄指出，中峰和尚法书，乃"肆口而说，信笔而书"，出自胸臆，率真自然，其主旨在于"揭示生佛已前一段奇特大事"。释明本，号中峰，元代高僧。明陈继儒《皇明书画史》称："明本书类柳叶，虽未入格，亦自是一家。"《松江志》云："手书遗迹留天目山者甚多。"清杨守敬《学书迩言》谓："中峰和尚下笔如柳叶，于寻常波磔中，独开生面，故自可喜。日本流传独多，余得二通。"(见马宗霍辑《书林藻鉴·书林记事》，文物出版社1984年版，第163页；田光烈《佛法与书法》，河北人民出版社1991年版，第203页)

千松笔记^①[选录]

大韶,明僧。事见《续藏目录》。

本荟要所录入文字,据《新编卍续藏经》第 114 册。

• 前言

谛观如来千古之雄文,如睹如来千古之心。然则五天正语,充满阎浮。鸟迹圆音,弥难穿凿。直餐梵响,何待唐言。纸墨文字间,虚圆妙应。不自为形,而形已露。本来无迹,而迹已彰。言过视听之外,理出思议之表。文以表心,心为文显。世人唯以文字而求心,孰知心露皆为文字。故如来血脉,披析详尽,剖露无余。如禹之治水,淮阴之用兵,萃然一出,每变每奇,纵横杀活,莫敢当其锐者。唯一剑之锋铓,莫能撄触,把千七百陈烂葛藤,一一斩断,见闻俱泯。直向千劫已前,与一切人相见。故禹之治水,若九河会流,激流悬瀑,不可挽截者,皆如来一智而流出十二分教。以十二分教,会归于一心。圆机妙论,巧入深中。数十百万言籍云舒,皆贯空有之美,独脱于文字之表,悬解于文字之外,皆为活句,绝无文字气息。即文字而非文字,即言词而非言词,直欲令人会取千劫已前,慎勿迷其本而弃其源也。故横说竖说,不离其本。啐啄同时,嘿会经旨,唯一语之横流。孰为宗乎,孰为教乎?孰为心乎,孰为佛乎?孰顿孰渐,挥洒如意,击吐壶歌,洋洋乎其盈耳,焕烂兮其溢目,纷纷欣欣兮其独乐。当此之时,不知谁为诸佛,谁是众生,而不以善止,其又何他求焉?是故谷答樵讴,花迎鸟笑,扩而充之,安蛇足矣!故琅邪觉云:汾阳先师道,汾阳门下,有一西河师子,当门踞坐。但有来者,即便咬杀,作何方便?入得汾阳门,见得汾阳人。琅邪这里,也

① 《千松笔记》全一卷。明末刊行。明刊本附有《金刚正眼序》,序文称本书撰于明崇祯三年(1630)八月。系辑录大韶禅师于辨山千松禅院所述作的《千松笔记》、《禅宗合论》、《楞严击节》、《金刚正眼》及《杂录》等五篇而成,以卷首之千松笔记为题名。但《卍新纂续藏经》未刊录《金刚正眼》。大韶明确指出:一、佛经即佛之心。它不待纸墨文字而而充满大千世界,"纸墨文字间,虚圆妙应。不自为形,而形已露。本来无迹,而迹已彰",它"言过视听之外,理出思议之表。文以表心,心为文显",而"世人唯以文字而求心,孰知心露皆为文字"。二、佛经本有"贯空有之美",它都是活句:"数十百万言籍云舒,皆贯空有之美,独脱于文字之表,悬解于文字之外,皆为活句,绝无文字气息。即文字而非文字,即言词而非言词"。三、佛陀旨在提示众生勿迷本弃源,"直欲令人会取千劫已前,慎勿迷其本而弃其源也"。

有踞地师子。若有来者,即自丧身失命,作何方便? 而入琅邪门,见琅琊人。此两转语,诸人还检点得出,方为择法眼。若不如是,且无安身立命处矣。故吐笔端,趋风传响,疑滞豁然,非得至人,安能坐断舌头,了却千生百劫大事。如千里之马,驭以孙阳,过都历块,直流星一抹哉。

空谷集①[选录]

景隆(1388—1466),明僧。字空谷,号祖庭。姑苏(江苏苏州)洞庭鼋山人,俗姓陈。曾礼懒云智安和尚,嗣其法,为南岳二十四世。事见明复《空谷集解题》、《续灯存稿》卷九、《五灯全书》卷五十八。

本荟要所录入文字,据《禅门逸书续编》第2册,第215号。

•行者克新刺血书法华经每字一礼并诵准提咒一遍求跋

此经何以名莲华,为彰权实同交加。离文字相道一句,不妨稳驾白牛车。道人裂破娘生指,未副当机真句子。爱波沥尽髑髅乾,优昙红喷香风起。字字准提开秘密,一言一礼诚何极。能所双忘忘亦忘,便见三轮体空寂。不动脚跟登宝所,本来面目常呈露。一针札破太虚空,越死超生夸独步。

•刺血磨墨书法华经为文渊跋

是经圆顿旨,不落言诠里。七喻与三周,指月之标耳。譬如妙莲华,因果同时嘉。去权立真实,全体无痕瑕。精诚三昧力,刺血复磨墨。书写此经卷,功勋浩无极。惊起露地牛,一跃过沧洲。以楔复出楔,看楼还打楼。抹过大宝所,法法归本位。盖色与骑声,横三并竖四。以是酬四悬,以是超玄门。海口说不及,毫末吞乾坤。

---

① 空谷集:凡六卷。景隆撰,文盛等编。卷首有郑雍言、周叙、彭清之序文。卷一,"散说";卷二,"长偈";卷三,"自赞"、"四六"、"古体";卷四至卷六,为像赞、题跋、记序、诗偈、疏等。本《荟要》所选录文字,涉及的书学思想:空谷关于刺血书经问题的论述。空谷认为,血写佛经,功德巨大,"书写此经卷,功勋浩无极","惊起露地牛,一跃过沧洲","抹过大宝所,法法归本位","以是酬四悬,以是超玄门"(《制血磨墨书法华经为文渊跋》)。空谷认为,血书佛经,如果做到"能所双忘忘亦忘",就能"便见三轮体空寂",进入空的佛境,从而使"本来面目常呈露"(《行者克新刺血书法华经每字一礼并诵准提咒一遍求跋》)。空谷高度评价昙纪刺指血书佛经,字字光华,佛性香飘:"指端沥血书此经,光华字字香风起"。但愿望未了,"惜乎书写犹未完,脂膏沥尽身先乾"。"如整上人"慨然续其生前遗愿,"如整上人何慨然,刺血续书今已毕"。空谷赞美云:"光前绝后诚非常,功深德厚畴能量"(《华严经血书后跋》)。

• 华严经血书后跋

毗卢遮那性空寂,法身弥满恒沙国。尘尘刹刹常降灵,济度群迷出沉溺。性海汪洋浩无际,涵育人天并六趣。是凡是圣共交参,法雨均滋施大利。摄入普贤毫窍中,非宽非窄何玲珑。诸佛众生性平等,了无迷悟皆圆通。武林信士姚道真,信心深厚何其淳。不吝囊金请全部,奉入招提良可珍。定香上人号昙纪,欲书刺破娘生指。指端沥血书此经,光华字字香风起。惜乎书写犹未完,脂膏沥尽身先乾。遗下生前旧公案,欲了未了情何安。道真世寿犹先卒,子孙欲了尤无术。如整上人何慨然,刺血续书今已毕。光前绝后诚非常,功深德厚畴能量。二灵冥会归净邦,福遗世代长流芳。

• 蟠书龙字

羲之笔阵疾追风,写像尤能夺所翁。蟠伏未将头角露,待时行雨五云中。

• 蟠书虎字

饮罢钟繇醉乍苏,兴来援笔写烟菟。且将牙爪俱潜伏,百兽闻风胆已枯。

觉澄论书①

觉澄(? —1473),明僧。字古溪。南阳(今属河南)人,俗姓张。年十四,从云中天晖昶落发。参西蜀楚山绍琦得法。已而受请住南阳香严寺。天顺间,住金陵高座寺,学者慕风向化。工诗,有《雨花集》。事见《补续高僧传》卷一五、《五灯严统》卷二三、《续灯正统》卷二八、《五灯会元续略》卷四上。

本荟要所录入文字,据《古今禅藻集》,见《禅门逸书初编》第 1 册,第 101 号。

---

① 觉澄高度评价"云中上人"之书法:"笔法精微成独善",曾"得意"书写《华严经》。他的书写活动是"乘兴"而扫——"有时乘兴扫蛮笺",其挥扫的壮观场面,有如"鹤舞龙飞星斗转",其字之美,有如"风渺渺兮雁行行,雨萧萧兮云片片",其篇章之美,有如"红杏花开昼锦堂,侍臣鹄立通明殿"。他"操觚染翰人惊羡",其书法造诣已超过同辈,从而使人忆起苍颉、羲之、智永、梦英诸大家的佳篇杰作。

• 赠同雪岑字歌

云中上人号无辩①，笔法精微成独善。留心静室写华严，得意晴窗书素练。淮山买断剡溪藤，颍水磨穿铜雀砚。有时乘兴扫蛮笺，鹤舞龙飞星斗转。风渺渺兮雁行行，雨萧萧兮云片片。红杏花开昼锦堂，侍臣鹄立通明殿。观鸟欲登苍颉台，换鹅思睹羲之面。智永禅师去不逢，梦英作者谁能见？同也方今超等伦，操觚染翰人惊羡。索字人多日日来，也须铸个铁门限。

紫柏尊者全集②［选录］

真可（1543—1603），明僧。字达观，号紫柏。吴江（今属江苏）人，俗姓沈。为晚明四大高僧之一，时称紫柏大师。他在明末致力于藏经之刊行与佛教文化之推广。事见憨山德清《达观大师塔铭》（《紫柏尊者全集》）、甬东、陆符《紫柏尊者传略》（《紫柏尊者别集》附）、《续释氏稽古略》卷三、《五

① 觉同，明僧。字无辩，号雪岑。大同（今属山西）人，俗姓康。幼工诗文，尝洒翰作草书，立就《大同府善化寺记》数千言，镂诸乐石，如龙掀凤舞。时人赞曰：续佛慧命，湛然清净；遐迩闻声，诗禅草圣。事见明毛晋《明僧弘秀集》、光绪《山西通志》卷一六一。

② 紫柏尊者全集：三十卷。达观真可语，憨山德清校。系真可著述之集成。卷首有序赞、塔铭等多篇，对紫柏其人生平，叙述颇详。全集大抵包含所开示之法语，经论之疏释，及题跋、诗文、颂古等。本《荟要》所选录文字，涉及的书学思想：一、关于书写佛经问题。真可提出书写佛经，应"离妄想执著"。他明确指出，"一切众生，具有如来智慧德相，但以妄想颠倒执着，而不证得。若离妄想执着，则自然业智，当下现前，如一微尘，具含大千经卷。"他在肯定书写佛经的同时，指出"以如是经，墨海积书而不尽"的。因此，应领悟把握佛典书要义，不必在书写佛典上下功夫（《麟禅人刺血跪书华严经序》）。他还指出，刻经有"不可思议功德"（《小板法华经序》）。二、关于书法与"自心"之关系：他明确提出了书法"本于自心"的重要命题，指出"自心"乃书法之"祖"（本源）（《交芦生书〈千字文〉说》）。他还提出绘画应"见心"，而且应"见心之前者"。所谓"心之前者"，乃指"性"而言。"心乃独处于性情之间者也。故心悟，则情可化而为理；心迷，则理变而为情矣。若夫心之前者，则谓之性，性能应物，则谓之心。应物而无累，则谓之理。应物而有累者，始谓之情也。"这就是说，书法创作应展示、呈现真心、"自性佛性"。周叔宗所书《听法华歌》，呈现了"大白牛儿"，因为在书法家的挥毫处、墨池边，即有大白牛的"蹄响"声——就会呈现真心（本心、佛性、本来面目）。从一个侧面说明书法艺术是"妙心"的流淌和创造。三、关于刺血书经问题。在真可看来，刺血书经，是超胜的解脱法门。他说如欲解脱，"济苦海者，必以无思为舟楫，而彼岸始登焉"，而"思不能自见，必假闻道以无之。道不能自闻，又必假缘因为之汲引，乃可闻耳"，总之，"夫缘因者，诚诸佛之母，众生之资"。种种因缘"虽皆闻道之助"，"唯最后刺血为墨，书经缘因，最为超胜"（《示法灯居士刺血书金刚经》）。而在书写佛经中，血书之功德最殊胜："墨书不若银，银书不若金。金书不若血，婆婆震旦国"（《血书金刚经赞》）。四、真可指出，艺术创作成功的关键，是对佛的虔诚。他说宋绣观音经，实是"妙丽，神采具足"，达到了入"圆通之境"，摄"至道之真"，经过六百余年，"而字画锋刃，铿然若新"。之所以能如此，乃绣者对佛之虔诚（《宋绣观音经跋》）。五、真可提倡学书应有活法，否则，"死于法者"只能成为"奴书"。真可认为周叔宗临帖，能于"纵横变态之中，法时露焉"，得活法之精髓——乃无法之法，如"浓云雷动之初，龙虽不见，头角暂露"。对"天机深"的鉴赏家而言，则会"神而明之，则龙之头角，不在叔宗笔阵，而在我欲得不得之间耳"（《书周叔宗临帖卷》）。

灯严统》卷十六、《五灯全书》卷一二〇、嘉庆《松江府志》卷六三。

本荟要所录入文字，据《新编卍续藏经》第 126 册。

• 麟禅人刺血跪书华严经序

吾杂华，通法界之经也，直指毗卢果海，性德圆融，无碍广大，自在微细，严以示众生日用，现证平等心地法门。欲因之以廓尘习，昭真境，不离当处，顿得无量受用耳。观夫佛等、众生等、刹土尘毛染净等、劫念往来三际等、迷悟因果理事等，法尔如然，居然自在。惟其所以不等者，良由吾人自昧于一念之差，究竟有天渊之隔。所以情生智隔，想变体殊。故曰："奇哉奇哉！一切众生，具有如来智慧德相，但以妄想颠倒执著，而不证得。"若离妄想执著，则自然业智，当下现前，如一微尘，具含大千经卷。智人明见，剖而出之，则利用无穷。由是观之，无论众生心，具不具，只在当人眼明不明耳，岂更有他哉？是以文殊举之以为智，普贤操之以为行，善财挟之以发心，弥勒带之而趣果。四十二位之各证，五十三人之全提，月满三观，星罗十门，行布圆融，事理无碍。以极尘毛涉入，依正互严，种种言诠，重重法象，火聚刀山之解脱，卧棘牛狗之坚持，乃至异类潜行，分身散影，无非游刃微尘之利具也。由具利，则尘易破；尘破，则经卷出；经卷出，则德性彰；德性彰，则果海足；果海足，则无不足。其犹融会万派，吐纳百川，故德用无边，惟心现量恒沙佛土，即目非遥，不涉途程，而顿证者，只在当人一念回光返照之力耳！斯则六千道成于言下，犹是钝根；三唤普贤于目前，岂为智眼？信乎聋瞽，封蔀识情，非上根圆器，其孰仿佛之？故曰："众生日用而不知。"苟知之，则根尘识界，草芥尘毛，通为法界之真经；屈伸俯仰，咳唾掉臂，总是普贤之妙行。以如是经，海墨积书而不尽；以如是行，日用现行而有余。如是则非智眼莫能见，非大力莫能荷。今麟禅人，用沥血跪书此经，是明见而后书之耶？抑因书而后明见耶？犹然书之欲见，而未及见耶？若明见而后书，则不待操觚，全经已具，如临宝镜，又岂淋漓翰墨，区区于简牍文字之间耶！若因书而后明见，则现前日用，妙用全彰，似悬珠网，又岂昏沉业识，茫茫于水月空华之界耶？若书之欲见而未及见，则析骨为笔，剥皮为纸，刺血为墨，徒点染太虚，挥洒金屑，岂不重增迷闷，枉历辛勤耶？虽然，一枝叶落，而天下秋回。寸管灰飞，而大地春起。是则书与不书，全经自在。见与不见，明昧一如。悲夫！夜壑藏舟，力者负之而不觉，觉则透出毗卢,全彰法界,昭昭然毫端眉睫之闲,物物头头,而与普贤交臂也,此其麟乎？休师有言:"华严性海,与我同游者,舍子其谁欤?"否则暂闭阁门,试请回途,重参曼室大士。子行矣,无忘所嘱。

•跋麒禅人血书华严经

吾闻华严大经,实根本法轮。佛与大菩萨之事,非小根可堪,故曰:"龙象蹴踏,非驴可堪。"终始一念,今昔一时,因果一佛,凡圣一性,十方一刹,三界一体,正像末一法,初中后一际,当处现前,不涉情解,本自圆成,非修所得。故曰:智由三昧观照方便,迷解显得,不是修成。若夫悲愿熏炙,称性而周,事亦无尽。或曰:"愿终功废,则过去诸佛,带果行因,岂不多事?"虽然,一乘无修,始终一念云云者,盖指果体而言也。若在凡夫,必当先悟果体根本,然后法古佛之样,规行矩步,始以信入,次则历行住回向地等,圆治积生染习,习尽功圆,则毗卢能事毕矣!经中首以善财问法,遍参胜友五十三者,盖圣人所虑,书不尽言,言不尽意,故设像寓意,使彼有志于一乘者,玩意得像,神而明之,肉身现证,无劳修得。如法华以龙女成佛之象,寓彼实相,以至三周九喻,重重旁敲,与华严何别?但下劣凡夫,不信自心,徒信佛语,被文字所转,埋没本光,不能直下受用。是非之仆,荣辱之奴,死生之仇,好恶之党,颠之倒之,奴主反位,大用翻为迷事无明,大机总成迷理之障。理迷则触事皆碍,事碍则于理终迷。故华严之法界,法华之实相,名存义昧。义昧则理无所会,理无所会,则道不终通。道既不通,到家何日?既不到家,安有所得?无得则见必不定,见不定则偏圆无辨,邪正不分,谓之"知解之徒"。渠尚无分,岂能现证而受用者哉?豫章浔阳之庐山,山有黄龙寺,寺额即今上所赐也。寺众有麒禅人,有志于佛一乘,顾惟天机不深,受性鲁钝,于华严法界,率难通悟,于是发愿书大经全部。意在青山白云,朝暮书而读,读而礼称,忏洗过现重轻罪垢。果其夙有微善,仗毗卢之宠灵,杂华之熏发,法界顿开,入佛种性。麒之告余也如此。余嘉其有志,缀华严大概如此。余再谓麒曰:若知举笔饮墨,向白纸上,横画竖直之者,念耶,时耶,佛耶,性耶,刹耶,乃至际耶,象耶,意耶,现前耶,不现前耶?呜呼!若能领此,则须弥为笔,太虚为纸,大地为墨,书若经者,果有尽乎?果无尽乎?子若不会,虽剥皮为纸,析骨为笔,刺血为汁,与善财童子相去尚远在,况五十三胜友,若能亲近乎?麒其勉之。麒其体之。

• 跋贺知忍刺血书金刚经

未刺指时，指塞虚空。才刺指时，血流大地。指即金刚，血即般若。故罪无轻重，半字能消。福无浅深，援毫即满。虽然，澹庵居士，未即世时，不以此经为常课，则即世之后，子虽有曾参之孝，为书此经，终与金刚般若血脉，不能接续。若然者，居士即此经，此经即学仁，父子血脉，岂以存没断续哉？我闻般若无古今，金刚无内外。有古今则有延促，有内外则有亲疏。而未至蕴空者，则念念生灭，情尘胶执，即蚊虻唼肤，而举身毛竖，稻芒在眼，而四方易位，况以热指刺于冷针，鲜血迸流，能无痛乎？今学仁即流为墨，即墨成字，至于句偈，完兹一卷，究其情悃，与舍全身何异？达观道人，见而哀之。且感学仁精诚，不愧紫岩。书此附之经尾，愿见闻之者，皆发是心。

• 跋宋仲珩篆书金刚经

金刚般若，两者之坚利，世所共知。惟愚痴之坚利，或未察焉。夫愚痴不坚，我当先破。愚痴不利，我当先犯。今我顽于死生好恶之执，牢不可破，锋不可犯，是以威音释迦，先我得道也。虽然，愚痴不坚不利，则般若无本矣。故圣人以金刚喻般若，良以金刚能断一切，一切不能断金刚故也。如般若能断一切愚痴，愚痴不能断般若也。此就知有者言也。如未知有，则愚痴能断般若，般若不能断愚痴也。由是而观，愚痴之与般若，金刚之与万物，岂有常哉？顾其人用心如何耳！如先以知有为前茅，则般若如金刚。如未知有，强以事行破执，则愚痴如金刚。故金刚一物，不惟能喻般若，亦可以喻愚痴也。此经有五千余言，疑二十有七，吾曹果能善用其心，则言言疑疑，皆观照之媒妁也。反是则言言疑疑，亦愚痴之绍介也。如青萝本元臣，荣国公本缁流，而所为如此，果以言言疑疑，为媒妁耶？为绍介耶？吾不得而知也。宋仲珩篆书，妙绝古今，精密圆活，神气流注，如春着花。余虽至愚，贪玩不知目劳，况智者乎？罗司理心尧，初既得之于无心，岂终能以有心宝之哉？惟无心得之，亦无心宝之，则有未常有，而无未常无，所以得常无常有也。

• 宋绣观音经跋

禅人林白，持宋绣《观音经》一卷，予拜而读之，至"观其音声，即得解脱"，忽然疑生，意会不快。及见无尽意菩萨，闻佛赞观音功德之利，而无尽意即解颈众珍宝璎珞,持上观世音菩萨,菩萨不肯受,因佛劝而受之,即将一分奉释迦牟尼佛,一分奉多宝佛塔处,乃豁然疑消。夫多宝佛,过去佛也;释迦佛,现在佛也。若无过去,则现在无待;若无现在,则过去成断;若无过去、现在,则未来奚立?若废三世,则昧刹那;若昧刹那,则一切圣凡之用,依正之基,将何藉焉?由是观之,盖圣人本欲直示其旨,顾众生机钝,不能神而明之,故设象以寓意,使玩而得之,则象忘而自契也。知此则现前读经者,与观读经者,虽愚智弗伦,皆周旋于寂灭光中,初无闲隔。此经妙丽,神采具足,针针刺入圆通之境,字字贯摄至道之真。自宋迄明,六百载矣,而字画锋刃,铿然若新,非沥肝胆之诚,孰能至此?

• 跋周叔宗书《听法华歌》

夫《法华》七轴,六万余言,而其所诠者,虽三周九喻,直谭曲说,亦不过一实相耳。惟此实相,昭然不离日用之中。奈何楼子六十余年,辛勤行脚,求之而不可得;长庆蒲团七破,求之而不得。由是观之,行求亦不得,坐求亦不得,则此实相,又非四威仪中,可得而求矣。然则"昭然本在日用"之语,宁非梦言哉?乃永嘉觉老又曰:"不离当处常湛然,觅即知君不可见。"以永嘉之语,较彼二老所求之见,何天下老和尚,舌头雌黄不定若是耶?及读唐修雅法师《法华经歌》,则若庖丁解牛,公输子之为匠,而纵横逆顺,精粗巨细,皆大白牛之全体也。是牛也,头角峥嵘,出入于吾人六根门头,咆哮蹴踏,喜怒无常,平田浅草,绿杨溪畔,黑白互夺,使吾即文字求之而不得,离文字求之而不得,离即离非,求之而不得,毕竟至于无可奈何此畜。县生通禅人,每以奈何此畜不得为恨,一见此歌,便有跨牛之志,然不得能书者书而宝之,作一觅牛话头,无择山林城市,境缘逆顺,持此参此,若不得牛,殚生弗已。紫柏道人,舍然大笑曰:"汝非跳过鱼盘,觅豆腐之瞎猫乎?当今能书者,舍吾叔宗而他求,岂不误邪?"虽然,若有人问:"大白牛儿,毕竟在甚么处?"张草米书挥笔处,细听蹄响墨池边。

• 程康伯书圆觉经跋

婆伽老汉,直指众生日用热恼,为神通大光明藏。十二大士,曲说如来神通大光明藏为热恼。自是父子情乖,圣凡路断。康伯程氏,旁观忍酸不禁,于是发心手书是经。积画成字,积字成章,积章成帙,于一刹那中,圆觉成就,违而复顺,断而复通,父子欢呼,接拍承令,圣凡云集,水到渠成。紫栢道人适买舟于岷江之干,康伯氏于神通大光明藏中,拈出供养道人。是时不以面受,乃用背享,直得文殊杜口,普贤失跌,况其余乎?虽然,虮虱以头颅为昆仑,屈步以蹄涔为沧海。小大无常,孰得孰失?

• 书周叔宗临帖卷

禅家有"离经一字,即是魔说。依经解义,三世佛冤";书家有"学书而死于法者,谓之'奴书'"。观叔宗周氏,临诸家帖,于纵横变态之中,法时露焉。譬夫浓云雷动之初,龙虽不见,头角暂露。而天机深者,神而明之,则龙之头角,不在叔宗笔阵,而在我欲得不得之间耳!

• 交芦生书《千字文》说

夫画本未画,未画本于自心。故自心欲一画,欲两画,以至于千万画,画画皆活。未尝死也。何谓死活?曰:若见一画,即谓一画,见千万画,即谓千万画,是谓知死而不知活。惟知活者,画虽无尽,晓然了知,机在我而不在画也。即如六十四卦,三百八十四爻,如一卦有常,一爻落死,则变化亦有穷矣。唯其卦卦无常,爻爻本活,所以周流六虚,上下无常,情之性之,鬼之神之,往复莫测,隐显若惑,先天而天不违,后天而奉天时,设不知活,乌能臻此哉!故苍颉睹鸟迹而悟字母,梵佉娄,不烦感而悟字生于心,虽文成横竖,而诠义未始不同焉。如鸟迹而变大篆,大篆变小篆,小篆变隶,隶变楷,楷变草,草则复几乎鸟迹矣。何异中竺而变四竺,四竺而变胡,胡变夷乎?故曰:通其变者,始制者也。因其变者,乃众人耳。虽然,始制几圣,众人几愚,有能因画而悟未画,因心而得悟心。噫!未画画母,无心天地万物之祖。既知其母,复得其祖,则愚可以为圣,圣可以同愚,故曰大智若愚。予睹交芦生手书《千字文》,其字画起伏纵横,变化有条,而又不死于法,果书者之能品耶!

• 示法灯居士刺血书金刚经

夫贫者思富,富者思贵,贵者思安逸,安逸者思不死。殊不知从思有生,从生有富贵贫贱劳逸,以至万有诸苦,不可胜穷也。故欲济苦海者,必以无思为舟楫,而彼岸始登焉。然思不能自无,必假闻道以无之。道不能自闻,又必假缘因为之汲引,乃可闻耳。夫缘因者,诚诸佛之母,众生之资。以相好为缘因者,如观德人之容,而鄙吝自消之类是也。以音声为缘因者,如一言之下,心地开通之类是也。又以圣教为缘因,大善知识为缘因,善友法侣为缘因,以逆境为缘因,以顺境为缘因,或以精进勇猛,剥皮为纸,析骨为笔,刺血为墨,写大乘圣典为缘因。故曰:"佛种从缘起。"如是种种缘因,虽皆闻道之助,唯最后刺血为墨,书经缘因,最为超胜。但众生身相执重,蚊蝇微而唼之,尚不胜怒而拂焉,使之不去不已,况以利针刺指,血流心惊,而能挺然忍痛,得终胜缘,苟非素常信心坚笃,识见超群者,岂易为之? 唐贯休尊者,题楚云禅师血书《法华》云:"剔皮刺血诚何苦,为写灵山九部文。十指沥干成七轴,后来求法更无君。"法灯,当痛歌此诗数十遍,则身执自轻矣。身执既轻,此经不过五千余字,书之奚难哉?

• 小板法华经序

此经不属刻未刻,亦不不属刻未刻,所以众生与诸佛,未尝须臾离此经也。然诸佛证而忘之,忘而用之,故日用触事而真,真则神,神则不可测,故曰:"此经非思量分别之所能解。"唐修雅法师,谓"此经佛之意,祖之髓,众生之心。"由是观之,则修雅之言,又可比丘之左券也。虽然,众生日用而不知,又岂能证而忘之,忘而用之哉? 故不知此经者,不可不知。证此经者,不可不忘之。故曰:"情存一念悟,宁越昔时迷?"橋李鲍胜友昆季,发心刻小字梵□《妙法华经》与《佛顶首楞严经》。《法华》根于无量义处,束为六万余言。六万余言,束为二十八品。二十八品,束为七轴。七轴束为"如是妙法"四字而已。四字束为众生日用现前一念,一念束至于无念,无念即无量义处也。此无量义处,则十方三世圣凡依正,精粗好丑,报复因果,皆无量义处,大圆镜之影像也。鲍胜友昆季,所刻二经,笔画精爽,流布稀奇,负笈担囊,行脚甚便于鉴照,真不可思议功德耳! 鹤林蒬公嘱比丘跋之。比丘素不能言。姑书鲍胜友昆季。刻二经缘起遗之。然二经刻未刻,二胜友于境风逆顺之顷,未尝不流布也。

• 血书金刚经赞

稽首金刚经,般若最坚利。一切有为法,无能越此者。若人见一字,或复闻一句。乃至四句等,功德难思议。墨书不若银,银书不若金。金书不若血,婆婆震旦国。有大精进女,视身等沤泡。知心本幻化,一念坚固信。历刺十指血,书此无上宝。愿彼见闻者,顿空身心执。持此金刚剑,断一切憎爱。如是妙利益,不求人之福。回向般若海,澡我五漏身。获净七宝体,童真割世染。早遇明眼师,悟心为佛子。弘彼妙法华,声震微尘刹。无心及有心，非缘培圣种。况我血书经，果报宁虚诳？

• 兰溪示魏觉樗

初画若有画，次画则不就。次画若成就，初画未尝画。初画未尝画，纵使无量画，画果成画不？若人知此意，是则庖牺氏。离此觅庖牺，何异我觅我？

• 书经荐父母入芦山塔偈

我父生时我逃逝，痛惭不得奉甘旨。我父死时我未归，一抔之土孰掩骨。此惭此恨何时消？日增月累丘山积。丘山劫坏终有崩，劫坏山崩恨无尽。今仗佛光书此经，字字功德难思议。南无妙法莲经，经中之王我自性。以此功德报亡父，黑业顿谢生佛国。见佛闻法证实相，如战有功得髻珠。愿我亡父持此宝，遍照十方焰无际。我本母生不及养，寸心耿耿石难化。期酬至德无所从，庆我离尘为佛子。深思妇人淫业重，坚固难拔等须弥。须弥可倾淫难断，津梁苦海须圣力。佛说诸经度众生，皆先戒杀后淫欲。先淫后杀惟楞严，是故报母应仗此。南无无上楞严咒，消母淫业如天风。片响之间不可得，戒珠清净光无缺。见佛闻法得自心，一切万法悉坚固。我发此愿等法性，见者闻者皆出苦。何况书经报父母，若无利益我不实。惟愿二经入此塔，塔亦永永无圮坏。风铃宣说诸咒心，有心无心俱悟入。又愿因缘若至时，放大光明照法界。触此光者生孝心，因此孝心得菩提。一灯传至百千灯，百千灯传永无尽。我愿如是佛证知，法僧人天并八部。二经会上发心者，佛前立誓说诸咒。愿护此经如护眼，在在处处恒不离。我今哀求说咒者，护我书经亦如是。我若成佛报汝恩，如我今日报父母。

• 示本禅人［节录］

师问本公："凡作一字，少一画可成字否？"本曰："不成。"曰："有义否？"曰："字既不成，安得有义？"曰："画全成字否？"曰："成。"曰："有义否？"曰："有义。"师曰："且如身字有几画？"本曰："六画。"曰："义在那一画？"本无语。少顷进曰："义在六画。"师曰："均等六画，不均等六画。以成其义，曰均等，曰总均别均。若总均，则义总在初画，余五无义。别均，则画画有义，散则不成。"本无语。

• 义井笔录［选录］

如人以手运笔，笔始能画。达者由画推至于笔，由笔推至于手，由手推至于心，由心推至于无我而灵者。无我则无外，外者内之待也；我既无外，内亦穷矣。内穷则外不能独立，内外之情既枯，则无内无外，而能内能外者现前矣。圆觉曰：一切众生，皆证圆觉，其此谓乎？

紫柏尊者别集①[选录]

本荟要所录入文字，据《新编卍续藏经》第 127 册。

• 题包生所刻楞伽经

夫身不自身，由心故身。心不自心，由身故心。由心故身，身不可得。由身故心，心亦不可得。身心既不可得，则智山独立，觉海澄渟，情识路穷，能所寂断矣。若然者，岂惟众生不可往，即具大神通亦安能往哉？此经以五法、三自性、八识、二无我为宗，为根熟菩萨，直明识体全真，便成智用。"楞伽"，此言不可往，乃表心地法门，非修证可能入。故凡读此经者，能直下究竟，身心无路，自性无门，则肉身凡夫可立往也。冯太史谓予曰："包生新刻《楞伽经》，字画精简，明白显朗，使人睹之，心开目明。乞师一语，为流通前茅何如？"因书此。

• 跋照公墨书华严楞严

本朝尹山隆菩萨，少年时血书华严经、法华经各一部，及高皇帝开试经度僧之例，有业不精而妄应者，帝怒，坐及三千僧，皆边远充军。隆公特往京师，愿焚身赎众僧之罪，帝允之。敕有司设道场严侍卫，公跃然登之，身将半烬，烈焰中犹手书"风调雨顺"四字，嘱内使曰"俟天旱焚之。"后果亢旱，帝焚之，即沛然大足。帝曰："此永隆雨也！"呜呼！隆师血书华严法华二经时，初无求效之心，及焚身之际，大光中露此三昧，使天下千古，仰而戴之。当时道亦赖之大振，皆自心不欺之力也。今去隆师二百年，尹山复有僧明照者，墨书华严楞严各一部，虽用墨不若用血，然其最初一念不欺之力，未始不同焉。予登峨嵋，道夔之万县，见一老僧书华严，以精恳虔笃，不

① 紫柏尊者别集：四卷。紫柏真可撰，钱谦益纂阅。其书所采，皆为《紫柏尊者全集》所漏载者。内容有杂文、诗偈、书信、语录等，与全集性质相近。书前有钱氏之序。紫柏指出，包生新刻《楞伽经》，有特色，有功德："字画精简，明白显朗，使人睹之，心开目明"(《题包生所刻楞伽经》)。《跋照公墨书华严楞严》所述"尹山隆菩萨，少年时血书华严经、法华经各一部"之事，系不见诸书史的书法故事。

觉暗中书经达旦。偶邻僧说破,即不能书。楞严曰:因明有见,暗成无见。不明自发,则诸暗相永不能昏。若然者隆师焚身之际,火光亘空,与夔之老僧,暗中眼光不昧,皆不明自发之光也。照上人书经时,能猛加精恳,以增上之缘炽熏自心,则此光之发,不独前人有之,上人当勉之。

• 跋石刻法界观

华严法界观,辞旨冲漠,大经广雅,囊括尽矣。丹阳贺生学仁,欣然石刻印行。达观道人一语,因书与之,时万历辛卯四月二十一日也。怀州牛吃禾,益州马腹胀,天下觅医人,灸猪左膊上。此又杜顺老汉注脚耳。

• 跋石刻圆觉经

此神通大光明藏,我释迦如来入之,乃说此经。十二大士入之,则能酬酢精辨,如瓶泻水,了无滞涩。丹阳贺上舍喜《圆觉经》,刻石流通之,乞予一语,为之嚆矢。因书此,时明万历辛卯四月下旬一日也。

• 跋石刻八大人觉经

此经三百七十一字,八觉精光,虽则曲照多方,诠摄殆尽,其辞冲远简朗,旨趣弘深,非怀抱日月者,岂易措笔!一觉悟世无常,心为恶源。二觉多欲为苦,少欲自在。三觉知心无厌,慧业痛治。四觉懈怠坠落,勇伏四魔。五觉愚痴生死,多闻益物。六觉贫苦多怨,恶人等慈。七觉五欲过患,俗人偏念,三衣瓦钵,增净力势。八觉生死炽然,苦恼无量,愿代众生,受一切苦,使究竟大乐。夫达世无常,则前尘无得。知心为恶源,众苦自息,贪欲既止,枯淡常足。慧业非勤,染习难治。至于俗人,念三衣瓦钵,代众生受苦,俱令安乐。虽复觉觉殊功,要之即现前一念,情识之心,不善用之,则三涂横起,善用之,则三德圆明也。此经,元普光雪庵头陀,以为沃宅清凉之具,檇李福城东塔寺壁,清凉观国师顶门之上,手泽犹存。魏塘光德庵如谷东公,临终之夕,以手写此经,授其徒某,且嘱曰:"吾虽大事未明,幸将壳漏子,脱于寒云之中,藉文殊老人,与万菩萨慈悲之火阇毗之,可谓庆甚,更何憾。惟此经,累汝刻石施人,则我死犹生也。"其万历辛卯正月初五日,于(王氏)墨香庵,向余言涕俱出曰:"此先师命也。某闻鄣山丁氏南羽者,龙眠再来也,不揣暗短,欲仗慈光乞一佛影,并此施行,不知可否?"呜呼,东公临死而不忘法,其徒后能衔命持骨石,不远数千里还自清凉,有子如此,死者何憾焉!余哀其诚,命丁生成褾之,且为记其岁月云。

密藏开禅师遗稿①[选录]

道开,明末僧,号密藏。生卒年不详。原为南昌儒生,出家于补陀。以仰慕紫柏真可之学行,乃投为紫柏之弟子。万历(1573—1620)年间,与紫柏等人倡议创刻《嘉兴大藏经》,师即为初期之实际主事者。但在《嘉兴藏》刊刻不久,师由于忧虑紫柏即将陷入京师之政治漩涡,而紫柏又不听劝谏,故乃骤然隐遁,而不知所终。事见《密藏开禅师遗稿》、《新续高僧传四集》卷七、民国《清凉山志》卷三。

本荟要所录入文字,据《嘉兴藏》第23册,第118号。

• 刺血书经愿文(亲笔血书现存径山古某庵,冯祭酒梦祯血书一通文同)

真实愿王佛比丘弟子道开,谨沥血投诚于十方常住三宝、本师释迦、护法韦驮天龙等众,及楞严寺护伽蓝神,道开为求无上菩提,同居士冯梦祯,发心倡因刺血书写大藏圣教。梦祯书大小乘经律论各一卷,道开书唐译华严经一部,普愿见者闻者,各各如是发心书写一卷多卷、一部多部乃至一字一句,满足大藏,永充供养,不许出山,仗此真实愿力、韦驮尊天护持神力,自今日至弥勒下生,一函一卷一句一字不令散失,中间若有起心盗窃及作障恼者,韦驮尊天现大威力碎其脑,为微尘一切国王一切宰官一切大力鬼神,下至四生六道,一切含血众生,触我愿风,无不踊跃欢喜,同心护持,如自眼目,如自心髓。若遇佛法有难,国土众生有难,我此宝藏实时放光现瑞,转祸为祥。一切众生睹此希奇,转转赞叹,传布十方,俱发阿耨多罗三藐三菩提心。如我愿不真始勤终怠退失,一切众生善根,亦愿诸佛诸天降罪于我,生遭恶疾,死堕泥犁,以为欺诳三宝之戒。明万历乙酉元日比丘弟子道开谨疏。

---

① 密藏开禅师遗稿:凡二卷。明代密藏道开撰。卷上包括上慈圣皇太后、募刻大藏文、刻大藏愿文等共五十篇;卷下包括上本师和尚、与徐海观居士等六十四篇。从道开"为求无上菩提",同居士冯梦祯"发心倡因刺血书写大藏圣教"——道开发心血书唐译华严经一部,冯梦祯发心血书大小乘经律论各一卷,他俩并为此刺血书写了《刺血书经愿文》,可见其当时之僧侣与居士对法宝的特别尊重与虔诚之风尚。

憨山老人梦游集①[选录]

德清(1546—1623)明僧。字澄印,号憨山。安徽全椒人,俗姓蔡。十

---

① 憨山老人梦游集:几五十五卷。憨山德清撰,福善日录、通炯编辑、刘起相重校。卷一:有钱谦益之序文、《憨山老人自赞》、真可《康居国会尊者像赞寄憨山大师》。卷二至十二:憨山对当时佛门缁素所展示之法语。卷十三至三十八:书信、序文、记、塔铭、传记、题跋、赞颂。卷三十九至四十:仿世学之古文、疏文、祭文等。卷四十一至四十三:为《楞严》、《法华》等经之疏释。已收入《卍续藏》释经部,因此只有目录而无文。卷四十四至四十六:对《大学》、老庄及净土教义之论说与发挥。卷四十七至四十九:诗集。卷五十至五十二:《曹溪中兴录》及其他开示。卷五十三至五十四:自叙年谱。卷五十五:吴应宾、钱谦益等所撰之憨山塔铭、传记、挽诗等。本《荟要》所选录文字,涉及的书学思想:一、关于书法与佛法的关系问题,德清指出,书法与佛法有相同相通之处:从《七佛偈》领会"心法":"诸法如梦幻观,乃入道第一妙诀",应破除"有思惟心""不清净见",而"水月镜像,空华阳焰,种种境界,头头皆解脱门也",因"凡有识者,皆向此中流出",应返回自心,获得书法与佛法的根本。他关于"观其点画,皆从金刚心中流出"的命题,是禅宗书学的重要观点。涉及书法与本心的关系问题(《题曹溪诸沙弥书华严经后》)。德清强调书写佛经有无量功德,他引经云"若有读诵受持书写者,不于一佛二佛三四五佛而种善根,已于无量万亿佛所,种诸善根。由此观之,即信受书写,亦非浅浅因缘也。"德清指出,受持读诵书写《法华经》者,"皆为成佛之真种",憨山把书写佛经,作为引导学人"使知亲近随顺佛法,信心若发,方可引入佛慧"的"方便",因为,"佛性难明",那么,书写佛经,可以让学人"悟此佛性,则转恶业,而为无量净土庄严","能以造业之心,转为净土庄严,作成佛真因"。二、书法创作需乘兴挥洒,应破除有意求好。他指出,"七佛偈"乃"佛佛传受心法也","凡有识者,皆向此中流出",其要旨在于:"佛法信乎无多子,学者政不在广见博识,增益多闻障耳";书法创作不能"有意求好"。"有意求好"则是"多闻障"。要破除"有意求好"——"多闻障",需"乘兴"而书。三、对前贤时修书法的品评。他指出雪浪恩曾书《千字文》,擅长书法,"游心艺苑,博问强记,食息不倦。染翰临池,昼夜无间者,二十余年"。他又指出"顾宝幢居士"之诗书画艺术"皆不泥古法,信笔点染,天趣迥绝,然实自古法中来"。介绍了顾宝幢居士的书学论述:"书须古法四分,己意六分乃妙。不然,纵笔笔能似古人,终成奴书,不足贵也。"提倡书法创造既学古法,但不要泥于古法,更要有个性("己意")。四、憨山指出:书法之妙,难于言说。它如"雁度长空,影沈秋水",不留影迹,恰如"禅家所说,彻底掀翻一句",若能透得,"可参书法上乘"。因而鉴赏品评书艺,应细细体悟玩味。五、关于血书佛经的论述。德清以卢舍那佛的血书佛典为例,指明书写佛典的巨大功德:"吾本师卢舍那佛,从初发心,以至成佛,精进不退,以不可说不可说身命而为布施。剥皮为纸,析骨为笔,刺血为墨,书写经典,积如须弥,为重法故,不惜身命。如能"依佛所行,如佛所愿,又何患不成佛"。总之,"生生世世,以此身血,书写此经,当布满大千,又不止如须弥之高广",而"见闻随喜发心修学者,当如葅粟,遍十方刹土,又何止此一会一人一众而已耶!"(《血书梵网经跋》)但德清同时指出,对此不能执著。因华严五大部经,"充满法界",而依报世界之林林总总,又都是"法界之经",因而是"海墨书而不尽"的。那么,书写佛经之人,要"以有限之身心,涓滴之身血"书写它们,是没法"尽书"的。憨山有时对刺血书经之举,又是持不赞成的态度:他指出:大千世界,林林总总,"尽法身之真体","无背向,无去来,无取舍,无始终。三际为之不迁,十世圆融一念。此法界无尽藏也",因此,想以刺血书佛经,是"欲于无尽藏中,徒以区区生灭心行,指色相庄严为法行,求净土之真因者",是妄识情执之举,是"以牛粪为栴檀,鱼目为意珠也"。六、憨山介绍了他自己"昔住五台,曾刺血泥金,书写华严大经"的深切体验:他"每于书写之中,不拘字之点画,大小长短,但下一笔,则念佛一声。如是点点画画,心光流溢,念念不断不忘,不错不落,久之不在书与不书,乃至梦寐之中,总成一片。由是一切境界,动乱喧扰,其心湛然,得一切境界自在无碍解脱门。乃至一切见闻,无非真经现前。"他强调书写必须十分虔诚:在书写之中,无论点点画画,都要念佛不断,让自心与佛打成一片,摒弃一切情识妄执,达到"其心湛然",让"心光流溢",进入"得一切境界自在无碍解脱门"。指出书写佛经,其妙在一心不乱:"则书经之行,妙在一心不乱,又岂若童蒙抹朱,便以书经求功德耶?"憨山反对把书写佛经作为"博名高为求供养之资"。

九岁出家受具足戒，并至栖霞山从法会受禅法。一生宣扬禅宗，力倡禅净无别、三教归一之说。与袾宏、真可、智旭，并称明代四大高僧。事见《憨山老人自序年谱实录》（载《憨山老人梦游集》卷五十三、卷五十四）、《五灯全书》卷一二〇、《续灯存稿》卷一二、《正源略集》卷八。

本荟要所录入文字，据《新编卍续藏经》第127册。

• 示本净贵禅人

禅人宝贵，以守护佛法为心，初书金字法华诸经，募造旃檀释迦、弥陀二圣像成。居端州之鼎湖，时往来五羊，稽首请益。予示之曰：吾佛有言，"诸法从缘生，诸法从缘灭。"是知一切诸法，缘会而生。缘会而生，则未生无有；未生无有，则虽有而性常自空；性空，则诸法本无自性矣。故曰："知法常无性，佛种从缘起。"能达缘起无性者，则为成佛真种矣。善哉佛子！汝之所书诸经者法也，所造旃檀如来者佛也。以汝之信力为因，托诸所化为缘，是则佛从缘起，而法亦从缘起，于法性中，法即佛而佛即法也。第不审果了此法性空乎，性不空乎？若言其性空，则现见佛之相好庄严，毕竟光明炽盛，巍如宝山。而华严八十一卷灵文，三十九品之次第，五周因果之行布，四十二位之森严，不欠一字；法华之三周授记，忏法之诸佛洪名，不少一人，灿然满目，焕乎全彰。谓之性空无物可乎？若言其性不空，方其缘之聚也，则纸自纸，墨自墨，金自金，而香自香。如是纸墨，皆为世谛流布；如是金香，皆为恶业庄严；如是佛法之名，又何从而有耶？求其本无，则性自空矣。方其今之缘聚也，即以世谛之金香而为佛，即以世谛之纸墨而为经。然纸墨之相不异当时，体不增于昔日。而佛法之名既彰，则敬慢之心悬隔，其助成之人，虽不改于故武，而善恶之机天渊矣。由是观之，则一切诸法，本无自性，从缘会而生者明矣。斯则能达此佛此法，本无自性，则为成佛真种矣。而汝所作种种诸胜缘，不审达无性而作耶？不达无性而作耶？由作而后得无性耶？若达无性而作，则佛法在己而不在物；若不达无性而作，则佛法在物而不在己；若由作而后达无性者，则己与物皆无性矣。达己无性，则无能作之人；达法无性，则无所作之法。人法双空，是非齐泯，则己与物皆无迹矣，又从何而分别耶？如是则功德不可思议，菩提亦不可思议。佛子，如是而知，则为真知。如是而作，则为妙行。否则以思惟心而作难思之佛事，譬如手把萤火而烧须弥，祇益自劳，又何从而究竟耶？善哉佛子，谛观法王法,法王法如是,应如是作,应如是持,可谓善超诸有矣!

• 示佛岭乾首座刺血书华严经

余昔居东海那罗延窟,禅人自五台来谒。及余度岭之五羊,复从匡山来,慰余于瘴乡。余乍见如隔世亲,因观人间梦幻如此。乃于诸来弟子辈,结夏垒壁间,及解制日,乾作礼白云:"某将归东林,寻远公之芳躅,效莲社之清修,且愿刺血手书华严大经,以为庄严佛土之净业,愿乞一言开示。"余曰:佛子谛听,尔以何为大经,以何为净业?尔以书写纸墨为经乎,语言文字为经乎?以运动折旋为净业乎,以点画分布为净业乎?若以书写纸墨为经,则市肆案牍无非大经;若以语言文字为经,则谈呼戏笑世俗文字无非妙理。斯则本无欠缺,又何庸书?若以运动折旋为净业,则日用寻常咳唾掉臂,无非观音入理之圆通;若以点画分布为净业,则迎宾待客,举箸拈匙,无非普贤之妙行。如是则本自具足,又何别求?舍此而言法行,是犹知二五而不知十也。虽然尽十方是常寂光,元无明昧;极法界是清净土,本没精粗;森罗万象,皆海印之灵文;鳞甲羽毛,尽法身之真体;猿吟鸟噪,皆谈不二之圆音;雨施云行,尽显神通之妙用。如是则无背向,无去来,无取舍,无始终。三际为之不迁,十世圆成一念。此法界无尽藏也。尔欲于无尽藏中,徒以区区生灭心行,指色相庄严为法行,求净土之真因者,是以牛粪为栴檀,鱼目为意珠也。况一字法门,海墨书而不尽。尔欲以有限之四大,涓滴之身血,刹那之光阴,而欲写无尽之真经,作难思之佛事,是犹点染虚空,扣摸电影也。尔其参之。如其未然,试向五老峰头,谛观山色湖光,听鸟语溪声,与毗卢老子坐普光明殿,与十方无尽身云,刹尘海会,说法界普照修多罗时,有何差别?参,参。

• 示陈生资甫(吉水人)[节录]

文者,心之章也,学者不达心体,强以陈言逗凑,是可为文乎?须向自己胸中流出,方始盖天盖地。

• 示海阔禅人刺血书经

禅人发心,书华严五大部经,特礼匡山请益。老人因示之曰:毗卢遮那,安住海印三昧,现十法界,无尽身云,说《华严经》,名普照法界修多罗。若正报身,诸毛孔中,放光明说。若依报世界,草芥微尘,则尘说刹说,如是演说,尽未来际,无间无歇,如是之经,充满法界。所谓一字法门,海墨书而不尽。今子以有限之身心，涓滴之身血，若为而尽书之耶？虽然，此经果不能书，则一切众生绝分矣。且曰：法界之经，则凡在法界，无非此经。若悟毗卢，以法界为身，则自己身心，亦同法界。此则日用现前，动静语默，拈匙举箸，欬唾掉臂，皆法界之大用，是则何莫而非书写此经之时耶？若身同法界，则一一毛孔，皆悉周遍，如是则举一滴之血，当与性海同枯矣。所以普贤大士，剥皮为纸，柝骨为笔，刺血为墨，量等法界。是则全经不出一字，即书一字，亦同全经，何况百轴之文？禅人苟能作如是观，则自书者，与见闻者，及礼拜赞叹，一香一华，而作供养，乃至执劳运力者，无不同归法界。如是功德，岂可得而思议。禅人若无如是眼，作如是行，亦不免捏目见空华，岂不重增颠倒想耶？

• 示曹溪沙弥能化书华严经

佛云：佛种从缘起，是故众生正因佛性本具。但以无明坚固，不遇善缘，终不能发。如种子在地，要假雨露阳和之缘，方能抽芽发干，乃至开花结实耳。老人未至曹溪，诸沙弥所习世俗之业，且不知有佛有僧，安知佛法哉？自老人开化，种种方便，诱引教导，始则知为僧矣。既而以佛性难明，先教书写华严大经，使知亲近随顺佛法，信心若发，方可引入佛慧。初则二三其人，自是人人相望发心，不十年间，书此大经者，已成十余部。六祖入灭已来千年，今日之事，从前所未有也。佛性人人本有，恒沙功德，人人本具，以无知识开导，皆以性德而造恶业，招三途之苦报。若悟此佛性，则转恶业，而为无量净土庄严。今沙弥能化，能以造业之心，转为净土庄严，作成佛真因。所谓智种含于心地，遇法雨慧日之缘，故能发菩提芽，生长善根，抽功德枝，开万行花，将来必成菩提妙果，此正所谓佛种从缘起也。老人往往开示曹溪诸弟子等，若从此人人勇猛，发无上心，有志佛法，究明己躬大事，即如六祖住世时，发明自心者，千人之中，岂止三十余人而已耶？是在递相转教之功耳。

• 示惺初元禅人书经

性元禅人，来参匡山，老人字之曰"惺初"。发愿书写大经，老人因示之曰：出家修行，佛说方便多门，固在各各发心何如耳。第一向上参禅，求明自心，志了生死。次则深穷教海，志愿宏通，护持正法，续佛慧命。又次则深厌生死，专心净业，愿生西方。此皆理行，为最上者，若夫事行种种。至于书写经典，乃六种法师之一，是佛称赞者，故《法华》说，持经法师，现世肉身，得六根清净，此岂事行可拟哉？且云：举手低头，皆已成佛，此称性之行，又岂可以描抹点画致耶？老人昔住五台，曾刺血泥金，书写华严大经。每于书写之中，不拘字之点画，大小长短，但下一笔，则念佛一声。如是点点画画，心光流溢，念念不断不忘，不错不落，久之不在书与不书，乃至梦寐之中，总成一片。由是一切境界，动乱喧扰，其心湛然，得一切境界自在无碍解脱门。乃至一切见闻，无非真经现前。以此证之，则书经之行，妙在一心不乱，又岂若童蒙抹朱，便以书经求功德耶？禅人试以此行，如是书写，如是受持，似有少乃相应。若以描写为妙行，博名高为求供养之资，则又不若寻常粥饭，为无事僧也。勉之。

- **题书华严法华二经后**

毗卢遮那证穷法界，富有无量功德之藏，是与一切众生同有而应得者，故视一切众生如一子地。必欲全付自得所有而始快，虽众生茫昧而不觉，乃设无量方便，种种调伏，必使谛信不疑而后已。譬如长者具有无量富饶，止有一子，幼而逃逝，子虽背父，而父未尝一念忘子也。日月既久，子以佣赁归来，而不识其父。父既知子，必降身辱志，与子同事相亲，而渐通其情实，直至心相体信，父子情忘，然后亲为嘱书，全付家业而后死，方无憾也。由是而知，杂华乃我如来法界藏中之典记，法华如长者委付家业之嘱书。入此二种法门，方为克家之子也。善男子吴大静手书二经，岂非能知本有，料理如来家业者耶？由是必有应得之日矣。

- **刺血书金刚般若经跋**

般若出生诸佛，故为诸佛母，而为众生之佛性。是则般若所流，源源无尽，如海水潜流四天下地。诸佛众生，觌体无二。是知众生四大根本，身肉骨血，皆般若所流。遡其本源，一体无二。居士贺学仁氏，刺血书写金刚般若，以报其亲。如引细流而归于海，可谓善于返本而报本者也。世之言大孝者，能有过于此者乎？

- **又**

梵语般若，唐云智慧，此乃一切诸佛众生之大本也。迷之为生死，悟之为涅盘。诸佛证之为根本智，众生背之为无明流。其实体一而明昧异耳。故我世尊出世，特为开示此智，以法大机小，不能领荷，故二十年后方说此经。业已多方开示，必欲谛信此智而不疑，用为成佛根本。而此经以金刚名者，以智乃佛之所证金刚心耳。方将以果地觉为我因心，故以般若为入大乘初门，是知特以金刚名经，非假喻也。嗟乎！一切众生，迷此本智，流浪生死，其来久矣。观者但以经义深奥，文字重复，为不易入。殊不知以空为宗，以顿断疑根，直心正念为本，原无文字可立，故黄梅以此印心。我六祖大师，一闻"应无所住而生其心"，便能顿破历劫疑根。及见黄梅，即能道"本来无一物"，是乃从此经得入之第一榜样也。是则此经为禅宗的诀，学者概以文字目之，故知之者希。惜哉末法，正眼难逢，今愈见其难也。经云：若有读诵受持书写者，不于一佛二佛三四五佛而种善根，已于无量万亿佛所，种诸善根。由此观之，即信受书写，亦非浅浅因缘也。曹溪沙弥方觉，刺血书此卷，冀终身受持，焚香作礼，请予题记。因感而言曰：六祖入灭千年，曹溪道场，化为狐窟。即出家儿，为樵儿牧竖矣。予来力救其弊，辛苦十年，修崇梵宇，渐次可观。而魔僧作蘖，内自破坏。人且谓佛祖无灵，即予亦无以自解也。今见沙弥方觉，乃能刺血书此经，则予心涣然冰释矣。何也？以经云：若人以七宝庄严恒沙佛土，不如受持此经一四句偈，以彼有为功德，终成败坏，不若无为之胜益也。以此般若，为成佛真种子故。佛言：若使一人发菩提心，宁可我身受地狱苦，以其信心难发也。今觉沙弥一人能以般若为心，实予十年辛苦所致，又何以修崇有为功德为重，而以成坏为念乎？因有感于此。故并记之。

- **题三峰禅人血书法华经**

众生迷佛知见，远逝五道，周流恶趣，其来久矣。释尊出世，特为开示，使其悟入，警其归志。政若慈父念子，望其委付家业，故说此经，使人速达故乡耳。昔有老宿，系莲经七轴于梁间，人或问之，答曰："此家书也。"常熟三峰比丘，刺血书写此经，岂特见家书而思归者邪？良以幻化空身即法身，此经已有如来全身，今以血书，如世之真子辨嫡父，血滴枯骨，必见渗入，是则楮乃法身之枯骨乎？因赘以偈：轻抛故国不知年，一纸家书特特传。啮指忽然心痛处，思归彻夜不成眠！

- **题公全禅人血书法华经后**

惟我本师和尚，远自大通智胜佛时，为十六王子，讲说此经，已下一乘成佛之种。而诸闻者，迷沦尘点劫来，流浪生死，直至今日灵山会上，方乃悟入，各为受记，将来成佛，是为一代时教究竟之极谈。譬如穷子，久逝他方，今始归来见父，心相体信，堪荷家业。此经大似长者，委付家业之嘱书。故云：凡有闻法者，无一不成佛。是以天台独重五种法师，受持读诵书写者，皆为成佛之真种。以其一悟此心，从真所流，则凡有所作，皆真实行，殆非妄想摄持者比也。今公全禅人，发无上心，刺血书写此经。则使幻妄身血，滴入法性海中，等同一味，庄严毗卢法身之果。而又发愿更书华严大经，以为究竟庄严。是犹穷子既得家业之嘱书，则披阅库藏之典记，按图求索，是则华藏世界，无尽妙好庄严，皆禅人本有受用之大业如此，岂非究竟一大事因缘哉！禅人亲持所书之经，具陈本愿，请益老人，故为其述本末因缘如此。

• 血书梵网经跋

梵网经者，乃我法王应运，首创之露布也。即其所制皆性戒耳，故三藏之设，从凡至圣，所历诸位，皆依金刚心而建立之。此戒即所谓金刚心，实成佛之大本。缅惟吾人遭此末法，去圣时远，苟愿出生死，证真常，非此戒不足以证之。然此戒非金刚心，又不足以持之。盖一切众生，所以久沉生死，而不能自出者，良由著我，以我见重故。诸业交作业作故，苦即随之。如影响形声，理不可逭。故修行要门，无论大小三乘，皆以破我为本，我空而业无所系。然破我之具，非金刚心，断断乎难矣。谛审佛意，既曰戒，乃自性清净心，又何持犯之有？第迷之而为幻妄蕴，盖情尘所蔽，不得不揭而祛之。此戒乃裂见网之利器，不得不施于最初之创。而初学菩萨，即上根利智，不得不秉此为最初地也。学人真照，以夙习般若缘深，自愿出家，依吾法兄雪浪，听习有年。谒余于那罗延窟，余政悲末法，务本者希，乃为诸弟子诵梵网戒。照闻而有感，遂哀请授戒，且发深重大愿，刺舌根血，书此经，志毕命受持，余深慨焉！因谓吾本师卢舍那佛，从初发心，以至成佛，精进不退，以不可说不可说身命而为布施。剥皮为纸，析骨为笔，刺血为墨，书写经典，积如须弥，为重法故，不惜身命。子苟知生死难出，爱根难断，佛果难期。依佛所行，如佛所愿，又何患不成佛。从此以往，生生世世，以此身血，书写此经，当布满大千，又不止如须弥之高广。即见闻随喜发心修学者，当如菽粟，遍十方刹土，又何止此一会一人一众而已耶！子宜勉旃，特书此以证子之愿，仍愿此经，至尽未来际，当处处现身如多宝也，子其志之。

• 题宝贵禅人请书七佛偈后

此七佛偈,乃佛佛传受心法也。一大藏经,千七百则公案,乃至一切众生,日用现前境界,以及蠢蠕蜎飞,凡有识者,皆向此中流出。自有佛法以来,闻见不少,而知之者希。但益多闻,增长知见,未有一人,能向此中著脚者。洪觉范禅师,被放海外无佛法地,寓于废寺,破壁间见一毗舍浮佛偈。范持之久,自云平生学道,独于今日得大欢喜,方到休歇安乐之地。由是观之,佛法信乎无多子,学者政不在广见博识,增益多闻障耳。昔山谷老人,善擘窠大书,凡有以佳纸精素求书者,必书此偈以遗之。足知古人于此中得真意者,别自有解脱门,非言语可到也。余于辛丑夏日,病起,跌坐藤床,宝贵以此纸求书七佛偈。余是夜梦侍一伟人作书,予初握管自会,有矜持状。其人笑谓之曰:书法政不尔,字始于虫文鸟迹,原非有意求好也。余在梦中,观其用笔之妙,运动之势,非凡情可想象者。觉来犹恍忆,遂乘兴书此,乃学梦中人也。

• 又

余始学佛法,谓诸法如梦幻观,乃入道第一妙诀。枯坐山林,三十年来,未曾离此一念。今观此卷,恍如梦事。以此印心,则诸法皆然。即此而推,水月镜像,空华阳焰,种种境界,头头皆解脱门也。嗟嗟,尘俗中人,欲以有思惟心,不清净见,求入诸法妙门难矣。自无受用地,安能令人欢喜乎?后之观此卷者,能作如是观,不独入书法,亦可入佛法矣!宝贵装演卷成,见有余地,复作书尾。

• 又

余每谓此七偈,乃佛祖相传心印也。极喜书施诸方,不下数百幅矣。往往自为题跋以示,为禅门关要,但未知翻译来源。今于护法录中,见宋公此跋,足为禅门千古公据,故并书之。以晓近日参禅者怀增上慢,不亲教旨之辈,为秦镜云。

• 为右武书七佛偈题后

七佛偈,乃从上佛祖授受心印也。古人悟此者,如大火聚,一切死生祸患,情尘燎然,不可撄触,是称雄猛丈秉般若锋,执金刚焰者也。右武居士,赋性如此,岂非多生习此法门乎?余同难行间,相与旦夕游戏,以法为娱。偶索书,遂以此状其本色。

• 得包公砚书心经跋

往闻包公守端州，一砚不留之说，视为漫谈。及予来粤，询之父老云，昔包公治端，革贵砚之獘。偶得一美者，携之归，过羚羊峡口，风波大作。公云：吾生平无愧心之事，无虐民之政，何以有此？因视其砚云：岂山灵吝此物耶？遂投之水中，风波乃止。自后时时，光怪发于水上，为渔人网得之，自尔光怪不复见。罗生持此砚至，余抚摩良久，喜而叹曰：神物隐显，固自有时。得欣赏者，亦非偶尔。语曰"至诚可以贯金石"。视此顽石，包公心光，能焕发于此，况般若所熏乎？其历千劫而不朽者宜矣。因试墨，遂书心经一卷，以付罗生。

• 题书《法华经歌》后

余少时即知诵此歌，可谓深入法华三昧者，每一展卷，不觉精神踊跃，顿生欢喜无量，往往书之，以贻向道者。顷来曹溪，为六祖整顿道场，业将十年，忘形从事，百废具举，山门改观。不意魔僧内障，自坏法门，颠倒狂惑，构讼公府，以致予霸栖郡城，悠悠二载。时在郡归依护法者，独黄居士，二年一日，朝夕无间。祁寒溽暑，奔走不爽毫发。予因感昔觉范禅师遣海外，亲知朋友，鸟惊鱼散，独胡强仲一人，为之周旋，送至韶阳，师为序以别之。即今读其文，想见其为人。今予以流离患难之身，孑然处污辱是非之场，有居士为之木舌，公庭之事，了然如揭日月，此缘岂浅浅哉！今事竣将行，予乃为书《听诵法华经歌》一首以贻之，令其诵习，以结法喜之缘。且以此纸传之子孙，使后世亦知乃公，能与憨山老人，眉毛厮结，即以此善根福及子孙，世世享之，可谓不虚此会良缘矣。故并记之。

• 又

予放岭外，亲友疏绝，如隔天上。万历己酉夏日，大都慈善寺长老义天孝公特来相慰于曹溪松下，一见悲喜交集，如异世人也。忆予昔乞食长安时，过公宣明室，洗涤客尘，今在炎荒火宅，每一思之，顿入清凉地。当兹尘土，欲求滴水盥身心，岂易得耶？秋初，予有事于端州，因拉公同行，登宝站台，纳凉旬月。复之五羊，食鲜龙眼，饱餐而归，信可乐也。舟行北风，沂流艰涩，公出此卷乞书，遂写此歌。公还曰：令诸弟子，一一如盘陀石上之僧，诵《白莲经》，以为常课，不唯不负修雅，则老人八千里外，犹然如在月明松下，侧耳听诵时也。

• 题雪浪恩公所书《千字文》后

予与雪浪恩兄，生若同胞，少共笔砚。予懒且善病，窃慕枯禅。兄苦志向学，无论刻意教乘，即游心艺苑，博问强记，食息不倦。染翰临池，昼夜无间者，二十余年。及登座说法，迥迈前修。而辞翰擅场，亦称二妙。我明二百余年，缁衣之骏，指不再屈，此予生平心服而敬事者。自愧福轻业重，至老暌携。惜兄耳顺之年，竟成千古。嗟余苟延七十，无补法门，偷生何益。予隐居南岳，非石禅人携此卷来，予一见之不觉兴悲，三复长叹。呜呼！其人往矣，手泽如生，睹此端若寂光觌面也。

• 题笔乘顾宝幢居士事后

记云：金陵顾宝幢居士，名源，字清浦，少豪隽不群，诗书画皆不泥古法，信笔点染，天趣迥绝，然实自古法中来。一日与余论书曰："书须古法四分，己意六分乃妙。不然，纵笔笔能似古人，终成奴书，不足贵也。"中年究心禅理，大有悟入，然未尝以得理而薄修因。晚节与名僧举西方会社，戒律精严，无与为俪，临终端坐而瞑，举室闻莲香，三日始歇。居士尝手书数绝句，余今笔于此："十个蒲团九个穿，谁家枯井雪难填。如今法法成三昧，声色无妨到耳边。""松火炊羹香满衣，雪寒豪士古长饥。明珠不换黄齑瓮，涕唾光争日月辉。""鼎食何人晓夜忙，全机随处好参详。渔竿不负秋如锦，两岸黄花扑棹香。""短褐长镵老石门，蔬盘容易度朝昏。百年智巧消磨尽，惭愧人传粉墨痕。""碗上双刀照雪花，少年曾醉鲁朱家。揣摩未展男儿志，头白都门学种瓜。""雪屋寒菹有岁华，黄金过斗未须夸。若言竹帛功难朽，也是空添眼上花。""藤叶青莎称体长，菊花新酒满瓢香。时人若访庞居士，万树云萝护草堂。""被发曾为授记人，草衣随处属闲身。十年朋旧尘劳破，香火同酬野寺春。""云里青山古桧丛，枝柯如屋蔽霜风。男儿有志投踪迹，瓦钵依稀在手中。"此《焦氏笔乘》所载也。余龆年闻宝幢居士，初为诸生时，气甚豪宕，才情敏捷。中年一旦尽弃所习，遂长斋绣佛前，构一小楼，独坐其上。唯小童奉香花净水。家人女子，绝不见面。亲知杜绝往来，居然一深山头陀也。每夜五更，击大木鱼，高声念佛。居士家近市，多屠者，有一恶少年，每闻鱼声，即起宰杀。一日迟，责其妻，妻曰："道人打木鱼念佛，尔闻杀牲，自不悟，乃责我耶！"少年即折刀杖，改心为善。一时屠儿回心者众，士曰："我抱木鱼终夜打，惊回多少梦中人。"予年十九，依长干西林祖翁出家。云谷先师，当代法眼也。住栖霞，与居士往来特密，即乘中所云名僧者。师为予谈此事，因问居士何如人。师云："今时庞公也。"一日偶与同侪，闲行松园，望见一道者，入山门，貌清古而雅甚，闲闲如孤鹤翔空，超然尘表。及近而观之，其目不瞬，若无意于人间世也。余惊喜曰："此何人斯，若是之都也？"识者曰："此宝幢居士也。"余欲作礼而惧焉，乃随而视其所之。则见其入寺殿廊之掖门，礼如来舍利塔也。余窃观之，五体翘勤，恳倒不可名言。及观塔殿，巍峨入云，五色相鲜，返照回光，赭如宝错。忽悟此境，殆非人世也，而犹未知所以然。既而余问云谷先师，师云："此居士观此作西方净土境，将以资观行耳。"自后因先师而得入室焉。及临终时，与先师同数名僧，相对念佛数昼夜，悬西方境于室中，余随众中，正作佛事。时居士内人报云，满宅闻莲花香，众皆惊喜，居士恬然无异也。此笔乘所载，皆余目击其事也。居士有子皆诸生，素不信佛，至是，乃涕泣床前，叩首而请曰："父即超生死，居净土，岂不念及儿孙辈，作度脱乎，何无一言相嘱？"居士笑曰："汝辈将谓我生耶，死耶？而独不观于日乎，日出于东，而没于西。是果没乎，果不没乎？吾之生死，亦犹是也。"拈笔书此，掷笔，端然而暝，此余所睹记乘不及此。一日偶展乘简，见此因缘，遂感而更笔之，且以告知言者。

•题血书金刚经后

此经乃华亭康孟修妻、张氏安人刺血所书者。安人，王司马公元美之甥也。公之姊适张氏，生安人，早逝。王太夫人自育之。幼延女师，习诗书，工翰墨。事康母，孀居廿年，敬顺如一日，天生笃孝。虽产富贵之室，性澹泊，不事铅饰。康母老年奉佛益谨，礼达观大师。安人从事斋素喜舍，王太夫人命司马公兄弟，视安人如己子。所分家资以万计，皆悉舍为福田。归心净土，如莲花中人。晚年刺血书此经一卷，临终命举家高声念佛，连日夜，安然而逝。余被放岭外，康君弟季修，与余为方外交。顷入粤，季修走书，以安人所书此经属题。予睹其手泽，端严精楷，笔意师古，纤毫不苟，绝无软暖气。此亦丈夫所难者。抚卷三复，喟然而叹曰：斯盖心光流溢也。夫般若名智慧，乃一切圣凡，均赋而同禀者。诸佛证之为金刚心地，现为神通妙用。众生迷之为生死根本，发为妄想尘劳，性同而相异。若欲转尘劳妄想而为神通妙用，非仗般若胜力不能也。故曰：若有能信此经者，已于无量亿佛所，深种善根。由是而知安人生平住世，犹如莲华处淤泥而不染，笃信三宝,谛奉此经,受持不疑,自非多生久习般若纯熟,何能精进之若此?悲夫,世人咸禀灵明之智,负此丈夫血肉之躯,但恣贪瞋,造无涯之黑业,以取沉沦苦趣者多矣。谁能洒滴血于智海,而与法性同流乎?金刚以不坏得名,文字般若,即法身常住,光明赫奕,照耀无穷。所谓金刚种子,历劫不磨,岂直为传家宝已耶?

• 题达大师书经墨光亭

闻道莲华笔底生,墨光犹自照虚明。闲来为问华中主,满耳秋涛说法声。

• 杂说[节录]

余平生爱书晋唐诸帖,或雅事之,宋之四家,犹未经思。及被放海外,每想东坡居儋耳时,桄榔庵中风味,不觉书法近之。献之云:"外人那得知此语。"殊有味也。书法之妙,实未易言,古来临书者多,皆非究竟语。独余有云:如雁度长空,影沈秋水。此若禅家所说,彻底掀翻一句也。学者于此透得,可参书法上乘。

• 书华严经接待十方疏

不动一步,而心遍十方,谓之坐参。不起灭定,而现诸威仪,名为妙行。是在当人自信,不须向外驰求。恭闻华严大经,乃毗卢根本之法轮。曹溪古刹,为六祖禅宗之正脉,法界是众圣之玄都,丛林作十方之归宿。自古及今,云水高流,礼祖而至者,无时不有。终年竟岁,饮食安居,因人而施者,一向全无。顾我老朽,自到兹山,最初以此为念,于山门外立十方堂一座,资以接纳四来。其饮食所需,皆出禅堂常住。奈何一向,执事不得其人,混集庸流,翻成秽土,不唯有负初心,抑且虚消信施。兹者弟子明中,发广大心,修普贤行,愿就本堂安居,书写华严尊经一部,借此法恩,收摄身心,即以接待十方贤圣。老朽闻之,赞叹欢喜,而谓之曰:昔善财童子,参五十三诸善知识,犹历百城。今子不离跬步,而普礼十方世界诸来贤圣,可谓最胜功德。何幸生此末法,住如是道场,书如是大法,修如是妙行,积如是胜因,可谓将此身心奉尘刹,是则名为报佛恩矣!所愿见闻随喜者,福等恒沙。赞助称扬者,功超旷劫。何况施七宝而作庄严,列四事而为供养者,其福又不可得而思议矣。

• 刺血和金书华严经发愿文

稽首遍法界，十方及三际。莲华妙庄严，清净微尘刹。大觉无上尊，分身遍一切。演说清净海，圆满修多罗。性相了义诠，离诸文字相。七处九会中，文殊诸大士。刹尘数知识，清净贤僧众。我今布三业，敬礼毕竟空。惟以无缘慈，照我真实愿。念我无始来，流浪诸生死。展转处苦趣，犹大旋火轮。舍身与受身，不可思议数。所作诸恶业，唯佛自知见。今承三宝力，傥来人数中。六根赖完具，心识多暗冥。以宿微善根，早出恩爱海。犹入俗稠林，如避溺投火。内假善力熏，心心愿远离。外得法雨润，忽生清净芽。尘习炽盛故，时复见干枯。良哉大善友，与我如天授。以此大因缘，得出离热恼。同归清凉界，觐礼曼室尊。乐住阿练若，最深寂静处。心想如猿猴，转见攀缘相。般若力微弱，难敌生死军。以是因缘故，见行诸事行。稽首莲华藏，圆妙最上乘。誓发归敬心，尽形顶戴受。曾闻普贤行，广大不思议。六种受持中，书写为第一。骨笔血为墨，经于微尘劫。积累如是经，量等大千界。我闻如是愿，难可与等伦。但取血为墨，与金共和合。书写大经卷，一字法门海。以此殊胜因，苦海为舟楫。愿我此身血，滴滴称法性。融入华藏海，普润众生界。我以手书持，点画心自在。愿此虚幻身，恒得金刚体。身似紫金山，端严最无比。闻名及见形，心生大喜悦。手如大宝聚，恒出世资财。七宝及四事，种种皆充满。十方法界中，所有诸众生。贫穷及病苦，所求皆如意。愿我成佛时，国中极清净。纯一上乘人，无诸恶道苦。恒演此法轮，极尽尘界劫。我生末法中，信心力微少。恒与痴盖俱，难逃生死业。善根未成熟，傥落轮回中。仗此殊胜因，不堕诸恶趣。常生净佛土，不离三宝前。早悟自性空，顿超诸有漏。凡所作所为，永离三毒障。我以愿力持，直至未来际。愿我此经卷，三灾不能坏。弥勒将下生，光从此经出。普照十方界，六种大震动。弥勒下生已，初坐龙华树。此经从地出，踊在虚空中。字字出妙音，说我本所愿。天人百万众，咸称希有事。我时在会中，为演真实义。佛佛出世间，最初三七日。咸演大华严，我当机第一。我身虽幻妄，从父母所生。依此虚妄根，作成真实事。愿父如净梵，母如耶夫人。诸佛下生时，依我父母出。师长度脱我，法恩最上尊。愿诸佛会下，我师为导师。我友最诚谛，提挈行正道。愿友如文殊，作第一知识。檀那大信力，广施大资财。愿此诸智人，永离悭爱苦。诸佛出兴世，最初请说法。不惜身命财，广修众善业。我作如是行，仗诸执持者。愿此诸贤圣，生生常不离。随在何佛国，共兴扬佛法。凡诸见闻者，赞叹及称扬。纤悉善因缘，同归华藏海。我发如是愿，广大不可穷。极尽未来时，究竟心圆满。

• 题门人超逸书华严经后

此盖余壬寅孟冬，在宝陀山，题门人超逸为弟子实性补书华严经后，述其发心始末因缘也。余自蒙恩度岭，说法五羊，教化数年。缁衣中笃信归依者，唯菩提树下数人而已。数人中唯逸公与实性二人，同志同行，同发大心，书大法性，不及半遂蚤夭，独逸竟其业。噫，唯此不独发心之难，即已发心，而能有缘，遂其志愿者，尤更难也。故我世尊于法会中，历言信法之难。如云假使劫烧，担负干草，入中不烧，是不为难。我灭度后，若持此经，为一人说，是则为难。由是观之，又不独为信法之难，而持法之难，更有难于万万者矣。顾此南粤居海徼，其俗与中国远。佛法始自达摩航海，昔憩五羊，而跋陀大师，持楞伽来，先开戒坛于法性寺。既而智药大师，植菩提树于坛侧，为六祖大师前茅。几百年而跋剌三藏，持楞严经至。宰相房公，为笔授时，则卢公起于樵斧间，佛法亦自唐始盛。其根发于新州，畅于法性，浚于曹溪，散于海内。是知文化由中国渐被岭表，而禅道实自岭表达于中国。此所以相须为用，为度世之津梁耳。予度岭已十有二年，悯祖道之荒秽，振曹溪之家风，以罪杵之身，以当百折之锋，可幸无恙者。六年于兹，赖佛祖之宠灵。诸凡有序，草创法道之初，时在法会亲炙于余者，独超逸通炯二人而已。此足见教化之难，而得人诚难之难也。逸自礼余，余往雷阳，走瘴乡，理曹溪，往来奔走无宁日。逸乃谨谨奉教，闭门却埽，书华严大经，以为日课。且以余力，求六祖戒坛故址，收赎而重新之。暇则率诸同志，结放生会，每月有常期，渐达海滨，遵为法式。实余唱之，而逸辈能衍之也。今余苟完祖庭，冀休老以了余生，逸又从余以遨游尽生平，唯是不独发心之始难，而更成终之难也。然古所难而公独易，此非多世善根，于般若缘厚者，何易至此哉？回视实性一息不来，便成永劫。即今求其见闻随喜，现前种种殊胜之缘，岂可复得。是则发心同而夙愿异，故生死殊途，幽冥永隔。吾徒有志于生死大事者，于此足以观感矣。以逸与性，同时请益书此经，其赞法之辞，具于前部之首。今于逸所书，不得赘谭，独申发心毕竟始终之难如此。

• 题实性禅人书华严经后

我世尊毗卢遮那如来,初成正觉,于菩提场,演大华严,名曰普照法界修多罗,说一切诸佛所证众生自性法门。故曰:奇哉奇哉,一切众生,具有如来智慧德相,但以妄想颠倒执著,而不证得。若离妄想颠倒,则一切智、无师智,自然现前。又曰:吾今于一切众生身中,成等正觉,转大法轮。是以此经所诠,纯以一味平等大智,圆照法界为体。以一切圣凡依正,有情无情,悉皆同等。一切众生所作业行,不出诸佛自性法身。一切妄想无明,贪瞋痴爱,皆即诸佛所证真如实智。一切山河大地,鳞甲羽毛蠢动蜎飞,皆即毗卢遮那普现色身。是知吾人日用,折旋俯仰,欬唾掉臂,乃至饮食起居,皆即普贤妙行,不出毗卢遮那如来海印三昧也。何况修习正行,而作白业者乎?第吾人日用而不知耳。悲夫!人者迷此本有智慧,无明业流,沉沦生死,往来六道,备受诸苦,不知其几百千亿,恒河沙数世界,微尘劫矣,曾不自知返省。故我大师,以平等大悲,舍自性法乐,出现世间,挺身三界,而开导之。深入火宅,如长者之救诸子也。然父之于子,其心不止苟免灾患而已。实望全付家业,此本怀也。故先最初,即说此经,顿示平等法界,直指众生自性法身,令其顿得无量法乐。故曰:譬若一微尘中,具含大千经卷,书写三千大千世界中事。有一智人,明见于中,遂剖破微尘,出此经卷,拈示众生,转为利益。且一微尘者,众生妄想之心也。大千经卷者,乃众生自性功德也。明眼智人,乃诸佛菩萨大悲主也。剖微尘者,乃破诸人妄想颠倒也。剖微尘之方,即诸佛所说一切经法也。然法有顿渐,其余诸经,皆渐剖之。此华严经,乃顿剖之方,示诸佛所证广大佛法宝藏,欲令众生一眼便见,一念顿得无量受用也。由是观之,则吾佛之恩德与众生者,岂浅尠哉?嗟乎,自有佛法以来,此经流布寰区,见闻不少,求其能知诸佛恩德者,几何人哉?吾佛灭度之后,从上诸祖传佛心印,直指众生佛性者,皆我慈父克家之子也。唯我菩提达摩大师,特为此事,航海而来此土。少林面壁,冷坐九年,被人毒害数四。唯得二祖一人,即便抽身西去。六传至我大鉴禅师,起于樵斧之中,一闻经语,便走黄梅。负舂腰石,竟得衣钵南来。然被恶人加害不一,避难于猎人队中,十有七年。后际因缘时至,聊借风幡一语,震动人天,始得剃发披衣于法性菩提树下,说法于曹溪源头。千七百员知识,从此一派流出。惟此广大功德,皆从我大师忍苦一念中来,岂非法王忠臣,如来慈父真子者乎?至今授戒之坛基尚在,埋发之道树犹存。凡在覆荫之下，靡不安然于盖载之间，食大师之食，衣大师之衣，求其知大师之恩，思大师之苦者，无一人矣。悲夫，是可谓日用而不知也。余忝在大师末法弟子列，弘法罹难，放遣雷阳。丙申度岭过曹溪，瞻谒大师，道骨俨然如生。慨其法道寥落，风俗隳颓，泣数行下者久之。乃之戍所，是秋归会城之青门垒壁间。明年春，饥疫之死，白骨蔽野，收而瘗之者万计。乃为津济道场，延诸僧众。越明年戊戌，荷戈之暇，乃引树下弟子数辈，为说无常苦空之法。既而注楞伽宝经成，为其开示。又往树下，为诸沙弥说四十二章经，则听者日益众矣。弟子超逸实性，执香作礼而白余，愿手书华严经一部，以作苦海津梁。予为欢喜赞叹。二弟子即闭户焚香，始于万历庚子，执笔首事，越明年辛丑，实性奄忽而逝，所书经止二十七卷。其祖超珍，复命实性之师明沾，究竟卒业，满此胜缘。呜呼，悲夫！众生流浪苦趣，往来六道者，如尘沙劫波，于中能遇佛法，能发信心者，政若大海一眼之龟，值浮木孔，岂易得哉！今实性生此末法，仗此胜因，不动步而游华藏之天，一投笔即睹刹尘海会。觏毗卢于当下，圆行海于多劫，即已生非虚生，死非浪死矣，何况乘此津梁，而游不死不生之乡者乎？壬寅孟冬，余将有雷阳之行，超珍持性所书经至，乞予一言以纪其事。余冀后之见闻者，因之而发信心，但能一念回光，即出旷劫生死。是则实性，又以一毛端头，出生广长舌相，而说众生自性法门，不减毗卢遮那坐菩提树，即此便是法身常住也。

• 题曹溪诸沙弥书华严经后

大哉法界之经也，惟我本尊卢舍那佛，初成正觉，坐阿兰若法菩提场，金刚心地，入海印三昧，称性所演圆融无碍，广大威德，自在法门，七处九会。不起而升圆满十身，星罗法界，尘刹众生，依正齐说，炽然无间，不可思议之法也。曹溪六祖大师，秉单传心印，西来衣钵，留镇此山，是即法菩提场金刚地也。肉身现在，是即舍那法身常住也。钟鼓音声，朝夕无间，是即刹尘炽然说法也。嗟乎，其徒在座，如盲如聋，是为觌面错过久矣。予往蒙圣慈，以万里调伏，恩大难酬。因誓舍此身，重整道场。为图报地，诸弟子辈，全不知有此事，无异聋瞽。予因选诸童蒙沙弥，教以习字，书写华严尊经，意将仗此大法因缘，以作金刚种子。果不数年间，发心书者，可期十人。堂主昂公，乃昔所延教师也，持来匡山。予见而叹曰：此即剖一微尘所出之经也。观其点画，皆从金刚心中流出。况有最小沙弥，愿刺血而书之者，斯即吾佛所说，无师智、自然智，现在前矣。予感激含涕，惜予不能为诸沙弥作究竟导师耳。虽然,惟此即予心血所洒,若自兹以往,见闻随喜,发心兴起,缘缘无尽,至未来际,将令曹溪弟子,人人入此法门。即尘说,刹说,众生说,炽然常转此法也。斯即舍那现在说法,六祖常住此间,即予死不朽矣。欣跃何如,敬书始起因缘,以示来者,为发心地,又为老人广长舌也。

• 题曹溪沙弥血书普贤行愿品

予往住曹溪,中兴祖道,作养诸沙弥冀不坠西来之业。不十年间,似有改观。众中沙弥某,发心刺血书写普贤行愿品,以为终身诵持。老人喟然而叹曰:沙弥识法者也,乃能刺血书写此经,行此难行之大事。盖法界缘起,不分迷悟,不属圣凡,但有弘为,皆归真际。所谓山河大地,共转根本法轮。鳞甲羽毛,普现色身三昧。况此身血,从法界流滴入此经,岂不称真法性者乎?沙弥苟以如是书写,如是持诵,尽命不懈,则心心不出普贤行海,步步不离华藏道场,但当谛信不疑,此外别无佛法。如是,则老人如法界而称叹,亦未能尽功德之量。如其自昧本心,动与法违,纵亲见愿王,犹然重增业识耳。

• 憨山老人自序年谱实录[节录]

六年戊寅。予年三十三,刻意书经,无论点画大小,每落一笔,念佛一声。游山僧俗至者,必令行者通说,予虽手不辍书,然不失应对。凡问讯者,必与谈数语。其高人故旧,必延坐禅床,对谈不失,亦不妨书。对本临之,亦不错落。每日如常,略无一毫动静之相。邻近诸老宿,窃以为异,率数众来验,故意搅扰。及书罢,读之良信。因问妙师曰:"印师何能如此耶?"妙师曰:"吾友入此三昧纯熟耳!"

雪山草①[选录]

法杲(1566—1608),明僧。亦名慧杲,字雪山。吴县(今属江苏)人。

---

① 雪山草:凡九卷。法杲撰,潘之恒选。卷一,四言古诗、乐府;卷二,五言古诗;卷三,七言歌行;卷四,五言律诗;卷五,七言律诗;卷六至八,为五言、六言、七言绝句(均系山居诗);卷九,赞铭杂类。法杲描述秀公刺血书经,字字行行如"妊花灼灼",所有经卷如明亮霞光:"妊花灼灼字与行,百二十卷明霞光。"道开高度评价秀公刺血书经,是为护持法宝,振兴法门:"荷担法宝心如结,未语先愁法门裂"。在道开看来,法门已久裂,魔王执牛耳:"桑门萧萧白露寒,狐窟庄严鹿苑圮","魔宫崔巍赤帜高,在在波旬执牛耳"。而秀公却能刺血书经,"沥血因书一切经,析皮屠骨复何恼",重振已裂之法门,使佛门新生:"于今刺血泻为墨,俾其金笺欲蠹为之新"。

雪浪洪图恩法嗣。能诗书画，乃明代有名诗僧。事见明复《雪山草解题》、《吴都法乘》卷六下、《列朝诗集·闰集》。

本荟要所录入文字，据《禅门逸书续编》第3册，第221号。

• 赠秀公刺血书经

浮骸本空泡为质，知觉了然非木石。世人我幢如山高，天地讵能侵一毛！智者能悬幻形色，秀公持心深叵测。妊花灼灼字与行，百二十卷明霞光。卷轴嵯峨山岳积，宫锦装潢翠云色。秀公兼之文字禅，雕龙绣虎为因缘。荷担法宝心如结，未语先愁法门裂。众楚一齐徒拮据，芝兰荆棘同丘墟。嗟余山川熟行李，丈六金身眇何许。南宗北讲垂深秋，人物化为绕指柔。侧身西望时延颈，惨见斜阳下西岭。流萤尚或生草莱，六通三明安在哉！琪林木脱阴渐疏，假令金口难吹嘘。令人转忆狮虫诮，黄口而今解谈妙。尘丝纷纷俨如昨，微风乱拂袈裟角。石霜门第岂总无，断灰死水情呆枯。咄嗟吾侪独丁此，风掀潦扬佛海滓。时俗聋瞆无媸妍，布发掩泥先梵天。鹿衣乘风宁不骇，暖软之俦玉频改。朋辈所难金石音，香祴勿教尘上侵。吾方痛此幢幡倒，尔亦攒眉向秋草。墨点淋漓珠复浓，烂开宝莲轮掌中。君不闻蜀之苌弘尚儒术，血经三年化为碧。又不闻瞿昙昔为忍仙人，歌利以之百割百戮如忘身。尔乃于今刺血泻为墨，俾其金篦欲蠹为之新，吁嗟吾师水牯驯。

风霜乍触亦不禁，割裂谁云我胡恤？一朝青棘覆黄土，甘为蝼蚁乌鸢操。缮写琅函较若干，身血淙淙刺为墨。潺湲血滴且弗论，所余血滓犹苍黄。在处天龙力所持，卞璞隋珠宁较得。青山瘆笔片时许，普贤瞬息相比肩。法门之裂吾久谞，鼓舌何辞为君泄。扫却浮云两相对，因君唱我肝胆余。桑门萧萧白露寒，狐窟庄严鹿苑坻。云光座上不足问，少室门前尘没头。折芦只是旧时名，扬子何人渡江影。额上神珠烂如故，举头不见光明来。一花五叶委篱脚，十二部经成唾余。试问赤盐终不知，混沌未经穿一窍。青天白日狐兔场，天花不飞野花落。碓下卢能好眉目，未梦见在空蹰躅。魔宫崔巍赤帜高，在在波旬执牛耳。拈花指月亦成弊，卧杵投灰应固然。君虽苦海作津梁，予亦灵台扫阴霭。演若相逢旧颜面，始能一快平生心。沥血因书一切经，析皮屠骨复何恼。劫末三灾沸然起，所祈留镇毗岚风。

墨海禅迹听新声：禅宗书学著述解读

• 冬日答秀公见寄时公挂锡娄江王太师恬淡观刺血书杂花经[选录]

最奇檀施剖身形，刀响针声耳自听。按指细思调血术，抽毫初试杂花经。书成霞贮囊囊绮，读去风抟叶叶腥。像法独愁魔子妬，幸祈天语嘱神灵。（其五）

委命捐生意岂讹，引锥宁惮六亲呵。深心荷法看形小，鲜血无源较墨多。金荚放光衔宇宙，宝函横影压娑婆。装池莫遣龙王秘，绝胜西来白马驮。（其六）

碧海苍山各僦居，弟兄踪迹近何如。三秋逐日贪鸿雁，几夕临江吊鲤鱼。极口盐酸衰世味，满心寒热故人书。翻天直是波澜急，不信浮云点太虚。（其一）

密云禅师语录①[选录]

圆悟（1566—1642），明代临济宗僧。字觉初，号密云。谥号"慧定禅师"。江苏宜兴人，俗姓蒋。二十九岁投龙池院幻有正传出家。万历三十年（1602）正传入京，师即任禹门寺监院。三十九年幻有传以衣钵，四十五年继席龙池祖庭。其后历住天台山、黄檗山、天童山等名刹，前后三十余年，宗风大振，被称为临济中兴。事见黄端伯《密云禅师语录序》、王谷所撰密云禅师《行状》、徐之垣所撰《全身塔铭》、唐元竑重订《天童密云禅师年谱》（以上见《密云禅师语录》）、《五灯全书》卷六十四、《天童寺志》卷八。

---

① 密云禅师语录：凡十三卷。明代密云圆悟撰，山翁道忞编。明代刊行。内容即：卷一至卷四为上堂语，卷五为上堂开示、小参等，卷六为问答机缘，卷七勘辨机缘、法语、书问（上），卷八书问（下），卷九举古、拈古等，卷十代古、颂古（上），卷十一颂古（下）、佛祖赞、自赞，卷十二偈、佛事等，卷十三收录塔铭、行状、年谱。本《荟要》所录入文字，涉及的书学思想：一、密云圆悟是以艺（书）喻禅，以艺（书）论禅。圆悟的"忘不忘时境，复何思量？"的回答，就是说对"光境俱忘"与"光境未忘"都不能去追问、去"思量"，因追问、"思量"都是分别心，都是妄执情识。应如圆悟克勤《示张持满朝奉》所云"汝但无事于心，于心无事，则虚而灵寂而照"，则当下解脱。在密云圆悟看来，王羲之"却写《黄庭》换白鹅"，是出自对白鹅的喜爱之情，是本真生命的自然敞亮，而不是"思量"计较的结果。二、密云圆悟又以禅喻艺（书），以禅论艺（书）。他认为，用书法（"字"）来表现佛法，是不可能的（徐居士乞偈，其意是从密云那里获得佛法；程居士乞偈，也是"只欲纸来求法语"），因"无法可说"，要知"法语无启口"，那么，有"何字可写"呢？在圆悟看来，有意求法，则为法缚，把书写之偈，"作字观时"，正如金屑虽贵，入眼则病。因此，他主张求法应返观自心，体验自己的本来面目，只要"一念回光"，当下则身心安宁。要知"无启口处眼忽开"，当你不受有意求法的束缚，则慧眼忽开，因为在日常生活中就处处有佛，应该在日常的吃饭睡觉、搬柴运水中参禅悟道，就像庞居士《日用偈》所说的那样，获得解脱与自由："日用事无别，唯吾自偶谐。头头非取舍，处处没张乖。朱紫谁为号，丘山绝点埃。神通与妙用，运水与搬柴。"（《庞居士语录》卷上，《新编卍续藏经》第120册。）

本荟要所录入文字,据《嘉兴藏》第 10 册,第 158 号。

• 颂古

盘山云:"光境俱忘,复是何物?"洞山云:"光境未忘,复是何物?"

忘不忘时境,复何思量? 贫恨一身多可怜,昔日王羲之,却写《黄庭》换白鹅。

• 举古

举洞山于扇上书"佛"字,云岩见却书"不"字,洞山又改作"非"字,雪峰见乃一时除却。

师云:"犹有扇遮羞在,我若见,和扇烧却,看者三个老汉面向甚处著?"

• 偈[选录]

香城寺圆初禅人请斋需偈

暂为黄檗主,请作香城客。斋罢索予言,予言绝标格。研磨半锭墨,污却一张白。举笔尽力挥,○字不著画。欲会西来意,问取门前柏。觌面忽然惺,撞破乾坤窄。

• 天钧徐居士乞偈

无法可说,何字可写? 作字观时,眼中著屑。一念回光,当下安帖。

• 泰华程居士乞偈

只欲纸来求法语,谁知法语无启口。无启口处眼忽开,处处头头唯自偶。

林樾集①[选录]

海观,明僧。字履端,自号二融。鄞县(属浙江宁波)人。张煌言(张忠烈)在《林樾集》序言中称其为"普陀端公","端公之师为朗公"。释海观于明万历三十九年辛亥之秋移居林樾庵养静,礼诵之暇,编此《林樾集》。事

---

① 林樾集:凡二卷。海观撰。收录诗文六十四篇。卷首有海观之自叙。海观深信"全境是心,全心是佛",把书写佛经,作为日常功课,作为"净治其心之要门":"余居山无别业,多书写大乘经,又喜读诵法华莲典,不以岁月计工,亦不它有所务,二十五白矣,缘此一念,余想皆歇。海观指出,邹丝如"发心书般若",其所书佛经,"字画俱匀平",只要做到"若能一念间,无事消烦恼。刹那五千藏,摄心常自保",进入佛陀之境。

见《张忠烈集》、《林樾集·融二自慰论》、明复《林樾集解题》。

本荟要所录入文字，据《禅门逸书续编》第3册，第222号。

• 自叙［节录］

全境是心，全心是佛，余固尝信受是语。……余居山无别业，多书写大乘经，又喜读诵法华莲典，不以岁月计工，亦不它有所务，二十五白矣，缘此一念，余想皆歇。此习重障深者，净治其心之要门也。

• 跋邹丝如太学所书金刚经后

居士邹丝如，以金笺装潢梵本，手书金刚般若经。融二与居士结方外之契有年矣，欢喜而说偈言：稽首功德海，庄严法林浩。佛乘无大小，言亦非虚渺。惟人之所见，万法一致了。我若见有寓，即是实语道。我若无所见，实寓皆非宝。云何邹太学，灵根抱宿考？今年二月春，茫茫走海岛。恭礼太士颜，瞩彼慧日杲。发心书般若，缘有金笺藻。字画俱匀平，是谁布挥扫？若能一念间，无事消烦恼。刹那五千藏，摄心常自保。还我初服期，植此莲社沼。见闻随喜者，世心俱枯槁。

• 玄旷刺血书法华经题以志喜

空中指画，般若品经，雨雪不湿，此地现在关西，历历可考。若菩萨万行因中，刺血为墨，析骨为笔，书写经卷，积如妙高。可见点画空书，尚尔灵异。墨书血书，较量功德，难思难议矣。近时多涉二种书，亦步蹑景行之意。今梅仙庵玄旷上座，刺血和墨，手书法华大典，庵中精进幢也。不慧栖托林樾，禅余偶读文字禅，梦人持狝猴见赠，乞诗口占，酬和觉范，类法喜志：妄想影子似猿灵，书经喜得尔添瓶。居山六时无别业，根尘诸相恰相应。

宗门拈古汇集①[选录]

　　白岩净符，明代曹洞宗僧。号位中，世称位中净符禅师。庐陵（江西吉安）人，俗姓刘。生卒年不详。石雨明方法嗣，青原下三十七世。曾参谒弁山瑞白明雪，不契。后参拜宝寿石雨明方，呈示所悟，得嗣其法。崇祯十四年（1641），出住钱塘白岩寺，于此开堂说法三十年，弘扬禅风，化迷无数，后传法于香木智檀。事见《五灯全书》卷一一〇、《正源略集》卷七。

---

　　① 宗门拈古汇集：四十五卷。白岩净符编。康熙三年（1664）刊行。书中搜集佛陀以降至南岳下三十三世、青原下三十六世诸师之拈提、机缘。全书自《宗门统要续集》中辑录宋元以前诸师之拈提语，并补其机缘，至于《宗门统要续集》所未载之宋元以后诸师，则次第续列。计收一千七百则，堪称古则公案之集大成者。本《荟要》所录入文字，涉及的书学思想：一、白岩净符十分推崇云门文偃书法造诣。他指出，云门偃在书法创造上的特色，是"变二王真楷作张颠草书"，若要寻找其草书在"转换结构处"之"妙"，必须要精熟"授阵补戈之法"，但要把握他草书之艺术化境（"涅盘门路"），却是十分困难的。云门文偃之书法，不载于任何画史，白岩净符之论，为画史提供了一份史料。二、以禅喻书、以禅论书。自陈尊宿论"永字八法"这一公案提出后（参见本《荟要》所选《陈尊宿论书》），不少禅师作了诠释。或者提出相似的观点，或者表示不同的意见，但都涉及书法与本心的关系问题。宋僧雪峰慧空禅师可算是睦州之知音，他在诠释睦州这一公案时所说的"沙门种子，胸中初无点墨，动著笔头，便见心肝五脏"。即是说禅家心中，最初并无"点墨"之执著，因而挥毫书写"便见心肝五脏"，表现出新活的生命律动。在宋僧黄龙慧南看来，睦州的那"一点"，即是真实生命（自己本来面目）的显现，何必再以"八法论书"，这易被"俗人勘破"。在他看来，这禅法——心法，"孔门弟子无人识"，而禅宗门人则心颂神会。宋僧径山印禅师虽认为睦州之用拄杖"点一点"，"如风吹水，自然成文"，但却过于逞能（"逞俊太过"），反而会弄巧成拙，使"乌""焉"几写而为"马"（《宗鉴法林》："字经三写，'乌''焉'成'马'。"见《新编卍续藏经》第116册）。他要把拂子拄杖"束之高阁"，因为文在心中，而不在拄杖子上。宋僧沩山喆禅师虽然也认为睦州之举，能"用得者（这）一点妙"，但他认为睦州"大似倚势欺人"。他则画一圆相示之，指出圆相"字义炳然，文不加点"。禅门大师常描画一圆形图以象征真如、法性、实相，或众生本具之佛性等。禅僧每以拂子、如意、拄杖或手指等，于大地或空中画一圆相，有时亦以笔墨书写此类圆相，表示真理之绝对性（参见慈怡主编《佛光大辞典》，书目文献出版社1989年版，第5403页。）。清僧憨休禅师与□□薰禅师，都认为睦州陷入了葛藤的纠缠——或曰语言的牢笼（□□薰禅师直称"睦州善注，黄龙善判"），而不能直捷见性。阴僧千山剩人禅师认为，睦州用"永字八法"论秀才，恰如"鹞子过新罗"，会就会失去对当下正念（本心）的体验，而距本来面目十万八千里。三、自法眼文益提出于门上但书"门"字、窗上但书"窗"字、壁上但书"壁"字的公案以后，不少禅师从不同的视角进行了解说。龙唐柱以华严"四法界"的观点来解释在门、窗、壁上书字的问题。在他看来，门、窗、壁等万事万物是诸法一味、事事平等的，因而，"门上书个'窗'字，窗上书个'壁'字，壁上书个'门'字"，是完全可以的，这正如"东涧水流西涧水，南山云起北山云"，东涧水与西涧水、南山云与北山云，是圆融无碍，互相摄入的。但白岩符则尖锐批评"老宿"、文益、玄觉、龙唐柱四人犯了"说法四谤"之错误。他指出"老宿"犯了"相违谤"，是执"亦有亦无"者，因老宿既肯定门、窗、壁的存在，又以"心"指称它们，实则认为它们乃是心的显现，而并不存在。指责文益犯了"损减谤"，是执一定"有"者，因文益以"门"、"窗"、"壁"来指称门、窗、壁，是肯定它们的存在。他批评玄觉犯了"损减谤"，是执一定"无"者，因玄觉主张门上不要书"门"字、窗上不要书"窗"字、壁上不要书"壁"字，乃是对门、窗、壁的存在的否定。而龙唐柱则犯了"戏论谤"，因龙唐柱是执"非有非无"者，一方面，龙唐柱认为门乃是"窗"、窗乃是"壁"、壁乃是"门"，这样，门、窗、壁已不是门、窗、壁，这是"非有"；另一方面，门、窗、壁只是平等一味、互融互摄，正如"东涧水流西涧水，南山云起北山云"，它们并未消失，这是"非无"。

本荟要所录入文字，据《新编卍续藏经》第 115 册。

• 云门变二王真楷作张颠草书※

白岩符云：变二王真楷作张颠草书，云门善得其妙，非久精授阵补戈之法者，要寻他转换结构处断不可得。然于他涅盘门路，终难指出在。如今有僧怎么问，诸方曲录床上汉，又当别作个什么苟当？不可也依样画葫芦。

• 永字八法※

睦州①因秀才相访，州问："蕴何事业？"曰："会二十四家书。"州以杖空中点一点曰："会么？"曰："不会。"州曰："又道会二十四家书，永字八法也不识！"②

黄龙南云：睦州一点，直在威音王已前③。及乎八法论书，却被个俗人勘破。若是黄龙即不然：孔门弟子无人识，碧眼胡僧笑点头。

沩山喆云：睦州虽然用得者一点妙，大似倚势欺人。大沩即不然，乃画一圆相云：会么？字义炳然，文不加点。

径山印云：睦州大似如风吹水，自然成文。惜乎逞俊太过，翻觉"乌""焉"成"马"。山僧今日有秀才来，虽有拂子拄杖，束之高阁。何故？文不在兹。

天童忞云：睦州一点，偶尔成文。秀才罔措，字义炳然。只为少年时顺朱顽了，兼之旧本，颇有错简。山僧不免为诸人改正。二十四家书会尽，空中一点便茫然。休茫然，从来小生八九子，大人乙己化三千。

□□薰云：睦州善注，黄龙善判。要且二俱不了。毕竟作么生？拈拄杖画一画云：我不似睦州打葛藤④。

东山曰：沙门种子，胸中初无点墨，动著笔头，便见心肝五臓。这措大，

---

① 睦州：即陈尊宿。见本《荟要》所选录之《陈尊宿论书》。

② 自陈尊宿提出这一公案后，不少禅师作了诠释。除本《荟要》所选录自《宗门拈古汇集》外，还从《雪峰慧空禅师语录》、《憨休禅师语录》、《千山剩人禅师语录》选录了三则。

③ 威音王已前：又作"威音王佛出世已前"。是禅林常用以指点学人自己本来面目的语句，意同"父母未生以前"、"天地未开以前"、"空劫以前"等语。因为威音王佛是过去庄严劫最初的佛名，故以之表示无量无边的久远之前（慈怡主编《佛光大辞典》，第 3770 页）。

④ 葛藤：葛藤缠树蔓生，比喻事物之纠缠、言语之夹杂。禅宗多以执著言语、公案而不直捷见性者为"葛藤"："禅家者流，凡见说事枝蔓不径捷者，谓之葛藤。"（《丛林盛事》卷上，《新编卍续藏经》第 148 册，第 63 页上。）

因甚特地罔措①!

（憨休禅师）拈云：秀才善二十四家书，只者一点也不识！杆自徒劳传摹移写，有甚用处？当时若待伊才点空，便云：草本不劳拈出。匪但截断睦州葛藤，且要与孔夫子增气。颂：睦州一点问来端，封后先生眼自瞒。既到班门休弄斧，被他八法累尼山②。

（千山剩人禅师）师云："睦州者一点，莫道秀才家，便是佛来也不敢正眼觑著。"又云："如虫禦木。"颂曰："一点分明露，其如识字多。若将八法论，鹞子过新罗③。"④

·门窗壁上书字※

有老宿于门上书"心"字，窗上书"心"字，壁上书"心"字。法眼益云：门上但书"门"字，窗上但书"窗"字，壁上但书"壁"字。玄觉遂云：门上不要书"门"字，窗上不要书"窗"字，壁上不要书"壁"字。何故？字义炳然。

龙唐柱云：门上书个"窗"字，窗上书个"壁"字，壁上书个"门"字。何故？东涧水流西涧水，南山云起北山云。

白岩符云：老宿犯相违谤，法眼犯增益谤，玄觉犯损减谤，龙唐犯戏论谤⑤。者四个汉，总被山僧据欵结案了也。还有不甘者么？试出来诤一头看。

---

① 选自《雪峰慧空禅师语录》，《新编卍续藏经》第120册。

② 选自《憨休禅师语录》，《嘉兴藏》第37册，第383号。

③ "鹞子过新罗"：意指只要出现分别心、出现情识妄执，就会失去对当下正念（本心）的体验，而距本来面目十万八千里，正像一下飞快跑到新罗（前57年—935年，为朝鲜历史上的国家之一）里去了。所以禅门大师云："计较生时，鹞子过新罗。"（《佛果圜悟禅师碧岩录》卷一，《大正藏》第48册，第2003号。）

④ 选自《千山剩人禅师语录》，《嘉兴藏》第38册，第407号。

⑤ 据《华严经随疏演义钞》卷五十所举，说法者若不了知真如之理，则会产生如下四谤，即：（一）增益谤，执一定"有"者。谓不知真如之理乃离相寂灭，性本不有，而说真如为定有者，是为增益谤。（二）损减谤，执一定"无"者。谓不知真如之理乃不可变坏，性本不空，而说真如为定无者，是为损减谤。（三）相违谤，执"亦有亦无"者。谓不知真如之理乃即有之空，即空之有，而说真如为亦有亦无，二边共执者，是为相违谤。（四）戏论谤，执"非有非无"者。谓不知真如之理乃具有、无之德，而说真如为非有非无，二边不定者，是为戏论谤（参见释如一《三藏法数》，浙江古籍出版社1991年版，第127页中—下。）

三峰藏和尚语录①[选录]

　　法藏(1573—1635)，明代临济宗僧。号汉月，字于密。梁溪(江苏无锡)人，俗姓苏。十五岁出家。天启四年(1624)，至金粟寺参诣密云圆悟，蒙其印可付法。开法于苏州虞山中之三峰清凉禅寺(三峰禅院)，世称三峰藏公。其后，历住北禅大慈寺、杭州安稳寺，苏州圣恩寺等名刹。曾著五宗源，指责当世曹洞宗抹杀五家宗旨，仅单传释迦拈华一事，而强调自威音王以来，无一言一法非五家宗旨之符印。清代雍正年间，帝以政令指其教为魔说，毁其书，黜其徒，三峰一脉遂绝。事见弘储编《三峰和尚年谱》(载《三峰藏和尚语录》)、《五灯严统》卷二十四、《五灯全书》卷六十五。

　　本荟要所录入文字，据《嘉兴藏》第34册，第299号。

• 题虚室墨书法华经

　　六万字，在笔未点时，早已写过了也，岂待黑坐政甜，白光既发，起模做样，三请不止，鼓两片皮，指东划西，然后谓之法华七轴哉？虽然，要见最后一大事因缘，且看虚室上人笔冢头上青草。

• 题倪康侯为母书法华经

　　佛无身口，不解说法。法绝名理，不属文字。世尊于四十年中，唯以虚空万物为身口，意以风声水月为文章，说一部妙法华经。后人结集，不得不知康侯居士向何处下笔。因范孺人，遗命手书，全部书成，属山僧题其后。山僧曰：居士于无文字处，无名理处，不借释迦身口，谈我佛四十年来一段大事，于笔尖上点出苦块间无上菩提之心，为母氏开示悟入是事，且道是事如何写得？咄，点点心中血，洒作宝池华。

---

　　① 三峰藏和尚语录：凡十六卷。三峰藏撰，弘储记。卷一至卷四，为住海虞三峰清凉院语、苏州北禅大慈寺语、杭州临平安隐寺语、苏州邓尉圣恩寺语、梁溪龙山锦树院语、杭州南屏净慈寺语、嘉兴水西真如寺语、苏州松陵圣寿寺语。卷五至卷七，为广录。卷八至卷十，为颂古。卷十一，五宗原。卷十二，杂偈。卷十三，法语。卷十四至十五，书问。卷十六，杂著。法藏对书写佛经持不同态度，在他看来，法华大典，六万余字，在书写者未动笔书写之前，"早已写过了也"，不待你夜以继日，"起模做样"，"指东划西"，才有"法华七轴"？而"法绝名理，不属文字"，而硬要是"于笔尖上点出苦块间无上菩提之心"，书写"开示悟入是事"，是无法呈现"我佛四十年来一段大事"的，"且道是事如何写得？"对于刺血写佛像赞，法藏认为，佛在人们心中，是"描摹无地"的，他声称"我今赞叹，本不识佛"。

- **复辉刺血写佛像赞**

舌未动时,针锋先到。一镞三关,佛光照耀。试问复辉,笔落何处?佛在汝心,描摹无地。二人一佛,一佛千亿。我今赞叹,本不识佛。

- **血写普贤像赞**

脚脚踏著,无非象步。头头恰好,正是普贤。若道六牙六度,还须参取。诸池玉女,弦歌声里花如雨。

无异元来禅师广录①[选录]

无异元来大𠦄(1575—1630),明代曹洞宗僧。一名元来,字无异。庐州(今安徽境内)舒城人,俗姓沙。无明慧经禅师之法嗣。事见《无异元来禅师广录》附《博山和尚传》(刘日杲)、《塔铭》(吴应宾)、《续灯正统》卷三八、《新续高僧传四集》卷五五、嘉庆《庐州府志》卷三八、《五灯全书》卷六二。

本荟要所录入文字,据《新编卍续藏经》第125册。

- **正观禅人刺血书华严诸经跋**

夫大法难逢,真乘罕遇。千灯供佛,酬半偈以何辞。四句润心,舍全身而不吝。况破尘至宝,法界全经。大士因门,如来果海。塞满龙宫之藏,具

---

① 无异元来禅师广录:凡三十五卷。无异元来撰,(法孙)弘瀚汇编、弘裕同集。本书系集无异元来禅师一代语录之大成。卷首:包括《无异禅师语录序》(赵士祯)、《锡类法檀序》(吴应宾)、《剩录序》(黄端伯)、《禅警语序》(刘崇庆)、《宗教答响序》(张瑞图)。卷一至六:住信州博山禅寺、建州董岩禅寺、建州仰山禅寺、福州鼓山禅寺之语录。卷七:住金陵天界禅寺之语录、小参、晚参。卷八:茶话、普说、问答。卷九至十一:拈古、颂古。卷十二:佛事、佛祖赞、自赞。卷十三至二十:禅警语、开示偈、净土偈。卷二十一至二十五:宗教答响。卷二十六至二十七:宗说等锡。卷二十八至三十三:书、启、序、引、跋、记、文、疏、寿言。卷三十四:挽辞、诗、歌。卷三十五:博山和尚传(刘日杲)、塔铭(吴应宾)、缘序(弘瀚)。本《荟要》所选录文字,涉及的书学思想:一、无异元来认为,刺血书经,可获解脱法门。他说惟德禅人血书"五大部",是"不惜身命而重大法",是难能可贵的,因为:"教中云:施者有四,谓财法身命。较之则财法尚易,而身命为难,身尚易而命犹难。故我释迦大师,谛观大地,无微尘许不是舍身命处。今之人,身外之财尚坚守,无纤毫解脱,况身命乎?"惟德禅人之举,如人能效之,则获解脱法门:"人各效之,解脱法门,不待重宣其意,而功德美行,可与轮藏并峙而无尽,不亦善乎?""是大得便宜,是名真解脱。""广行众善行,皆共成佛道。"(《惟德禅人血书经记》)二、无异元来赞赏正观禅人刺血书报恩、金刚、华严等经,是为了弘扬佛法,普渡群迷,"以弘宝筏,庶渡迷津"。正观能如此,是他"凤熏和智,修假多方,出婆竭之涌泉,绣贯花之妙品",因而能"加利刃不见当机之痛,流鲜血无惭捐体之施"。其血书之佛经,真是"蔓衍不二之雄文,舌根流出。腾跃难思之义海,笔底翻来"。此举,乃"得浮世之便宜,履法门之径路。妙缘斯在,道岸非遥"(《正观禅人刺血书华严诸经跋》)。

在一尘。播扬鹫岭之奇,纵横万象。自非旷劫植菩提之因地,安能手捧目观,偶此胜缘哉?正观禅人,夙熏种智,修假多方,出娑竭之涌泉,绣贯花之妙品。加利刃不见当机之痛,流鲜血无惭捐体之施。书报恩金刚华严,共计一百有余卷,以弘宝筏,庶渡迷津。蔓衍不二之雄文,舌根流出。腾跃难思之义海,笔底翻来。反观法帙得成,肌肤无损。胜妙广博,幻质何乖。得浮世之便宜,履法门之径路。妙缘斯在,道岸非遥。

• 惟德禅人血书经记

教中云,施者有四,谓财法身命。较之则财法尚易,而身命为难,身尚易而命犹难。故我释迦大师,谛观大地,无微尘许不是舍身命处。今之人,身外之财尚坚守,无纤毫解脱,况身命乎?吾徒道容者,刺血写五大部,送博山,与藏经同处。使展阅者,知有不惜身命而重大法,人各效之,解脱法门,不待重宣其意,而功德美行,可与轮藏并峙而无尽,不亦善乎?仍发心写华严三品,日为课诵,作如意宝。返魂药,渡海囊,余因焚香述偈以记之。云尔。

稽首无上法,甚深修多罗。受持疾成佛,故不惜身命。剥皮可为纸,析骨当为笔。刺血以为墨,何况于舌根!譬如破樊囊,而盛无价宝。只欲贵宝故,何惜囊破坏。又如淤泥中,而生妙莲花。见者皆爱乐,终不惜泥土。此身等土囊,能生无上法。昔人舍全身,为求四句偈。惟损一根故,成此若干卷。是大得便宜,是名真解脱。是破此悭囊,是成诸佛智。愿法界众生,同游华藏海。广行众善行,皆共成佛道。

永觉元贤禅师广录①[选录]

元贤(1578—1657),明清间僧。字永觉。又称鼓山元贤。建阳(今属福建)人,俗姓蔡。曾参寿昌慧经,经迁化后,依止同门博山元来受具。其思想以调和禅净与儒释为主,并力图调和禅宗内部及临济、曹洞两派间之对峙,以提倡洞上心法为己任,又阐扬临济宗旨。事见林之蕃《福州鼓山白云峰涌泉禅寺永觉贤公大和尚行业曲记》、《新续高僧传四集》卷六三、《续灯存稿》卷一一。

本荟要所录入文字,据《新编卍续藏经》第 125 册。

• 题周振伯居士血书金刚经后

般若妙光,如金刚焰,无可凑泊,如金刚剑,无可护存。三千诸佛不敢出头,历代祖师无处藏身,又岂手笔之所可描写,血纸之所可呈似哉? 今居士穴肤沥血,力书此经,以报母恩。福德不无,但不免是世间之孝,更须知此一点一画,无不出于居士之笔与血;此笔与血,无不出于居士之手与身;此手与身,无不出于居士之报母一念。今问此一念,果自何来乎? 若能从此看破,则无能写所写,无能报所报,无能生所生,亦无无生矣! 至此则汝母成佛,其来已久。经云:其福德与虚空等,非算数譬喻所处及。岂诳语哉? 居士勉之。

---

① 永觉元贤禅师广录:凡三十卷。元贤撰,(嗣法)霖道霈重编。卷一至二十六:收录其住福州鼓山涌泉寺语、泉州开元寺语、杭州真寂禅院语、剑州宝善庵语、小参、普说、茶话、拈古、颂古、佛事、书问、序、记、文、考、疏、铭、诸祖道影赞、偈颂等。卷二十七与二十八:洞上古辙。卷二十九至三十:瘴言、续瘴言。卷首收录无异大师赞(真寂广印)、永觉大师赞(郑瑄)、《永觉和尚广录序》(林之蕃)、《禅余内集序》(曹谷)、《禅余外集序》(陈琯)、《最后语序》(道霈)、《鼓山晚录序》(元贤)。其中,《禅余内集》为语录集,《禅余外集》"则为诗文,各八卷,太冲道顺编。《鼓山晚录》系元贤六十七岁至七十五岁间再住鼓山之语录,凡二卷,太冲道顺编。《最后语》系元贤八十岁示寂前之最后绝唱,凡二卷,传善编。本《荟要》所选录文字,涉及的书学思想:一、元贤认为,鹫峰上人所书佛经,有"笔光墨怪"之力:"笔光墨怪摇苍天"。有展示佛典义蕴之力:"譬如狮子用全力,古镜重重顿现前"。有感动人的力量:"我觉身入毗卢境,法界交罗常湛然。亦觉身泛涅盘海,滴滴醍醐众味全。"(《赠鹫峰上人书华严涅盘二经》)二、在永觉元贤看来,《金刚经》非"手笔之所可描写,血纸之所可呈似"的,因为"般若妙光,如金刚焰,无可凑泊,如金刚剑,无可护存。三千诸佛不敢出头,历代祖师无处藏身"。周振伯居士血书金刚经,是"报母恩",虽有福德,"但不免是世间之孝"而已。元贤指出,应深思"报母一念""果自何来"? 应"看破""能所",实"无能写所写,无能报所报,无能生所生,亦无无生矣",要之,"其福德与虚空等,非算数譬喻所处及"(《题周振伯居士血书金刚经后》)。

• 赠鹫峰上人书华严涅盘二经

菩提场内法雷喧，七处幻出妙庄严。最后双林垂顾命，四德巨浸渺无边。上人运腕依谁力，一毫吐出无后先。谩言海墨书不尽，点点画画个中圆。我来焚香为披读，笔光墨怪摇苍天。譬如狮子用全力，古镜重重顿现前。我觉身入毗卢境，法界交罗常湛然。亦觉身泛涅盘海，滴滴醍醐众味全。掩卷与君暂借问，何如一画未生焉。颖翁高卧芸窗下，壁角灯笼笑欲颠。

紫竹林颛愚衡和尚语录①[选录]

观衡（1578－1645），明僧。字颛愚，别号伞居。霸州（今属河北）人，俗姓赵。憨山大师法嗣。事见正印《行状》、熊文举《塔铭》（《紫竹林颛愚衡和尚语录》卷附）、《新续高僧传四集》卷八。

本荟要所录入文字，据《嘉兴藏》第28册，第219号。

---

① 紫竹林颛愚衡和尚语录：观衡说、正印重编。卷一：示众、晚参。卷二至四：法语。卷五至六：书问。卷七：经序。卷八至九：书序、赠序。卷十：募疏。卷十一：佛祖真赞、自赞。卷十二：真铭、佛事、传铭。卷十三：歌。卷十四至十五：经解、中庸说白。卷十六：杂著。卷十七至二十：颂、偈、诗。《刺血书华严经跋》，是一篇详论血书经典的意义、功德的文字。1、紫竹林颛愚衡和尚，首先肯定彭尔念居士"志学信佛"，"又善楷书"，其刺血所书《华严经》，"庄严精致"，非"泛常尘品所能为"，"甚为希有"。"我今稽首极称赞，功德甚深不思议"。2、血书佛经，乃"是佛事"，"决定成佛"——"法华经云：若有闻法者，无一不成佛。如是大乘圆纱法门，一字入耳，一句染神，皆为菩提种子，决定成佛，况能目观口诵、手捧心持、刺血书写，岂不成佛耶？""若是佛事，本是佛心，心事皆佛，体用一致，非佛而何疑哉？"3、回答血是腥物，"何以书出世清净佛法"的质问，他指出：有佛典为据，此乃"菩萨妙行"，"菩萨称法性"："此一胜行，出载圣经，是佛明言，是菩萨妙行。华严行愿品云：剥皮为纸，析骨为笔，刺血为墨，书写经卷，积如须弥，充满法界，此为证量也。又此胜行，乃菩萨称法性，所作不思议纱行，非有身心有我见者所能为也。"4、指出，以血汁书经，非以血汁为美，乃美佛法为重，而身可轻："以皮骨血汁书经者，非以皮骨血汁为美，乃美佛法为重，而身可轻也。"5、从内财、外财的角度，论血书佛典乃是以"忘身为法"："纸帛金墨为外财，皮肉骨血为内财，舍外财易，舍内财难，若不为此难舍能舍，何以见忘身为法耶？"6、进一步分析，以法性观之，那种以紫粉青墨、血汁分净染，乃是"妄想计度"，"净染皆人自心分别耳"，"若无分别，法法皆如"。他总结概括：血书佛典"笔笔是般若生光，点点是如来示迹，纵横自在无非佛事，是谓真佛也。""刺血书写诸法宝，身心举止皆佛事"，"知恩报恩得佛心，心既如佛即佛子"。在《血墨合书妙法莲华经跋》中，紫竹林颛愚衡和尚，再论血书佛经的意义、功德：1、血书佛经为"如来藏不思议妙行"——"刺血为墨，剥皮为纸，析骨为笔，书写经卷，积如须弥，盈满法界，此又称如来藏不思议妙行，是超越中之大超越，远之更远之矣！"2、论证"书经用香墨岂不清嘉，何以血汁为重耶"？（1）"舍身报亲"，"古今称为至孝"——"因舍身报亲，所以能动天地，感鬼神，起亲痾，劝诸人，古今称为至孝，岂可以诸味之美诸药之灵而较优劣哉？"（2）刺血书经一行"出诸圣典"——"此刺血书经一行，出诸圣典，乃不思议大人境界，非以血光为美，特为重法忘躯，唯法无余，以究竟清净法身，圆满一真法界，岂可以血墨染净难易世谛之见而为分别哉？"《燕贻孙居士书华严经跋》，提供了西番王跪书《华严经》的史料。

• 刺血书华严经跋

吉州庐陵尔念彭居士，法名音潵，老实明白，志学信佛，居贫不厌，礼诵精勤。又善楷书，淡食刺血，书华严大经及法华金刚诸大乘经典。书成，庄严精致，送诸兰若供养。此一妙行，在出家辈，行之似不甚难，不难而难之，不知出家所事何事。在居士处俗谛中，不以家室为累，身心唯佛是事，行此难行法施，是比之深山苦行头陀无愧，岂泛常尘品所能为哉？此一行在出家辈行之实希有，况在俗谛中行之更为希有，又在末季俗谛中行之是更甚为希有也！法华经云：若有闻法者，无一不成佛。如是大乘圆妙法门，一字入耳，一句染神，皆为菩提种子，决定成佛，况能目观口诵、手捧心持、刺血书写，岂不成佛耶？又观此一行是佛事耶，非佛事耶？若是佛事，本是佛心，心事皆佛，体用一致，非佛而何疑哉？有谓书经用紫粉青墨，岂不清净，何用血书，血是腥物，一点染人衣服尚生厌恶，何以书出世清净佛法耶？曰：此一胜行，出载圣经，是佛明言，是菩萨妙行。华严行愿品云：剥皮为纸，析骨为笔，刺血为墨，书写经卷，积如须弥，充满法界，此为证量也。又此胜行，乃菩萨称法性，所作不思义妙行，非有身心有我见者所能为也。又以皮骨血汁书经者，非以皮骨血汁为美，乃美佛法为重，而身可轻也。纸帛金墨为外财，皮肉骨血为内财，舍外财易，舍内财难，若不为此难舍能舍，何以见忘身为法耶？若以法性观之，有情无情，有漏无漏，圣凡平等，谁染谁净，谁增谁减，谁生谁灭，是生灭染净增减，皆属妄想计度。若谓血点于衣生恶心，而墨汁点于白衣，又岂不恶耶？审此恶心既同，则血墨之染净亦均，岂可谓墨净而血染哉？又试看血入墨汁则不见染，墨入血中则见染，是又血净而墨染矣！又金汁果净入眼，不应生障；血汁果染入目，不应生光，是又血净而金垢矣！然金墨血汁，岂实有染净哉？是染净皆人自心分别耳，若无分别，法法皆如，谁非佛体，谁非自性。若纸素、若白毡、若桦皮、若贝叶、若毫笔、若指爪、若草木、若金石、若皮骨、若血肉，上至诸天日月，下及山河大地中之人物万事，同一清净法身，共一光明宝藏，从古至今，观阅不尽，讲演不尽，思解不尽，书写不尽，是真经卷，是真文字，是真法门，是真秘藏。书经至此，笔笔是般若生光，点点是如来示迹，纵横自在无非佛事，是谓真佛也。复为之赞，赞曰：佛子安住俗谛中，能为头陀希有事。刺血书写诸法宝，身心举止皆佛事。末世能为此深心，一切佛恩皆报足。知恩报恩得佛心，心既如佛即佛子。佛子即为佛摄受，现前当来必成佛。我今稽首极称赞,功德甚深不思议。字字不错亦不乱,点点无名亦无相。

• 血墨合书妙法莲华经跋

丁丑春,余自吉州复匡山进法云寺,为憨先师扫塔,即休夏山中,适四月八日,本山清众,同乞毗尼有库主静修公亦从其次,修公素性质直朴厚精勤,在五乳主库有年,始终不二,盆器米面盐醋之属,出纳有量,毫未轻忽。即本职之余,见有当为而未为之事,无不勇猛于前,未有避忌彼此之私。自领戒之后,倍加胜行,刺血合墨,书法华等经。细窥公之操履,于十二时中,无顷刻之暇,不生倦色,非多生定愿大力所持,何能臻此。病僧是秋辞先师塔,登云居为洒扫祖庭,因缘所留,至岁暮。公持所书法华经至欧峰顶上,请病僧一语证明于后。病僧乃谓之曰:即本经有六种法师,书写是其一也。又六种中,求自他俱利,而书写一行,独为其最。以有卷轴文字之相,能令受持读诵解说供养诸行之所发起故也。抑所书经卷流传世间,即大地清净眼目,即将来大光明幢,即诸佛法身常住,即慧命相续不断,实则超越诸行远矣。至于刺血为墨,剥皮为纸,析骨为笔,书写经卷,积如须弥,盈满法界,此又称如来藏不思议妙行,是超越中之大超越,远之更远之矣!公于不思议微妙法行,已示少分,此亦随世所知之心量耳!或谓书经用香墨岂不清嘉,何以血汁为重耶?曰:如世古今有割股救亲,亲病即愈,股岂投症之药耶?股是悦亲之味耶?无乃重亲轻身故耳!因舍身报亲,所以能动天地,感鬼神,起亲痼,劝诸人,古今称为至孝,岂可以诸味之美诸药之灵而较优劣哉?此刺血书经一行,出诸圣典,乃不思议大人境界,非以血光为美,特为重法忘躯,唯法无余,以究竟清净法身,圆满一真法界,岂可以血墨染净难易世谛之见而为分别哉?唯称赞尊重不及,是为知识复以偈赞之。偈曰:佛子实住真实地,所行无事不真实。有身无身不分别,难行能行不思议。是血是墨书此经,一点一画全体示。尘尘刹刹一毫端,劫劫生生唯本际。诸佛法身离彼此,常住世间作饶益。佛子能行诸佛行,真实是佛何疑惑。

• 燕贻孙居士书华严经跋

甲申春,从舟访船子性空道场,住云间月余,有老僧云住贝多庵,持华严经首尾二卷云:是西番国王跪书此经八十一卷,进贡宋天子,愿十方国土,通为一家,此番王书经之底意也!董玄宰、陈眉公、李姓者咸有跋,老僧欲衡赘一语。细观前三公辞义书法,曲尽幽致,可谓三杰矣,再言不过肤余耳!是观书者之精神坚密,故所书之经坚固常住若此。此经自宋时入我国,历年久远,经过几番世界之变而能独存,若纸若墨若手笔新成,此非精神感通,龙神呵护,何以有此,此真世间瑞品。又宋朝有五显书、七斗书、金粟等书藏经,约六七藏,今未闻有一全者,独全此经者,其呵护岂不别有奇因缘耶?是年休夏留都清凉寺,自恣后有孙居士托僧持华严经首尾二卷云:是居士先大人燕贻先生手书此经八十一卷,卷卷皆有人跋,唯余第二十一卷未跋,欲衡填之,想诸卷之跋,已尽跋之深妙,特祝之,此经字字光明,字字坚固,与虚空等,与法界饶益未来无穷无尽,较之番王之愿十方国土通为一家,共超越广大悠远霄壤,未足况其高下,是祝。

• 赠若拙师刺血书经

刺血书经,痛处亲针头,莫昧本来人。试看滴滴红光现,尽是如如净法身。

吹万禅师语录①[选录]

广真(1582—1639),明僧。字吹万,法号聚云,法讳广真。宜宾(今属四川)人,俗姓李。得法于瑞池月和尚,为南岳下第二十八代。万历四十六年(1618)说法于潇湘湖东禅院,次迁忠州聚云、夔州宝峰及云来兴龙诸刹。事见《禅林僧宝传》卷一五。

本荟要所录入文字,据《嘉兴藏》第29册,第238号。

---

① 吹万禅师语录:凡二十卷。吹万广真撰,三山灯来重编。卷一至卷二,为住衡州东禅院、忠州聚云寺等处五会之语录;卷三至卷四,为普说、小参、示众、茶话;卷五至卷九,为法语、入堂、入室、勘辨、问答、颂古、偈;卷十至卷十九,为佛事、像赞、书问、诗、歌、赋、记、引、序、文、传、篇、说、缘起;卷二十,为杂著等。卷末附录吹万禅师塔铭、行状、重刻全录疏。广真禅师关于"不可谓学字参禅,却有两端说话"的论断,指明了学字(学书)与参禅的相通和一致,它们并非胡越,不是"两端说话",而是形同肝胆、书禅一致。他说学字是从"全用心意识"开始,是进行"一点一画,一剔一挑"的临池染翰,经过长期的苦心钻研,打破了"心意识"的束缚,"继而手忘笔,笔忘纸",以致心手两忘,从而达于任意挥毫,其笔势既遒劲雄健,"星驰电卷,势如塞上之将军",又流畅飘逸,"鱼跃鸢飞,妙若空中之噫气"——达于从心所欲不逾矩的艺境。在广真看来,学字的过程,书法创作的过程,以达于从心所欲不逾矩的艺境,与参禅悟道的历程,破除妄想情识(即"全用心意识")而转识成智(打破心意识的束缚——"何曾与心意识商量来")的历程,以达于桶底子脱落而豁然开悟的禅境,是相通和一致的。

• 不可谓学字参禅,却有两端说话※

法语·示博野禅人索字

汝欲学字,始而一点一画,一剔一挑,全用心意识。继而手忘笔,笔忘纸,星驰电卷,势如塞上之将军;鱼跃鸢飞,妙若空中之噫气,何曾与心意识商量来? 不可谓学字参禅,却有两端说话。

雪关禅师语录①[选录]

智闇(1585—1637),亦作道闇,明代曹洞宗僧。号雪关。信州(江西上饶)人,俗姓傅。博山无异元来之法嗣。事见曹学佺《博山雪关智闇禅师传》、黄端伯《信州博山能仁寺雪关大师塔铭(有序)》(以上见《雪关禅师语录》卷十三)、《正源略集》卷三、《新续高僧传四集》卷六二、《佛祖道影》卷三、《五灯全书》卷六三。

本荟要所录入文字,据《嘉兴藏》第 27 册,第 198 号。

• 王弱生文宗手书华严经跋

不观大华严,不知佛受用。然则王居士手书是经,扬波墨海,放光毫端,谓其不知佛受用,何能如此! 故百川宗海,诸经归王,此圆顿教原合向上宗乘。观是经者,要不存元字脚,始得眼空金屑,而字字灵源也。

• 彦威沈居士手书金刚经跋

中丞公彦威沈居士,当先慈讳日,手书金刚般若,直是正因津往生之行李,自非得此经三昧,何以脱然排俗,资先引后乎? 其郎君稚羖,勒摹上石,盖锡类同心孝思脉络,可见菩提眷属,旷劫逢缘若知。那吒太子析骨还父,析肉还母,此即顶门迸出金刚正眼,居士又当深入一重矣。

---

① 雪关禅师语录:凡十三卷。智闇说、成峦等录、开调编。卷一至三:住博山语录、鼓山语录、虎跑语录、妙行语录、瀛山语录(附各利法语)。卷四:答问、禅净发隐、归云夜话示禅人。卷五至六:拈古、拈颂、颂古。卷七:禅镜语(附禅镜偈)。卷八至十:文赋、记序、题跋、疏说、启、尺牍。卷十一至十二:偈颂、赞诗。卷十三:诗歌、杂着。卷末附雪关塔铭(黄端伯)、雪关行传(曹学佺)。智闇肯定书写佛经。他指出王文宗手书华严经,有"扬波墨海,放光毫端"之美,是他觉知佛经"受用"(受到佛法之熏陶,能摒除烦恼,受用不尽),故能"手书是经"。沈彦威能手书金刚经,把此作为正因(往生净土之直接原因)津梁,从而通向佛国净土之资粮与途径("直是正因津往生之行李"),是他领悟和把握了此经的个中"三昧",因而能"脱然排俗"。

·与太学龚华茂居士

格外求人不论文,才华如骥出空群。赠君一管无毫笔,书破羊欣白练裙①。

天界觉浪盛禅师全录②[选录]

道盛(1592—1659),清初曹洞宗僧。号觉浪,别号杖人。福建浦城人,俗姓张。无明慧经法嗣。事见刘余谟《传洞上正宗三十三世摄山栖霞觉浪大禅师塔铭(并序)》(《天界觉浪盛禅师语录》附)、《五灯全书》卷六三、《正源略集》卷三、《揞黑豆集》卷五、《五灯会元续略》卷一下。

本荟要所录入文字,据《嘉兴藏》第34册,第311号。

·题恒生上座血书法华经

华严一真法界,如个太极盘子,八八六十四卦,无不具备,争奈针札不入,所以天下人物,无不陷在卦爻之中。自非悉达从盘底下翻出坎中,指天指地,?转坤艮之蕴,谁能使天地同根之人,如帝出乎,震洁齐乎,巽相见乎?离与天地合德,日月合明,与万物各正性命乎?法华经,本末开合之意,鱼符正在乎此,不则,何以收归坤兑,而证天干之涅盘真际,为原始返终之道哉?恒生上座,发源于台宗,必深讨其旨,故能以舌血代眉间放光,照破根尘识界,全归华藏一真。乃知水潦遭一踏,俱胝睹一指,便能顿见全机,超超向上,非强设也!杖人偶于鸳水发棹武林时,蓦遇恒公索此,不免

① 选自《雪关和尚语录》,《嘉兴藏》第27册,第199号。
② 《天界觉浪盛禅师全录》:三十三卷,别录一卷。道盛说,大成、大峻、大状、大浩等校。卷首收录徐芳等十五篇序。卷一至卷五:所住诸刹的上堂语。卷六:小参。卷七:示众。卷八:普说。卷九:茶筵法语。卷十:法语。卷十一:机缘。卷十二:颂古。卷十三:源流赞。卷十四:赞、佛事。卷十五:偈。卷十六:附载。卷十七塔铭。卷十八:诗。卷十九至卷二十:论。卷二十一至卷二十二:序。卷二十三:记。卷二十四至卷二十六:说。卷二十七:书札。卷二十八:题跋。卷二十九至卷三十三:杂记。卷三十四:别录,收杂录《杖门随集》二卷。本《荟要》所选录文字,涉及的书学思想:一、道盛引慧洪"文章翰墨,以道德节义见重"之论,提出鉴赏品评书法的重要原则:从书法之"墨迹",以探寻作者之"心声",从而赞扬宏化佛法,"以引后世皈依",总之,不应"宝此墨迹",而应重视其人之"道德节义"(《牛首山藏名公游山诗记跋》)。二、道盛以艺(帖)喻禅,以艺(帖)论禅。他指出,佛祖之宗旨是"心心相印,法法相承",但传到后世,则有合其印、似其印、失其印、伪其印等等差异。为什么有这种差异?他以临摹"王右军之真帖"为例,有"善摹者则逼真"、"不善摹者则稍似"、"不善摹者则失真而自为伪"等等不同,这是由于"摹帖者之有工拙"。那么,要真传祖师之心印,使之"心心相印,法法相承",必须传者是"真人",否则"印之非其人也,则不印之矣",那有"真人之印而肯印彼伪人乎"?(《会祖鉴序》)

剔起两茎为之喝彩,更请衍门老代我一拶。恒公恒公,当从何处,始能以断贯索,穿却善财龙女二人鼻孔,为踏盘子人耶？咄！

• 会祖鉴序[节录]

从上佛祖之宗旨,心心相印,法法相承,传至后世有不爽其印,有相似其印,有全失其印,而且伪其印以为真印者。夫印一也,或印此而真,或印彼而伪,何也？祖师真印,如王右军之真帖,善摹者则逼真,不善摹者则稍似,又不善摹者则失真而自为伪矣,与真帖何与哉！此盖摹帖者之有工拙也。如祖师之印,必得其人之真,则印之非其人也,则不印之矣,岂有真人之印而肯印彼伪人乎？不见古人云:大匠能诲人以规矩,不能诲人以巧。诸祖之印犹规矩也,诲之以规矩,则巧从之而出也,安能舍规矩而诲之以巧乎？虽不能舍规矩,诲之以巧,又安能执规矩,诲之以必巧乎？

• 牛首山藏名公游山诗记跋

洪觉范禅师《跋颜平原苏子瞻黄山谷诸公墨迹》曰:"文章翰墨,以道德节义见重,使诸公书法即不工,亦足见重于世。矧又妙绝千古,有不足以传乎?"牛首弘觉寺主僧憨公,以昭代大宗伯凤阿姜公、大司寇弇州王公《游山诗记》,先年已落世人之手,独能苦心求归常住,为一大轴宝惜之,以增重山门,因属余跋数语于后,以识其传远之意！予曰:我知公非宝此墨迹也,惟是其人,则心画心声无非赞扬法化,以引后世皈依,岂徒壮观名山,以恣游览已耶？盖有所以托乎笔墨者,而非笔墨也;有所以游乎山水者,而非山水也;后来游山水者,观此亦知自爱其鼎始足托重也乎？

• 题方孩未侍御书白香山八渐偈卷

白香山于教义无涯中,揭出八渐,如使人从一摩尼圆焰中,求入头处,亦是导人一方便也。士大夫家,谁有闲心于此循序而求其从容中道者哉？方孩未直心言事,于狱中有得晚年逍遥,偶尔下笔,皆类香山。今于其弟萍水上座处,见其手录之卷,亦可见其留神慧业,盖亦从香山而进步者也！心性本妙,众生自粗,犹将金刚宝刀日以割泥,则其锋芒日损,如能以纯静心以法理自磨,则其智刃日新不可当也。此非佛祖圣贤之所以异于众生百姓者,以其能善用此宝刀也哉！颖上契阔,今日重得一相见矣。然青山白石之誓,切不可又同香山之忘之也。

费隐禅师语录①[选录]

通容(1593－1661)，清初临济宗僧。号费隐。福建福州人，俗姓何。密云圆悟之法嗣。事见王谷仝《福严费隐容禅师纪年录》(《费隐禅师语录》附)、《祖庭指南》卷下、《高僧摘要》卷一。

本荟要所录入文字，据《嘉兴藏》第26册，第178号。

• 题血书华严经(楚文禅人乞)

法界无边量，分明在一身。毛孔无穷尽，心思不可论。彼此多交摄，自他共一真。滴血收华藏，全经是血林。一字一法门，一笔一佛身。染净同时显，圣凡不二因。遮那纯妙体，只在刹那成。虽然如是，父母未生已前此身未具。者一部微尘经卷毕竟在甚么处？不妨向者里寻个分晓去。

• 跋天衣上座华严经

华严智境，重重无尽，无尽重重。不可说香水海，毛头许华藏界。佛身广大，菩萨无边。神通莫测，智慧难穷。尽被天衣上座笔尖头上放出墨光，一时收摄，馨无不尽。从前至后，自始至终，从内至外，一一笔遍历华藏界，一一墨点出佛功德。义星朗耀于长空，文海浩瀚于意地。虚窗净几，不异于寂灭之场。斗室匡床，岂隔于妙善法堂。含毫吮墨，正是广长舌相。展纸舒轴，莫非放光震地。风动云行，正明其六相大义。鸟啼花落，尤显于十玄妙门。理法界，事法界，乃至事事法界，舍此又向何处归宗？理无碍，事无碍，至于事事无碍，离他更说什么端的？直是大中现小，小中现大。一为无量，无量为一。于一毫端现宝王刹，坐微尘里转大法轮。时时与遮那相

---

① 费隐禅师语录：十四卷。通容说，隆琦等编。卷首有唐世济序文。卷一至卷九：上堂。卷十：小参、入室。卷十一：法语、偈、书问。卷十二：问答机缘、拈古。卷十三：颂古、判古、赞。卷十四：杂著、小佛事。附《纪年录》二卷。行观、王谷同集、徐昌治、董行证校，行宗、行古重订刻。费隐禅师高度肯定血书佛典，"滴血收华藏，全经是血林。一字一法门，一笔一佛身"；"华严智境，重重无尽，无尽重重。……尽被天衣上座笔尖头上放出墨光，一时收摄，馨无不尽。……一一笔遍历华藏界，一一墨点出佛功德。……含毫吮墨，正是广长舌相。展纸舒轴，莫非放光震地"。他同时指出，"虽然如是，纵到恁么田地，犹是法界量边"，如要"出法界量边"，还必须返观自心，寻找本来面目(《跋天衣上座华严经》)。他又高度评价明代高僧雪浪的书法成就：雪浪"书法超群辈"，其"金画银钩妙入神"。其灵动之势，宛如源泉水泻；其端方之美，堪比白玉晶莹(《题雪浪法师墨迹》)。雪浪，明代高僧，工诗，被推为明代第一诗僧。钱谦益《列朝诗集》称："洪恩博通经史，攻习翰墨。"

见，念念被普贤把臂。可谓当人自己成就，慧身不由他悟。只要信得及，透得彻，便作佛之长子，亦为世之津梁。虽然如是，纵到恁么田地，犹是法界量边，若要出法界量边，须向祖师门下别觅棒吃始可。

• 题雪浪法师墨迹

雪浪法师，千古杰雄。谈经义，胜前人，澜翻贝叶新新旨，唾吐注文旧旧尘。天下声腾雷灌耳，京师僧拥火传薪。况能书法超群辈，金画银钩妙入神。活动宛如源水泻，端方堪比玉华新。光辉映目多琳聚，晋代流芳有此真。

浮石禅师语录①[选录]

通贤(1593—1667)，字浮石。当湖(浙江平湖)人，俗姓赵。年十九依南海绍宗出家。从云栖受沙弥戒，于海宁湛然圆具。随侍嘉禾东塔。崇祯十四年(1641)，复参密云于天童。未几掩关武原。从开法当湖青莲，历迁吴江报恩、海门广慧、嘉禾栖真，晚年退老白马磵。事见《浮石禅师语录·行实》、《五灯严统》二四、《宗统编年》三一、《新续高僧传四集》二二、《续灯正统》三三。

本荟要所录入文字，据《嘉兴藏》第26册，第185号。

• 题崔曰可家藏东洲先生墨蹟

东洲先生，乃先朝砥柱，明代才翁。文压欧苏，诗凌李杜，字迈右军。忠烈贯於杲日，仁孝著于海邦。予生也晚闻而慕之，每抱不得识荆之叹！兹寓三仙得晤，曰可居士为先生之曾孙，出先生墨迹诗章见示，为之摹写其笔外之意，吟咏其句外之趣，直使白云低影，黄鸟添声，湖山拱秀，翰海停波，黯然而思惕，然而会令人神清目朗，垂老益壮，怳如面对尊颜，亲闻罄

---

① 浮石禅师语录：凡十卷。通贤说，行浚等编。卷一至卷五：收住嘉兴府平湖青莲禅寺、苏州府吴江报恩禅寺、扬州府海门三仙广慧禅寺、嘉兴府东塔禅寺、宁波府天童景德禅寺、秀州栖真寺、常州府宜兴善权寺、苏州府常熟福城禅寺等之语录。卷六至卷八：收小参、入室、问答机缘、勘辨垂代、代古、拈古、颂古、法语。卷九：收偈赞、佛事、杂着、行实。卷十：收诗偈。通贤高度评价东洲先生之诗文与书法成就："文压欧苏，诗凌李杜，字迈右军。"他指出东洲之墨迹有很强的艺术魅力，他在"摹写其笔外之意，吟咏其句外之趣"之时，为其能"使白云低影，黄鸟添声，湖山拱秀，翰海停波，黯然而思惕"的艺术感染力所征服，"怳如面对尊颜，亲闻罄欬"，从而产生了"令人神清目朗，垂老益壮"的审美效应。

欤,可以释我曩时不得识荆之叹矣! 因题数语归曰可居士。

石雨禅师法檀①[选录]

明方(1593—1648),明代曹洞宗僧。字石雨。嘉兴(今属浙江)人,俗姓陈。世称石雨明方禅师。参云门圆澄得法。事见净柱《行状》(《石雨禅师法檀》卷二十)、《五灯严统》卷二五、《五灯正统》卷三九、《正源略集》卷三、雍正《浙江通志》卷一九九。

本荟要所录入文字,据《嘉兴藏》第27册,第190号。

•寄浮法师手书华严跋

寄师以亲老不事远游,甘隐法华山坞,于织履之暇,书此大经,点画从虚精孝思中流出,故严谨之气,开卷挹人。观其轴终愈整,使龙树当时,以上本品偈传诵人间,寄师见之或未以为繁耶? 昔子瞻谓颜鲁公书,雄秀独出,以其精神盖有感于以死赴国之时也,而寄师其严谨独出者欤?

•省眉禅士书华严经请跋

拈来皆是用去无疑无内无外,孰能辩伊一微空处众微若为? 譬如春至,花敷枝枝,一枝受暖,万木依依;秋风叶落归根,何知人之履践? 七通八达,是大丈夫,两眼斯豁,具大总持,无所不摄。尝海一滴,识全海味,会全海波,归一滴义,只在毫端变幻,无际作如是想。书经有地,杂花荣荣,菩萨宝髻,髻中明珠,书得也未?

•题悟衡手书华严

佛岂不知不可说,最初三七何饶舌! 小圣当场哑复聋,微尘偈秘苍龙穴。菩萨名龙亦可疑,入宫探讨知时节。从兹传演纷纷然,毕竟何者为华

---

① 石雨禅师法檀:明方说,净柱编。二十卷。卷一至卷七:收住绍兴府天华禅寺、绍兴府云门显圣禅寺、杭州府宝寿山光孝禅寺、福州府怡山西禅长庆禅寺、福州府雪峰禅寺录、建宁府普明禅寺、汀州府灵山禅寺、建宁府考亭灵峰禅寺、再住绍兴府天华禅寺、再住杭州府宝寿山光孝禅寺、杭州府龙门山悟空禅寺、嘉兴府东塔广福祥寺、往杭州府皋亭山佛日净慧禅寺之语录。卷八:绍兴府象田禅寺、绍兴府兰芎山禅寺之语录、普说、示众。卷九:示众。卷十:问答机缘。卷十一:颂古。卷十二:赞。卷十三:法语,诗偈。卷十四至卷十五:请偈。卷十六至二十:序、记、铭、跋、疏、书问、佛事、祭文、杂著、行状。石雨赞美寄浮法师之法书:"点画从虚精孝思中流出,故严谨之气,开卷挹人"。他还以颜真卿书法之"雄秀独出",而赞扬寄浮法师书法"严谨独出"(《寄浮法师手书华严跋》)。

严。走杀芒鞋瞌睡禅，问著葫芦口向天。何如深掩破蕉庵，胁不沾床信笔参。十年铁坐只尺尫，如无所获宁自甘。顾我眉毛何足惜，忖彼之心之所宅。须弥可握海为墨，赞彼东南指西北。以彼之心拟佛心，佛心拟经亦如惑。我赞鼎立于其中，任人千古空思测。

丛林两序须知①[选录]

通容（1593—1661），明末临济宗僧。号费隐。福建福州人，俗姓何。密云圆悟之法嗣。事见王谷全《福严费隐容禅师纪年录》（《费隐禅师语录》附）、《祖庭指南》卷下、《高僧摘要》卷一。

本荟要所录入文字，据《新编卍续藏经》第112册。

• 书记须知

古之名宿，以专柄大法为己任，而翰墨词章，则特请书记以职之。固知书记之职，系匪轻也。如黄龙之在泐潭，大慧之在昭觉，此其最显著者也。迄今佛法不兴，世风非古，纵有其名，聊存故事焉耳。因立数条，端为本寮龟鉴，庶后来绍职者，亦得励而行之，而无轻所学云。

---

① 丛林两序须知：全一卷。明代僧费隐通容（1593—1661）撰，法嗣百痴行元编。本书内容包括总引、西序、东序。西序又分：（一）首庭须知（西堂通用），（二）书记须知，（三）藏主须知，（四）知客须知，（五）浴主须知，（六）方丈侍者须知。东序又分：（一）监寺须知，（二）维那须知，（三）副寺须知，（四）典座须知，（五）直岁须知。禅宗大师十分重视从事佛事的书写活动，并对"书记"一职的重要性作了说明。"固知书记之职，系匪轻也。如黄龙之在泐潭，大慧之在昭觉，此其最显著者也。"据《五灯会元》卷十七《隆兴府黄龙慧南禅师》载，慧南为石霜楚圆禅师之法嗣。他曾师从泐潭怀澄禅师，后经文悦禅师的点拨，前往参礼石霜慈明楚圆，途中曾登衡岳福严寺，礼谒福严贤和尚，贤和尚命慧南充当"书记"。又据《大慧普觉禅师年谱》称：大慧杲为圆悟克勤之法嗣，他三十七岁时，圆悟克勤"著《临济正宗记》以付之"，令其"掌记室"。"书记（记室）即古规之书状也，职掌文翰，凡山门榜疏书问祈祷词语悉属之。"（《勅修百丈清规·两序章》）

雪窦石奇禅师语录①[选录]

通云(1594—1663),明代临济宗僧。字石奇,世称石奇通云禅师。江苏太仓州人,俗姓徐。密云圆悟法嗣。事见行正《行状》(《雪窦石奇禅师语录》卷十五)、《高僧摘要》卷三、《五灯严统》卷二十四、《五灯全书》卷六十六。

本汇粹所录文字,据《嘉兴藏》第26册,第183号。

• 跋楚文上人血书华严经

者一部佛华经,人人本自具足。不待书写,文彩自彰。楚上人得得刺血书之,不似好肉上剜疮乎?然受持读诵固是少他不得,如一向只见血墨,即被伊换却眼睛。

• 胡半庵写经愈人面疮乞题卷帙

吾道一揆今昔,无异迦诺尊者,半庵居士索债偿债皆第一义。意旨如何?灵文证据。咦,应知一个鼻子,两孔出气。

• 谢郁素修居士镌送图章

块石无情谓,能令人醉观。篆文何自古?刀法更生寒。画断风云快,点开星月攒。知音如不偶,未便指轻弹。

---

① 雪窦石奇禅师语录:十五卷。通云说,行正等编录。卷首有吴性、黄毓祺之序文。卷一:收住台州灵鹫禅寺语录、住天台景星岩净居禅寺语录、垂问。卷二至卷五:收住明州雪窦山资圣寺语录。卷六:收住兴化普润禅院语录、住慈水香山禅寺语录、住永嘉头陀山密印禅寺语录、住娄东南广禅寺语录、小参。卷七至卷八:机缘、代。卷九至卷十:法语、颂古。卷十一至十三:偈语、雁山杂咏、歌咏。卷十四:题赞。卷十五:收佛事、行状(行正)、塔铭(金之俊)、后序(行正)。本《荟要》所录入文字,涉及的书学思想:一、关于血书佛经。雪窦石奇认为,佛经"人人本自具足,不待书写,文彩自彰",楚文上人血书之,是"好肉上剜疮"。但他也认为,"受持诵读"佛经是少不得的。不要执著于血书佛经,而被掩眼换却了慧眼。二、关于篆刻。通云指出,郁素修居士在篆刻艺术上有很高的造诣,其所镌印章,有很强的艺术感染力,"能令人醉观",使人陶醉,获得很大的审美享受。他还指出,品评鉴赏篆刻艺术,应有相应的审美判断力,应是篆刻艺术的"知音",否则,"知音如不偶,未便指轻弹"。

万如禅师语录①[选录]

通微(1594—1657),明代临济宗僧。字万如,世称万如通微禅师。浙江嘉兴人,俗姓张。年十九,于兴善寺出家受具足戒。初谒闻谷大师,复历参诸名宿。后往金粟寺参密云圆悟,嗣圆悟之法。崇祯十三年(1640)开法如如院,后移住莆州之曹山,复迁往龙池山,阐化十余年。事见《万如禅师语录》附行实、行状、塔铭、《五灯会元续略》卷八、《五灯全书》卷六十六、《续指月录》卷十九。

本汇粹所录文字,据《嘉兴藏》第26册,第182号。

• 跋楚文上人血书华严经

有大经卷,在一微尘中,量等三千大千世界,惟过量人能剖而出之。缘一切含灵,迷而不觉,故遮那世尊共诸菩萨,忉忉怛怛打了一部华严葛藤。今上人深体佛意,刺血书成,使无量法门,无边法界,悉皆血滴滴地。且道遮那未动舌根已前,唤甚么作经? 向者里下得一转语,不移寸步,不劳弹指,已见五十三员善知识矣!

• 题钱尔赤居士南询手卷

童子南参五十三,家家有路透长安。虽然不出门庭去,自信毫端法界宽。

---

① 清通微说,行猷等编。十卷。卷首收序、荆溪龙池老和尚列传。卷一收住浙江嘉兴府如如禅院语录,卷二收住福建兴化府曹山上生禅寺语录,卷三至卷六收住荆溪龙池山禹门禅寺语录,卷七收示众、入室机缘、勘辩机缘、问答机缘、卷八收法语、拈古、颂古,卷九收书问、真赞,自赞,卷十收佛事、杂著、偈。卷末附行实、行状、塔铭。万如禅师指出,楚文上人血书佛经,缘于“深体佛意”,能“使无量法门,无边法界,悉皆血滴滴地”,呈现出鲜活的人之生命,人之本心。

林野奇禅师语录①[选录]

通奇(1595—1652),明代临济宗僧。字林野,世称林野通奇禅师。合州(四川合川)人,俗姓蔡。少即依金钟寺叔父道然为童行,十七岁参礼黔州(四川)之莲峰出家,年十九出蜀南游。谒天童圆悟于吴门,得其心印。崇祯十六年(1643)出住于天台通玄寺,历迁嘉禾、东塔、栖真、天童等诸名刹。事见曹勋撰《天童林野奇和尚行状》、道忞撰《天童林野奇禅师塔铭》、《五灯会元续略》卷八、《五灯严统》卷二十四、《五灯全书》卷六十七。

本汇粹所录文字,据《嘉兴藏》第 26 册,第 186 号。

• 示福嵩禅人书华严经(并序)

福嵩禅人,于闲暇娱戏毗卢性海,书此华严大教,盖令大地有情,发明事事无碍之大旨,作未来之饶益,岂心思言议可涯量哉?偈曰:

法界胜乐,援毫挥纸。普贤大士,全彰妙体。一点一画,昭著分明。释迦老子,不隔一尘。若礼若诵,意莫定动。但恁么去,人天供重。

---

① 林野奇禅师语录:通奇说、行谧等编。八卷。卷首有序。卷一收住浙江台州府天台山通玄禅寺语录,卷二收住浙江嘉兴府福城东塔禅寺语录,卷三收住浙江嘉兴府秀水县栖真禅寺语录、住湖州府地藏禅院语录,卷四收住宁波府天童山景德禅寺语录,卷五收示众、小参、晚参、法语、普说、警策、诫勉,卷六收拈颂、行实、书问,卷七收入室勘辨、天童西堂寮应答机缘、问答机缘、答问,卷八收诗偈、赞、佛事。卷末附行状、塔铭、后跋。通奇关于"于闲暇娱戏毗卢性海,书此华严大教"的论断,对书写佛经提出了一个十分重要的观点,就是要以"闲暇娱戏"的态度(悠闲的、娱悦的、游戏的即自由的、审美的态度),体悟"毗卢遮那"(梵语,华译为"遍一切处")即法身佛(法性、真如本性、自性),书写华严大经。而书写佛经之目的,是让"大地有情",都能发明领会华严"事事无碍"之"大旨",以"饶益"芸芸众生,其功巨大,不是"心思言议可涯量"的。通奇的"法界胜乐,援毫挥纸",乃是对"于闲暇娱戏毗卢性海,书此华严大教"的另一表述。提出要以"娱戏"(即游戏)的态度——即一种自由自在、生意盎然的审美态度,去进行写经活动,这是禅宗文艺美学的一个重要观点,这可与慧洪"游戏翰墨,作大佛事"(慧洪《东坡画应身弥勒赞(并序)》)的观点互相发明。

道忞论书 ※①

道忞(1596—674),清初临济宗杨岐派僧。字木陈,号山翁、梦隐。广东潮阳人,俗姓林。天童密云圆悟之法嗣。事见《天童寺续志》、《澂水志》卷六、《湖州府志》卷九十一、《宗统编年》卷三十二。

本荟要所录入文字,据《嘉兴藏》第26册,第181号;《乾隆藏》第155册,第1643号;《禅门逸书续编》第10册,第238号。

● 三山草序

余近得赵松雪墨迹一幅,盖史龙湾家藏,展转至辗轹严氏,严氏宝之,已数十秋,复割以奉余友润兄者。余一日出以示黄梅二司马,司马曰:"佳哉! 墨妙! 若出自颜光禄手,吾将夺之师矣,子昂非所嗜也!"余戏之曰:"得无以追蠡哉?"曰:"否! 不然! 宋之社稷,实败亡于胡元氏,子昂非赵氏宗乎? 委身而仕为翰林何也?"噫嘻,草书字圣,今古几人擅长,至若子昂之笔,可谓夌躐一世矣。尤以节义少之不齿录,况中材无所表见,徒附利沽权诧谣俗,曾不顾有识之议,后此志士仁人,所以泥蟠蝼屈长遐世,而不见知者也! 焦山如公以茂龄行脚,遍见东南诸大老,诸大老间尝以法器目之矣! 顾其人,义不苟合当世,当世亦鲜有知其人者。终岁古寺闲房,翛然一衲,

---

① 《三山草序》、《题血书法华经后》、《题潘天玉所书法华经后》选自《布水台集》(据《嘉兴藏》第26册,第181号);《题古董楚文锦上人血书杂华大典》选自《弘觉忞禅师语录》(据《乾隆藏》第155册,第1643号);《题血书华严经(有序)》、《血书曼殊大士赞》选自《北游集》(据《禅门逸书续编》,第10册,第238号)。《布水台集》:道忞撰。三十二卷。卷首有钱谦益、包尔庚之序文。卷一:风、雅、诗。卷二至五:诗。卷六至九:序。卷十至十二:碑铭、记、传。卷十三至十五:塔铭。卷十六:行状。卷十七:表、奏疏、文疏、启、铭、提词。卷十八至二十一:赞。卷二十二至二十四:书、跋、说、引。卷二十五:祭文、见闻杂记。卷二十六:警语、规约。卷二十七至三十二:尺牍。《弘觉忞禅师语录》:凡二十卷。弘觉道忞撰,显权等编。收有语录、广录、法语、垂代、对众机缘、颂古、赞、偈、佛事、小佛事、杂著。《弘觉忞禅师北游集》:凡六卷。道忞说,门人真朴编次。卷一:住大内万善殿语录;卷二:奏对机缘。卷三至四:奏对别记。卷五:偈、赞。卷六:杂著。卷末收顺治十七年四月御札。本《荟要》所选录文字,涉及的书学思想:一、道忞在评价名家法书上,重作者的人品。他引黄梅司马之论(认为赵子昂"委身而仕,为翰林何色"),指出虽杰出的书法大家,如少节义,则为人不齿:"草书字圣,今古几人擅长,至若子昂之笔,可谓夌躐一世矣,尤以节义少之不齿录"(《三山草序》)。二、关于刺血书经的论述。在木陈道忞看来,血书佛经即是"以我身命即为经",则可以"尽未来际周法界","普愿见闻同证入",进入佛法之境。其书写佛经有贯珠之美:"刺血以为墨,光通榴火珊瑚赤,七轴行行如贯珠"。他指出,血书(舌血)佛经,乃是报恩——"伊余早岁窃知恩,金刀曾割红莲舌"(《题血书法华经后》)。三、书写佛经之旨,在于宏化佛法,饶益善根者:"欲此七轴琅函流播大千之字,俾凡有善根者,靡不信解受持读诵书写"(《题潘天玉所书法华经后》)。

踽踽凉凉而已。独与余宛有夙契，始余施茶邗上，继而归隐匡庐，及出住明之太白，公恒迁徙从余游。余固重公怀独行君子之德，亦乐与之游，而尤未知公之事苦吟也。丙戌秋，余既退耕五磊矣，公始从淮南寄余《三山草》若干篇，且曰"不吝施数言冠卷首"。夫余固尝从事笔砚，至于诗，其尤正墙面焉，未之或窥也。然镜诸孔子之言矣，曰"小子何莫学诗，诗可以兴，可以观，可以群，可以怨，迩之事父，远之事君，多识于鸟兽草木之名"，岂曰拈华摘艳，弄月嘲风者之为哉！以余观公之诗，温厚静深，一以己事相映发，其有得于鲁论之旨多矣！然则，公诗岂待余文以传，传其落穆不与一世浮沉如此者。盖感二司马之言，亦以晓晚近世知所重在此，而不在彼也。

• 题血书法华经后

佛如济世大医王，随根说法疗诸病。如病服药无不瘥，病瘥然非不死方。天宫龙鬼及人间，教网罗张三百会。广施法药亦如是，以方便说非真实。稽首法华最后谭，从前药病俱捐弃。三乘归约一乘门，弹指圞成正遍知。衣珠获自本来有，非作故成离诸过。亦如父财子克承，受用无有留碍者。以无留碍戏论除，顿教火宅入清凉。露地牛眠芳草地，春光依旧本风光。所以妙，根境俱忘绝朕兆，圣凡景见大光中，万别千差都一焰。法觌面，何劳寻，专甲大用堂堂知不知？鹅王择乳素非鸭。莲亭亭独出自天然，欻地千华生碓觜，婀娜笑倒东风前华。一尘一佛国，一国一释迦。胡越谁云天地异，不迻寸步越河沙。经解语，能言不是声。丝丝柳线牵长日，滑滑莺梭织晓春。一字演经无量时，全经只在刹那宣。卷穷空劫不见头，展满十虚罔窥尾。日用劳生卷复舒，夜月晨风光陆离。革囊缠缴百千般，错过头头自不知。伊余早岁窃知恩，金刀曾割红莲舌。沥血流丹书此经，字字经兮字字血。以我身命即为经，尽未来际周法界。如经分布广宣扬，普愿见闻同证入。今此经王谁手书，力禅刺血以为墨。光通榴火珊瑚赤，七轴行行如贯珠。忘躯以为法如我，即如我愿愿力禅。分身如愿与经俱，如空不没湛然存。

• 题潘天玉所书法华经后

天玉潘子以自善根，生正信解，信解佛之知见，一念相应，可以长御大车，疾登宝所，衣珠宛在。深嗟客作贫人，王膳不餐，长笑五千退席，于是闭关却扫，覃思绎斯信解之不足，又读诵之，读诵之不足，复书写之，书写之不足,更请真寂永老题跋之。总之欲此七轴琅函流播大千之宇,俾凡有善根者,靡不信解受持读诵书写,一如潘子天玉此其心也。乃申酉变革真寂之跋,且随兵燹遄逸,而潘子时亦隐如有失。岁在辛卯,予赴道峰,潘子天玉始喜随,以是跋问予,予盖未知真寂何如!然闻之先德矣,心迷法华转,心悟转法华,潘子果若心悟,则此七轴者,可以建立由我,扫荡由我,何有于真寂之跋哉?夫潘子抑知乎,从世尊脐轮鼓气,齿牙敲磕焉,而后有此三周九喻也。析音声而求之,何者是法?又从潘子手腕运旋,纸墨淋漓焉,而后有此千行百帙也,离点画而求之,何者是经?是则经有时而湮,法有时而塞,跋有时而晦。而说者之与书者,盖通往古贯来今,充乾塞坤,可以尘而说,刹而书,炽然而跋,而莫知其竟者,如此则多宝佛塔,可以掌置他方,可以移来此土,如针锋叶,如陶家轮,于真寂之跋何有哉?于道峰之跋,复何有哉?

•题古堇楚文锦上人血书杂华大典

善巧何烦破一尘,经王剖出枉当人。重留觉帝真元命,细沥娘生泡沫身。轴轴紫霞光饮日,行行古锦象涵春。天龙视等无忧塔,长此雨华满赤堇。

•题血书华严经(有序)

海虞行虚禅人,沥血书杂华大典,用藏四大名山。兹部首先卒业,因匍伏来京,拟上清凉,安置金刚堀内,丐余题跋。由是合十指爪,宣说伽陀,敬书于左。

真法供须身命酬,红莲舌剖大经流。法门无尽毛端揭,海墨难书一滴收。金色吐吞华藏昼,紫豪掩映百城秋。怀来五顶三千里,珍重天龙护似眸。

•血书曼殊大士赞

非心非色谩疑猜,权号文殊妙辩才。衬足红莲随地涌,印空宝座自天开。狻猊声听千魔怖,智剑芒寒万圣摧。透体紫霞光饮日,俨从金色界中来。

破山禅师语录①[选录]

海明(1597—1666)，清代临济宗僧。又称通明，字万峰，世称破山祖师。四川顺庆府大竹县（今属重庆市）人，俗姓蹇。天童密云圆悟之法嗣。事见印正《破山明和尚行状》、印峦《双桂破山明禅师年谱》（《破山禅师语录》卷二十）、《五灯严统》卷二十四、《五灯全书》卷六十五。

本荟要所录入文字，据《嘉兴藏》第26册，第177号。

• 圆知禅人请题血书华严经

海墨能书我佛经，如何不满上人心？金刀断舌血流笔，写尽河沙数转深。船子舍身为法，夹山掩耳知音。不如梵禅客，舌尖上转根本法轮。

• 赠显余上人书经

白马驼来只一滴，摩腾费尽纸千张。何如更有双桐士，镇日挥毫放墨光

• 示梵垫行者

横写顺写，无一个元字脚。写得著长篇短篇，无一言尽者张纸。只有者写说不到处，是个甚么？咄，也是乌龟向火。

---

① 破山禅师语录:海明说，门人印正等编。二十卷。卷一至卷六:上堂、小参。卷七:问答机缘。卷八至卷十一:法语。卷十二:书问。卷十三:拈古、颂古、联芳偈;卷十四至十六:示偈。卷十七:佛祖赞、自赞。卷十八至十九:杂偈、万峰景。卷二十:杂著、佛事、行状。本《荟要》所录入文字，涉及的书学思想:一、关于刺血写经。海明指出，"圆知禅人"已不满足于用墨书佛经，而要"金刀断舌"写佛经，并且要"写尽河沙数转深"。在海明看来，刺舌血写经，可以"转根本法轮"，获得佛法，进入佛陀之境(《圆知禅人请题血书华严经》)。"转法轮"，指释迦牟尼为令众生得道而说法。根本法轮，三论宗吉藏所立三法轮(根本法轮、枝末法轮及摄末归本法轮)之一。指佛陀最初在华严会座，为大菩萨开显大悟界的真相，说一因一果的法门。指华严经之说法。谓佛初成道有华严之会，其时纯为菩萨开一因一果之法门。然薄福钝根之流无法会得悟入，佛乃应机而化，故另有五时说法之演布(参见慈怡主编《佛光大辞典》，第4134页)。二、在佛典和丛林普遍肯定包括书写佛经在内的"受持礼拜书写供养"等"六种法师"时，海明则持一种不同的态度，也就是说，他对书写佛经之功德持一种有所保留的态度。他认为，这"六种持经之益"，还不如"向一言一句处理会得，其益愈多"——即是主张在理会佛经的一言一句上下工夫(《绝知禅人请题持金刚经序》)。三、对一些学人企图乞他书写"法语"——从书写的"法语"中获得佛法，是不赞成的。他认为"呈纸一幅乞开示"，是无益于开悟的，而获取开悟的"路头不在别处"，不在导师所书的"法语"中，恰恰"只在自己脚根下"，只要于此处"觑得破"，那么，凡是举手投足、搬柴运水都是"道场"——日常生活的在在处处都是参禅悟道之所(《示松溪禅人》)。

• 示戒如禅人

求道不求字,终须成大器。求字不求道,投其人所好。此非学道人,莫令诸方笑。

• 示秀玄禅者

写字便成劳,不知为甚的?学人不努力,空费者张纸。教学如何努力荐取屋北鹿,独宿谿西鸡齐啼。

• 示六聪禅者

横写竖写,尚莫能尽者张纸。多说少说,且安排者管笔。然而笔舌不得处,与老僧道将一句来。

• 示昙郁禅人

老僧写字觉倦,又有发青来叩法语。老僧欲骂莫能,欲赞莫能,只得向伊道个米里有虫。

• 示松谿禅人

松溪呈纸一幅乞开示,老僧曰:如许之年,还在问路?然而路头不在别处,只在自己脚跟下。此脚跟下,且荆棘且石头,横来竖去筑著磕著,是阿谁主张?若此处觑得破,举足无非是道场。

• 示亨我王居士

老僧不善书,忽得山人王居士苦索其书,只得书一络索,曰:猴愁搂搜头,狗走抖擞口。试参之。

• 示知微禅人

横写竖写,只用一张纸。千说万说,不用一个舌。且道写说不到处,是甚么一段光景?试道看。

• 复林文学送字画

蓦剳相逢,倾湫倒岳。居士夜明珠,错撒紫罗帐里,令贫道不识好恶,向文不加点处走漏消息也!呵呵!

• 警众

堪笑时人笔砚禅,攒华簇锦露缠纤。若然可当生平事,七破蒲团是浪传。

• 绝知禅人请题持金刚经序

尝闻受持礼拜书写供养,皆六种法师①,然而老僧则不然也。若六种持经之益,不若向一言一句处理会得,其益愈多。试向我释迦老人收衣钵洗足已敷座而坐处著隻眼,知须菩提赞叹希有,益我持经之功,亦至不思议,百分千分万亿分不及其一者,是阿谁得之耶?

伏狮祇园禅师语录②[选录]

行刚(1597—1654),清僧。字祇园。嘉兴(今属浙江)人,俗姓胡。幼好禅诵。参密云于金粟,晓夜体究。年三十五薙染、受具。谒金粟石车通乘得悟。乘付法,并以如意、祖衣证信。后开法梅溪伏狮。事见《伏狮祇园禅师语录》附门人超琛所撰《行状》、吴铸所撰《塔铭》、《五灯全书》卷七二、光绪《嘉兴府志》卷六二、《续比丘尼传》卷四、《晚晴簃诗汇》卷一九九。

本荟要所录入文字,据《嘉兴藏》第 28 册,第 21 号。

• 题血书华严经

华严法界广无量,上人滴血收华藏。一字一笔一法门,不可思议转法轮。遮那妙体无生灭,一真实际刹那成。迅笔一挥亲荐得,转经为己任纵横。

• 复郑云渡居士

居士同月朗兄过庵,命跋《华严经》。山僧才识谫劣,偶尔成文,明眼人前一场笑具。复命跋《法华经》,是法非思量分别之所能解,若有知解,是为门外三车矣。一跋再跋,是知解非知解,如其不然,自数他宝,请著精采,蓦忽撞破,血从何来?经是谁书?龙女谁做?便能豁开火宅,显出真机,携手同来白牛露地。居士要行持此事,还宜一火焚却,不留一字,更为痛快也!复偈云:"法华未举现全身,笔底横流血染经。月朗当空映法海,临书妙用

---

① "六法师者,一受持,二读,三诵,四解说,五书写,六供养。"(《妙法莲华经玄赞》,《大正藏》第 34 册,第 1723 号,第 807 页下。)

② 伏狮祇园禅师语录:清行刚(尼)说,授远、超宿等编。二卷。卷前有像、序。卷上收升座、小参、示众、机缘、拈古、颂古、偈语、书问、题赞、佛事,卷下收源流颂、行状、塔铭。伏狮祇园禅师指出,血书佛经有其功德,可以"转法轮"达到"不可思议"之境——"一字一笔一法门,不可思议转法轮";可以领悟佛经,"转经为己",获得解脱法门,而达于任性自由之地——"迅笔一挥亲荐得,转经为己任纵横"。

一毫吞。"

牧云和尚懒斋别集①[选录]

通门(1599—1671),明代临济宗僧。号牧云,世称牧云通门禅师。江苏常熟人,俗姓张。得密云圆悟之心印。师博通外学,能诗文,擅长书绘。事见《五灯会元续略》卷八、《五灯严统》卷二十四、《五灯全书》卷六十七。

本荟要所录入文字,据《嘉兴藏》第31册,第267号。

·云浦上人书华严楞严二经记

法界之性,如光与音。推觅不得,而实无不遍。缁友云浦,会稽人,剃染苏州海慧庵,结屋太平芜湖,号冷瓢。就冷瓢中,书佛华严经,方竣,兵燹作,乃携经至海慧,值岁荒馑,檀施绝少,复罄其衣,赀书楞严一部,志可嘉也。辛卯十月望前,余从京口下吴门憩闲来居,暮雨中,浦持二经,过余修敬毕,未及数语,置经于案,遂别而去。余因凭几思曰,若人之来,其有意乎?将谓我能证知法界之性,欲三印可耶?抑亦自念其为法之勤,欲表而出之耶?因又思之法界之性,从本以来,弥满清净,若人未书是经,法界之

---

① 牧云和尚懒斋别集:十四卷。通门撰,毛晋子晋编阅。有文部七卷(卷一至卷七)、偈部一卷(卷八)、诗部六卷(卷九至卷十四)。本《荟要》所选录文字,涉及的书学思想:一、《观帖》一文实为学习书法的入门之谈。1. 古人对临池的运笔、洒墨、落纸都是遵循一定之规的,绝不是"末学"任意涂抹,"各信手腕出"。2. 有成就的书法家,在创作时,都会凝神构思,常有不能得心应手之虑("深观凝其思,默默增徇栗")。3. 对于书写之秘,许多书家都不敢述说,正如轮扁斫轮,口不能言("何乃及其至,作者亦惮述")。4. 在创作中,要想达到"似神"与"脱法",是十分困难的;要想达到纵横得体,潇洒自如,其中之"妙",也是难于体悟、把握的。5."六书"乃是一种艺术,要想书法达到一定的高度,不能急于求成("欲速敢窥奥,手拙徒费日"),其成功之秘,既要有悟性("所以入道门,种性许超逸"),又要假以时日,苦心钻研,方能达于艺境("矜式惟苦心,臻化能事毕")。二、通门从笔书与石刻比较中,揭示其特点。他称自己之草书,是"落笔甚潦草",但有淋漓淋漓之美("淋漓满幅何奇异");而刘开旭把它镌刻在石上,则"变化潦草成遒媚",是得力于"腕中有精技",是一种再创造,其再造之风貌,令人眼醉心迷。三、在书法创作上:主张"得心应手"。强调书法创作的"意造",有自我之法,非二王之法。四、关于书写佛经的意义、功德。通门提出不要执著于从书写佛经获解脱。因为:1."神珠不从外得",要悟生死大事,获得解脱,必须返观自心。2. 大千世界,处处菩提,处处有佛,"楞严'一切事究竟坚固',即法华'世间相常住也'",应从日常生活中体悟佛道。通门对书写佛典的"功德",还提出了异议,他对为什么佛经"印板流通久矣,复何书写之多耶",有人认为是"六种法师,书持与数,较其功德,海口莫宣"时,他明确指出:"未然也。经出佛口,入众生心,开佛知见;笔画死钝,持者不灵。譬诸饮食,同一饱也,而粗粝是拒,嘉者饫焉。故经云香风吹萎花,更雨新好者。"五、对前贤时修之法书的品评。通门指出,颜鲁公《争座位》帖,只是"草稿","何镌刻到今珍重若此"? 他认为是作者"以其字画遒劲,圆转有法也"。那么,"法从何得"? 他认为是"技至精,笔运乎指,指随乎心,无不如意也"

性未为减也,不书可也;已书是经,法界之性未为增也,书之亦可也。书不书在人,于法界性无所损益。虽然,由是经以知法界之性,言以载道也。由书是经,乃能精一其志,开法界门,人能弘道也。不书是经,又乌乎可！浦之行其大矣乎？嗟乎,人生芒芒,终身焉汩汩,知身而不知世界,知世界而不知法界,苟知法界,则吴越一天也,何地尽山多指为两域乎？沧桑一幻也,何定鼎割城悲为两事乎？蛮触一体也,何左强右弱分为两戎乎？佛生一性也,何萤火太阳执为两光乎？死生一如也,何持瓶饷远认为两空乎？成坏一际也,何刹那百劫视为两时乎？所以海慧此法界也,若人之降伏尘劳也;冷瓢此法界也,若人之生,如来家也。华严,此法界也,重玄之德,佛证穷也。楞严,此法界也,法界事事究竟坚固也。又且若人之来此法界也,信能必至如来地也。若人之去此法界也,如来宫殿无有边也。乃至余眼阅之,余心思之,余舌证之,皆无障碍而游于言词三昧,无非此法界也。是故以法界证法界,空合空无二相也;以法界入法界,水投水无二味也。极而论之,法界之性,大不可思议也。言词丧也,心虑忘也,芳草绿,落花红,余之笔舌又何能形言也乎？当瞻仰象王狮子哮吼回旋可也,于是投笔起座,袖手顾视,复还其经。

• 跋吴门杜子纡先生所书华严经第四十卷

眉与眼在一处,而终身不能见。非不见也,为太近也。普贤身相,周遍十方,而普眼不能见普眼,之外无普贤也。然后以解脱神通之力,为现色身坐莲华座,而诸菩萨心生踊跃,非倒见乎？毕竟普贤菩萨,秘密身境界,秘密语境界,秘密意境界,敢保普眼尽微尘劫,摸索不著。

• 书一水上人书楞严经第五卷后

贝叶斋一水上人,书首楞严经一部,取墨于其友六上座之舌端,字画清劲,见者赞叹。癸未秋日,余归吴门,晤其师培公话夙昔,灯下出以示余。而一水已逝世,余深为叹惜。嗟嗟,一舌一手,本来同体,一生一死,书此了义。血可作墨,字可作经,究竟坚固,何死何生？我知常寂光中,佛问圆通,当以根尘同源,缚脱无二为第一。

• 跋顾敬修居士手书法华楞严二经

楞严"一切事究竟坚固",即法华"世间相常住"也。法华"心生大欢喜,自知当作佛",即楞严"狂心不歇,歇即菩提,方悟神珠不从外得"也。敬修居士，手书二经，贮供芸居，盖自挂冠与玄公笃方外之谊，玄公余知友也，。丁亥夏，舟过吴门，居士以个中事相扣，招余天宫寺斋，而玄公出是经时，绿阴在庭，葵芳满砌，烂然耀人心目，余指谓居士曰："此世间相常住也。"凝睇久之，啜茶而别。

• 跋王兆吉居士所书华严经

华严要旨，疏论家罄矣，原其归趣，不出乎六相十玄四法界。乃复庵和尚，复作纶贯通之宜无剩义，然谈之极玄，就之莫入，其故何耶？疏家云：达本忘情，情生智隔。圆觉云，以思惟心，测度如来圆觉境界，如取萤火，烧须弥山，纵经尘劫，终不能着。夫思惟亦曷有过，过在视毗卢法界与己躬为二物，是故欲得之愈失之。庸讵知天地一太极，人身一太极，人身阴阳即天地阴阳，毗卢性海即吾人性海，是故爬寸肤而举身，皆应牵一发而手足相谙，是故动遍动等遍动在吾一身，亦大彰明，亦大较著。自一身以及万象，充乎法界，动遍动等遍动，盖情与无情，共一真耳。但凡者随其事圣者，游其理，理事相忘，则圣凡浑然。夫如是，则毗卢遮那在吾一毛孔中，坐菩提场，现不思议神变，围绕往昔同行菩萨，化度无尽大心众生一毛孔。既然八万四千毛孔，靡不然摄则俱摄，彰则顿彰，正如千灯之光，万镜之像，表里相映，洞彻无碍。佛生刹土，古今物我，宁有间隔？所有隔者，所谓视法界己身为二物也。昔有讲师致疑华严以"一切众生住地无明，全成诸佛不动智"问于真净，净曰："此易了者。"时有童子方扫除，真净呼童子，童子回首，净曰"此非不动智欤？"净复问童子："如何是汝佛性？"童子惘然顾盼，不知所答。真净曰："此所谓住地无明也！"讲师谢而去。然住地无明与不动智，岂有定相？特一起念，向外寻佛，则情生而智隔矣！又盐官国师问讲华严座主："华严有几重法界？"座主答曰："略有四重，广则无尽！"盐官竖起拂子，云："此是第几重法界？"座主亦惘然，莫能措语，是皆不知法界为己身，而外多记忆者也！苟求诸身行远升高，毗卢在是，文殊普贤在是，五十三善知识亦在是。所以毗目仙人执善财手，历微尘数劫，不出一瞬息。善财在普贤毛孔中，经过无数刹海，不离脚跟下，是此经正宗。兆翁居士现宰官身，为法王子讽诵之，书写之，极其庄严，盖以毗卢遮那在顶[宁＊页]，文殊普贤为左右手，是故非庄严佛，非庄严经，乃庄严居士自法界也。余获捧瞻，心眼寥廓，乃拭净几，烧名香于一毫端，与居士相见。

● 题蒋伯昌书华严经

原夫心佛众生，三无差别。佛有是心，众生亦有是心，此心无增减无高下，从本以来，灵明廓彻，在佛能不迷故，所居殊胜，所用奇特，菩提场金刚座，非心外之物也。众生迷之故，所见颠倒，所报狭劣。三禅天无间狱，亦非心外而有也。是故心外无佛，信自心便成佛，出世也；心外无众生，迷自心便作众生，在世间也。然则华严法界，乃自心佛之居处明矣。虞山善士蒋伯昌，有志佛乘，手书华严大经一部，晨夕供养持诵。昔有访友者，值其书是经，未即出其人，以友故慢不悦，友出示其经，曰："此是阎罗老子面前一道赦书！"其人惊悚，回家亦写一部。夫人发心书经，红尘浩浩中，即知有佛矣。纵有罪愆，如人在缧绁，一旦为王家擢用，有司拘禁之，不得佛法所庇矣。生死到来，设打阎罗老子面前过，自然起敬，三途地狱，敢保无分一道赦书，岂虚语耶？

● 题雨新上人所书法华经

妙法华经，印板流通久矣，复何书写之多耶？曰：六种法师，书持与数，较其功德，海口莫宣。余曰：未然也。经出佛口，入众生心，开佛知见。笔画死钝，持者不灵，譬诸饮食，同一饱也，而粗粝是拒，嘉者饫焉。故经云：香风吹萎花，更雨新好者。

● 题惺中上人书华严经

武林上人惺中，留心于华严法界，以坚固刀，刺娘生舌，取血书八十一卷之文，三年而告成。所书经处，汾湖之水月庵也，将贮之名山。念甲乙以来，时世变迁，未果此愿。已丑春日，余放舟东游，过水月绕庵，皆绿杨新苇，时烟雨空蒙，春阴满牖，上人出素笺乞题经要，于是说偈：

十万文，一滴血，染于纸，成佛说。手忘笔，口无舌。华藏海，亲游历。佛与生，水与月，异而同，同而别。藏名山，待时节。我作偈，合古辙。百神护，万象彻。空齐头，雨不歇。毗卢师，顶门揭。荐取去，太直截。

● 跋云浦上人书华严楞严二经

佛以一音演说法，众生随类各得解，一代时教，其有异音耶？譬若明珠走盘，了无定迹，而或者执一隅以尽之，得无谬乎？亦类其解而已。楞严之为经，交光法师以为得华严气分。云浦上人书华严后，续书此经，抑亦本于其论耶？余谓，阅经者当求经之要，勿先于时味较异同可也！华严曰："有大经卷在一微尘。"有智者破尘而得经,独不思此经者为华严耶,为楞严耶,为理耶,为事耶?每见疏解,谈何容易,是坐睡于毒鼓声中,而笑谈自若,不几于戏论哉!使遇长庆,当破七蒲团以参之。

•跋顾贞吉居士所书法华经

法华,授记之经也。诸佛之出世也,唯以佛之知见示悟众生,无二无三也。然则佛知见者,乃法华之本,而法华者为群经之王欤?故学法华者,先慎其知见,不开佛知见,则身见边见邪见常见断见六十二见随之矣。入此诸见,而得授记者,未之有也。苟欲出是诸见而起羊车见鹿车见牛车见种种珍玩之见,而得授记者,亦未之有也。或者曰:羊车鹿车,诚不得授记,乘大白牛车,直至道场,佛固许也,疾得授记,非若羊鹿之化城矣。曰:近矣,诸佛之譬喻也。但以假名字,引导于众生,子欲疾得授记,并大白牛不留影迹,狂驰之念息,演若之头现,斯则不希授记,而佛乐与之授记矣。故曰,法华授记之经也。贞吉居士书是经,盖亦六法师之一,佛先授记者也。当书是经,慎勿起佛见法见、书经见不书经见、有经见无经见,亦无无是见,则指之所运,笔之所至,皆妙法矣,佛亦乐与授记,不必门外觅车也。

•跋天童云门永觉佛日四尊宿墨迹

世间事,常见便不经心;欲见而不得,便为希有。即如天童先师手墨,昔日在左右,要亦有之,以不经心故,竟无存者,于今为叹。云门老人,天趣洒落,言句书法,如之生平,亦未曾收拾。然至精蓝斗室中,每每见之,皆韵语也。先师独不喜作韵语,所有笔墨,皆法言。后之学者,苟不忘其法,虽不见犹见也。云门老人韵语,多得处处见之,亦差胜藏诸箧笥也。永觉老净业阿序未见其稿,然虑近日宗师呵叱,何畏人如此,其亦见今时担板汉多耶!佛日尺牍,信口道去,如风吹水,殊自波澜,此亦近来宗师信粗浮习,工致者所不及。呜呼,哲人往矣,寥寥遗墨,余嘱梅溪其善藏之。

•书争座位帖

观此帖,乃颜鲁公作《争座位》书时草稿也,何镌刻至今,珍重若此。曰:以其字画遒劲,圆转有法也。法从何得?曰:技至精,笔运乎指,指随乎心,无不如意。然则,学书者以此为法,争之心争之指可也。若徒争其帖,置之闲处,争何益乎?不特此也,凡观古人语录文字,道德学问,皆当如是争,则去古不远。

• 题黄山谷书狄梁公碑

狄梁文正,唐宋大臣也。山谷则宋之文臣,而知佛者。余获观此碑,喻山谷之书绎文正之文,壮梁公之生气,时及暮春,芳菲尽褪,回顾穷谷,朽株觉有润泽。

• 懒斋印跋

惟人思所用,则思所具。余自壬辰入太白也,法流道旧,往往就余索语,语既不佳,必得印章以助颜色。嘉禾徐君士白知古篆,梅溪胜公为余致四印,一曰"玲珑嗣响",一曰"太白峰前正令行",一曰"长庚主法",其四则"天童牧老",复补余名,盖五也。是五者施之,各有其宜,而长笺短幅,未能悉称。栖于山索于人,惟其艰,因始学笔刀之法,刀既不如笔随腕之疾徐,而石又不如纸之润滑,任意为之,皆天真也。诸禅子见余入是三昧,已屡致粗石,阿余所好,余亦悦而忘之不之贵。自春徂冬,既学其小,复试其大,大小得九九之数焉。偶为上座与么氏觑破,捧观摩挲,咄咄不休,曰是奚而来?曩尝见谱之珉玉者数数矣,系之论著者数数矣。是奚而来?得乎心应乎手,游乎刃载乎石,文外之意非传所秘,虽昔之专家相揖焉,请登诸章,雁行于楮幅之上,使有胜流真赏知此,不思议境界尘尘具也。余曰:子欲珍藏乎? 古与俗,吾不知之。然君子之学,日新而岁无穷,假余眼不昏腕老而健,焉知来者之不如今也。子能以古石致我,以古篆勖我,三年之后,当必凌驾古人,是九九者,或不足观也已。

• 与玄若禅师(二首之一)

暮年受用无事,为福闻禁足自怡,余闲悟寂方寸未宁者,岂同日而语耶? 神往神往,蒙论正观铭志,厥旨高深,学既芜陋,语又颠连,恐不副来命。幸长公一记,索隐钩深,古今咀嚼,倚墙靠壁或无诮焉! 及乎举笔,目眩神倦,首尾不伦,非真非草,皆以意造,想二王之必无我法也。举似左右,当一喷饭。

• 观帖

曾闻古之人,有工临池笔,洒墨不苟然,落纸皆有律。末学怪肤甚,各信手腕出。深观凝其思,默默增恂慄。何乃风格殊,何乃点画一。六书称一艺,古为童子恤。何乃及其至,作者亦惮述。拟似神已死,脱法岂终吉。纵横得体间,其妙难意必。欲速敢窥奥,手拙徒费日。所以入道门,种性许超逸。矜式惟苦心,臻化能事毕。

• 又赠书法华

灵山何载别,仙花若亲随。只手云书写,全身是法师。冰花开腊际,异鸟立肩时(原注:居士书经感有二瑞)。心印全彰也,空香散碧漪。

平庵以石刻七佛偈见贻乃黄山谷笔镌庐山崖石者赋此为谢(山谷以元佑六年大寒日书是石而平庵持帖来亦大寒日)

悬崖有字阿谁刊? 七佛传心见笔端。怪石昔人能作供,旧碑今日尚留残。名贤挥洒当元祐,时节流通恰大寒。林下百年遗胜迹,曹溪滴水未曾乾。

• 刘开旭镌余草书梅溪石上其法甚精口占赠之

凉风西来拂林翠,余将入山去打睡。有客持笺索我书,乃是凫山开旭氏。轩然大笑向秋空,水藻野芹诚有嗜。我书落笔甚潦草,淋漓满幅何奇异。开旭腕中有精技,变化潦草成遒媚。出余之手入余眼,芒乎未辨斯真伪。乃知君巧得天机,刻画飘飘极风致。锋棱转折亦苍然,再四抚摩心眼醉。吁嗟古人去已远,天地茫茫神理秘。怀素智永僧之尤,二家书法徒能记。我非少壮不学书,学佛将祛生死累。岁华荏苒白发生,无力重亲治文字。所恐流传陷石中,其时出脱良不易。惟君能善护瑕疵,书此葛藤留古意。

• 观松雪砚

此砚得来已数年,未尝试墨,不知其石质之上下及古与近也。入太白之三年春暮,心閒无事,因取证具博古眼者,适侍者有旧墨,佐以新泉磨之,石果细而出墨不吝,同玩五六人,咸曰石良,乃濡砚上所发墨书此。

• 记图书古砚

"潦水尽而寒潭清,烟光凝而莫山紫",此王子安《滕王阁序》中句也。其实秋景之佳绝处,足以尽之。诗人笔端造化,殆非庸流粗汉所知。喜藏主供余图章,镌此十四字,刀法甚古苍,不知何人手持想久之首座。砚似古细,验损处大约售古者以刀磨成,首座为其惑而宝之。然余但取,座从吾所好,亦欣然以墨试之,真伪不再辨也。

如愚论书①※

如愚,明代僧。字蕴璞,号石头和尚。湖北江夏人。中年入道,勤奋好学,博通经论儒典,亦旁及道家之说。喜好禅思,勤于参省,于金陵碧峰寺依雪浪恩公学诗,常以俚杂语吟唱之,并现愤慨之情,不作禅语,众人皆奇之。晚年因谤师而为同门所逐,出走燕京,罹疾而寂,年六十二。著有《空华》、《饮河》、《止啼》、《石头奄》、《宝善堂》等集。事见《华严佛祖传》、《贤首宗乘》、《列朝诗集》闰集。

本荟要所录入文字,据《禅门逸书续编》第2册,第219号、第220号。

• 赠高座寺书华严经僧

四围山色拥珠林,中有高僧闭户深。一卷杂华书未竟,诸天香雨遍幽岑。

• 赠觉上足书法华经

沧溟为研界尘墨,幻出莲华绝妙色。试看一光未照时,千手大悲书不得。怜尔鸡鸣觉上座,迎来接往为功课。回心今写大乘经,文殊弥勒皆相贺。

• 戏赠寄生上人书华严经之行愿品

剥皮为纸拆骨笔,写尽华严十六帙。更笑普贤多事人,重宣行愿书难毕。

• 赠栖松上人书华严经

大千世界一经卷,藏在微尘没隐显。君忽分明欲剖出,黄金恐眯沙门眼。傥能字字见心光,语言笔墨合商量。应时华藏庄严海,流出旃檀无价香。

---

① 本《荟要》所选录文字,一、二首录自《空华集》(据《禅门逸书续编》第2册,第219号)。空华集:凡二卷。收录诗二百二十七篇。卷首有于若瀛、张民表、袁宏道之序文。三、四首录自《饮河集》(据《禅门逸书续编》第2册,第2220号)。饮河集:凡二卷。选诗三百余篇。卷首有阮自华、周应宾之序文。如愚认为书写佛经,功德巨大,可使诸天洒下"香雨遍幽岑",可令"文殊弥勒皆相贺"。另一方面,如愚对"语言笔墨"能否"分明剖出"华严大经的要义,表示怀疑。他认为"大千世界一经卷",它深"藏微尘没隐显",企图用书写佛经来"分明剖出",等于是金屑入眼,会翳目坏眼;书写佛经,能否使之"字字见心光"(佛性——本来面目),还是一个应商量的问题。

方融玺禅师语录①[选录]

　　如玺(1602—?)，明末曹洞宗僧。号方融。陕西泾阳人，俗姓任。十六岁登五台山谒续灯堂之大材禅师，受沙弥戒，法名如玺。后历参博山元来、金粟寺密云圆悟、径山云栖袾宏、雪峤圆信等诸师。二十九岁，朝礼九华山，后由江西往广东曹溪时，途经西昌而掩关三年。三十二岁，于莲社禅林宣讲楞严经、孝衡疏钞。三十三岁，于湖北苏溪讲说孝衡、弥陀等经钞。崇祯九年(1636)，参访颛愚观衡，从其学法达十年之久。清顺治八年(1651)隐居匡庐。十七年入摄山，建造觉浪道盛之塔于紫竹林，居于金陵天界寺。十八年，建立普福道场。顺治辛丑春(1661)住金陵天界禅寺，时年六十。事见方融玺自撰之《行实》、《五灯全书》卷一一八。

　　本荟要所录入文字，据《嘉兴藏》第 29 册，第 249 号。

• 示见初发监收血书法华经

　　刺血书经事最真，单提一念顿忘身。法轮转处龟毛赤，流布十方绝点尘。

庆忠铁壁机禅师语录②[选录]

　　慧机(1603—1668)，明末临济宗僧。字铁壁。四川营山县人，俗姓罗。系吹万广真法嗣。事见至善编《治平铁壁机禅师年谱》、《续灯正统》卷十六。

　　本荟要所录入文字，据《嘉兴藏》第 29 册，第 241 号。

---

　　①　方融玺禅师录：清如玺说，兴林等编。三卷。收上堂、小参、示众、机缘。室中垂语、小佛事、行脚垂示、像赞、歌。偈、行实和中峰禅师怀净土诗。如玺指出，血书佛经是信仰佛法最真诚的表现，是"忘身"之举，它有巨大功德，"法轮转处龟毛赤，流布十方绝点尘"。
　　②　庆忠铁壁机禅师语录：凡二十卷。铁壁慧机说，幻敏重编。内容包括：上堂、秉拂、普说、小参、示众、茶话、法语、机缘、问答、鞭策语、佛事、像赞、自赞、诗、颂、偈、联芳、歌、铭、颂古(拈、别、评、征、代)、杂着、书问、请启、行状、塔铭、祭文，并附录年谱一篇。本《荟要》所录入文字，涉及的书学思想：一、铁碧机认为，钟王字帖，充满生机，如人之有生命，"如行如立又如草"。二、他明确指出"文字之学"，既是"醍醐"，也是"毒药"，不要在文字中求禅，不要"向文字语言上寻讨"，否则"犹舍坚实而取糠秕也"。三、铁机关于"从百工技艺悟入者，便就百工技艺里转大法轮"，以文艺作为体验佛法、宏扬佛法的重要渠道和手段，反映了禅门对文艺在参禅悟道和传承佛法中的作用的认识和态度。本书所选《破山禅师语录》、《伏狮祇园禅师语录》都提出过通过书写佛经"转法轮"的观点。

•题钟王字帖

撇捺画直挑剔钩,如行如立又如草。一点当头永不昧,任随门外打之绕。

•示性道朱参戎

暑热生挥汗,书写不成文。空空无一字,著著岂由人! 珍重顶门眼,泥里火里身。要知吾落处,莫于纸上寻。听吾偈:善财参处两三三,黑豆生芽也大难。为嘱圆通朱性道,寻吾纸上是瞒顸。

•警策语[选录]

参禅人无真实久远之功,每每向文字语言上寻讨,纵有见处似之也,遇境逢缘,自是不得他力。殊不知,这文字之学,是醍醐,是毒药,若於此中求禅,犹舍坚实而取糠秕也。所以古来聪明伶俐而得禅者,百中一二,愚鲁恒实而得禅者,十常八九,是知有学之不如无学也,明矣!

•示我空

研得墨来忘了纸,提笔书写不成文。胸中本无元字脚,教我如何举似人。

•飞来铁船※

荆城之南五十里许,有飞来铁船,内有塔,塔中贮宋刻大华严尊经一部,唯八册,其功甚精。惟霖先生珍奉已久,月崖熊公得于苏氏公子,请师题赞:

百城烟水到铁船,不动脚跟步铁塔。信手取出铁塔经,八十一卷无言说。弥勒慈,善财恶,普贤文殊曾绰约。唯有释迦不等闲,三七日中没捉摸。去住不管船塔经,看来都是鼠子药。

•寄峭然上座[节录]

……无执著则无妄想,无妄想执著,必有迸天迸地消息出来。那时端正眼自其世情自看破,决定信自生,真知识自识,必至究竟而不退转,兴慈运悲,无可不可,始信得从文字悟入者,便向文字里转大法轮;离文字悟入者,便向离文字处转大法轮;从百工技艺悟入者,便就百工技艺里转大法轮。故曰:悟了还是旧时人,不改旧时行履处。若以文字观,则三藏语言、千百则公案无非文字；不以文字观，则真谛俗谛、樵歌牧唱皆顺祖机。故曰：有为虽伪，弃之则佛道难成；无为虽真，执之则慧性不朗。

敏树禅师语录①［选录］

如相（1603—1672），清僧。字敏树。潼川（四川三台）人，俗姓王。年二十五，礼本境鉴空薙染。参破山海明有省。出住万县慈云，迁石阡三昧，往来黔、蜀数十年。事见《敏树禅师语录》之《行实》、《锦江禅灯》卷九、《五灯全书》卷七〇，《正源略集》补遗。

本荟要所录入文字，据《嘉兴藏》第39册，第450号。

• 普说［节录］

瞿公李护法请普说，师云：在处法幢，不管风幡之论，随方宝所，可通云水而来。堂额施设，创自马祖之标，规矩今行，始言大智之范。海内之者，无不尊崇道德；天下之人，谁不敬其禅风。列刹鼎望，年来各擅嘉声；祖庭秋晚，岁久致成冷落，有志之士，潜然何处熏陶；学道之人，不得丛林栖泊。光阴易过，徒然白首蹉跎。岁月忽迁，可惜青春荏苒。一生世业茫茫，孰问□□半世，辛勤碌碌，沉于西畔。叶落归根，想是来时有路，生死长夜，发明不可无门。性命关头，未曾漆桶掀翻，蒲团活计，依旧尘埃堆起。志堕偏枯，都谈禅道无灵，心邪狂见，各逞奇言异术。或习诗书，争取名利之场，或为清客，图写山水之画，遂使法门无人整顿颓纲。抑得兄弟大家匡扶祖道，移风易俗，名传万世清高，入圣超凡，声播千秋大雅。观光上国，幸值皇风永扇。护持法门，安然帝道遐昌。以此功勋，上报四恩三有，尽将殊胜普酬。信念檀那，惟愿各出手眼，不忘灵山付嘱。……

• 会书不择笔，点点是黄庭※

上堂。举古德问僧云："何不看经？"僧云："不识字。"德云："何不问

----

① 敏树禅师语录：清如相说，道崇编、道领录。十卷。卷首收序；卷一收住四川垫江县百丈禅院语录；卷二收住湖广施州卫万寿禅寺语录；卷三收住四川彭水县太平禅寺语录、住贵州石阡府三昧禅院语录；卷四收住四川遵义府海龙山古龙禅院语录、复住万县慈云禅院语录、住贵州大兴禅寺语录；卷五收小参、普说、茶话；卷六收开示、机缘、法语、付偈（原目为联芳）；卷七收颂古；卷八收示偈、杂著；卷九收杂著、赞、疏；卷十收书问、行实。敏树禅师批评了那种沉溺世俗书画的不正之风："禅道无灵，心邪狂见，各逞奇言异术。或习诗书，争取名利之场，或为清客，图写山水之画，遂使法门无人整顿颓纲"。

人?"僧展两手云:"是甚么字?"德无对。师曰:"你看者个古德,到处劝人看经,到处劝人问字,分明一个八字他也不识。"山僧亦有一个字要问诸人,遂竖起拳云:"诸人还识么?会书不择笔,点点是黄庭。"

庐山天然禅师语录①[选录]

函是(1608—1685),清僧。字丽中,号天然,,俗名起莘。番禺(今属广东)人,俗姓曾。幼入庠,以气节自负,后投长庆宗宝出家,得曹洞真传。住归宗。崇祯十五年(1642)开法广州诃林,历主雷峰海幢、华首芥庵、庐山接栖贤、韶州丹霞诸大刹。康熙九年(1670)返归宗。事见嗣法门人今辩所撰之《本师天然是和尚行状》、《五灯全书》卷一一六、《正源略集》卷八、《晚晴簃诗汇》卷一九五。

本荟要所录入文字,据《嘉兴藏》第 38 册,第 406 号。

• 书自书法华经后

嗣祖沙门丹霞比丘释函是,谨竭诚顶礼佛前,书写妙法莲华经尽七卷已,而作念言:我函是二十七岁始受持是经,至今三十五年。领众以来,已二十八年。窃谓如来大事因缘,微妙章句,难信难解。蒙师开示,幸获悟入。以此自信自修,即思与众共信共修。一奉如来明训,为人宣说。讵谓懈怠之性,僻处穷谷,敢忘谦下忍辱之心,而多病之躯,精力易疲,殊失诲人不倦之意。所训之众成就者少,隳退者多。或闻而弗信信而弗笃,或利根而忽于究竟,或力弱而怯于担荷,或少有所得而惑于岐涂,或可望有成而限于寿命,或乐于自为,或弛于多嗜。浩大久远之程未易克终,而信师慕道之怀终难勿变。睹四众而大哀,反一己而益切。年运虽迈,始愿未衰。勉力自书,猥以见志。愿从函是以讫十方一切解义说法之人,性智明决,色身坚固,各于菩萨行处,菩萨亲近处,尽法行持,无所愧悔。以普贤行,广兴流

---

① 庐山天然禅师语录:函昰说,今辩重编。十二卷。卷首收像赞序;卷一收上堂;卷二卷三收小参;卷四收普说;卷五收普说、茶话;卷六收室中垂示;卷七收举古、问答颂;卷八收问答、颂古;卷九收赞、偈、铭;卷十收书问;卷十一收杂著;卷十二收杂著、佛事;卷末附行状、诗等。函昰指出,他书写佛经之目的,是望获得佛法,能达于佛陀之境:"更愿所书经卷,直待慈氏法华会上忽尔现前";更是为了弘扬佛法,饶益群生,"以普贤行,广兴流布,庶几仰追先辙,免蹈时习","少智之士蒙光聪敏,底于大成;薄福之徒承愿增益,毋为中匮"。

布，庶几仰追先辙，免蹈时习。凡在听众，闻说欢喜，夙夜思惟，始必有终。大而勿小，尤伏恳佛菩萨大慈普及。衣以覆体，光以照心。不致辛苦生疲，逐物成惰。少智之士蒙光聪敏，底于大成；薄福之徒承愿增益，毋为中匮。更愿所书经卷，直待慈氏法华会上忽尔现前。我愿如是，诸佛证明。信此一心，必无虚弃。

百愚禅师语录①［选录］

净斯（1610—1665），清初曹洞宗僧。号百愚。南阳（河南省）桐柏人。俗姓谷。参弇山瑞白明雪，嗣其法。事见《百愚斯禅师语录》所收方拱乾《百愚斯大禅师塔志铭》与智操《像记》、《五灯全书》卷一一三。

本荟要所录入文字，据《嘉兴藏》第 36 册，第 359 号。

• 贵在言前领荷，格外翻身※

至云间贝多庵请，上堂：只者第一义，以太虚为纸，大地为砚，九峰为毫，三泖为墨，直教宋石门、赵文度、董玄宰、陈眉公竭其心力，殚其精巧，写到弥勒下生，以至尽未来际，不能加一毫于其间。须知语言文字之所未及，世智辨聪之所未穷，故曰"口欲谭而辞丧，心欲缘而虑亡"，贵在言前领荷，格外翻身。四五百条花柳巷，正好调心二三千。处管弦楼，一任放浪，乃吾人之固有，非性分之强为。不然，明朝五月端阳节，看取龙舟夺锦标。

• 梵网经（有序）

予寒松首座，于率众之暇，敷楮援毫，书成《梵网经》四卷，冀广流通，使见闻读诵者，皆证如来心地法门，故作一偈聊为赞助：

---

① 百愚斯禅师语录：二十卷。净斯说，智操、智海等编语录，智朴、方拱干等编《蔓堂集》。卷首有"百愚斯禅师说法之图"与智操所撰之记，祁能佳、陈维崧所撰之序。本书主要收录：卷一至十二：住嘉定古昭庆禅寺、云间青龙隆福寺、湖州弁山龙华寺、湖州弁山龙华寺、载住青龙隆福禅寺、载住青龙隆福禅寺、越州大能仁禅寺、越州云门显圣寺、越州云门显圣寺、杭州皋亭佛日寺、宜兴国山善权寺、维扬江都善庆院等之语录。卷十三至二十：示众、小参、晚参、普说、拈古、颂古、源流颂、经旨颂、机缘、问答、垂问、垂代、法语、题赞、书复、杂著、佛事。卷末附方拱乾撰之塔志铭，百愚净斯所撰之《蔓堂集》（四卷。卷一：方拱乾选；卷二至四：门人智朴编，方拱阅）。在百愚看来，第一义谛（本心、佛性），是任何语言文字、任何书法家所不能表达的："只者第一义，以太虚为纸，大地为砚，九峰为毫，三泖为墨，直教宋石门、赵文度、董玄宰、陈眉公竭其心力，殚其精巧，写到弥勒下生，以至尽未来际，不能加一毫于其间。须知语言文字之所未及，世智辨聪之所未穷"。

毫端别露玉壶春,写出琅瑜无价珍。一叶一茎交互现,一华一佛递相邻。百千世界犹珠网,万亿光明遍刹尘。句下揭开心地藏,尽虚空是舍那身。

• 示子庵书记

一字难将海墨书,个中那许涉蹒跚?分明只在毫端上,满目烟光彻太虚。

• 复赵完之御史

屡见佳作,言高意深。若是本分一著子,实未梦见在。昔佛印与东坡书云:"子瞻胸中有万卷书,笔下无一点尘。奈何脚跟下事,黑漫漫地?"今观足下,何以异此?亟将平日所习学的束作一团,抛向吴淞江里,如弃敝屣,更莫回顾,单单看个本命元辰落处。倘一旦豁然,则又吾法门一庞老也。

• 和寒松首座咏断端砚韵

贞玟耿介压群豪,志久隳形羡雅操。损益无心堪拭剑,琢磨不磷任挥毫。文驱神鬼凭伊力,字走龙蛇仗尔曹。勿谓吾今成过誉,端溪声价旧来高。

百痴禅师语录①[选录]

行元(1611—1662),清僧。福建漳州漳浦县人,俗姓蔡。宁波天童费隐通容之法嗣。事见《百痴禅师语录·行实》、严大参《百痴元和尚语录序》、《五灯全书》卷七〇、《高僧摘要》卷三、《正源略集》卷五。

---

① 百痴禅师语录:三十卷。行元说,门人超宣等编。卷首有徐昌治、严大参、单恂之序。卷一至十三:收住福建建宁莲峰禅院、建宁宝峰禅院、建宁百山景星禅院、浙江杭州皇岗太平禅寺、杭州金山长庆禅寺、嘉兴金粟山广慧禅寺、嘉兴梵胜禅院、江南松江明发禅院、松江超果禅寺、再住松江明发禅院松江明发禅院、福建兴化莲山国欢崇福禅寺等之语录。卷十四至三十:收示众、金粟首座寮秉拂、小参、入室、拈古、颂古、问答机缘、法语、偈、启、疏引、书问、说、跋题、歌、辞、赞、佛事、铭、记、行实、赋、序、祭文、杂咏。本《荟要》所选录文字,涉及的书学思想:一、关于刺血书经问题。百痴禅师肯定楚文上人血书佛经,是"酬佛深恩","其愿力可谓勤且至矣"(《跋血书华严经》)。雅上座血书佛经是"报答佛恩"(《跋血书法华经》)。二、对前贤时修法书的评价。百痴禅师指出,王右军墨刻笔阵图,其特色"有神",笔墨奇"妙":"于一毫头上,布出龙蛇阵略,屈折纵横,莫不指挥如意,盖有神乎!"可使观赏者"目击奋然"(《题王右军墨刻笔阵图》)。三、百痴禅师重"八法"与"六书",指出:"八法森严涵雾雨,六书磊落灿珠玑。"(《题德孚手卷后》)四、对书写佛典不能执泥。百痴禅师指出,"般若体性,人人具足",如果执泥于书写墨刻佛经,就会"住相受持,便堕虚妄"(《题墨刻金刚经卷后》)。

本荟要所录入文字，据《嘉兴藏》第28册，第202号。

• 跋血书华严经

楚文上人，以一滴娘生血，书此大部经卷，酬佛深恩，其愿力可谓勤且至矣。予偶借阅过，见夫红云绚烂，紫雾蒸腾，恍若置身于华藏世界海，与毗卢弥勒文殊普贤同树赤城旗帜；又若与善财童子游历南方，参访诸善恶知识，共演唱最妙陀罗，故曰：一念普观无量劫，无去无来亦无住；如是了知三世事，超诸方便成十力。果能大家怎么信去，个个成佛已毕，更有什么佛恩可酬，众生可度者乎！然杜顺法师云：怀州牛吃禾，益州马腹胀，天下觅医人，炙猪左膊上。且道这四句偈，还与华严意旨有相应也无？若道无，杜顺法师为甚如是说；若道有，楚上人为何不并书在这里？临安纸贵，头陀一状供招，倘遇明眼作家，也只胡卢而释。

• 跋血书法华经

雅上座发大勇猛精进心，于自己指端，放出红莲华色光明，书此七轴法宝，报答佛恩。复持来示余，求跋数语，余应之曰：不能也，岂不见经中道："是法，非思量分别之所能解！"既非思量分别之所能解，汝如何书得？汝既书不得，余又如何跋得？书不得跋不得，向此处挨捔将去，便见尽虚空法界是一部经，无边香水海是一滴血，则此要书要跋底又向什么处著乎？雅上座唯唯有间。余曰：吾跋已竟也，遂呼管城子书之。

• 跋陈宗焕手书法华经

生身母氏归何处，七轴莲经墨正浓。书罢案头翻数遍，犹如古木动悲风。以此报恩亦已足矣。然其中有一句子，完完全全，居士实未曾书著。且道是那一句？忽地笔尖倒卓，砚水奔腾，娘生面孔，俨然独露，方信祖师道：本来真父母，历劫不相离。岂曰报之云乎？时碧梧叶卷，红蓼花开，某道人谨跋。

• 题王右军墨刻笔阵图

于一毫头上，布出龙蛇阵略，屈折纵横，莫不指挥如意，盖有神乎！笔墨中妙于笔墨外者，使若君而御侮，城垒可无虞矣。竹窗神倦，令人目击奋然。

• 题郁上人所藏神宗皇帝御札墨刻后

王锡爵掌内阁,事神宗有手诏数十幅,问安慰谕,以至立储释谤,言言委婉,字字典型,盖一时君圣臣良,心同道合,虽上古都俞之风,不是过矣!此札勒石,藏之御书楼已久。王氏子孙,袭为世宝,今宗庙禾黍,陵寝荒榛,恐欲求之非易易。汝宜谨守,毋使仙官六丁负之而趋,太平景象末季,无由想见也。

• 题德孚手卷后

钟繇书如群鹅戏海,羲之书如龙跳天门,张芝书如汉武欲仙,自古至今,传者数数矣!新安德孚翁,以善书著,诸名公巨绅,皆有题记。予不谙字诀,其敢作闲言语涂糊耶?八法森严涵雾雨,六书磊落灿珠玑。敬拈套句为翁赠。

• 题渊禅人所藏曹太史栴檀林墨迹

狮子窟中,必无异兽。栴檀林内,必无杂木。然在今法运浇漓,异兽之厕于狮窟,杂木之混于栴林者,不可胜数。峨雪太史,特为铁老书此三字,意固有在,非徒夸誉已也。渊禅人,汝既得是,藏而宝之,且毕竟以何者为栴檀,何者为林乎?设或荆棘横生,切忌切忌。

• 题郭嗣夫所藏金书金刚经塔轴

瞿昙老扯出如许葛藤,不过荡相破执,使其了解究竟,别无他说。后来人不善剿除,更于葛藤上牵枝引蔓,迭成此个塔样。用泥金为书,层层栏楯,凑合佛字,虽曰住相未忘,然而精巧异常,诚非算数譬喻所能及也。正当与么时,唤作经又是塔,唤作塔又是经,唤作非经非塔,似属瞒顸,唤作即塔即经,大煞儱侗。英俊上流,向声求色见之外,蓦地觑透舍卫风光,俨然在目,若犹未也,黄金自有黄金价,终不和沙卖与人。

• 题墨刻金刚经卷后

般若体性,人人具足,住相受持,便堕虚妄。迦文舌头太煞,入泥入水,引得须菩提望空启告,至今未解铲绝。乾初居士,又将此印板上款词,各处首呈,转见外扬家丑,住相受持耶?人人具足耶?明发笔秃无能,且待诸方霹雳手判断。

• 题永禅人所书文文山正气歌后

宋鼎已迁,文山被执,虽人力不可以夺天工,而正气一歌,当与天地相终始。永禅人特书此为学徒法帖，想亦感之深，慕之切欤？不然，藻绘其辞，铿锵其韵，目前案上岂少也哉？

• 题祈远唐孝廉所惠东坡屏刻

欧阳公作《醉翁亭记》，笔力潇洒，景趣逼真，足称文中佳画。元祐间，东坡为擘窠大书，重以勒石，是记与书两美，并垂千古，又岂菜肚阿师所容易识哉！忆予骑竹马时，曾阅此刻，津津弗置。今偶拾之维摩手里，得非有感而然耶？花悬静几，日映疏棂，命侍僧展开，一览悠然，想见二老之面目犹在。

• 题涌卍画竹并枫山小帖后

断翁老有余兴，兴之所到，长竿短幅，任意发挥，盖得其潇洒疏逸之性，而以笔端游戏三昧者也！枫山此帖，虽云见猎犹喜，亦是因时救獘。后之观者，当体取前人言行落处，则几矣！

莲峰禅师语录①[选录]

莲峰(1611—？)，清僧。福建莆县(今属莆田市)人，俗姓柯。逸叟和尚之嗣子、天童径山之法孙。据《行实》称："乙酉七夕"(1645)"时年三十三"；"辛丑秋"(1661)"时年五十"。可推知生于明万历三十九年(1611)。事见超裴《莲峰禅师语录序》、《莲峰禅师语录·行实》。

本荟要所录入文字，据《嘉兴藏》第 38 册，第 410 号。

• 书写法华经后序（林定于居士求）

黄面老子教化四十九年，未尝道著一字，窃怪后人唤钟作瓮，添足画蛇，翻梵语为唐言，指空花为妙义。至于剥皮为纸，出血为墨，书写受持，皆不出于方便之门矣。故此经开方便门，示真实相。夫真实相者，超日月之光，越威音之岸，非言可诠，非意可量。向本光未发妙德未扬处著眼，犹属

---

① 莲峰禅师语录：清素说，性深等编。十卷。卷一至三：收住福建兴化府莆田县孤山禅寺、兴化府仙游县九座山太平兴国禅寺、兴化府仙游县报恩禅寺、兴化府龙华万寿禅寺、兴化府庐山通天禅寺、兴化府狮山西明禅寺等之语录。卷四至十：收小参、示众、拈古、颂古、代古、入室、勘辨机缘、法语、赞、序、歌、付、行实、启、引、辞、铭、佛事、文、偈杂咏。莲峰禅师肯定林定于居士书写《法华经》，是"作大佛事"，可以"作佛"，可使"见者闻者瞻仰取足"。

观听了也。若以开示悟入,漆雕赞礼为实际,大似离蚌求珠,镂冰作玉,岂不远哉？然则,非实无以证法,非权无以导生,所以车御白牛,引嬉儿于火宅。粪除论垢,宿逝子于茅庵。慈云普覆,滋大地之三根。直献明珠,证凡心之即佛。分座令坐,申始觉合本之机。父少子老,启道出常情之见。黄面种种垂慈,菩萨频频唱和,是将佛慧引入于佛慧者也。居士久植德林,多沾佛慧,倒倾大海,摩动须弥于一毫端,作大佛事。全身游阖崛之山,摩顶受法华之记,诚非赞叹所能及也。但愿见者闻者瞻仰取足,毋令暂舍。我不敢轻于居士,居士亦当作佛。

• 笔铭

柔为心,虚为府,靠墨赖朱,褒今贬古。靡子则文字不成,一毫为性情所补,慎可藏兮不可侮！

介为舟禅师语录[①][选录]

行舟(1611－1670),清僧。字介为。沔阳(湖北仙桃)人,俗姓赵。嗣法万如通微。住吴江海云、南潮普济。事见《介为舟禅师语录》附行渊所撰《行状》、吴道煌所撰《塔铭》、《五灯全书》卷七二、《正源略集》补遗、《续藏目录》。

本荟要所录入文字,据《嘉兴藏》第28册,第205号。

• 募书经并求名笔以成墨迹兼助资引

据大慧《武库》载,任观察内贵中贤士,系徽庙极眷之任,倾心释氏,遍参知识,每自叹息曰:"余幸得为人,而形体不全,及不识所生父母。想前生轻贱于人,招此报应！"遂发誓遇休沐,还私宅,屏绝人事,炷香礼佛,刺血写华严经一部。每一字三拜,愿来世识所生父母。忽一日有客相访,任出迟,

---

① 介为舟禅师语录:行舟说,海盐、益证等编。十卷。卷前有序。卷一收住嘉兴南湖如如庵语录。卷二,住吴兴海云寺语录、住吴江报国寺语录、住吴江万寿寺语录、卷三,收小参、拈颂、法语、入室机缘、垂问,卷四,偈,卷五、传、书、引、疏,卷六,题赞、自赞、佛事,卷七,萍吟集诗,卷八,禹门影堂集、诗偈,卷九,松陵杂集,卷十,吴门杂录、行状、塔铭。行舟怀念赞羡米南宫、李北海善工书画:"南宫墨点家山水,北海珍藏屋漏痕。"行舟十分重视写经,对任观察刺血写经高度赞扬:"此老深究禅理,博穷内典,尚以形骸自感,发斯宏愿,而又令人自惧,可为今古贵人中之特出也。"在行舟看来,写经(特别是刺血写经)是"识所生父母"——领悟把握本来面目,而且有殊胜功德,他力劝"名贤高士""濡毫洒墨乐书般若经一卷","各各捐资,顿成希有"。

客怒云："人客及门，何故不出？"任笑曰："在家中写一卷赦书。"客诘其故，任以实对，遂取经示之云："此是阎老子前吃铁棒吞铁丸底赦书！"客悚然惊骇，回舍亦自写一部。此老深究禅理，博穷内典，尚以形骸自感，发斯宏愿，而又令人自惺，可为今古贵人中之特出也。所以教彻宗通，不妨入泥入水，机先眼正，自尔陶圣陶凡，若论即事即理，且向者边领略，兹成中上。人幼年脱白，幸已形完，具戒切志求道，亦僧中之上士也。若欲效任公之血书大经，恐其功不上其力不胜，是以展劝名贤高士，濡毫洒墨乐书般若经一卷，即三十二分列三十二相，或宰官或居士或比丘或婆罗门等，一时并现身相，各各捐资，顿成希有。如经云：书写受持读诵，为人解说。以要言之，是经有不可思议不可称量，若以观察既上人集诸名贤手笔，较其功德殊胜，不可云如来，为发上乘者说，为发最上乘者说，何故？但云应如是住。

• **怀米头陀善工书画**（即薛崖孟讳宷）

久慕谊风抱饮源，不知凤阁有王孙。南宫墨点家山水，北海珍藏屋漏痕。跌坐展巾学洗钵，挂冠剪发效于髡。杏坛日冷删书笔，月下敲推刺史门。

介庵进禅师语录①[选录]

悟进（1612—1673），清初临济宗僧。号介庵。嘉兴（浙江）人，俗姓张。幼年随桐月庵之鸳湖妙用，半年后，礼龙池之万如通微剃发，务库事。后又往建宁（福建），再参妙用，豁然大悟。其后历住径山之观音殿、嘉兴金明寺等，嗣法弟子颇多。事见《介庵进禅师语录》之《行实》、《五灯全书》卷六十八。

本荟要所录入文字，据《嘉兴藏》第29册，第233号。

• **跋无趣和尚真迹**

丁亥秋杪，余过敬畏庵礼吾无趣祖塔，次有孙喻微忽出残纸一幅相似，余捧读之，是趣祖亲书示龙湖先生法语，不觉忻喜，乃云：祖师真迹，若优昙花，实为希有，今既见者，宜珍藏之。喻微云：见此一篇，即见祖师面目矣。

---

① 介庵进禅师语录：悟进说，真理等编。收上堂、示众、小参、拈古、颂古、行实、机缘、问答、垂问、佛祖赞、自赞、法语、书问、偈颂、疏引、序跋、箴铭、佛事等。孙喻微认为，从法书"即见祖师面目"，而介庵进禅师则指出祖师面目"不在纸上"。

咄哉痴子,祖师面目安在纸上耶?既不在纸上,且道祖师面目又在何处?吁!袈裟零落难缝补,收卷云霞自剪裁。

云腹智禅师语录①[选录]

道智(1613—1673),明僧。字云腹。顺庆(四川南充)人,俗姓李。象崖性挺法子,双桂破山海明法孙。出世永宁中和,真操实履,不以文字新天下之耳目,不以无言秘大法之真传。事见《云腹智禅师语录》之《云腹智禅师塔铭》。

荟要所录入文字,据《嘉兴藏》第 34 册,第 309 号。

• 赠天倪上座沥血书经

大千经卷一微尘,海墨难书者段真。端的不妨亲剖出,头头法法总相应。

---

① 云腹智禅师语录:道智说,岳贤等编。二卷。收住重庆府大足县悟灯禅寺语、小参、法语、书问、杂偈、真赞、佛事等。在云腹智看来,书写佛经是难以呈现佛法的真谛的:"海墨难书者段真"。

遍行堂集(上)①[选录]

今释(1614—1680)清僧。名堡，字道隐，号卫公，又号澹归。杭州(今属浙江)人，俗姓金氏。崇祯选士。官礼科都给事中丞，清直有声。明亡，走粤中，事永历帝，以忤权贵，遭杖戍。出世韶州丹霞，兴建丹霞禅榻。师事天然函昰，得曹洞心法，为清曹洞宗三十五世传人。事见明复《遍行堂集解题》、雍正《浙江通志》卷一九九、《杭郡诗辑》卷三十三、《晚晴簃诗汇》卷

---

① 遍行堂集(上)：《遍行堂集》计四十六卷，续集十六卷。今释撰，光孝惟心禅师手抄流通。卷首列李复修等七人所撰之《遍行堂集缘起》。《遍行堂集》分上、下两卷。上卷为文部，分为：卷一至卷三说，卷四至卷八序，卷九至卷疏，卷十一碑记，卷十二记，卷十三墓表，卷十四赞，卷十五偈、铭、颂、杂著，卷十六题，卷十七跋，卷十八书义，卷十九至二十话论，卷二十一至卷二十九启、尺牍。本要要所选录文字，涉及的书学思想：一、书法创作应重视摹古，应深入古人神理。"古人于书甚重，盖有竭一生之心力以求工者"。他肯定解虎上座，"沉酣此道，每作字，一点一画皆不漫然，必深入古人之神理，意足而后腕从之"。而解氏创作的成功，是他"于法门行菩萨道"："天资慈祥恳恻，于法门行菩萨道，一言行皆不漫然，其书法三昧，入同事之摄耳。"二、书法篆刻取得成功的条件，是先天与后天的结合。他举大令与朱幼文为例。今释认为，大令就如"弓冶箕裘"乃是"半由聪明，半由熏习"，是先天与后天的结合。而幼文欲超越其父("駸駸欲跨灶")，也是"半由熏习，半由聪明"，也是先天与后天的结合。今释主张既有天分，又有人力。"有人力无天分，如刻木绘土都乏神用；有天分而无人力，如乡下子弟，非不眉目楚楚，举手出声，不脱篱落间"。三、以笔墨作佛事。他以裴休、白居易、苏轼、赵承旨、张大尉等为例，指出，"古贤士大夫，栖心大乘，每以笔墨而作佛事。"他指出，对这些作品，不能仅作法书看，否则"便失却一只眼"。他指出董其昌"书法擅天下，作小楷妙法莲华经，风流蕴藉，掩映一时，予曾见之于程云岫家"。四、对前贤时修法书的评价。指出梅谷大师之书法，"颓然天放"，是"自得于笔墨之外"，其"沉郁顿挫处，苍古秀拔，矩度复自森严"，还未被人们认识("人未能识")憨山之书，是"藏锋棱于秀媚，所谓生铁心肝含笑面"。认为董其昌书，"如冠裳佩玉，趋中采齐，行中肆夏，此乃颓然天放，妙得自然，故可宝也"。五、提出学习书法，应有"师法"："学无师法，必不成家，然其所师法亦必高妙，始能与其天姿之高妙相发"。比如梅谷大师学习颜鲁公，能得其神似："鲁公书千古第一，坐位帖又其书中第一，师以高妙之姿，行住坐卧于高妙中，宜其神似也"。提出"神似非恒似"，指出"临古人书，意不在古人"，"意不在古人，而临古人之书始妙"，这必须"自得于笔墨之外"。六、今释要求"诗中有画"之"画"，能蕴含着更深层的"画中之诗"的意味；而"画中有诗"之"诗"，也能包孕着更深层的"诗中有画"的意境。正如"譬之美人对镜，镜中既有美人，镜复对镜，镜中更有美人对镜"，如华严境界，重重映现。提出"老子贵日损，我这里贵日增。损之又损，以至于无，增之又增，以行其幻。幻与无相去多少"的问题。七、今释提出"法贵立品"，书家应重人品，"人不足贵则字为之贱矣。世间法贵立品，僧法亦然"。还提出对禅门大师之墨迹，不能只作"墨宝"观之。八、关于刺血书经的论述。今释指出了刺血写经的功德，揭示了丹霞昰和尚手书《妙法莲花经》的目的："仰祈如来威神加被"那些"末世薄福众生发心不大、信道不笃者"，能够"使究竟决了，深入佛知见"。九、今释从王羲之书《兰亭序》的经历和经验，总结出妙绝之书法作品，都是书家无意为之，无"追踪之心"的产物。十、关于书法鉴赏品评的原则。今释指出，鉴赏书写佛经，应"生决定心"，如此，"则一点一画，心心相知，眼眼相照，皆是当人极乐公"，决不能"徒作法书玩好之观，即招因带果不小"。十一、今释强调诗书家应有自己的个性：澹归"写的是澹归的字，做的是澹归的诗文，好的是澹归的，不好也是澹归的。莫道澹归不知古人，连澹归自己也不知在。"。十二、在书法创作上主张"自然而妙。"今释指出，大善知识不以字擅场，然其笔墨所寄，自然而妙，不敢列之于法书中，亦不能置之于法书外。使一切法书在其左右，有时生色，有时削色，而此法书遇名家不削色，遇拙手不生色，所谓自然而妙耳。"

一九五、《明四百家遗民诗》卷一六。

本荟要所录入文字，据《禅门逸书续编》第4册，第225号。

• 书法汇编序

古人于书甚重，盖有竭一生之心力以求工者。予友解虎上座，沉酣此道，每作字，一点一画皆不漫然，必深入古人之神理，意足而后腕从之。予见其书，辄叹服。解公自谓：初不好书，其始好书，由于方子大林。大林一发其秘奥，解公遂专精不休。两人相与纂《书法汇编》，既成，谢子鹏万见而悦之。鹏万与解公以气谊相取，称莫逆，又留心字学，至古人妙处，率有神会，遂为校雠刊布。人故不可以无友，解公一寓意于此，即有大林以为之前，有鹏万以为之后，天下岂有独行而无偶，成而不为人知者耶？虽然，王右军品行才识为东晋第一流，识者惜其为字所掩。解公天资慈祥恳恻，于法门行菩萨道，一言行皆不漫然，其书法三昧入同事之摄耳！大林好学深思，不妄交人，于治气炼骨，直欲齐驱古贤喆；而鹏万干略横绝一世，有英雄之概，复能沉潜不露，使得尽发其用，皆足空群迈往。观此编者，无遂置之书学博士之列，令后世以惜右军者惜三子，则善矣！

• 印耄小序

大令儿时作字，右军从后掣其笔不得，叹曰："此子将复以书名世。"弓冶箕裘，半由聪明，半由熏习。朱幼文篆法出自未央，数岁便能捉刀，今年甫十六七，集为《印耄》，骎骎欲跨竈，半由熏习，半由聪明。复以其余赋诗作字，妙写丹青，于世间骚人墨客皆笼而有之，谓之艺林垄断，何不可也！

• 题董宗伯法华经前

董宗伯书法擅天下，作小楷《妙法莲华经》，风流蕴藉，掩映一时。予曾见之于程云岫家，三十年矣，王君慈现近得此见示，如旧相识。古贤士大夫，栖心大乘，每以笔墨而作佛事。大藏经函，裴丞相皆为手题；白太傅所书《金刚》，曾著灵异，予未及见，仅见苏学士石刻耳！在毗陵日，有泥金书《法华》流落被典，云是赵承旨笔，恨力薄无由赎之。张大尉书《法华经》，秀劲绝伦，犹是洪武间印本。郑翰林宝之，其公子素居赠予，归镇山门。一乘大法，理须尊敬。名手遗迹，出自精诚，广大流通，尤当秘重。若仅作法书观，便失却一只眼，况于展转轻亵，则风雷之变，亦不待夙誓相持也。谨书标首,并题其前,庶使来者知微。

• 题吴馨上金刚经前

书此经者,刻此经者,重刻此经者,皆为上报亲恩,馨上持诵也。怎么回向,已亡之父、垂白之母、尽大地一切含灵,总在四句偈里,普同供养。若识得四句偈,一句也不可得,已亡之父、垂白之母、尽大地一切含灵,总不可得,持诵者亦不可得,回向者亦不可得,是为真报佛恩。

• 题梅老临坐位帖

梅谷大师书颓然天放,自得于笔墨之外,其沉郁顿挫处,苍古秀拔,矩度复自森严,人未能识。观其所临《坐位帖》,知水源木本,真有不可诬者,学无师法,必不成家,然其所师法亦必高妙,始能与其天姿之高妙相发。鲁公书千古第一,《坐位帖》又其书中第一。师以高妙之姿,行住坐卧于高妙中,宜其神似也。古人谓神似非恒似,临古人书,意不在古人。鲁公《争坐位》,正气所激,意亦不在书。意不在书,而书始妙;意不在古人,而临古人之书始妙。此非自得于笔墨之外者,不能耳!际飞敬宝之。

• 题文湛持相公墨迹

昔有以《春秋》遗达磨者,磨提起便云:"何得有血腥气?"乃知孔子才一落笔,乱臣贼子早已头颅满地,白骨如山矣。文湛持相公以直道不合于时,其出使去国途中,赋诗皆忠爱悱恻,缠绵无尽,盖有泽畔行吟之风,而不至于憔悴。然往往锋芒微露,则雄剑欲鸣。"我欲望鲁兮,龟山蔽之,手无斧柯,奈龟山何?"此血腥气之所从出也。洪水部药倩自吴门得此卷以示予,予曰:这里有一部小《春秋》,过得达磨鼻孔,到澹归眼孔,便从衡山书法入尼山心法,遍地刀枪三寸铁,为臣为子,各自揣量,急须回避始得。

• 题米元章帖

米元章于花中取此九花,于九花中取古今韵事韵语,作行书小帖,盖花史中别传也。吾友曾子碧山得此本于金台,珍赏之余,命写生手更图九花,装潢成卷。譬之美人对镜,镜中既有美人,镜复对镜,镜中更有美人对镜。或谓诗中有画,何必有画?画中有诗,何必有诗?是义不然,诗中有画,且无画中之诗;画中有诗,且无诗中之画。老子贵曰损,我这里贵曰增。损之又损,以至于无;增之又增,以行其幻。幻与无相去多少?两个担板汉,不知不觉总向碧山忽卷忽舒中打成一片。

• 题王刘帖

书有天分,有人力。有人力无天分,如刻木绘土,都乏神用;有天分而无人力,如乡下子弟,非不眉目楚楚,举手出声,不脱篱落间。王帖天分人力,可谓兼擅;刘自引人着胜地,犹未能忘笔耳。过鲍子席陈斋头,出以相示,鲍子喜吟咏,工书法,漫为题此。

• 题黄石斋墨迹

黄石斋先生,文章气节为百世师,其寄示诸侄诗,皆悯时易俗之指,如马伏波诫子,只是一个老实家风。或以先生为好奇习僻,盖饮狂药者,以不狂为狂耳!书法劲而秀,无巉刻之态,又足以见其心行也。

• 题憨山大师卷

憨山大师出曹溪,于浈阳舟中书《证道歌》,藏锋棱于秀媚,所谓"生铁心肝含笑面,不虚亲见作家来"也。师居曹溪,为曹溪人媒孽,今则奉肉身称憨祖矣。天下纷纷,不足庄语。当其把火烧天,色为之赤,未几火息,天复如故。遂以为真有所烧之天,能烧之火,展转生因,迷妄相续。有道之士,无一时一事不入如幻三昧,宜其一切忘言耳!永嘉亦云:"我闻恰似饮甘露,消融顿入不思议。"

• 题董其昌卷后

董宗伯书如冠裳佩玉,趋中《采齐》,行中《肆夏》,此乃颓然天放,妙得自然,故可宝也。旧藏山阴何子纬,以遗鲍席陈席。陈能诗工书,为人亦复萧洒,可谓与者受者两无负矣。

• 题天然老人墨迹

右天然老人诗稿十二纸,乐说辩公所藏,以贻解虎锡公者。颜尚书《坐位帖》为书中第一,盖其人又第一。人不足贵,则字为之贱矣。世间法贵立品,僧法亦然。今所称坐曲盝床,点胸点肋,多贱丈夫。老人每训人立品,读其诗,铁骨棱棱,足以砥柱末流,观者慎勿蹉过。若仅云墨宝,则吾岂敢!

• 林异卿书法华经赞

香水发心,异卿出手。成妙法华,二俱不有。拆点拆画,一字不成。合品合卷,字字分明。字字分明,无佛出世。一字不成,贩经入市。剥皮析骨,弘此灵文。眉间瑞相,笔底卿云。舌如红莲,炽然常诵。匣里青山,抉之不动。我题此赞，海风飔飔。春光未半，万籁皆秋。堂头老汉，一向饶舌。带累澹归，更无可说。

• 书所书醉翁亭记后

苏子瞻曾作擘窠大书，刻此记滁州。胶西张莱山郡丞属余书此为屏，余书虽不逮子瞻，然以应莱山昌歜羊枣之耆，于脍炙未始议优劣也。莱山将之辰阳，辰阳余所旧游，有二酉之奇，阳明、大观诸楼，与江山相映发。倘复开辟林亭，点缀风雅，追永叔之逸事，则此书岂非其唱导耶？虽然永叔不喜浮屠氏，子瞻喜浮屠氏，余则身为浮屠矣！智仙作此亭，澹归书此记，六百年前，六百年后，头正尾正。途中善为一句，分付莱山，好与子瞻同结般若之缘耳！

• 书鹅群帖后

《鹅群帖》意气纵逸，旁若无人，大似坦腹东床时也。他无意要老婆，旁若无人，得了老婆；有意要鹅，旁若无人，得了鹅。有意无意，都是无注法门。今人只向俗情重处要有要无，便如蚯蚓落灰中，几时得展舒自在？癸卯十月十三日，玉媤居士过海幢为题。

• 法华经跋

右本师丹霞昰和尚手书《妙法莲花经》七卷，盖为末世薄福众生发心不大、信道不笃者，仰祈如来威神加被，使究竟决了，深入佛知见也。书后有语，至诚恳恻，读之未有不痛心流涕者。慈父授衣里之珠，痴子甘宅中之火，忍不将此身心敬奉尘刹耶？昔衡岳楚云刺血书此经，匣以旃檀，藏之三生藏，曰："若开此经，誓同慈氏。"宋皇祐中，有贵人以钳发之，进血如线，风雷绕户，弥日不已，乃忏谢而去。和上此经则欲人人瞻礼，人人启发，人人见涌塔，人人蒙授记，日月行天，江河注地，无不资其照临润泽。若奉为墨宝，入柱殉陵，乃有洒血轰雷之异耳！

• 书褚研耘金刚经后

右军书《兰亭》，自谓妙绝，更作数十纸，终不能及。盖有追踪之心，即为渗漏。研耘书《金刚经》，户限为穿，然无最初中间诸差别相。当其书时，尚不得安顿点画处，点点画画皆般若无渗漏，光明流出，岂犹作墨妙观耶？

• 书黄又如弥陀经后

又如居士以宰官身发西方愿，盖自多生弘誓中来。其楷书《弥陀经》，施云栖礼诵,亦不仅以笔墨而作佛事。阅者因此生决定心,则一点一画,心心相知,眼眼相照,皆是当人极乐公。据如来云:"我今为汝保任此事,终不虚也。"若徒作法书玩好之观,即招因带果不小。慎之,慎之。

• 书青原长老论画后

半居持青原长老《论画》,属予为跋。予于画一无所知,不知从何处说起,具实告之,半居便要说些笔法,不知予于书一无所知也。曩来没惭愧,中了后,写扇子送人,充一件出手货。写来写去,写了三二十年。近忽有好予书者,所到之处,十指为痛,两脚立得转筋。又有人来盘问,二王如何若何,钟张颜柳如何若何,惹得我一场面赤。要去寻些名人墨迹,略略讲求,为道听途说之计,了无工夫。却又思量,讨一部《淳化帖》,偷他诸家几笔几画,庶免不学无术之惭。更没得闲钱使用,只落得说过日子。因念平生,事事如此。即如少年时,偶然作诗,作了便写,先生道:"汝的诗却也做得。"就去东涂西抹。直到如今有人问我,汉魏诸家、初盛中晚、宋元人体制差别,我总不知,老实向他道个不知。他冷笑说"澹归欺我",又道"你不可说不会作文字,当日如何作工夫"?其实我在书馆里,只是一个顽皮,日间炒朋友,说白话,晚间醉酒。除此外,大批大判,看几篇时文,便去睡觉。十五六岁前,被父师管住,限了工课,依限纳完,免打板子而已。十五六岁以后,一手撒开,更不理帐。乡会两场四次,每次四个经题,次次忘却一个。连这举人进士也是侥幸得来的,更说什么工夫。每每说到这里,无人肯信,都说澹归欺我。殊不知澹归不敢自欺,莫道科第不足凭据,便是鸡林国里、契丹使者口中驰声走誉,也有什么凭据?即今澹归镇日弄这些把戏不休,真个是没些凭据。写的是澹归的字,做的是澹归的诗文,好的是澹归的,不好也是澹归的。莫道澹归不知古人,连澹归自己也不知在。忽有人从旁笑道,张天师着鬼迷,没法了也!咄!这小鬼!

• 书三尊宿手书后

龙池下三大老:天童、雪峤、磬山,风规各别。此三手书,一滴水具大海味,俨然见其各别风规也。箬庵大师继磬山席,自夹山南硐转大法轮,行履高洁,壁立千仞,绝无时流蹊径,盖狂澜之砥柱。其与梅谷和尚诸书,皆砥柱狂澜语,读之起悲增敬。大善知识不以字擅场,然其笔墨所寄,自然而妙,不敢列之于法书中,亦不能置之于法书外。使一切法书在其左右,有时生色，有时削色，而此法书遇名家不削色，遇拙手不生色，所谓自然而妙耳。梅老自南礀退院，游戏岭表，随缘去住，独携此卷自娱。顷掩室于雄州之龙护园，某时一瞻礼，不谓无似，出以相示，虽未亲承謦咳，然已随例得闻矣，幸甚！

遍行堂集（续编）^①［选录］

本荟要所录入文字，据《禅门逸书续编》第 6 册，第 226 号。

● 印确序

予于字学，不习古文，然篆法佳恶，意所揣摩，略得三四，盖与楷法同一理也。嗜古或拙，趋时大纤，恃天资者手滑，执成格者神死。譬如刑官，妙得法外意。印者以刀为笔，亦近于刑。记曰：刑者，型也；型者，成也。一成而不可变，故君子尽心焉。刑有律有例，例为时，律为古。以意而舞文，守令而不察于情，皆非能治狱者。邵子又绝妙于印章，目其所集曰"印确"，则有一成而不变，南山可移，此判不改者矣。今之人有意见奇，至诡故不经。矫之者常过于正，正不见正，奇不见奇，神行乎其间，而后入化。诸葛武侯作八阵图于蜀江平沙之上，徒见卵石漫漫，六十四蕝卒无由测其门户，桓温曰："此常山蛇势也。"春江水发，转石奔雷，一切荡然，无复存者，及其水落沙还，而漫漫卵石不移一步，不失一拳，是之谓确。然则奇正无形，始叶潜德，六龙之德，不出一潜。识此意也，可以学《易》，可以用兵，可以能文，可以经世。呜呼！又节之学之，行亦从此远矣。

---

①　遍行堂续集：今释撰，光孝惟心禅师手抄流通。卷首有李复修、沈皞日撰写之序，今释自序。卷一至卷十二，为文，收录说、序、疏、记、传、赞、偈、铭、塔铭、题、跋、遗命、尺牍。卷十三至卷十六，为诗，收录五言古诗、七言古诗、五言律诗、七言律诗、五言律诗、七言律诗、五言排律、七言排律、六言绝句、七言绝句、词。本《荟要》所选录文字，涉及的书学思想：一、在书法创作上，要防止"嗜古"与"趋时"、"恃天资"与"执成格"这两种偏向："嗜古或拙，趋时大纤，恃天资者手滑，执成格者神死。"在"奇"与"正"的问题上，应该"正不见正，奇不见奇，神行乎其间，而后入化"；应防止两种片面性：或者"有意见奇，至诡故不经"，或者"矫之者常过于正"（《印确序》）。二、篆法与楷法的创作规律是"同一理"的："予于字学，不习古文，然篆法佳恶，意所揣摩，略得三四，盖与楷法同一理也。"（《印确序》）三、今释提出，书写、持诵、流通佛经者，不应贪著，否则会"化作生死业本"，成为妄识情执，不仅不能获福德，反而陷入无明："书写者有书写见，持诵者有持诵见，流通者有流通见，才露第二念，则一念不得相续，早成破坏"，"经云：菩萨所作福德，不应贪著。如二乘为三昧法酒所醉，如见道人向粪扫堆头，拾得一颗明珠，宝惜不放，化作生死业本"（《跋李贤持诵金刚般若经》）。四、以人品衡书品。今释认为，周李二氏之书，其"一点一画，皆宇宙间元气也"（《书周忠介李忠毅墨迹后》）。

• 法华经塔赞

当湖善男子李天衢，书《妙法莲华经》七卷，为七级浮图，遍行释今释随喜赞叹，而说偈曰：

以此一经成一塔，别即是经总是塔。成此一塔以一经，异即为塔同为经。一点一画无非塔，大地炽然俱火发。一木一石无非经，微尘浩浩谈无生。有人见经不见塔，不爱簪缨爱落魄。有人见塔不见经，不惜须弥惜眼睛。有人经塔一时见，背后瞳人坐在面。有人经塔一时忘，浑身雪点梨花枪。老胡当初不肯说，四圣六凡齐吃跌。我今说了又留题，鹿宿屋北鸡啼西。进前烧香退后拜，绕塔转经还不快。如塔如经如是持，晓风残月绿杨枝。

• 血书佛名经赞

一点一滴，全经全血。是血是经，非佛非生。请以此舌，作须弥卢。十日并出，大地俱无。即以此血，作四海水。因缘十二，花生碓嘴。还以此经，作妙天鼓。白凤才歌，青鸾便舞。真公语我，我见已泯。雁过横江，不留余影。以此智锋，化为利刀。即刀即笔，验彼吹毛。笔笔见经，不落宫商。刀刀见血，不落玄黄。于不落中，而得落处。即于落中，不得落句。诸佛之名，诸经之王。众生之相，宝网交光。佛有众生，众生不住。众生无佛，佛亦不去。佛有众生，作用无碍。众生无佛，受用自在。此笔阵图，二王所宝。凿破鬼头，吸干人脑。

• 题紫柏尊者墨迹后

若道普微二义精，持斋戒杀二事粗，敢保大哭有日在。即今有种狂禅和，会世谛拨无因果，引得无限人弄觜头说玄说妙，裙带下事舍不得，觞酒豆肉舍不得，家业舍不得，贪嗔邪见舍不得，却道持戒是三家村婆子事。《心地品》所称：身自谤三宝，诈现亲附，口但说空，行在有中，正指此辈耳！无所不在谓之普，不可见闻谓之微，二义是一是二，一切众生同具此二义，不同具此二义。一等人识此二义，不肯持斋戒杀。一等人持斋戒杀，不识此二义。谁亲谁疏，宁可不识此二义，不可不肯持斋戒杀。何者？真识此二义，必合清净本体，必起同体大悲。若也迷中倍人，如蝇逐臭，欲证解脱，必无此理，但自欺欺人而已。尊实能于紫柏尊者三段语只作一句读，是真持偈，是真见如来。且莫问是何等偈，是一偈半偈，是百千万亿偈也。

• 题石鉴和尚遗墨后

石鉴兊和尚字出于苏，诗出于王孟，见地超迈，说法峻洁，然一往蕴藉，多风人之致。一住长庆，再住栖贤，惜缘不胜耳。其病时，执事僧强半散去，瞎堂老人每以致慨。庄生曰：豚子食于其死母，皆眴若弃之而走。不见己焉耳，不得类焉耳，亦何足怪。己未秋，予客半塘，证十禅友自浙中来，其旧书记也。出遗墨索题，内有二诗，为证十而作，大似倚门倚闾。识此一念，不与海同枯石同烂，其犹未至于人琴俱亡也，放笔太息。

• 题药地和尚手迹后

十方三世，一幅丹青。伏羲氏向白地上画下一画，此画母也。六十四卦三百八十四爻，此画苑也。初动而之姤，其占曰"潜龙勿用"，此画筌也。大衍之数五十，其用四十有九，其一勿用，一切用一切勿用，直饶写出百千万亿，此一写不到者，朗然而独存。新安方君望子，曾及药地和尚之门，襃其手迹成一册，首以画，终以论《易》，请序之书。书即画，画即《易》，以为不足尽《易》，何处非《易》？以为足以尽《易》，何处是《易》？只如望子欲见康流，康流已不可得。欲复药地，药地已不可得。有册子写到处，即有册子写不到处，写不到处册子上见，写到处册子上不见。一点一画，全用全不用，更说个全勿用全用，早是画蛇添足耳！

• 题茅鹿门先生遗墨后

鹿门先生之孙遭奇祸，举族几歼，曾孙融辨以出家免，其兄顿修，先十余年为僧于岭表，亦复有蛛丝马迹、宛转回龙之妙。融辨归里养母，见此帖于吴门，创巨痛深之余，百倍宝惜，宜矣！尽十方三世同在梦中，鹿门先生值盛世，得一好梦，其孙值厄运，得一恶梦。当其醒时，梦中境界历历现前，欲求其实，已全盘付与落花流水矣。即如见此卷，如见先生，纵极精明，只是影迹，毕竟先生真归何处？噫，识得是梦，不能云无是梦，且云有是梦，不云不是梦，岂可于其间别生枝节耶？

• 题徐充伯所藏墨迹

己未孟夏过金闾，徐子充伯出此册相示，乃三十七年前笔也。如异域人谈隔世事，浊醪一盏，已无受处，清磬数声，亦无发处，惟章侯画大士像一段因缘，了了是道隐出家证佐耳。充伯有取乎此，盖于世教具正知见，要非漫然。顾予学行远不及石斋翁，岂特书法之劣。老子与韩非同传，正恐旁观未免张目也。

• 题甲午与聂乐读手札后

此札在甲午，寓虞山东皋，为谋食发，时与乐读尚未识面。今己未，客于半塘，吾两人始相见，东皋已鞠为茂草矣。乐读耐烦留此手札，澹归耐烦不死，重见此札，乐读更耐烦索题此札。地为至坚纸至脆，遇着耐烦汉，令脆者得长寿报。因甚东皋不肯耐烦，持地菩萨岂不贵有愿力耶？

• 题李如石邑侯墨迹后

朱邑曰："吾子孙祀我，不如桐乡之民。"遂还葬桐乡，其民争趋事，虽众情若一。当其时，必有起而纲纪之者。李公如石令长洲，长洲之民至今称道不衰，钮南六氏复裒其遗墨，入书画舫中，此亦桐乡纲纪之别调也。世之草菅其民者，生不蕲相见，死不蕲相思，无亲厚之痛，而惟怨仇之快，阅此宜知所自爱矣。

• 跋李贤持诵金刚般若经

一卷《金刚般若》，著如许题跋，毕竟《金刚般若》有受处否？赵孟𫖯书写，李贤持诵，其子行质付梓流通，一味老实，十分停当。书写者有书写见，持诵者有持诵见，流通者有流通见，才露第二念，则一念不得相续，早成破坏。经云：菩萨所作福德，不应贪著。如二乘为三昧法酒所醉，如见道人向粪扫堆头，拾得一颗明珠，宝惜不放，化作生死业本，岂况子孝父慈，名根世相种种阑入？从今截断，莫更涂污。

• 书周芸斋血书贴黄后

芸斋先生刺血讼冤，九重动色。邀三百年异数于未得时，盖有必得之理，及其构三百年异变于已失后，亦无或失之事，天耶，人耶，鬼神耶？芸斋先生心光所持，非天非人非鬼神，而天从人从鬼神从各各不相知，各各相到。人人具此心光，圣凡等无增减，发处不真，用处不纯，则感者同，应者异。故曰：一切世界为众生妄想所结，即为菩萨愿力所持。同在一世界中，世界各异，异在一世界中，世界各同。成与坏划然，是与非较然，纯与杂纷然。皆不离乎一真。忠介公之世界以触邪，以养直，以杀身成仁，血肉俱糜，须眉常动，盖以坏为用，不坏不足以为忠。芸斋先生之世界，以继志，以述事，以永锡尔类，指舌可枯，精诚不歇，盖以成为用，不成不足以为孝。人知成世界之为世界，不知坏世界之为世界，同一庄严，同一悠久也。呜呼！

王得胜何人，倪文焕何人？文焕以同朝士大夫报忠介公之身，夺其诰命；得胜以异代之兵子归忠介公之诰命，慰其子孙，此岂可以贤不肖之数比长洁短者？文焕入忠介公坏世界中，为坏所转，不知其然而成其坏；得胜入芸斋先生成世界中，为成所转，不知其然而成其成。菩萨与众生同此世界，一则能自作主，一则不能自作主；一则同成同坏，自信其成，一则随坏随成，并不知其坏，而各有入成坏之中、出成坏之外者，此吾辈于心光所宜自重，而不宜自暴自弃也欤？

• 书周忠介李忠毅墨迹后

欲再见二先生已不可得，今者江河日下，谄谀之内即公是，贿赂之外即公非，不能起天上人而正之，则此一点一画，皆宇宙间元气也。共工氏头触不周山，天柱折，地维缺，补天五石，立极四足，岂是异事？用王具有正性，宜其如水乳合，如蓍龟袭也。

• 书王石年玉箸篆金刚经后

用轻易心，无师承之学，供养法宝，谓之善根轻鲜。王子石年以玉箸篆文作《金刚般若》，一点一画皆全力行之，自一点画至一字一句一分一部，合之不增，分之不减，此心之所同然也。心具三性，善、恶、无记。善有全力，恶有全力，无记之力荒忽昧略。世之人醉生梦死，近于荒忽昧略者多，作恶者无论，善有世间出世间，出世有小乘大乘最上乘。石年书学既胜，用心复重，于善法中四累而上，至《金刚般若》，合一点一画之力即为一部，分一部之力为一点一画，点点画画，全具一部，部部不缺一点画。大千世界碎为微尘，一一微尘现大千世界，一一微尘大千世界复碎为微尘，一一大千世界微尘复现一一大千世界。世界不可说不可说，微尘不可说不可说，皆此心之同然，石年特善用耳。经犹他力，心则自力，师子抟象抟兔皆用全力，老宿目为不欺之力。于心自力少有渗漏，即谓之欺。阅此经者，先识此意，能使人人面门显出金刚正眼，是真供养。

• 武林徐充伯过访寿圣话四十年重见之缘且出旧时墨迹相示

隔世相逢话昔游，熏风吹面雪蒙头。情缘已与灰同死，心影还随墨并留。独向尘埃行古路，并将道器载浮沤。北窗趁得羲皇暇，万顷松涛一钵收。

• 题素道人临帖

素道人淹雅蕴藉，胸中故自魂垒，其寄意临池，得形神俱似之妙。或谓右军为东晋第一流人物，惜以字掩，然毕竟有掩不得处。使素道人以字显，非素道人所欲也。身不用于一时，字即传于千载，片鳞寸羽，足以结龙跃凤翔之想，亦令人叹右军复掩。则以掩为显，以显为掩，皆是绝妙波澜，不妨为素道人痛洗魂垒耳！

• 题圣教序后

《圣教序》临摹甚夥，展转失真，雪松此本，尚有典型也。譬如深山无意中，忽见百余岁老人，虽五官稍见衰朽，而神骨自然古雅，无后进浮薄之态，盖其来处不同耳。道流胜劣，亦有来处，不独品题书画而已。

• 题书法华经卷后

丁履纯写经，孔文在赎经，皆菩萨道中事。分付与介先转经，传之澄然，世世流通，无令断绝，则二子愿行载多宝佛塔，时时涌出也。入息不居蕴界，出息不涉众缘，常转如是经百千万亿卷，即今口喃喃又是什么？向蕴界众缘里赎来，于出息入息中写出，一声声依样葫芦般若多罗，仁者自生分别。

为霖道霈禅师论书①※

道霈(1615—1688)，清曹洞宗师。字为霖，号旅泊，亦称非家叟。福建建安(今建瓯)人，俗姓丁。系鼓山元贤之法嗣，曹洞宗一代宗师。事见《五灯全书》卷六三、《续灯正统》卷四〇、《新续高僧传四集》卷六三、《正源略集》卷三、民国《福建高僧传》卷七。

本荟要所录入文字，据《新编卍续藏经》第125册、126册。

• 血写普贤大士赞②

金刀割舌流鲜血，写出普贤大愿王。香象骑来全体露，踏翻华藏是刚肠。

• 题洪紫农先生墨迹③

余至温陵，首晤紫农先生。见其为人脱略机械，飘然尘垢之外。功名利禄，杂然陈前，竟无以夺其志。又纵观其所书紫阳九曲诗帖，峻骨擎天，匠心独出。一点一画，不肯落晋宋人圈缋。然后知斯人为希世之人，而斯

---

① 为霖道霈禅师秉拂语录：凡二卷。道霈撰，书记太靖录。卷上：秉拂、茶话、举古、佛事、偈。卷下：颂、赞、鹄林哀悯。为霖道霈禅师餐香录：凡二卷。道霈撰，书记太泉录。卷上：自序(两篇)、上堂、小参。卷下：纪贤传、记、序、题跋、疏、文、偈、赞、铭、佛事。为霖禅师旅泊庵稿：凡四卷。道霈说，弟子太泉、心亮、净焕等录。本书收录：卷一：首序(龚锡瑗、谢宏钟撰)、白云崇梵禅寺语录、开元广福诸录。卷二：宝福禅寺语录、颂、纪贤传、十玄谈提纲著语。卷三：序。卷四：题跋、文、书、记、赞、铭、偈、疏、联。为霖道霈禅师还山录：凡四卷。道霈撰，侍者兴灯等录。卷一：序文(玄光、龚锡瑗撰)、上堂。第二：示众。卷三：佛事、偈、赞。卷四：序、题跋、记、旅泊幻迹。本《荟要》所选录文字，涉及的书学思想：一、为霖道霈承袭前人"论书当兼论其平生"之说，用此以评价"洪紫农先生墨迹"。洪氏之为人："其为人脱略机械，飘然尘垢之外。功名利禄，杂然陈前，竟无以夺其志"；其法书："其所书紫阳九曲诗帖，峻骨擎天，匠心独出。一点一画，不肯落晋宋人圈缋"。他总结云："然后知斯人为希世之人，而斯书为希世之书，政当与斯文，并传万世而无弊者也！"(《题洪紫农先生墨迹》)二、关于书写佛经的意义和功德问题。在为霖道霈看来，一部《华严经》，广大无边，是聚须弥为笔、海水为墨，也难书写的。而一僧书之，可见其对佛法的信心足、了解深，因而拈起笔墨能彰现华严法界，其书写的佛典，字字能直彻佛祖的根源(心之本源)(《赠僧书华严经》)。为霖道霈认为，华严经广大无边，是"海墨难书"的，然而熊子伟居士以三年时间书写完《华严经疏论纂要》，是一种"惟修福智自培根"。其所书佛典，有毫光、墨浪之美："毫光吐彩成金轴，墨浪飞花泼梵园"(《熊子伟居士书华严经疏论纂要竟，作此赠之》)。三、为霖道霈提供了不见于历代书学著述的资料：谢茂才书写佛经而创作佛像，"其字画细如毛发，精心妙手不可思议"，可称书画合璧之上乘。他还指出，以佛像视佛经，其佛像为"说法主"；以佛经视佛像，其佛经为"诸佛所"，而"谢子笔端，有经有佛"，真是精心之作，高妙之手(《谢石公茂才书经作佛像，其字画细如毛发，精心纱手不可思议。(某)敬为之赞》)。

② 选自《为霖道霈禅师秉拂语录》。

③ 选自《为霖道霈禅师餐香录》。

书为希世之书,政当与斯文,并传万世而无弊者也! 昔人谓:论书当兼论其平生。颜鲁公书借不工,尤当为希世之宝,况又工耶? 余于先生亦云。

- **谢石公茂才书经作佛像,其字画细如毛发,精心妙手不可思议。**(某)敬为之赞①

以佛视经,是说法主。以经视佛,是诸佛师。非一非异,即师即资。谢子笔端,有经有佛。其运笔者,竟是何物? 若能反观,自己身相。亦复如是,更无二样。

- **赠僧书华严经**

须弥聚笔海量墨,难写华严一字门。拈起毫端彰法界,须知字字彻根源。

- **康熙戊午秋同谢纯一居士在翠岩鼎建大殿,起手缮写华严疏论纂要,凡四阅月,大殿告成,纂要已终,三十余卷,赋以志喜**

大方境量自重重,摄入毛端宝刹中。插草立成金色界,挥毫顿发杂华丛。清凉释法如天廓,枣柏论心似日东。喜得与君相择乳,同游慧海渺何穷。

- **熊子伟居士书华严经疏论纂要竟,作此赠之**

海墨难书一字门,喜君三载竟微言。毫光吐彩成金轴,墨浪飞花泼梵园。不用恔求知息妄,惟修福智自培根。何时聚首深云里,再把遗编细较论。

- **起手写华严经疏论纂要求加被疏**

华藏庄严世界海最中央,无边妙华光香水海中,普照十方炽然宝光明世界种第十三层,十三佛刹微尘数世界中娑婆世界,百亿四天下中一四天下,南赡部洲大清国福建建宁府建安县广福兰若,弘法比丘道霈,深信大乘最上乘优婆塞弟子谢大材潘道靖书写,弟子王大奇熊伸等,同禀精诚,稽首百拜,上言:恭惟大方广佛华严经,五时首唱称性极谈,萨埵六位修证之康庄。善财一人经历之大道,因果交彻,事理圆融,尘含法界,念包三世,圆满真诠不可思议。圣师既疏论于前,凡愚得纂要于后。务使雅契佛心,巧适机智,弘传慧命,遐益将来兹者。敬择康熙戊午年七月廿五日吉辰,正当发

---

① 以下选自《为霖禅师旅泊庵稿》。

笔耸写之初，虔设香供具疏陈情。惟愿毗卢遮那如来，大圣普贤菩萨，文殊师利菩萨，弥勒菩萨，善财菩萨，及华严会上刹刹尘尘一切圣贤，愿赐证明，乞垂加被。俾我比丘道霈迷云顿开，慧日圆照，剖微尘之经卷，彻法海之渊源，功期速成，愿无虚设，长被佛光之照，永无魔障之侵。更祈弟子谢大材等晚景光耀，添福海之洪源，慧业维新，建法门之殊绩，恩有普沐恩波，法界同沾法利。谨疏。

·题高斯亿所临御马赋①

高子斯亿攻文之余，游戏翰墨，书画之名著于弱冠。今年三十有六，偶病起试笔，所作行草诸卷寄以相示。余与济汪禅人展玩，弥日不忍释手，深叹其天资笔力迥出寻常，不可企及也。其所临《御马赋》一帖，精光射人，尤为奇绝。不唯体势点画、发笔结构无一不肖似而能得其全神，即使鹿门复起，不知其为己出为他摹，恐不能辨也。精义入神，一至于是，会当刻石以传，与苏黄米蔡诸公齐驱並驾于天壤间，孰谓古今不相及哉？高子讳士年，闽侯官人。尊翁固斋先生，长子嵩，俱知名当时云。

·跋摹刻释迦如来成道记

往读王子安童子时所著《滕王阁序》，天机特发，才学兼富，虽一时对客挥毫，实为千古绝唱，即博学弘词之老儒不能过也。后又读其所撰《释迦如来成道记》，虽原本于释迦谱，而以四六贯之，句句出以己意，即深入佛法阃奥之老禅亦岂能过乎？可见般若因地有自来矣，真不思议人也。今观董太史所书此记，乃奉紫柏老人命，历二纪而后成。允称法门至宝，使读者玩其墨迹而了其文旨，洞见如来一期降生利物之迹，植菩提种，作成佛因，其有益于世尤不可思议。三山林子吉人，博学好古，家藏此帖，出以相示，深歎希有，乃觅良工摹刻以广其传，是亦林子之心也欤？

---

① 以下选录自《为霖道霈禅师还山录》。

即非禅师全录①[选录]

如一(1616—1671),清初黄檗宗僧。字即非。福州(福建省)福清人,俗姓林。曾参黄檗山密云,又师事黄檗山隐元,获隐元印可。顺治十一年(1654),隐元应邀赴日,十四年(1657)二月,如一亦与昙瑞等人东渡,并助隐元弘法。事见明洞《广寿即非和尚行业记》、宋德宜《广寿山福聚禅寺开山即非大和尚塔铭并序》、性潡《广寿即翁大和尚舍利塔铭》(以上见《即非禅师全录》卷二十五)、《续日本高僧传》。

本荟要所录入文字,据《嘉兴藏》第38册,第425号。

• 示用方禅人

用方在广寿为殿主三载,过午不食,夜不胁席。参究之余,发心刺血写三千诸佛名号,一字一拜,仗此殊勋,祈答四恩,不一月拜写已毕。予嘉其诚,乃谓之曰:行既整饬,理要顿明。理若不明,终归虚妄。事理双备,成佛之阶。子其勉之。

---

① 即非禅师全录:二十五卷。如一说,明洞等编。卷首收像(即非禅师画像)、雪峰即非禅师道影赞(郑缚元题)、序(沈廷文、林宾撰)。卷一至二:收住圣寿山崇福禅寺、广寿山福聚禅寺之语录。卷三:升座、小参、秉拂。卷四:法语。卷五:举古、拈古。卷六:颂古、代古、答古。卷七:机缘、答问。卷八至卷十一:赞。卷十二:自赞。卷十三至卷十五:书问。卷十六至卷二十三:诗偈。卷二十四:铭、序、跋、祭文、杂著。卷二十五:佛事、末后事实(明洞述)、行业记(明洞撰)、塔铭(宋德宜撰)、舍利塔铭(性潡撰)。卷末附佛祖正印源流图像赞。本《荟要》所选录文字,涉及的书学思想:一、关于刺血写经为论述。即非认为"刺血写经",可以于书写中"空诸相"——即空诸虚幻之相而获实相(佛性——本来面目),这乃是真正的皈依佛祖(《示石点禅者血书金刚经报亲》)。即非高度评价刺血是"善作佛事",有不可思议之功德:黄檗惟一禅师沥指血手书华严八十一卷,"可谓善作佛事",这是"举滴血与法海同盈,视点画与法界同量",因而可以"因经以明宗真",真正领悟佛法之真谛,是真正的报佛深恩(《题血书五大部经(有引)》)。即非认为,血书诵持佛经,功德广大,其志可嘉:"书持功德等虚空,一片霞铺锦上红"(《雷洲戒子发心梓弥勒大士三生经并血书诵持嘉其志向偈以勉之》)。即非在肯定血书佛经的同时,也指出不能执著。他说东白禅人血书佛经,"其用意报恩,亦良苦矣",但是,"以正眼观来,犹是住相法门",是一种执著。必须"跳过金刚圈,突出金刚眼,庶几无负此经"(《示东白禅人血书金刚经(并引)》)。他认为,如果执著,就是"敲门瓦子当家珍,江上镂霞徒费力",因为,禅——"本来真面目"在每个人的心中,它不在经卷之中,血书佛经,并不能获得佛法(禅——"本来真面目");其"孝"也不在刺血书经。一定不要强装胡涂(《示清渊禅人血书普门品盂兰盆二经》)。二、即非禅师明确提出鉴赏法书的重要原则,是"睹迹明心"——鉴赏其法书,绝不是娱玩耳目("宝此遗举,岂徒为耳目口哉"),是通过书法之迹,探明其道其人,因黄山谷写《道德经》是"尊崇其道",林君悟字是"兼重其人",因而不能只"尚其迹"。只要"能睹迹明心",则能见到"老子""面目",也能见到书家面目。如若"苟尚其迹,一双眼睛被学士换却了也。"(《题黄鲁直居士手书道德经》)

- 信禅者沥指血写《弥陀经》为佛像请题

全经是佛，全佛是经。非经非佛，滴血淋淋。指端血敛无痕迹，独露莲池会上人。

- 赠高泉法侄血书《金刚经》报恩

出佛身血写佛经，妄宣般若咒师亲。如斯忤逆为贤孝，铁树花开别是春。

- 初祖忌日沥血写照

嵩山千丈雪，无地可涂肝。一点阳春色，迸开五叶丹。

- 赠惟一禅侄血写华严

惟心法界没多途，万行因花在处数。滴血化为华藏海，一毛头上现毗卢。

- 省初禅者血写金刚经报亲偈以示之

拶出黄金汁，挥残白玉笺。娘生一点血，字字化红莲。

- 示既白禅人刺血写经

奕禅前年于黄檗刺血书金刚经，今春侍予广寿，自恣日又血书千佛名号，并盂兰盆经，孝念殷殷，可谓至矣。重示一偈：皮肤有血痛针锥，图报亲恩示勇为。满纸妆成红锦绣，何如只眼透牛皮。

- 示东白禅人血书金刚经（并引）

晓禅人参究行行之余，刺指血书《金刚经》，每下笔一点，念佛一声，夜则一字一拜。其用意报恩，亦良苦矣。虽然以正眼观来，犹是住相法门。更须跳过金刚圈，突出金刚眼，庶几无负此经。不然析剥难酬，子其勖诸。虚空金刚体，日月般若光。霜毫未染血，经卷已全彰。

- 示清渊禅人血书普门品盂兰盆二经

向未展卷前著得只眼，犹月临百川，光吞上象。反视此经，皆成故纸。否则敲门瓦子当家珍，江上镂霞徒费力。

禅不在经卷，孝岂著皮肤？本来真面目，慎勿强胡涂。

- 示可新禅人血书弥陀盂兰盆二经

至圆至简，无出此经。倘能向一句中嚼破，和心肝呕出，如春行大地，万紫千红。其或情见未忘，一任枝头点染。

白纸里，春风花开笔底红。宝池八德水，一滴可流通。

• 雷洲戒子发心梓弥勒大士三生经并血书诵持嘉其志向偈以勉之

书持功德等虚空，一片霞铺锦上红。千圣不传一句子，阇黎试为我流通。

• 朴禅血书金刚经

血自血兮经自经，道非道也亲非亲。浑仑一个金刚锁，吞得方称报德人。

• 题血书五大部经（有引）

遍吉大士为大法故，不惜身命，剥皮为纸，刺血为墨，析骨为笔，书写大乘经典。举滴血与法海同盈，视点画与法界同量，如是功德，岂可得而思议耶？黄檗惟一禅侄，阅如是经纂如是行，于辛丑春，沥指血手书华严八十一卷，其中三十九品之次第，五周四果之行布，四十二位之森严，灿然全彰。计五十九万七千三百十七字，昼书夜拜，方三载而告成，可谓善作佛事矣！继而书法华、报恩、金光明、涅盘共五大部，至丁未冬乃得圆满，遂捐衣钵资斋僧回向用资恩有。予嘉其愿行，说偈为证。倘因经以明宗真，是报恩者，更有佛祖说不到末后一句，快下一笔。

三山惟一公，世袭为参戒，猛性羁不得，割爱学大雄。天生铁汉子，剖指露丹衷。血书五大部，湿透梵天红。佛种从缘起，法不离己躬。华藏涅盘海，收归一滴中。摩尼映五色，色相有异同。光影互相入，差别自圆融。此经亦如是，子不宰其功。觑破红白外，真实义自丰。实义不可见，见性等虚空。了无能所见，是名真流通。恩有俱已答，闻见超樊笼。劫石可消殒，行愿无始终。佛祖说不到，只在百花丛。子能书得出，千圣列下风。

• 题黄鲁直居士手书道德经

学士写经，尊崇其道。林君惜字，兼重其人。宝此遗举，岂徒为耳目玩哉！若能睹迹明心，则老子面目犹在。苟尚其迹，一双眼睛被学士换却了也。

• 示石点禅者血书金刚经报亲

刺血写经又写佛，多生父母坐莲花。一毫头上空诸相，是则名为真出家。

天岸升禅师语录①［选录］

本昇（1620－1673），清僧。字天岸。金坛（今属江苏）人，俗姓陈。天童道忞之法嗣。事见《五灯全书》卷七三、《正源略集》卷六。

本荟要所录入文字，据《嘉兴藏》第26册，第187号。

• 颂古［选录］

张颠颠后绝人颠，草圣呼传醉里仙，断戟短枪浑不顾，至今纸上起云烟。

• 跋休上人血书华严经

昔越王勾践困于会稽，用臣种蠡计脱归国，卧薪尝胆，不数年而沼吴。呜呼，法道至今日，正卧薪尝胆之秋也！而士怀逸豫，人习便安，将有吝惜其身外所不足贵者，又安望其视头目髓脑舍如涕吐，而剥皮为纸，刺血为墨，书写数千万言，以照耀夫人间世哉！某上人之志佳矣。然吾更有进焉，夫华严一真法界，尘尘刹刹，为卢舍那身，则上人此身，即卢舍那身也！经云：出佛身血，是七遮罪，上人于此试下一转语看。

• 跋与游居士墨书华严经

事事无碍，资生业等，现慈氏之全身。法法圆融，治世语言，露善财之巴鼻。四五百条华柳巷，头头华藏庄严；二三千处管弦楼，在在毗卢宝阁。咳唾掉臂，无非文殊指示亲承；坐卧起居，尽是文殊指示亲承。则夫毛锥未动，早已文彩全彰，何待浓泼墨华，始见琅函遍布。故知华藏法界，与游居

---

① 天岸升禅师语录：二十卷。本升说，侍者元玉等纪录。卷首有张立廉序。卷一至卷八：住青州大觉禅院语录。卷九至卷十一：再住青州法庆寺语录。卷十二至卷十三：大觉首座寮秉拂。卷十四：示众，卷十五：大觉首座寮机缘、庵居机缘、大觉勘辨、垂代。卷十六：颂古、临济四料简、浮山九带。卷十七：华严五十三参颂引、颂。卷十八：佛祖尊宿禅赞。卷十九：偈。卷二十：佛事，法语、杂著。本《荟要》所选录文字，涉及的书学思想：一、天岸升肯定血书佛经："剥皮为纸，刺血为墨，书写数千万言，以照耀夫人间世"，是"卧薪尝胆"弘扬"法道"之举。而此举又能成佛，"夫华严一真法界，尘尘刹刹，为卢舍那身"，而血书佛经者之身，"即卢舍那身也"（《跋休上人血书华严经》）。二、在天岸升看来，大千世界之林林总总，都是"慈氏之全身"、"善财之巴鼻"、"文殊指示亲承"；而书写佛典者，其"全体"已"备""华藏法界"，而"华严佛真法界"已"摄"书写佛典者之"全体"，因此，"毛锥未动，早已文彩全彰，何待浓泼墨华，始见琅函遍布"？他提示人们，不能执著于佛经书写（《跋与游居士墨书华严经》）。

士全体备之,居士全体,华严佛真法界摄之。然则人存经隐,经在人亡,又作么生理论? 只见波涛涌,不见海龙宫。

盛京奉天般若古林禅师语录①[选录]

古林(1623—1695),清僧。讳智。长沙(今属湖南)人,俗姓李。六岁至峨嵋脱白。侍双桂海明十数年。二十岁受具,历参诸方,后遇德山语嵩机契,受记莂。出住奉天般若、辽阳建宁如来诸刹。事见马三贵所撰古林智《行状》、《五灯全书》一〇五补遗、《东北文献零拾》卷二、《辽海书徵》卷四。

本荟要所录入文字,据《嘉兴藏》第 38 册,第 429 号。

• 看血书华严

数年偃息处茅堂,一卷华严一炷香。纵有嘉宾来见访,更无心绪与商量。

• 示虚白行者 • 不能以执写经持念为长※

汝佐山僧筑静室,建茶房,费尽辛苦,吾非不知。本意留尔同居,与尔断除宿习,说破末後句子。奈尔魔事纷纭不得已,而却汝自此日远一日矣! 汝岂不闻先哲行履,如慈明更衣,入戎马队中去参汾阳,雪峰三到投子,九上洞山,皆为道德,不顾危亡,始得万古为人天师范。岂是今人轻人我慢,入门不为道德,反要师家以人情回顾,稍有回顾不到,便生许多是非,说长说短,只窥探他人行径,不顾自己生死,各执管见,不信棒喝! 为人或执几句之乎也者讲论为长,或执写经持念为长,或执礼拜磨筋苦骨为长,或执一句死话头将心待悟为长。诸如此类,自塞悟门,流入邪见,不是出家了脱生死,原为设法讨吃而已! 岂知信施粒米,出自血汗,不明心地,如何消得一息不来,定是酬他去也,袈裟下失人身,岂不痛哉! 汝既决意出家,吾今不

---

① 盛京奉天般若古林禅师语录:凡六卷。古林智说,侍者正继记录、门人正灯编辑。卷首收序;卷一收住盛京般若禅寺语录;卷二收住辽阳如来禅寺语录;卷三收住辽阳建宁禅寺语录、普说;卷四收住奉天府东前山台大悲禅寺语录(本卷第十页上只存第一引六字,下半页原缺)、机缘、颂古、小佛事、法语;卷五收偈上;卷六收偈下;卷末附行状。古林高度重视书写佛经,把写经作为日常功课:"纵有嘉宾来见访,更无心绪与商量。"但他同时也指出,不能以"执写经持念为长",特别强调"参禅绝伎艺,勿被文字蔽"。

得不与汝道破,惟恐走错路途,难以相救。倘能一念知非,但向无佛无众生处努力,穷究日久岁深,自然田地稳密,始不负与尔薙髪一番也！珍重珍重。

• 参禅偈 [节录]

参禅绝伎艺,勿被文字蔽。万论共千经,了然无一字。休将口头语,当做真实义。必要见得亲,堪能成法器。

卓峰珏禅师语录①[选录]

性珏(1625—?),清僧。法号灵一,后更号卓峰。四川忠州人,俗姓成。十五岁,祝发于同族僧笑松座下。后谒衡山灯炳,嗣其法,为大慧十七世孙。事见性统所撰卓峰珏《塔铭》。

本荟要所录入文字,据《嘉兴藏》第39册,第444号。

• 为密行化主举火·刺血书经非行门※

一切菩萨道,都从行门修。汝名密行,将谓戴笠披衲为行门耶？错！将谓鸣梆醒夜为行门耶？错！将谓刺血书经为行门耶？错！毕竟如何得不错底道理？顶笠频将破衲披,鸣梆醒夜苦相催。数墨寻行无文字,将龟作鳖复何为？投火炬云:向者里会。

天王水鉴海和尚六会录②[选录]

慧海(1626—1687),清初临济宗僧。字水鉴。又称沙翁、寓叟、寓人。鄂州(湖北)富川涌泉人,俗姓谢。独冠行敬之法嗣。事见《水鉴海和尚六会录》所附《天王沙翁和尚记略》与《寓叟自传》、《水鉴海和尚五会录》所附

---

① 卓峰珏禅师语录:凡一卷。性珏说,宗位编。卷首有超原、兰理序。本书内容有住四川忠州庆云禅寺语录、小参、佛事、颂古、题赞。卷末附有塔铭、附冰玄法师语录。卓峰珏禅师指出,"一切菩萨道,都从行门修",而刺血书经,并非"行门"——修行法门。

② 水鉴海和尚六会录:凡十卷。慧海说,门人原澂等编。卷首有古风行然、叶南生、王文南等所撰之序。卷一卷一至卷四:收住荆州铁佛禅寺、开荆州天王禅寺、扬州地藏禅寺、开鄂州黄龙禅寺、汉阳栖贤禅寺、嘉兴金粟山广慧禅寺等之语录。卷五至卷十:收录机缘、佛事、偈、赞、题跋、尺牍、行状、传、记、序、告文、祭文、碑文。卷末附天王沙翁和尚纪略(原顶述)、天王寺中兴碑记(戒显、郑日奎自撰)。慧海肯定董其昌"书经多种",是崇信与皈依佛教,"委身虚怀,问道归心"之举(《题玄宰董宗伯所书金刚经》)。在慧海看来,刺血书经乃是"诚明之性,发于至极之用,故无所吝惜"之举(《与许司马伯仲》)。

《天王和尚行录》、《天王水鉴海和尚住金粟语录》所附《寓人自传》、《五灯全书》、《新续高僧传四集》卷五十六。

本荟要所录入文字，据《嘉兴藏》第29册，第230号。

• 题玄宰董宗伯所书金刚经

士大夫崇信吾教，委身虚怀，问道归心，如裴休相国之于黄檗，白居易侍郎之于佛光，陆亘大夫之于南泉，陈操尚书之于睦州，黄庭坚太史之于黄龙，张九成侍郎之于径山，往往皆博达伟人，一时浩归吾教，所谓"儒门澹薄，收拾不住也"。至明毅庙时，崇信之心犹然未衰，宗伯书经所由来也。宗伯书经多种，此经系是江陵吴弘功宰江都时所赠，可见吴公亦是好道士大夫也。是故宗伯书经以赠，而吴公携归，又摹石于沙市观音寺。闯贼陷荆，一扫劫灰，无可留者，而此经独存，可谓金刚不坏矣。然则此乃宗伯之金刚，若是如来亲谈之金刚，岂止经此一劫而已哉！

• 沙翁自赞（半峰青请）

黄龙长老天王和尚，闻名富贵，见面郎当。有时高谈阔论，疑他是战国苏张；有时信笔而挥，猜伊是张颠素狂。日午长申两脚眠，夜深剪烛读骚庄。虽然自在还由己，争奈侍僧瞌睡慌。

• 与许司马伯仲

昔韩昌黎为绛州刺史，马汇作行状曰："司徒公之麑也，刺史刺臂血书佛经，期以报德。"又曰："居丧有过人行，是以掇其大者书之。"然则吾人一身，丝毫不可相犯，况其欲刺而出血耶？盖诚明之性，发于至极之用，故无所吝惜也。贤伯仲连月为终天莫报之德，界天罔极之恩，悴形劳神，不无苦矣。虽是人子本分，哀情似亦过之，益见诚明之性，发于至极之用也。虽未刺血书经，七七日内，经声琅琅，梵呗铿铿，投诚运悲，圣真感格，令先君藉此以逍遥乐国，如此宁不胜其刺血书经者？盖在一诚而感，不在形迹异同。为孝贤伯仲诚明之行，可谓达孝矣！山僧贫道不能光大孝幕，唯其言而阐扬之，伏冀照察不宣。

寒松操禅师语录①[选录]

智操(1626—1686)，清僧。字寒松，别号隐翁。桐城(今属安徽)人，俗姓严。嗣法百愚斯。善丹青。有诗名。参见《寒松操禅师语录·自序》、《宗统编年》卷三二、《正源略集》卷一三。

本《辑要》录入文字，据《嘉兴藏》第37册，第392号。

• 南安太守草书歌

东海先生豪且放，翰墨淋漓世不让。管城②矴尽老湘筠，客卿③磨尽几沧浪。或在琅玕或薜萝，半无衫履半头科。洒洒直疑神鬼助，潇潇但见云烟过。一扫龙游千幅绢，似越攻吴遗镞箭。恍兮又是骧奔泉，得法不因人舞剑。纵横醉里更无凭，点点行行山石崩。澹似飞云流晓月，秃如老树挂枯藤。说甚草章与急就，说甚鸟迹与蝌蚪。是蔡是李不堪论，曰颠曰素何足数。天将奇伎与先生，不同他悔学卫夫人徒费手。

• 雁字二首

绝海排空笔势宽，远涂霞练饱风翰。篆成鸟迹煤还湮，隶出龙文字欲干。晓起仍将云拂断，夜深常把月批残。似知爻未分河洛，先展飞章壮大观。

---

① 寒松操禅师语录：二十卷。智操说，德昊编。卷首收有"寒松操禅师说法之图"，陈维崧所撰之像赞，钱谦益、祁熊佳、净符等所撰之序，开堂疏(六篇)。卷一至卷八：收住松江青龙隆福禅寺、常州国山善权禅寺、安庆白云山香炉寺、安庆宝岩山云际寺、常州国山善权禅寺、常州荆溪安乐禅寺、常州洞山善卷礼庵、湖州弁山龙华禅寺、安庆白云山香炉寺(原书只存四页)之语录。卷九(原书阙)。卷十至卷二十：收座元寮秉拂语录、机缘问答、普说(原书只存十六页)、拈颂古、源流宗旨颂、佛事、笔语、像赞、杂著、自序、方外英华、九峰草、拈来草。卷末附后序(吴伟业题)。智操高度评价"东海先生"的草书成就：其人豪放，其书超群。其创作特色，挥毫自如，洒落放达，似有神助；其笔法体势，萧散自然，如游云飘逸。他还指出，南安太守草书之风格，遒劲奔放，如渴骥奔泉；气脉贯通，如公孙舞剑。其书艺之境，已超越蔡(蔡邕)李(李邕)颠(张旭)素(怀素)。智操还对大雁随风远至的殊胜意象，作了十分生动的描绘。人们会从自然景观中获得书法创作的启示和兴会。

② 管城：韩愈《毛颖传》，称笔为管城子。后因以"管城子"为笔的别称。黄庭坚《戏呈孔毅父》诗："管城子无食肉相，孔方兄有绝交书。"蔡绦《铁围山丛谈》卷五："宣州诸葛氏素工管城子，自右军以来，世其业。"

③ 客卿：指墨。扬雄《长杨赋》序："是时，农民不得收敛。雄从至射熊馆，还，上《长杨赋》，聊因笔墨之成文章，故藉翰林以为主人，子墨为客卿以风。"后因以"客卿"为墨的典故。王安石《详定试卷》诗之二："童子常夸作赋工，暮年羞悔有扬雄。当时赐帛倡优等，今日论才将相中。细甚客卿因笔墨，卑于《尔雅》注鱼虫。"

高挥璎珞起霜风,点缀才情夺化工。雨过形镌青玉案,日斜影勒紫霞宫。乍看疑带烟微抹,细认还连雾薄笼。堪惜时文都扫地,故将古篆寄苍穹。

雨山和尚语录[1][选录]

上思(1630－1688),清僧。字雨山,一字雪悟。泰州(今属江苏)人,俗姓於。参扬州天宁巨渤济恒,执侍甚久,机契得法。事见晓青《扬州天宁雨山思和尚塔铭并序》(《雨山和尚语录》卷二十)、《五灯全书》一〇三、《三峰寺志》四、《晚晴簃诗汇》一九七。

本荟要所录入文字,据《嘉兴藏》第40册,第494号。

• 复赵国子居士

昨尊使至,适与陈懋老叙谈,因而共展阅佳什妙墨,我二人殊赞叹不已也,第不审居士何修得此灵腕哉?陈懋老系出吉水,盖居士乡里也。因细玩之久,不谓尊使遽归,殊失裁答,想高明者定亦原谅之也。灵隐我祖山,十余年失扫洒,偶因华扎论及,令我一度惭惶。一度思读"楼观沧海日"之句,恍夫登韬光远眺时。况匡阜我故山,又一旦抛却,刺头于维扬闹浩浩处,作居停主人,镇日酬应不暇,对居士韵人怎得不恨杀哉!然或天假我以年,不即填沟壑,将来天台南岳觅三间茅屋,以终残喘。峰头逐云,竹里踏雪,恐不肯多让于居士与异目老二。荒寺经营土木,日无宁晷,一切匾额碑记,心有余而一时筹划不及,稍迟或借重居士如椽,又岂止李北海颜平原而已哉?别后不审居士客况,何似唐人云"不嫌野外无供给,乘兴还来看药栏"。山野借此为居士道,有暇望即一命杖也!

• 栴堂山居诗注序[节录]

昔秦少游论诸家书法,独爱政黄牛者,以其天趣纯真,不作意而臻其妙耳。余尝取以为立言之譬。夫道固非言,苟任吾真而发扬之,虽嬉笑怒骂,

---

① 雨山和尚语录:上思说,嗣法门人记。二十卷。卷一至卷十四:收住庐山镜湖禅院、延令庆云禅寺、住龙舒白云禅院、住维扬天宁禅寺、如皋大觉禅院、维扬天宁禅寺、昭易极乐禅院、维扬天宁禅寺、千峰清凉禅院、维扬天宁禅寺等之语录。卷十五至卷二十:机缘、颂古、诗偈、书问、杂著、佛事。卷本附塔铭(晓青撰)。上思十分赞赏赵国子之"佳什妙墨",称道其有运用自如的"灵腕",有如椽大笔,有很高的书艺水平,"又岂止李北海颜平原而已哉?"

皆穷源达本之具,安有驾空言,张饰说,明欺一世之失也哉!

　　• 机缘[选录]

　　问:"无边身菩萨,因甚不见世尊顶相?"师云:"穷坑难填。"书字次,僧问:"以字不成,八字不是,未审是个甚么字?"师举笔云:"文彩全彰。"

　　问:"以字不成,八字不是,毕竟是个什么字?"师云:"不识。"僧云:"既是明眼宗师,因甚不识?"师云:"文不加点。"

五灯全书[①][选录]

　　超永,清僧。字霁苍。携李(浙江嘉兴)人,俗姓姚。投本郡深云果薙落。已而辞师参访,历天童山、径山、报恩寺、金粟寺之间,顺治九年(1652)春,参福源之安田静得心印。出世住平湖景云、慈济、孝丰、圆通,上海玉芝、深雪,嘉兴德云、普明等刹。康熙二十二年(1683),因征辑灯史入京,居西山圣感,著《五灯全书》。事见《五灯全书》卷一○○《正源略集》卷十。

　　本荟要所录入文字,据《新编卍续藏经》第 140 册。

　　• 润州金山昙颖达观禅师[节录]

　　杭州丘氏子于,首谒大阳玄,问:"洞山特设偏正君臣,意明何事?"阳曰:"父母未生时事。"师曰:"如何体会?"阳曰:"夜半正明,天晓不露。"师罔然。遂谒谷隐举前话。隐曰:"大阳不道不是,只是口门窄,满口说未尽,老

---

　　① 五灯全书:凡一二○卷。超永编,轮庵超揆校。内容收录自七佛至康熙年间(1662—1722),禅门传法弘化之事迹。卷首有上康熙奏疏、序文、凡例及目录。书成于康熙三十二年癸酉(1693)。书合《五灯会元》及《五灯会元续略》,而增其所未备,南岳、青原下,各迄于三十七世,集五灯之大成。本《荟要》所录入文字,涉及的书学思想:一、以书喻禅、以书论禅。谷隐聪禅师明确指出,参禅悟道"此事,如人学书",书法创作应"忘法",应做到"笔忘手,手忘心"即"心手相忘",才有可能创作出上乘之作。而参禅悟道、体悟"父母未生时"的"本来面目",也必须"忘法",必须摒弃分别心,返观自心,才有可能体悟、把握"本来面目"(本心,佛性)。在他看来,学人对于导师的提问(对于接引学人的"机锋"),不应陷入分别心、陷入执著,应如书法创作一样"忘法",应"心手相忘"。昙颖达观在"默契"谷隐之解道之后,用石头希迁《参同契》的话"执事元是迷,契理亦非悟"来呈述自己的领会。希迁云:"灵源明皎洁,枝派暗流注。执事元是迷,契理亦非悟。"希迁强调心是本源(本体),它光明皎洁,照耀着万物。但它又不是单独存在,而是如河流之源流注在支脉之中,从而心物圆融、事理兼带。因此之故,如果单独执事而求佛法,乃是执迷之人;如果单独执理而求禅道,即使契合禅理,也是不能悟得佛法,因为"道不可智知",而不能用逻辑思维去把握。希迁在《参同契》中反复阐明心与物(诸法)之间的本末显隐交互流注的关系,以见从个体的事上显现出全体的理的联系。要是将心物、理事分开来对待,则"执事元是迷,契理亦非悟"。二、在对待包括书法在内的文艺的态度上,主张以生死为根本,反对"锐志于学书翰墨",认为它无益于"学道"。

僧即不然。"师问:"如何是父母未生时事?"隐曰:"粪墼子。"师曰:"如何是夜半正明天晓不露?"隐曰:"牡丹花下睡猫儿。"师愈疑骇。一日普请,隐问:"今日运薪耶?"师曰:"然。"隐曰:"云门问僧:人般柴,柴般人,如何会?"师无对。隐曰:"此事,如人学书,点画可効者工,否者拙,盖未能忘法耳。当笔忘手,手忘心,乃可也。"师于是默契。良久曰:"如石头云:执事元是迷,契理亦非悟。"

• 潭州东明智海仁仙禅师

吉安泰和万氏子,幼事静工,无适俗韵。出家为金公弟子,受具游方,依东林玉碉最久。晚抵仰山,陆沉众中,佛印独异之。师方锐志于学书翰墨,印呵曰:"子本学道,为了生死,反从事语言笔墨,于道何益?"师于是弃去,依大沩者十年。真如门墙壁立,师独受印可。

• 西京少室雪庭福裕禅师[节录]

师(雪庭福裕)资颖悟,三阅藏教而成诵,诱掖後学无倦色。通群书,善翰墨吟咏,其上堂普说,几十万言,播在丛林。门人请梓,师叱曰:"此吾一时游戏所发,安可以形迹为哉!"竟止之。

• 明州雪窦野翁炳同禅师

新昌张氏子,参大川济。一日入室次,济举腊月火烧山话。师拟开口,济遽拈竹篦挝之,师豁然悟旨。后缚茅仗锡峰,日扃户书法华。有"老来非厌客,静里欲书经"之句。晚应雪窦《送僧之华顶见溪西偈》曰:"高高峰顶屹云中,八十溪翁也眼空。相见莫言行脚事,累他双耳又添聋。"元成宗大德壬寅中秋日,陞座辞众而逝。

• 松江府华亭松隐唯庵德然禅师[节录]

里之张氏子,幼从无用贵祝发,遍叩诸方,未有所契。后于千岩会中,闻上堂语,豁然悟入。尝见石屋珙,谓师曰"子缘当在华亭"。因书"松隐"二字授之。师遵悬记归里,筑室于郭汇之阳,遂名"松隐"。足不踰阃者三载,尝刺血书华严,有天花满庭之异感,居民为建宝坊。

• 太史山谷居士黄庭坚

字鲁直,以般若夙习,虽膴仕澹如也。出入宗门,未有所向,好作艳词。尝谒圆通秀,秀呵曰:"大丈夫,翰墨之妙,甘施于此乎?"秀方戒李伯时画马事,公诮之曰:"无乃复置我於马腹中耶?"秀曰:"汝以艳语动天下人婬心,不止马腹中,正恐生泥犁耳!"公悚然悔谢。由是绝笔,惟孳孳于道,著发愿文,痛戒酒色,但朝粥午飰而已。

香严禅师语录①[选录]

香严(1632—?),清僧。嘉兴县人,俗姓陈。古隐庵一藏(密云圆悟侍者)法嗣。据《行实》称:"庚午岁腊月三日"师"六旬"(1690)。事见《香严禅师语录·行实》。

本荟要所录入文字,据《嘉兴藏》第38册,第424号。

• 题冬溪和尚所书法华经后

此法华经,吾远祖冬溪和尚所书,以禳梅岩翁者。溪为清隐十世祖,书法遒劲,学海汪洋,以龙袖拂开全体现公案,发明个事。嗣法舟济为临济二十七世孙,有外内集行世。芳桂于崇祯驱乌时,先祖以仁偶展遗像,因述溪出世始末,为最革世,后箱轴零乱,止存面貌,并双履,生新无比,慨以藏之。自后参寻鹿鹿,未遑从事。康熙甲寅,始倩丹青,临面及履,补全身相,□黎白拂,俨然临机说法时矣!其所书经,遗失既久。崇祯末,先师尔廉偶值购归,绝后再苏,俱为异宝,后人瞻仰之幸也。康熙戊辰,桂复续书一部合璧贻永,为后世征,且能珍惜先人遗迹,而藏玩之者,先人犹在也,况第一义之法宝哉!后之视今,当如今之视昔。

• 拈[选录]

僧问五祖:"一大藏教是个切脚,未审切那个字?"祖云:"八啰娘!"圜悟云:"迅雷不及掩耳。"

拈云:五祖欲销熔点画,泯绝宫商,切得个字,不妨奇特,只是太远,未免使人胡猜瞎撞。或有问普明:"未审切那个字?"则展两手云:"会么?"

---

① 香严禅师语录:全一卷。香严说,门人明耀等编录。卷首有叶燮所撰之序。收录:上堂、小参、示禅人、序、记、跋、拈、颂、赞、偈、行实、歌、山居偈、诗、小佛事、补遗。香严赞赏冬溪和尚书法遒劲:"溪为清隐十世祖,书法遒劲,学海汪洋",曾书《法华经》,"其所书经,遗失既久。崇祯末,先师尔廉偶值购归,绝后再苏,俱为异宝,后人瞻仰之幸也",为"第一义之法宝"。

一滴草①[选录]

性潡(1633—1695),清初僧。属日本黄檗宗。字高泉,号云外,又称昙华道人。福建福州府福清人,俗姓林。慧门如沛禅师法嗣。宽文元年(1661),奉隐元隆琦之命东渡日本。元禄五年(1692)继为黄檗山第五世法席。敕谥大圆广慧国师、佛智常照国师。后世尊为黄檗山中兴之祖。事见《大圆广慧国师碑铭》、《黄檗东渡僧宝传》卷上、《日本禅宗史要》)。

本荟要所录入文字,据《禅门逸书续编》第 3 册,第 224 号。

- 示僧写经

棐几藤墩茅庸下,柳梢滴露研玄香。扫除马事兼驴事,独自披衣写梵章。

- 赠无瑕禅友血书千佛名经

捐躯重法岂辞难,写遍洪名血不干。一字一行光灿灿,三千三劫佛团团。红于菡萏花初绽,艳似珊瑚树正丹。有问出身何处是,毫头拈起与伊看。

- 雷洲子血书金刚经荐父寿母

终身不毁行何全,三事无违孝未圆。怎似回心归般若,更能沥血写真诠。淋淋染遍祇陀树,滴滴浇残贝叶篇。寿母荐严均在此,人间天上福绵绵。

---

① 一滴草:凡四卷。高泉撰,弟子道行编录。卷首有雪峰头陀一即非所撰之叙。卷一至卷三:诗偈。卷四:序、记、跋、书、启、祭文、传、铭、赞。本《荟要》所选录文字,涉及的书学思想:一、高泉强调书写佛经,把写经作为日常功课:"埽除马事兼驴事,独自披衣写梵章"(《示僧写经》)。二、对前贤时修书法之品评。高泉赞赏肯定张即之所写《金刚经》,"字体奇古,笔法精妙,诚可式天下而法后世也"。宋人刊刻("寿之于梓"),"观其刀法,即一点一画,未尝不曲尽其妙,殆非庸工之所能及也"(《张即之金刚经跋》)。三、关于刺血书经的论述。高泉认为,血书佛经乃是"捐躯重法"之举,其书写佛经之美,是"一字一行光灿灿,三千三劫佛团团",红于荷花初放,艳似珊瑚树红:"红于菡萏初绽,艳似珊瑚树正丹"(《赠无瑕禅友血书千佛名经》)。高泉认为,《金刚经》"其功德,不可以心思而言议",而血书其经,更有无量功德(《跋血书金刚经》)。高泉指出,刺血写经以报亲恩,会获无量之福。他说石峰血书佛经,是报亲恩(《示徒石峰血书法华荐亲》);雷洲子血书佛经,是为父母祝寿,"人间天上福绵绵",会获无量之福(《雷洲子血书金刚经荐父寿母》)。四、以人品衡书品。高泉说,从费老和尚法书之"雷砰电射",可以"想见其为人"(《跋径山费老和尚遗墨》)。

• 示徒石峰血书法华报亲

父母恩同天地，知恩报答难忘。密刺指端鲜血，然沉细写经王。

• 跋径山费老和尚遗墨

始予未东来时，曾大父方据径山指麾佛祖，号令人天，湖海英灵之士，莫不望风而进，如老妙喜无恶形也。予小子恨不及见，及东来后，则闻弃学子，游化他方矣。今观其遗墨，雷砰电射；想见其为人，感慕无已。

• 跋血书金刚经

般若喻如金刚，能坏一切物，一切物不能坏金刚。故其功德，不可以心思而言议，况沥血书写乎？虽然，无人相，无我相，无众生相，无寿者相，四相既空，且道经是何物，写者是谁？

• 张即之金刚经跋

宋张即之居士墨迹，传者固多，而精者盖亦寡矣。有手书金刚般若经一卷，字体奇古，笔法精妙，诚可式天下而法后世也。俗传张公，归为胥江水神，得其书者灾不能侵，矧书经功德又不可思议。故宋人宝其字，虑传之不广，寿之于梓。观其刀法，即一点一画，未尝不曲尽其妙，殆非庸工之所能及也。奈世殊代异，其板已毁之耳。有传于日出诸国，为仲舒大德所获，文其首曰：金猊山大智禅寺云，藏之久，转授于益庵居士，以酬檀施士之子，出示于齐云栋公，知其博达，求为鉴定。云见而骇曰："此吾故山物也，汝何有焉？"因劝其舍，其子乃诺然，授于云，云得之，为希世之宝。即奉其受业师，用垂不朽焉。第年深蠹损，首尾脱落。丐天闲子书而补之，复请即大师题其首，一日属余跋，余何能赞一辞哉！但愿后之若子若孙，仁人君子，见是经，无论经之新旧，字之工拙，当期顿忘人法，了解真空，则金刚一会，俨然未散，上报佛恩，下资群品，庶不负宋人镂梓之心，而云公求经之念也。

海幢阿字无禅师语录①[选录]

今无(1633—1681),清僧。字虫木,号阿字。番禺(今属广东)人,俗姓万。年十六抵雷峰,依天然函是得度。年二十二奉师命出山海关,千山可深器之。三年归广州,再依雷峰,一旦豁然。主海幢十二年。康熙十二年(1673),请藏入京。十四年,回海幢。手疏《楞严》,辑《四分律藏大全》。事见古云所撰《海幢阿字无禅师行状》、道光《广东通志》卷三二八、《释氏疑年绿》卷一二。

本荟要所录入文字,据《嘉兴藏》第 38 册,第 408 号。

• 颂古[选录]

草间曾见双蛇斗,书法归来便可传。无事闲持浣东绢,淋漓为你逼张颠。

• 普门品书成佛像赞

蜂房蚁穴,一品经文。佛既现前,经义何在?经即是佛,佛即是经。不辨字画,斯义分明。照乘或暗,九鼎岂轻!兀然而坐,大雪满庭。威音已前,逼塞太清。鹿苑而后,筑我愁城。脚尖踢出,千个佛形。如何是佛?好向东京寺里西廊下,问取王和尚仔细去听。

神鼎一揆禅师语录②[选录]

元揆(1634—1697),清僧。字一揆。绍兴会稽县(今属浙江)人,俗姓

---

① 清今无说,今辩重编。二卷。卷首收像赞;卷上收上堂、普说、小参;卷下收小参、茶话、颂古、书问、像赞、佛事;卷末附行状。本《荟要》所录入文字,涉及的书学思想:一、今无主张书法创作,应深入观察自然,以获取意象,触发灵感。草圣张旭,自言始见担夫争道,又闻鼓吹而得笔法意,观公孙舞剑器而得其神(马宗霍《书林记事》卷二,文物出版社 1984 年版,第 303 页)。今无和尚称自己于"草间曾见双蛇斗",触发兴会,萌生意象,即可挥毫,"书法归来便可传",而且可以直逼张颠草书之境地。二、今无提供了一种书写佛经中书画结合的特殊形式,在精心书写《普门品》中,把经文合成一尊佛像,"经即是佛,佛即是经。不辨字画,斯义分明"。

② 神鼎一揆和尚语录:凡十二卷。元揆说,门人成炯等编。卷首有车万育、子宜氏所撰之序。卷一至卷五:收住郢州月掌寿圣禅寺、安陆府京山县永隆禅寺、潭州神鼎资圣禅寺之上堂小参晚参。卷六:收明州瑞岩首座寮、明州天童西堂寮之秉拂小参。卷七至卷十二:收拈颂古、像赞、佛事、机缘、诗偈、书复、行实、寿塔铭(车万育撰)、法语、序跋。在元揆看来,血书佛经,其功甚大,饶益众生"无涯",可使"未见者见,未闻者闻,未度者令度",会"直得天龙寂听而生欢,含识承斯而普洽",这是"传法"、"度生"、"报恩",又是"锦上铺花"。

钱。嗣远庵僧。事见《神鼎一揆和尚语录·行实》、《神鼎一揆和尚语录》附车万育《寿塔铭》、《释氏疑年绿》卷一二、《五灯全书》卷九四补。

本荟要所录入文字，据《嘉兴藏》第37册，第388号。

• 一字一滴血，法施利无涯※

长沙文学易九有请。上堂，问："明镜当台即不问，本来面目请师宣！"师云："日轮当午照，犹待晓鸡啼。"进云："千僧幸集华严会，请师一句利群机。"师云："山僧有口挂壁。"乃云："假使顶戴经尘劫，身为床座遍三千。若不传法度众生，毕竟无能报恩者。三世诸佛无法可传，此处无银三十两，历代祖师无生可度，俗人沽酒三升，功不浪施，即且置不涉功勋一句，又作么生？一气不言含有象，万灵何处谢无私？"兹辰乃密弘居士饭僧，为子报恩兼施血书华严经，入山供奉，俾此会中知识，三七展演一字一滴血，法施利无涯，未见者见，未闻者闻，未度者令度。直得天龙寂听而生欢，含识承斯而普洽。传法也，度生也，报恩也，又是锦上铺花。若是因斋庆赞，待诸人手中钵盂安个柄来，再向汝道。师六旬，两序庆祝，请上堂，问："如何是心地？戒师云："眼中有翳须挑拨！""如何是无相戒？"师云："镜上无尘不用磨。""如何是有相戒？"师便打。问："宝华王座渴仰，人天向上宗乘，请师指示。"师云："扫却门前墼墔著。"乃云"者个若是，头上安头，丹青钝置老僧鼹。者个不是，斩头觅活，阿谁不具超方作。是醍醐是毒药，和罗一钵馔云堂，鼻孔人人尽穿却。且道因谁致得，休向樽前唱鹧鸪，座中尽有江南客。"

• 诸葛祭风台次石碑韵

日暮江天一鉴开，寻追往事吊空台。三分鼎业凌吴术，几片碑残揭汉才。千古尚存风凛凛，连环应惜火工摧。萧萧赤壁侵云墨，若个从兹辨劫灰。

鄂州龙光达夫禅师鸡肋集①[选录]

蕴上(1634—?),亦称宗上。清僧。字竹元,号达夫,本名蕴钰。明代楚藩裔,其父系"明楚昭王七世孙"。蕴上曾"三度滇南,四番吴越","一坐鄂州二十余载"。曾"于金华山寺礼野竹慧禅师",为嵩山野竹福慧弟子。《先大人文贞先生行状》称:"甲戌生钰",则蕴上生于崇祯七年(1634)。师于"戊辰岁之二月十九日"(即康熙二十七年—1688)撰《十八应真大士(并序)》,时年五十五岁。事见《先大人文贞先生行状》、《自赞》、《参同居志》(以上收入《鄂州龙光达夫禅师鸡肋集》)。

本荟要所录入文字,据《嘉兴藏》第29册,第225号。

● 尊者赞跋

余既赞尊者像已,欲丐善书者书之,思未竟,而愚如杨居士至,余默讶曰:"岂事之济与?"乃出赞质之。士读已,欣为握管,而烟流云沺,光怪陆离。其古奥者如钟鼎,奇峭者如冈峦圆转,若明珠走盘。新艳似芙蓉出水,飘扬绰约,宛若仙子凌虚。庄重端严,直如宝王说法,甚矣哉!较之黄慎轩、蒋美若,当并驾焉!若董玄宰,固宜逊之耳。何则?董柔媚而偏锋也!呜呼!善人非亲,而善人同之。余欲举其胜事,而杨子克成之,盖其俯自相应也。敬愿鬼神呵护,使是册常历人间,以至慈氏下生,则龙华之胜缘,又自今日始矣!故跋之以为后日验。

---

① 鄂州龙光达夫禅师鸡肋集:全一卷。蕴上说,侍者道泛、道冲等录。全书收小参、机缘、垂问、颂古、代语、杂偈、赞、杂著。蕴上高度评价居士杨愚如之书法,指出其挥毫运笔之潇洒如"烟流云沺",其书风之奇妙真"光怪陆离"——或"古奥者如钟鼎",或"奇峭者如冈峦圆转,若明珠走盘",或"新艳似芙蓉出水,飘扬绰约,宛若仙子凌虚"。在蕴上看来,杨居士之书法,"庄重端严,直如宝王说法",可与黄慎轩(明代书法家,行楷俱佳,尤以行书见长,韵致潇洒,墨法圆润)、蒋美若(明代书法家,善草书,跌宕遒劲,灵动飘逸)(黄、蒋事见马宗霍《书林记事》卷十一,文物出版社1984年版,第187页、188页)并驾媲美,而董其昌"固宜逊之",因董氏"柔媚而偏锋",杨氏"庄重端严"。

竺峰敏禅师语录①[选录]

幻敏(1638—1647),清僧。字竺峰。鄜陵(陕西富平东北)人,俗姓徐。十岁薙发,事庆忠二十一年。忠寂后,众请继忠州治平法席。事见仇兆鳌所撰《竺峰敏禅师塔铭》、性济所撰之《竺峰禅师行状》、《续灯正统》卷一八。

本荟要所录入文字,据《嘉兴藏》第40册,第483号。

● 紫柏尊者血书楹联※

晚参。昔大明神宗年间,紫柏大师偕陆五台先生洎诸缙绅,兴复楞严古刹。五台先生之弟云台,独建此禅堂五楹。紫大师遂题联云:"若不究心坐禅,徒增业苦;如能护念骂佛,尤益真修。"用血书之。即今此语,犹存此堂。现在试问诸昆仲,建堂书联之人,向甚么处去?若识此人去处,便知念佛是谁。若识念佛之人,便知万法归一。识得万法归一,便知庭前柏树子。所以古德颂云:"赵州柏树太无端,境上施为也大难。处处绿杨堪系马,家家门首透长安。那里是长安之所,鸿雁长飞光不度,鱼龙潜跃水成文。"

法玺印禅师语录②[选录]

正印,清僧。颛愚大师之法嗣、憨山德清之再传弟子。师先后于辛卯(1651)冬十月至壬子年九月(1672)之间,住江西南康府建昌县凤栖山同安

---

① 竺峰敏禅师语录:清幻敏说、性钜、性湛、性玙、性济等编。六卷。后录二卷。卷首收序、请启,卷一收住四川忠州敕建振宗禅寺语录,卷二收住四川忠州敕建振宗禅寺语录、小参、示众、茶话、卷三收机缘,佛事,问答,法语,卷四收诗偈,拈颂、歌、赞,卷五收书问、联芳偈,杂述,卷五末附序、请启,卷六收住浙江嘉兴楞岩禅寺语录。后录卷上收再住四川忠州敕建振宗禅寺语录,后录卷下收示众、茶话、佛事、赞偈、联芳,卷末附塔铭、行状。幻敏记载了紫柏真可曾于楞严古刹禅堂血书楹联:"若不究心坐禅,徒增业苦;如能护念骂佛,尤益真修。"

② 法玺印禅师语录:十二卷。清正印说,性圆等编次。卷首有李王庭、余三瀛所撰之序。卷一至卷四:收住江西南康建昌县凤栖山同安禅寺、江西南昌靖安县龙门山暇僧禅寺、南城清化禅寺等之语录。卷五至卷十二:收小参、普说、示众、茶话、法语、勘验机缘、参见机缘、书、启、真赞、自赞、颂古、付法偈、诗、佛事、募疏、杂著。憨山德清为明末四大高僧之一,陶宗仪《书史会要》称:"德清文字妙敏,一写千言,善行、草。"曾刺血书《华严经》。灵峰蕅益有《憨大师书唐修雅法师听法华经歌跋》,知憨山曾书唐修雅法师《听法华经歌》:"法华妙经,得修法师听法妙歌,庶略赞扬。此歌绝妙好词,得吾憨翁绝妙手笔,庶称二绝。世有不知自心妙法华妙及此歌之妙者,但珍憨翁妙笔,日夕玩之,安知不因字知歌,因歌识经,因经悟心也哉。然则妙字,妙歌,妙经,无不从妙心流出,无不还归妙心。谁谓心外有法,法外又别有心也。"

禅寺、江西南昌府靖安县龙门山暇僧禅寺、江西南昌府奉新县越山宝莲禅寺、北京南城清化禅寺弘法。事见李王庭《法玺印禅师语录·序》、余三瀛《法玺印禅师语录·序》。

本荟要所录入文字，据《嘉兴藏》第 28 册，第 220 号。

• 曹溪憨山师翁墨迹跋

尝闻吾祖憨山老人，五十余年说法于南北两地，往往多于金紫行中。其与宰官居士往来交接者，不知几何人也。究承传受益契法，盟心久约，不忘始终一致者，不甚多见。初闻有伯玉汪公每以诗文勖望，不虚矢志之因。续闻有右武丁公每于军戎崇敬，不轻患难之为。再闻有牧斋钱公扫庵谭公巾瓶从事，不忘法道之隆。虽则知其大概，不知其审也。何也？山僧开法二十余年，已来总居江右，未免地广人稀，闻师翁者多，见师翁者少，及乎得师翁手书垒积者，万无一矣。不期昨来嘉禾，得接牧公项居士，乃金明介之法嗣，襄毅公之后裔，入道殊深，弘法既久，布网垂钩，大有生活之手，真红尘中特出之金毛也。山僧正叹服不知其何异焉，忽晤其叔寄庵居士，径于书笈中取一轴，见示曰："先君楚东历官，粤东别驾，与憨大师往来相契，话道因缘，幸存其迹，和尚其一游目乎？"山僧得之欣然，读之不暇，遂袖归旧寓，细赏其由，始知楚东先生乃吾憨祖腹心中人也，第知楚先生，知憨祖寄居士，知山僧，则又知牧公，知金明皆祖先垂庇，非项府信响法门有自哉，因此源源故为之跋，时乙卯八月日也。

宗鉴法林①[选录]

迦陵(1671—1726),清代僧。法名性音,字迦陵。别号吹余。浑阳(今属辽宁)人。俗性李氏。年二十四,投高阳毗卢真一披薙。慕临济、曹洞宗风,南遊杭之理安,谒梦庵超格得法。寂后世宗谥圆通妙智大觉禅师。事见《宗统编年》卷三二、《正源略集》卷一二、《新续高僧传四集》卷二五。

本荟要所录入文字,据《新编卍续藏经》第 116 册。

一

张颠草书,李广神箭。一等精良,千秋独擅。(浃水治)

二

张颠颠后绝人颠,草圣呼传醉里仙。断戟短枪浑不顾,至今纸上起云烟。(天岸升)

三

洞山于扇上书"佛"字,云岩见,却书"不"字,师又改作"非"字,雪峰见乃一时除却。

兴化奖代云:"吾不如汝。"白杨顺云:"我若作洞山,只向雪峰云:'你非

---

① 宗鉴法林:全书七十二卷。迦陵广泛搜录历代诸师之古则、公案、拈颂,计 2720 条。因康熙五十一年(1712)春,于塞北之法林寺会集编书,至五十三年夏,镌版完工于京师柏林院之宗鉴堂,故题名《宗鉴法林》。本《荟要》所选录文字,涉及的书学思想:一、以艺(书)喻禅,以艺(书)论禅。1. 在兜率看来,"祖师心印"是不可言说的("满口道不得")。王羲之书《黄庭经》换鹅(见马宗霍《书林记事》卷二,文物出版社 1984 年版,第 294 页),传为佳话。羲之爱鹅成癖,喜从鹅的姿态(生命),领悟书法执笔运笔之理,他舍书换鹅,是爱鹅之鲜活生命。在兜率看来,"祖师心印"(佛性)正在那鲜活的生命之中。支遁好鹤,但他"铩其翮",而"鹤轩翥不复能飞,乃反顾翅,若有懊丧意",使鹤失去"凌霄之姿",只能"为人作耳目近玩",无复翱翔的生命形态(见《世说新语·言语》第 76 条)。在兜率看来,不能把"支遁鹤"(已失去自由,不能翱翔高飞,已不是生命的本来面目)"唤作右军鹅"——那才是生命的本来面目。2. 石田熏也以"右军鹅"与"支郎鹤"来诠释束缚与解脱问题。据《祖堂集》卷二"第三十三祖僧璨"章记载:四祖道信向僧璨请教"解脱法门",僧璨问"谁人缚汝"? 道信对曰"无人缚",僧璨明确告诉道信:"既无人缚汝,即是解脱,何须更求解脱?"在僧璨看来,人生一切痛苦,都是自造的(是无明烦恼所致),根本就没有人来束缚你,人的身心本来就是自由的,就不存在向外寻求什么解脱。所以石田熏说"谁缚无人缚,何更求解脱?"这不是"右军鹅",也不是"支郎鹤"——右军之"鹅"已成为人们近玩之物,支遁之"鹤"是已被人"铩翮"而不能"凌霄"之物,它们都是受束缚的,是人为的,不能以它们来解说束缚与解脱问题。3. 在频吉祥看来,人人都有佛性(本心),无需向外寻求:"向人作赁终非有,自种桑麻薄也多"。而对佛性(本来面目)的领悟与把握,只能随缘任运,自然而然,正像王羲之以平常心"聊写"《黄庭经》,以换回"苍鹅"一样,"随分"对之。二、对杰出书法家的评价。浃水治高度评价张颠草书:"一等精良,千秋独擅。"天岸升评价张颠草书空前绝后:"张颠颠后绝人颠"。

吾眷属。'"天钵元云："洞山云岩平地起堆,雪峰老汉因事长智。"止谷声云："字经三写,乌焉成马,二老宿之谓也。雪峰虽善顺朱填墨,德山门下不道不是。洞山门下犹隔津在,何也? 太史籀文,二王楷书。"

<h3 style="text-align:center">四</h3>

向人作赁终非有,自种桑麻薄也多。世事莫如随分好,聊写黄庭换苍鹅。(频吉祥)

<h3 style="text-align:center">五</h3>

谁缚无人缚,何更求解脱? 未必右军鹅,便是支郎鹤。(石田熏)

<h3 style="text-align:center">六</h3>

兜率因僧问："提兵统将,须凭帝王虎符。领众匡徒,密佩祖师心印。如何是祖师心印?"师曰："满口道不得。"曰："只者个更别有?"师曰："莫将支遁鹤,唤作右军鹅。"

撄宁静禅师语录①[选录]

智静,清云门宗僧。曾在崇祯癸未冬(1643)、甲申冬(1644)于眠牛山舜庵结制;于清顺治庚寅岁九月(1650)住蕺山戒珠寺说法;于清顺治癸巳年四月八日(1653),住吴江黄溪镇喻指庵掩关。曾于康熙丙子(1696)暮春,参天童悟;康熙壬午(1702)仲春,去天童历游云门东山、双径石梁,遍扣诸方。

本荟要所录入文字,据《嘉兴藏》第33册,第286号。

•示香济禅人书法华经

巍巍大乘旨,用处不存迹。虽说有三乘,总是化城驿。空拳诳小儿,上

---

① 撄宁静禅师语录:凡六卷。清智静说,德亮等编,德裁等录。卷一,收录蕺山戒珠寺上堂(十篇)、小参(三篇)、吴江喻指庵上堂(五篇)、茶话(四篇)。卷二,收录黎川罗汉寺上堂(十三篇)。卷三,收录眠牛山结制小参(七篇)、示众(十六篇)。卷四,收录拈古(三十四则)、颂古(五十五首)、机缘(十七则)。卷五,收录法语(二十二篇)、佛事(八则)、赞(十二首)、和中峰国师乐隐词(十六首)、偈(十二首)、碑记(一则)。卷六,收录续卷苦三峰曹洞十六问(并着颂)。撄宁静禅师认为,普上人血书佛典,是"为求无上道,究竟坚固住"(《题闻普上人血书法华经》)。撄宁静禅师对于血书佛典的态度,是不要执着:"我勉济上人,临书莫着画。"在他看来,禅家应"悟大乘法",应悟"大乘旨",而"巍巍大乘旨,用处不存迹","不悟大乘法,弃珠寻瓦砾"。在他看来,书写佛典,只是权宜方便,正如"空拳诳小儿,上根能返蹱。若一涉言诠,龙门遭点额"(《示香济禅人书法华经》)。

根能返踯。若一涉言诠，龙门遭点额。总之智慧门，难解复难入。药王焚身时，身见且不立。佛法不现前，大通碎囊革。剥皮以为纸，唯此一事实。刺血以为墨，曹源倾一滴。不悟大乘法，弃珠寻瓦砾。诸佛体中权，今古不曾隔。我勉济上人，临书莫著画。一朝彻髻珠，毫端起霹雳。

• 题闻普上人血书法华经

大哉空王旨，能辟生死路，绝我疑网城，破我愚痴库。甘雨润焦枯，雷音解禁锢。诚如火中莲，难植复难遇。得有普上人，身心浑不顾。刺血顿忘疲，唯知依药树。为求无上道，究竟坚固住。点滴惊鬼神，舒卷悲日暮。透此无量光，心珠常独露。笔底若通玄，大千俱受度。

• 建喻指庵碑记

像法南来，佛道始继。先于教乘开辟兹土，而继吾学佛之徒，若知其玄旨者，则稍有进趣焉。萧梁之世，达磨来是震旦传佛心宗，以致五灯分化。悟者如稻麻竹苇，潜修密证，遍满界内，正法之盛，于是渊源不绝。其间抱道之士，或居梵刹，或住山林，或聚落，或庵宇，或顺行逆化，应被十方，摩肩接踵，力救吾人沉没苦海。盖其悲愿弘深，俾见闻者得以超生死之域，深受其益者，无尽尽焉！然庵居隐所，虽不能悉处有道之士，而三宝弘名，亦日贯于眉目矣。余解院东归，道抵黄溪，适遇昔于罗汉寺之参请者振纲姚君即天与也。斯翁酷嗜宗乘，里中莫已知者，与余深接，因询所止曰："师将归天台耶？将设化四方耶？但兵燹之后，住山人亦多患难，不若随地安居，作芭茅计，未审若是，可否？"余欣然允从，复云："但宜择地而居可也。"士曰诺。嗣后，云山史翁皆前皈依者，并瑞云史君亦洞下一庞蕴之属，相从表里，集同十友，择定其所，去黄溪里许，地名南港，居邻纯朴，众议金同，靡不欣辅，乃平基创庵，不日而功告成，约费千金有余。兼施田亩，永作斋厨之供，俾后继者不乏所须。间有月上人迎毗卢香像供奉于中，俨若符契，其事亦非偶然者。余即于癸巳四月佛诞日居之，额曰：喻指深幸诸君，道业倍增，佛事益广。余就中隐关三载，作杜门计，息以自励，而邑中士大夫与余游者吴金沈史诸君子，询参个事，亹亹不竭，莫不以斯为最胜举也！噫，若是观之，岂非法界唯心者乎？昔诸公一念之善愿等金刚，久久无能摧灭者，其因其果亦若是矣。虽创业大小有殊，而笃信本来一辙，愿现在诸贤暨后来檀度，永作金汤，深护圣教，毋使流俗来仪混同庸处，务行广大佛事，以为多生福泽,线远于千百世之下,终不磨灭。诚如是,即灵山一会,俨然未散也。是为记。

彻悟禅师语录①[选录]

际醒(1741—1810),清僧。字彻悟,又字讷堂,号梦东。丰润(今属河北)马氏。依三圣庵荣池薙染。通达性、相二宗及三规十乘之旨。乾隆中,参广通粹如得印契。是为临济三十六世、磬山七世。慕永明遗风,栖心净土。事见《彻悟禅师行略》(《彻悟禅师语录》所附)、《净土圣贤录续编》卷一、《新续高僧传四集》卷四七、《晚晴簃诗汇》卷一九七。

本荟要所录入文字,据兰吉富主编《禅宗全书》第 79 册,台湾文殊文化有限公司 1990 年版。

• 跋德全禅人血书莲华经

无我而灵者,佛知见也。有我而昧者,众生知见也。生佛知见无殊,特一妄我间之耳。夫大迷之本存乎我,而我之最爱者莫过身,苟众生之身见不亡,我执不破,则生死轮回,曷能自已!德禅人密发九品净愿,书成七轴莲经,以无情之霜刀,刺难出之身血,十指沥干,一心不动,伟矣哉!真无边苦海中,顿空我见,直出生死之勇猛丈夫也。噫,禅人初发是念,莲华种植时也。日渐刺书,莲华增长时也,七卷功圆,莲华光香具足时也。如是则禅人之净因已成矣。但当莫忘本愿,系心念佛,直待此方报谢,彼土华开,即见佛闻法因圆果满时也。虽然,即今试问禅人,方金刀裂肉血笔纵横时,其知疼痛而成点画者,灵耶,昧耶?我耶,非我耶?佛知见耶,众生知见耶?于此了然,则佛国非遥,宝莲正放。或犹未也,请分明记取,以质诸弥陀

---

① 彻悟禅师语录:凡二卷。清了亮等集。卷一,收录序文三篇(弟子诚安序、弟子心雨《念佛伽陀序》、彻悟自序)、示众;卷二,收录杂著、跋、书问;卷末附录:念佛伽陀、彻悟行略。彻悟禅师关于刺血书经的论述。一、他认为:血书佛经必有功德,乃是“流通大法,实为希有难能之行,其于往生当必有分焉”(《跋禅人勇建血书楞严经庄严净土》)。二、彻悟禅师肯定德全禅人血书佛经之举为“伟”:“伟矣哉!真无边苦海中,顿空我见,直出生死之勇猛丈夫也”,当书写完成时,“则禅人之净因已成矣”(《跋德全禅人血书莲华经》)。三、彻悟禅师强调在书写佛经中,应以“书经之念,念念忘缘。刺血之心,心心忆佛”,如果“以生灭心,取实相法”,心存“我为能书,经为所书。彼是刺血时,彼是书经处”,那么,是“为我慢幢”,“不特全迷妙法,远背佛心。且深负此一点百劫千生不易发起之勇猛净信,为可惜矣”(《跋明初禅人血书莲华经》)。

老子。

• 跋明初禅人血书莲华经

金刀未举，班管未拈，尽十方是部血淋淋的《妙法华经》。于斯见彻，谓灵山一会未散可也，谓灵山一会本不曾会亦可也，向当时喝散可也，于今日再会亦可也。大用现前，不存轨则。如王宝剑，杀活临时。如是刺血，如是书经，是真精进，是名真法供养如来，可以畅本师出世之怀。何以来古佛泥洹之塔，直令十二类生，迎刃而命根顿断；无边法藏，点笔而文采全彰；莫不滴滴归源，言言得髓，奚止刺无能刺，书无所书，铺好华于锦上，指明月于天边也哉？明禅人年齿尚少，向道唯诚，刺血书经，归心乐土，果能闻是说而不生惊怖，是为解第一义，上品生因。如其未然，直须十二时中，四威仪内，以书经之念，念念忘缘。刺血之心，心心忆佛。管取金台可以坐待，妙谛不日亲闻。否则，必见我为能书，经为所书。彼是刺血时，彼是书经处。以生灭心，取实相法，转不轻行，为我慢幢。不特全迷妙法，远背佛心，且深负此一点百劫千生不易发起之勇猛净信，为可惜矣。禅人其勉之。

• 跋禅人勇建血书楞严经庄严净土

首楞严者，称性大定之名也。以如来藏心而为体性，以耳根圆通而为入门，以穷极圣位而为究竟，此依藏性之理，起称性之行，还复证入，藏性全体，一经大旨，义尽于斯。故文殊于是请结经名，此后复明昧此，难免七趣沉沦，修此须防五魔扰乱者。但反衬正宗，以补足其间要务耳。经中兼明净土，其处有四。第一，大势至法王子，亲禀念佛法门，于超日月光佛，其所陈念法，至为切要。而大士修因契果，自利利他，唯以念佛，皆悉具足。第二，乾慧地中云，现前残质不复续生，夫乾慧地，虽圆伏五住，见思尚犹未断，何以便不续生？盖超同居秽土，生同居净土矣。智者大师是其明证。第三，情想升沉中云，纯想即飞，必生天上。若飞心中，兼福兼慧，及与净愿，自然心开。见十方佛清净国土，随愿往生。前乾慧地，犹属圣位，此则博地凡夫，纯想之心，便往生有分。此盖我释迦如来大慈悲心，炽然轮回之中，特地拈出此横出三界之要道耳。古今未入圣位之人，临终往生者，是其证也。第四，流通分中，若有一人身具重罪，将招极恶，一念宏法，变其所受地狱苦因，为安乐国。重罪尚然，况轻罪乎，况无罪乎？无福尚然，况有福乎，况多福乎？一念尚然，况多念乎，况终年终身乎？其往生不在中下品矣。古今宏法诸师,现相往生者,皆其证也。夫念佛法门,专逗十方之机,三根齐被,耳根圆通。专逗此方之机,唯利上根。且示阿难以就路还家,故文殊大士曲为拣选,非谓耳根独胜,念佛便劣也。读经者不可不知。禅人血书此经,流通大法,实为希有难能之行,其于往生,当必有分焉。

憨休禅师语录①[选录]

如乾,清僧。字憨休。四川龙安(平武)人,俗姓胡。乃临济下第三十三世之孙、风穴云峨老人之嫡嗣。事见弘善《憨休禅师语录·像赞》、何瑞徵《憨休禅师语录·序》、《五灯全书》卷九九补遗。

本荟要所录入文字,据《嘉兴藏》第 37 册,第 383 号、第 384 号。

•论学书②※

因学者学书,示众:若论此事,如人书字,点画可效者工,否者拙,盖未能忘法耳!当笔忘手,手忘心,乃可也。有般的,闻说虚圆正紧,便乃执之,失度不会,放之自然,焉能纵横得妙?若要鸾飞凤舞,虎啸龙腾,岂可得哉?到这里休夸逸少,谩说张颠,挥云扫雾则不无,只如纸墨未呈,以指点空,云:且道者一点落在甚么处?从来八法子,赚杀几多人。

•书翰汇集序③

余壬子春入关时,卖花声众,争艳桃李,余货松独青,而相顾者鲜矣。

---

① 憨休禅师语录:凡十二卷。如乾述,继尧等编。卷首,有何瑞徵、张恂之序。卷一至卷八,收录住陕西西安府泾阳县兴福禅寺语录、住西安府咸阳县广教禅寺语录、住西安府泾阳县清禅寺语录、住西安府长安县青门炖煌禅寺语录、住河南汝宁府新蔡县金粟禅寺语录、住西安府咸宁县大兴善寺语录、住河南汝州风穴白云禅寺语录。卷九,小参。卷十,示众、机缘、垂问。卷十一,拈颂古。卷十二,拈颂古、后跋。憨休和尚敲空遗响:凡十二卷。如乾说,张恂稚恭编阅、继尧校订。卷首收王锡命、李伯敬所撰之序。收录:碑记、序、传、行状、塔铭、辞、赋、祭文、牒、说、题跋、疏引、闲语、启、尺牍、像赞、偈、诗。本《荟要》所选录文字,涉及的书学思想:一、憨休对书法创作提出了"忘法"说,提出了"笔忘手,手忘心"的命题,主张突破"八法"的束缚,因为"从来八法子,赚杀几多人"。二、对前贤时修书的品评。憨休禅师指出:张稚恭"书法精妙,虽米南宫、董玄宰,亦有所不逮也"(《书翰汇集序》)。憨休禅师提供了重要史料。他亲见赵松雪《书杜诗帖》:"笔力遒劲,有扛鼎之势,恍如尘珠再现,光耀夺目,泥莲出水,香艳拂人,是亦墨林中希有之奇珍也!"(《跋赵松雪公帖》)憨休禅师提出"文字为天地间之真宝,信不诬矣"的命题。提供了重要史料:"(《兰亭记》)唐褚潭州临传于颖上者,迥然精妙,神彩焕然,笔势飞舞,勔力遒劲,觉前所见,不啻爪尔鳞甲耳"(《兰亭记跋》)。"女史徐媛所临古字帖","仿佛羲之,而阃秀钟发,遒逸超迈,又神乎其妙,不愧须眉"(《跋徐媛帖》)。

② 选自《憨休禅师语录》。

③ 以下选自《憨休和尚敲空遗响》。

一日过泾阳,访义真友人于嘉庆寺,适遇稚恭张老先生,一见如旧识已,遂成莫逆,其交有十四年所矣。先生以关内名家,早发上第,侍宸秘阁,天葩灿烂,冠绝古今。既而抽簪归里,衔杯乐圣,喜与高衲辈游,故有书问,落在丛席。言简而文,词约而达,无泛常语,字字皆从活水源头大光明藏中流出,不落时人套习。兼以书法精妙,虽米南宫、董玄宰,亦有所不逮也。世人获一字一句,重如甄叔迦宝,韫椟珍藏。侍僧集其与余往来书问,汇而成帖,请序其首。余曰:先生以书画名天下,海内竞尚其书札绪,余虽一时挥洒,诚可矜式,子之是集,可谓拾琼枝于玉苑,嗅薝卜于香林者也。当与琅函贝叶,共垂不朽。子宜以松青而见重,毋效争艳而可惜,故序。

- **兰亭记跋**

予幼读唐诗类苑,见有辨才萧翼倡和诗,首序云:唐太宗酷好二王书,闻兰亭记真迹,在吴兴永欣寺僧辨才所,百计求之不获。房玄龄荐御史萧翼多权谋,命翼微服南游,果以术取其书以归。太宗大悦,擢为员外郎,赐以金缕瓶玛瑙碗等物。秘之大内,临终数目之,谓太子曰:当借此以殉!呜呼,文字之在天地间,诚为至宝,盖亦多矣,唯羲之书,太宗重之如此,虽没犹不能舍,亦见帝王崇文善雅之笃。文字为天地间之真宝,信不诬矣!予昔遍参吴越时,见多传本,不无摹搨失神,字画粗肿,竟未见有真迹。后于鲷阳宋中丞第,得临本,字多残缺,首尾不完,阅之乃唐褚潭州临传于颖上者,迥然精妙,神彩焕然,笔势飞舞,筋力遒劲,觉前所见,不啻爪余鳞甲耳,甚珍爱之,遂摹一本,随之四方,历有年矣。今于广教得碑阴之空,特摹勒,上石公诸同好,愿结翰墨一段良缘也。

- **跋徐媛帖**

曾子固云:王羲之书,晚乃善,学力所至,非天成也。笔冢墨池,虽好事者所为,可见书不易学,而学亦未易成也。羲之始学书于卫夫人,而笔法精妙,足为千古矜式。迄今学书家,无越乎羲之者也。甲子夏,余过□阳晤季贞,毛文学以一卷见示,乃女史徐媛所临古字帖也。徐媛书又仿佛羲之,而闺秀钟发,遒逸超迈,又神乎其妙,不愧须眉,所以可传宝之,毋忽。

- **跋赵松雪公帖**

松雪赵公,在元统,以书画妙天下,为才人中第一,当时诸公无出其右者。若字若画,有手迹有墨帖,藏于缙绅士夫之家,盖亦多矣。世更沧桑,或沦于泥土者有之,或落于田家者有之,此帖不没于泥土而获于畯夫之手,是亦大幸也。奈何册叶零落,畯夫不知以绳联之,为田妇鞋样线夹之,具类乎麻姑至蔡抓背,是求梁鸿寓吴佣工是作,孰知其贤哉,良可慨也!幸断崖诚子,以钱四十文,赎之以归,又亦大幸也!余阅之,乃松雪赵公之书杜诗帖也,命工揭裱,翻然而新。笔力遒劲,有扛鼎之势,恍如尘珠再现,光耀夺目,泥莲出水,香艳拂人,是亦墨林中希有之奇珍也!惜其册首不全,故记其后,以见斯帖之其出其处,是亦不幸中之大幸也欤!时康熙二十八年六月廿一日。

• 跋圣教序帖

近代圣教序帖,多残缺,字画不完,乃槌击石碎揭多字销,罕见有完本矣。适中也禅人持一帖,四角俱圆,水迹多印,惟字画灿然,锋芒如新,无断文,无残缺,笔势稍全,仿佛细玩,边有记曰:"大元至正二年揭。"非敢信为元揭,观字画全美,知非今时之揭也明矣。命重新之什袭珍藏,虽世金可求,而此帖不易得也。

• 雨中书示硕愚慧子(二首)

风掠檐声雨打窗,庭沤泛泛水如渟。蜗涎走迹沿阶篆。鸟饭衔香过石幢。每叹痴蝇钻故纸,那堪癫马系枯桩。迩来不放张颠醉,剩有如椽笔势扛。

• 遣意(其四)

却胜山林僻,而无廛市喧。军持时贮水,瓦鼎日生烟。雨后园蔬长,枝垂果树偏。间来书草圣,那复效张颠。

百丈丛林清规证义记①[选录]

唐怀海集编、清仪润证义。仪润，清僧。字源洪。天童山圆悟法师之递代传人。道光间，住杭州真寂寺。撰《百丈清规证义记》。事见《百丈清规证义记》诸序。

本荟要所录入文字，据《新编卍续藏经》第 111 册。

·书记

执掌文翰，一切书写，当尽其心，不可粗率潦草，并教初学经典，儒释兼通者，可充此执（禅堂贴单）。

证义曰：古人惟以了脱生死为大事，间有拈弄文字，皆了事后游戏，以咨发后人眼目，非专以词藻为工也。乃近日僧中，竟欲以此见长，甚或留神书画，寄兴琴棋，名为风雅，全忘清修。生死到来，毫无用处。摭古云：峨嵋白长老，作颂古千首，以压雪窦。太和山主面唾曰："此鸦臭当风，气已触人，矧欲胜人乎？"愚庵颂曰："为僧僧醉文字酒，参禅禅在颂千首。曾知文不在纸上，又道谈元不开口。君不见，大藏数千卷，书藏充二酉。文章末技耳，明道为枢纽。孔子之见温伯雪，饮光一笑无何有。秀上座，獦獠叟，一是不识丁，一为文字薮，衣法是谁传不朽。雪窦百之我千之，野干鸣，狮子吼。"噫！为书记者宜知之，自长老以下，皆宜知之。

---

① 百丈丛林清规证义记：九卷。源洪仪润述，妙永校，清·道光三年(1823)序刊。系源洪仪润为《敕修百丈清规》所作的注解。仪润在凡例中谓"证义之作，或随文释题，或即事显理，或补其要义，或推广衍说"，可见其书特质。卷首收录杨亿的原序、仪润的自序、其他序跋等五篇，以及目录、凡例、五重玄义，卷末附载地舆总目，以便知晓地名的异同。唐百丈怀海(720—814)所制订之清规(世称古清规)，其原型于宋代失轶，直到元顺帝至元元年(1335)，东阳德辉奉顺帝之敕命，以宗赜之《禅苑清规》及惟勉之《丛林校定清规》等为蓝本，重新编辑本书，由全悟大䜣校正，此即二卷本《敕修百丈清规》。此清规内容分上、下两卷，计有九章。卷上有祝厘章第一、报恩章第二、报本章第三、尊祖章第四、住持章第五。卷下有两序章第六、大众章第七、节腊章第八、法器章第九。其中，祝厘章记载圣节、景命四斋日祝赞、旦望藏殿祝赞、每日祝赞、千秋节、善月等对帝王圣寿万岁之祈愿，此系国家权力统制下之宗教教团仪礼。尊祖章叙述祖师忌辰之典礼。大众章收录坐禅仪方法、禅院修业生活规范与百丈清规制定之沿革。禅宗大师不仅十分重视佛经的书写，也重视日常佛事活动的书写，并且对书写者的素质提出了严格的要求。"执掌文翰，一切书写，当尽其心，不可粗率潦草，并教初学经典，儒释兼通者，可充此执。"禅门以"了脱生死为大事"，反对沉溺于世俗的书画等艺术活动。他们严厉斥责那种"留神书画，寄兴琴棋，名为风雅，全忘清修"的歪风邪气。在他们看来，偶尔"拈弄文字"，进行书画等艺术活动，乃是"了脱生死"之后所进行的"游戏"而已。

• 净业堂规约（凡十五条）

宜屏弃杂务，凡经书笔墨诗偈文字，一切置之高阁，不应重理（他本增：凡常住一切坡事俱免亦不派其执事）。

• 炭头（兼）炉头

证义曰：兼管围炉者，盖公界围炉，易于光阴虚度，各宜修道，不得检阅外书，及书画等；不得谈笑诤论，不得烘焙鞋袜，及弹垢腻于火中；不得拨火飞灰，不得久停乱挤，须挨班进。违者白客堂行罚。

翠崖必禅师语录①［选录］

翠崖，清僧。出身名族，曾遍参诸方，得法于普陀之别庵禅师（别庵乃继高峰三山老人之后，承大慧之传人——大慧果十七世孙）。他先后在浙江杭州府仁和县之永寿禅寺、江西赣府长宁县之狮林禅院、长安观音禅寺、嘉兴禅寺弘法。事见屠粹忠《翠崖禅师语录序》、曹广端《翠崖必禅师语录叙》。

本荟要所录入文字，据《嘉兴藏》第 40 册，第 487 号。

• 刺血书莲经※

刺血书莲经，兼为法慧剃度。上堂：欲识佛法大意，无论是僧是俗，是男是女，单单只要一个信字。信者成佛之本源，入道之阶梯。所以世尊舍金轮王位，而上雪山。由于此信，末后苦行六年，夜睹明星，豁然大悟而成正觉。由于此信，达磨西来，少林面壁，神光断臂，为法忘躯，皆由此信。临济大师在黄檗处吃三顿痛棒，向大愚肋下还拳，皆由此信。只如诸人者里结冬，那边过夏，朝参暮究，欲求见性，也只是此信。今日法慧割爱辞亲，苦

---

① 翠崖必禅师语录：凡三卷。翠崖必说，侍者道通记录。卷首收屠粹忠、曹广端所撰之序。卷一：收住浙江杭州府仁和县永寿禅寺语录、住江西赣州府长宁县狮林禅院语录、住京都观音禅寺语录、住京都嘉兴禅寺语录。卷二：收小参、机缘、佛事、像赞、颂古、牧牛十二首。卷三：收源流颂。翠崖强调修行应以"信"字为先，他指出："信者成佛之本源，入道之阶梯。"他以世尊夜睹明星、豁然大悟而成正觉，达磨西来、少林面壁、神光断臂、临济大师在黄檗处吃三顿痛棒等等，"皆由此信"。并以王居士刺血书经为例，指出其能刺舌血书经六万余言，也是"信"的无穷力量："又如王居士，喜助山僧，刺血书经六万余言，字从舌尖上吐出，若男若女，远近闻风而至，也只是此信。且人人本来是佛，皆因不信，永堕轮回，升沉苦海。故此一个信字，若人体究亲切，受用无穷。"

求披剃，也只是此信。又如王居士，喜助山僧，刺血书经六万余言，字字从舌尖上吐出，若男若女，远近闻风而至，也只是此信。且人人本来是佛，皆因不信，永堕轮回，升沉苦海。故此一个信字，若人体究亲切，受用无穷。虽然，竖拂子云：还须信得者个始得，者个且作么生信？任从桑海变，终不为君通。掷拂子下座。

后　记

　　近几年来，我考虑和思索得较多的问题之一，是中国美学学科的建设问题，特别是中国美学学科建设的基础性工作，如何能得到进一步重视和加强的问题。我所说的中国美学学科建设的"基础性工作"，主要指：中国美学文献的发掘、整理和研究工作，中国美学文献学的建设工作。

　　是什么原因引发和促使我来考虑和思索这个问题呢？2008年，我撰写了《中国美学文献学研究的历史回顾及其学科建设的初步构想》一文（载《意象》第3期，叶朗主编，北京大学出版社2009年9月版），在起草此文的过程中，我翻阅了大量的文献资料，梳理了自宗白华先生于1934年提出"中国美学"这一概念和提出"中国美学原理系统化"的要求以来，中国美学学科的形成、发展的历程，以及中国美学研究所取得的成绩，使我清楚的认识到：中国美学学科的建立、形成和发展，中国美学研究的拓展和深入，都是与中国美学文献的搜集、发掘、整理和研究的进展和成绩分不开的，而且总是以中国美学文献的搜集、发掘、整理和研究工作作为前提和基础的。中国美学文献学是中国美学学科的分支学科和基础学科，是中国美学学科建设、发展和完善的重要基石。

　　当今，学界都在思考，如何使中国美学研究进一步走向深入？使中国美学学科建设更为完善？我觉得：既要重视美学理论的提升与创新，还要重视美学文献的新发掘与新阐释；对中国美学文献的搜集、发掘、整理、研究，乃是中国美学学科建设的基础和前提。

宗白华、朱光潜等大师，无论是在美学理论的建设上，还是在美学文献的发掘、整理、研究上，都有许多重要的主张，和卓有成效的成果，他们对中国美学学科的建立，对中国美学文献学学科的建立，都作出了重要贡献。有学者提出：当今的中国美学研究，要从朱光潜"接着讲"。我想，我们不仅要在中国美学理论方面，从朱光潜、宗白华等大师"接着讲"，并且，要在中国美学文献的发掘、整理、研究等方面，对他们的主张和实践"接着讲"。

那么，中国美学文献的发掘、整理、研究和出版的现状如何呢？应当承认，中国美学文献的整理和出版工作，已经取得了显著成绩，既然如此，为什么还要提出应进一步重视和加强这方面的工作？是否还有可以进一步进行深入发掘的领域？是否还有未被开垦的处女地？我严肃认真地、详细周密地盘点了中国佛教禅宗美学文献的搜集、发掘、整理和研究工作。使我清醒的意识到：佛教禅宗美学的研究虽然已取得了一定的成绩，但至今为止，尚无一种禅宗美学文献资料汇编问世，也无一种涉及禅宗的画学、书学、诗学等等相关的文献资料汇编出版。人们对禅宗美学的研究，较多的是从禅学（哲学）的视角和层面进行发掘和解说，而很少涉及禅门中人对文学艺术的主张和见解。禅门中的高僧大德，他们有没有文艺主张？其文艺主张有哪些形式载体？其文艺主张和形式载体有何特色？

怀着一种紧迫感，我从 2008 年开始，先后做了禅宗画学文献与禅宗书学文献的发掘、整理和研究工作。去年春天完成了《丹青妙香叩禅心：禅宗画学著述研究》一书（由商务印书馆出版）的撰写，今年春天又完成了《墨海禅迹听新声：禅宗书学著述解读》一书的编著。这两部书中所辑录的文献资料，都有不少很珍贵、有兴味的内容，其中有许多都不见于古代文献的书画史、书画论、书画法、书画品、书画评、书画录、书画跋等典籍中，也不见于现当代出版的中国美学文献资料汇编和中国画论（以及画史、画品等）、书论（以及书史、书品等）文献汇编中。这使我体会到，在中国美学文献的搜集、发掘、整理和研究方面，还有许多工作可做。

我还回顾了从上个世纪九十年代初期以来，参加过多届中国美学和文艺学专业的硕士和博士的论文评审和答辩会的亲身感受，使我在感到中国美学和文艺学专业的硕士和博士的培养教育工作取得了很大成绩（比如，许多硕士生和博士生的思想活跃，眼光敏锐，有思想，有见解，毕业论文也有质量），的确令人欣慰的同时，也感受到还有不可忽视的美中不足之处。

那就是不少论文在文献的征引、解释方面,还存在某些缺陷:在征用、解释古代文献方面,不太重视学习、运用第一手文献资料,而是走捷径,从其他专书或文章中,摘抄、转引,又不去核对原著,结果出现差误,而有的差误还非常离谱。这反映出在美学文献学的基本功方面的训练不够。为了改善和加强美学学科的人才培养教育工作,也应该进一步重视和加强中国美学学科建设的基础性工作。

基于上述思考,因此,近几年来,我都强调中国美学文献的发掘、整理和研究工作,中国美学文献学的建设工作,乃是中国美学学科建设的基础性工作。

我撰写《丹青妙香叩禅心:禅宗画学著述研究》和《墨海禅迹听新声:禅宗书学著述解读》两书,就是我具体进行中国美学文献的发掘、整理和研究的实践,是为创建中国美学文献学迈出的第一步,也是我在中国美学研究旅程中学步的新起步。因为是学步中的新起步,就难免有这样或那样的不当之处,衷心希望读者批评指正。

本书能够顺利面世,得首先感谢四川师范大学科研处、四川师范大学文学院,给予出版资助;感谢四川师范大学人生美学科研创新团队、美学专业硕士点对我的科研、写作和出版的积极关心、支持和帮助;感谢四川师范大学美术学院的李斯斌博士,是他帮助我做了本书《禅宗书学著述荟要》部分所辑录的文献的核实工作。

皮朝纲

2012 年 5 月于四川师范大学净心斋